근대계몽기 학술 잡지의 학문 분야별 자료

권1 가정·격치·경제

이 자료집은 한국학중앙연구원 '한국학 총서' 개발 사업 '근현대 학문 형성과 계몽운동의
가치'(AKS-2014-KSS-1230003)의 지원으로 이루어졌음.

〈근현대 학문 형성과 계몽운동의 가치〉 연구진

허재영(연구 책임자, 단국대)
김경남(공동 연구원, 단국대)
김슬옹(공동 연구원, 인하대)
강미정(공동 연구원, 서울여대)
김정애(공동 연구원, 건국대)
서민정(공동 연구원, 부산대)
고경민(공동 연구원, 건국대)
김혜련(공동 연구원, 성신여대)
정대현(공동 연구원, 협성대)

근대계몽기 학술 잡지의 학문 분야별 자료
권1 가정·격치·경제

© 허재영, 2017

1판 1쇄 인쇄__2017년 06월 20일
1판 1쇄 발행__2017년 06월 30일

엮은이__허재영
펴낸이__양정섭

펴낸곳__도서출판 경진
　　　　등록__제2010-000004호
　　　　블로그__http://kyungjinmunhwa.tistory.com
　　　　이메일__mykorea01@naver.com

공급처__(주)글로벌콘텐츠출판그룹
　　　　대표__홍정표　편집디자인__김미미 노경민
　　　　주소__서울특별시 강동구 천중로 196 정일빌딩 401호
　　　　전화__02) 488-3280　팩스__02) 488-3281
　　　　홈페이지__http://www.gcbook.co.kr

값 25,000원
ISBN 978-89-5996-540-3 94000
ISBN 978-89-5996-539-7 94000(세트)

근대계몽기 학술 잡지의 학문 분야별 자료

권1 가정·격치·경제

허재영 엮음

경진출판

근대 학술 잡지의 학문 분야별 자료

1880년대 이후 한국의 학문은 급속도의 변화를 보인다. 황준헌의 『조선책략』, 정관응의 『이언』을 비롯하여 서양 학문과 접촉한 중국인들의 저서가 국내에 유입되고, 『한성순보』, 『한성주보』와 같은 신문 매체가 등장했으며, 각종 근대식 학교가 설립되기 시작했다.

이러한 흐름에서 1894년 갑오개혁과 1895년 근대식 학제의 도입, 재일 유학생의 출현, 독립협회 조직, 『독립신문』 발행 등 일련의 근대화 과정은 사상뿐만 아니라 각 분야별 학문 진보에도 큰 영향을 미친다. 특히 1896년 재일 관비 유학생 파견과 독립협회 조직에 따라 『대조선재일유학생 친목회회보』와 『독립협회회보』가 발행된 것은 비록 잡지 형태이기는 하지만, 학술 담론에도 큰 변화를 가져왔다.

이로부터 일제에 의해 국권이 상실되기까지 이른바 '애국계몽시대'에 발행된 학술 잡지가 대략 40여 종에 이른다. 이는 이 시기 조직된 학술 단체의 활동과 밀접한 관련이 있는데, 『만세보』 1907년 3월 30일자 '논설'을 참고하면 이 시기 활동한 각종 학회와 단체가 대략 40개 이상에 이르는 것으로 보인다. 이들 단체의 명칭을 살펴보면 다음과 같다.

1907년 당시의 각종 단체

(…전략…) 近日 我國 民族의 智識이 漸次 開進ㅎᄂ 現狀이 有ㅎ야 各般 社會를 組織홈이 雨中竹筍과 如ㅎ니 其名目을 略擧ㅎ건ᄃᆡ

自彊會, 一進會, 國民教育會, 東亞開進教育會, 萬國基督靑年會, 憲法會,

西友學會, 漢北學會, 同志親睦會, 法案硏究會, 普仁學會, 大東學會, 天道
敎會, 天主敎會, 基督敎會, 淨土敎會, 佛宗會, 神籬敎會, 眞理敎會, 神宮敬
奉會, 婦人學會, 女子敎育會, 國債報償會(各種), 養正義塾討論會, 普專親
睦會, 實業硏究會, 殖産奬勵會, 商業會議所, 手形組合, 農工銀行, 漢城銀
行, 天一銀行, 韓一銀行, 合名彰信會社, 湖南鐵道會社, 東洋用達會社, 紳
商會社, 少年韓半島社, 夜雷雜誌社, 朝陽雜誌社, 大東俱樂部, 官人俱樂部
(…하략…)

—『만세보』, 1907.3.30

한국 근현대 학문 형성과 계몽운동의 가치를 연구하는 과정에서 학
술 잡지는 매우 귀중한 자료가 된다. 〈부록 1-1〉에 제시한 바와 같이,
이 시기 학술 잡지(또는 격주 신문 형태 포함)는 대략 55종 정도로 파악된
다. 이 가운데 일부 자료는 원자료를 보기 어려운 경우도 있고, 일부
자료는 발굴되지 않은 경우도 있다. 근현대 학술 담론을 좀 더 철저히
규명하기 위해서는 이와 같은 자료를 좀 더 체계적으로 수집하고 분류
할 필요가 있다. 구장률(2012)의『근대 초기 잡지와 분과 학문의 형성』
(케이포북스)과 같은 분류 시도가 없었던 것은 아니나, 분과 설정이나
자료에 대한 전수 조사가 이루어진 것은 아니기 때문에, 이 시기 학술
담론의 전모를 파악하는 데는 어려움이 따른다.

이 자료집은 2014년 한국학중앙연구원 '근대 총서 개발' 사업 가운데
'근현대 학문 형성과 계몽운동의 가치'(AKS-2014-KSS-1230003)를 연구
하는 과정에서 수집·분류한 자료를 모은 것이다.

작업을 처음 시작할 때에는 온라인상 자료 공개가 활발하지 않았던
데 비해, 현재 일부 자료는 '한국사데이터베이스'(db.history.go.kr) 근현
대 잡지 자료나 빅카인즈(www.bigkinds.or.kr), 네이버 뉴스라이브러리 등
에서 자료를 확인할 수도 있다. 일부 자료는 국립중앙도서관의 디지털
라이브러리에서도 전자문서 형태로 열람할 수 있다. 그렇지만 각각의
자료를 수집하고 분류하는 작업은 쉬운 일이 아니다.

처음에는 각 자료를 수집·분류하고 가급적 현대어로 번역하고자 하였으나, 분량이 방대하여 짧은 연구 기관에 번역 작업을 수행하기 어렵다는 판단 아래, 분류 작업만 진행하기로 의견을 모았다. 특히 총서 7권을 개발하는 과정에서 다수의 통계 자료가 산출되었는데, 이를 총서에 싣기 어려워 자료집의 부록 형태로 수록한다.

이 자료집이 나올 수 있도록 연구를 지원해 주신 한국학중앙연구원의 한국학진흥사업 관계자 여러분과 묵묵히 작업을 수행해 준 연구원, 그리고 수익 사업과는 전혀 무관한 자료집 출간을 결심해 주신 도서출판 경진 양정섭 대표님께 감사의 말씀을 드린다.

2017년 2월 13일
'근현대 학문 형성과 계몽운동의 가치' 연구책임자 허재영

　이 자료집은 '근현대 학문 형성과 계몽운동의 가치'를 연구하는 과정에서 근대 학술지에 수록된 글을 학문 분야별로 분류하여 편집한 것이다. 1896년 『대조선독립협회회보』와 재일유학생 친목회의 『친목회회보』 이후 1910년까지 발행된 근대 학술지(잡지 형태 포함)는 55종이 발견된다. 이 자료집에서는 현재까지 발굴된 학술지를 전수 조사하고, 그 가운데 필요한 자료를 모아 분야별로 분류하고자 하였다. 자료집의 편집 원칙은 다음과 같다.

1. 학문 분야별 분류 기준은 『표준국어대사전』의 전문 용어 분류 원칙을 따르고자 하였으며, '격치(格致)', '이과(理科)', '지문(地文)', '학문 일반(學問一般)', '해외 번역 자료(海外飜譯資料)'는 근대계몽기의 학술상의 특징을 고려하여 별도로 분류하였다.
2. 분류 항목은 '가정, 격치, 경제, 광물, 교육, 농업, 동물, 문학, 물리, 법, 사회, 생물, 수산, 수학, 식물, 심리, 언어, 역사, 윤리, 이과, 정치, 종교, 지리, 지문, 천문, 철학, 학문 일반, 화학, 해외 번역 자료' 등 29개로 하였다.
3. 분류 항목의 배열은 가나다순으로 하였으며, 부록의 분류표를 포함하여 총 9권으로 발행한다.
4. 각 항목마다 수록한 글의 분류표(순번, 연도, 학회보명, 필자, 제목, 수록 권호, 분야, 세분야)를 실었다.
5. 한 편의 논문이 여러 차례 연재될 경우, 한 곳에 모아 편집하였다.

일부 논문은 학술지 발행이 중단되거나 필자의 사정으로 완결되지 못한 것들도 많다.

6. 현토체의 논문과 한문체의 논문 가운데 일부는 연구 차원에서 번역을 하였으나, 완결하지 못한 상태로 첨부한 것들도 있다.

7. 권9의 부록은 근대 학회보 목록(총 55종), 학문 담론 관련 분야별 기사 목록, 일제강점기 발행된 잡지 목록, 근대 교과서 목록, 일제강점기 교과용 도서 목록, 일제강점기 신문의 서적 광고 목록 등 연구 과정에서 산출한 목록을 별도로 구성하였다.

이와 함께 근현대 학문 형성과 계몽운동의 가치를 연구하는 과정에서 살펴본 지석영의 상소문, 논학정(論學政), 박영효의 '건백서', '동문학', '원산학사', '육영공원' 관련 한문 자료와 조사시찰단 보고서인 조준영의 『문부성소할목록』을 번역하여 별도의 책으로 구성하였다.

총 7권의 학술 교양서를 집필하고 10여 권의 자료집을 발행하기까지 어려움이 많았다. 특히 방대한 자료를 체계적으로 다루는 일은 결코 쉽지 않았는데, 자료 편집상의 오류, 번역상의 오류가 적지 않을 것으로 판단된다. 이러한 잘못은 모두 편자의 책임이다.

목차

해제: 근대 학술 잡지의 학문 분야별 자료 _____ 4
일러두기 _____ 7

9

01.
가정

순번	연대	학회보명	필자	제목	수록 권호	분야	세분야
1	1906	대한자강회월보	정운복	가정교육	제1~2호	가정	가정교육
2	1906	소년한반도	미상	아모권면	제1~6호	가정	가정교육
3	1906	태극학보	장계택	가정교육	제2호 이후	가정	가정교육
4	1907	태극학보	오석유	가정교육	제6호	가정	가정교육
5	1907	공수학보	유전	가정과결혼	제1호	가정	가정교육
6	1907	서우	김명준	가정학 역술	제3~10호	가정	가정교육
7	1907	태극학보	우경명	집안에서 어린아이 기르는 법	제11호	가정	가정교육
8	1907	태극학보	김수철	가정교육법	제16~26호	가정	가정교육
9	1908	대한협회회보	김신규	가정교육이 전국 민족단체의 기관	제6호	가정	가정교육
10	1908	대한학회월보	이규만	육아법의 주의	제9호	가정	가정교육
11	1909	대동학회월보	김수철	가정교육법	제1호	가정	가정교육
12	1909	대한흥학보	김문연	가정교육의 필요	제20호	가정	가정교육
13	1908	호남학보	이기	가정학설	제1~9호(9회)	가정	가정학
14	1909	대한흥학보	지성윤	소아의 양육법	제8~12호(4회)	가정	소아양육

1.1. 가정교육

◎〈대한자강회월보〉제1호, 1906.7.
  克齋 鄭雲復, 家庭教育(교육학, 가정교육)

〈제1호〉

人生은 一世之間에 三種의 敎育을 受ᄒᄂ 者라. 三種의 敎育은 第一 家庭 第二 學校 第三 社會가 卽 是也니 此 三次 敎育은 個個別別히 分立ᄒᄂ 者 안이오 互相 一貫 精神으로 存在ᄒᄂ 빗라. 今에 家庭의 就ᄒ야 論述ᄒ건ᄃᆡ.

第一 家庭이라 흠은 如何ᄒ 者뇨 但 其 皮相으로뼈 見ᄒ 즉 單히 身體를 休息ᄒ고 飮食을 供養ᄒ며 睡眠과 洗濯ᄒᄂ 類諸般事를 行ᄒ기 爲ᄒ야 成立ᄒ 者 갓ᄒ나 決코 不然ᄒ니 其 實質로 좃차 觀ᄒ즉 家庭은 如此히 艸艸輕易ᄒ 處所가 안이니 單히 睡眠흘 ᄲᆞᆫ이라 謂ᄒ즉 家産에 居흠은 逆旅에 寄宿함과 大差가 無ᄒ나 家庭과 逆旅의 異ᄒ 바ᄂ 生活을 共同히 ᄒᄂ 親密ᄒ 家族이 身心을 相與休息ᄒᄂ 所인 故이라. ᄯᅩ 單히 飮食을 供養코져 함이라 謂ᄒ 즉 家庭은 料理店과 異흘비 업스나 其 異ᄒ 바ᄂ 嗜好를 共同히 ᄒᄂ 親密ᄒ 家族이 食卓을 相對ᄒᄂ 所인 故이며 其他 洗濯之事와 娛樂之事가 擧皆如此ᄒ야 莫非家庭의 固有ᄒ 實質이라 故로 家庭의 精神을 窮究ᄒ즉 料理店과 逆旅와 洗濯屋 等과 갓치 無味間斷ᄒ 者ᄂ 迴殊ᄒ야 事事에 意味가 有ᄒ며 趣旨가 有ᄒ고 且 家庭은 社會에 縮圖라. 故로 社會의 在ᄒ 事ᄂ 家庭의 無一不具ᄒ 즉 兒童에게 實로 好敎場이라 可謂흘지니 家庭은 卽 兒童이 他日 社會에 出ᄒ야 萬般 執事에 諸種準備를 給與ᄒᄂ 處ㅣ 니라. 以下次號

盖 家庭에는 親과 子의 愛情이라 ᄒᆞᄂᆞᆫ 거시 有ᄒᆞ야 和平의 生活을 經營ᄒᆞᄂᆞᆫ 故로 其間에 鞠育(국육)을 被ᄒᆞᄂᆞᆫ 兒童은 父母 姉妹의 溫情에 包흠으로써 自然히 其心이 ᄯᅩᄒᆞᆫ 溫柔ᄒᆞ게 滋長ᄒᆞ야 他日 社會에 出흘 時에 當ᄒᆞ야 溫和ᄒᆞᆫ 愛情을 他人에게 注射ᄒᆞᄂᆞᆫ 根本도 되고 同情을 衆人에게 注射ᄒᆞᄂᆞᆫ 準備도 됨으로써 團体生活에 必須ᄒᆞᄂᆞᆫ 要件을 備ᄒᆞ기에 可至흘 거시오, 又 家庭은 服從을 敎흠이 有ᄒᆞ니 年限間은 親의 命令에 服從케 흠이라.

此 習慣은 從來 社會에 立ᄒᆞ기에 當ᄒᆞ야 自己의 良心에 從ᄒᆞ야 生活을 得ᄒᆞ기에 至ᄒᆞ난 者인즉 父母에게 服從케 ᄒᆞᄂᆞᆫ 事가 極히 緊切ᄒᆞ도다. 如此히 親의 敎育을 受ᄒᆞᄂᆞᆫ 期間에 親의 命令에 善從ᄒᆞᄂᆞᆫ 人은 他日에 第二期에서 敎師의 命令에 服從ᄒᆞᄂᆞᆫ 學生이 되고, 第三紀에서 社會의 制裁와 國家의 法律에 服從ᄒᆞᄂᆞᆫ 良民이 되는 故로 親이 된 者는 恒常 注意ᄒᆞ야 其子가 將來 獨立흘 素地를 準備케 ᄒᆞ기에 用心치 안이흠이 不可ᄒᆞ도다.

由此論之則 兒童에게 玩具로써 遊戱케 흠도 ᄯᅩᄒᆞᆫ 意味가 深遠ᄒᆞ니 玩具의 遊戱는 整頓 辦理之才를 養成ᄒᆞᄂᆞᆫ 根本인 故로 成長ᄒᆞᆫ 後에 女子에 在ᄒᆞ야는 一家의 整理에 手段이 長ᄒᆞ고 男子에 在ᄒᆞ야는 事務 辦理에 敏腕(민완)을 揮ᄒᆞᄂᆞ니 玩具 遊戱에 智를 資흠이 不少ᄒᆞ니 然則 家庭敎育은 自小 及 大ᄒᆞᄂᆞᆫ 順序로써 敎導의 最良을 作흘진뎌. 且 家庭의 各般事가 直接 間接에 皆其子女를 敎흠이니 二三의 例를 居ᄒᆞᆫ즉 父母兄弟가 一堂 中에 輯ᄒᆞ야 食事에 就ᄒᆞ며 愉快ᄒᆞᆫ 顔色으로 匙箸(시저)를 執ᄒᆞᄂᆞᆫ 事는 子女를 爲ᄒᆞ야 社會 交際의 行儀 作法을 見習케 ᄒᆞᄂᆞᆫ 好機會며, 飮食 時間을 嚴守케 흠은 社會에 出ᄒᆞ야 他人의 招待와 ᄯᅩ 公共의 集會에 時刻을 不違ᄒᆞ고, 出席ᄒᆞᄂᆞᆫ 良習慣을 培養ᄒᆞᄂᆞᆫ 根源이

라. 故로 此等의 例를 枚擧ᄒᆞᆫ즉 社會上과 涉世上에 必要ᄒᆞᆫ 事ᄂᆞᆫ 摠히 家庭에셔 預修되난 줄을 可히 了解ᄒᆞᆯ지라. 世界 列國 中 英國人은 家庭 敎育을 最히 重要로 視ᄒᆞ미 他國人보다 優勝ᄒᆞ니 他日에 或 其 詳細를 記述ᄒᆞᆷ도 有ᄒᆞᆯ지라.

◎ 아모권면 - 가정학 관련 자료; 필자 미상, 〈소년한반도〉

*이 시기 가정학 관련 역술—〈조양보〉, 박정동(1907)의 〈신찬가정학〉(정희진), 임경재(1908)의 〈소아교육〉(휘문관)
*기독교 사상에 입각하여 어머니가 아이를 가르칠 것을 권함

제1호 모든 아히 어마니를 권면

대개 ᄒᆞ나님쎄셔 조셩ᄒᆞ야 ᄂᆡ신 바 중에 제일 귀ᄒᆞᆫ 것은 ᄉᆞ름이라. ᄉᆞ름을 ᄌᆞ긔 모양으로 ᄂᆡ시고 복을 만히 베프시ᄂᆞᆫ지라. 하로동ᄋᆞᆫ에 픠엿다가 잠간 마르ᄂᆞᆫ 곳과 갓치 만들지 아니ᄒᆞ시고 다만 죽지 못ᄒᆞᄂᆞᆫ 령혼을 주신지라. 그런고로 ᄉᆞ름이 혹 칠십년 혹 팔십년을 이 세상에셔 살다가 ᄯᅩ다른 세상에 가셔 영원이 사나니라. 다만 이 세상에 사ᄂᆞᆫ 것은 영원ᄒᆞᆫ 세상에 드러감을 위ᄒᆞ야 배호는 학당이니라.

어린ᄋᆞ히 날 째에 그 부모의 마암이 열니고 자긔 ᄋᆞ기를 위ᄒᆞ야 그 마암이 ᄉᆞ랑ᄒᆞᆷ으로 왕셩ᄒᆞᄂᆞ니라. ᄃᆡ개 어린ᄋᆞ히ᄂᆞᆫ 하나님ᄭᅴ셔 쥬시ᄂᆞᆫ 례물이라. 무론남녀ᄒᆞ고 ᄒᆞ나님이 다 ᄌᆞ긔 모양ᄃᆡ로 사는 영혼을 주섯ᄂᆞ니 그런고로 ᄒᆞ나님 압헤 둘이 다 귀ᄒᆞᆫ 거시니라. 부모된 자ㅣ 엇지 즐겁고 감ᄉᆞ치 ᄋᆞ니ᄒᆞ리오. 그러나 이 세상을 보면 남자는 여자보다 더 ᄉᆞ랑ᄒᆞ고 녀ᄌᆞ가 나면 섭섭히 알고 근심ᄒᆞ야 무거온 짐 진 것갓치 넉이ᄂᆞᆫ 나라들이 잇나니 ᄃᆡ개 보건ᄃᆡ 남녀를 다갓치 동등으로 ᄃᆡ졉ᄒᆞᄂᆞᆫ 나라들은 제일 크고 녀ᄌᆞ를 녀ᄌᆞ를 남ᄌᆞ보다 낫게 ᄃᆡ졉ᄒᆞᄂᆞᆫ 나라들은 적

어지나니 이런 나라는 커질 수 업나니라. 부모가 아히 사랑홀 째에 다만 스랑ᄒ기만 홀 뿐 아니라 ᄯᅩᄒᆫ 자긔에게 담당홀 직분이 잇는 거슬 만히 싱각홀지니라. 특별이 <u>그 부모의게 아히를 담당홀 직분이 두 가지 잇스니 첫지는 아히 몸을 잘 보호ᄒᆞᄂᆞ 거시오 둘지는 량심을 잘 길녀주는 거시</u>니라.

이 아ᄅᆞᄂᆞᆫ 아히 기르는 뒤강만 믈ᄒᆞ노니 이거슬 보면 각기 홀 거슬 ᄭᅢ다를 듯ᄒᆞ오.

아히 어마니가 아히 날 째붓터만 스랑ᄒ고 보호ᄒ기를 시작홀 뿐 아니라 오작 나키 전붓터오 기를 예비홀지니 태모의 힝ᄒᆞᄂᆞ 뒤로 아기가 리히를 밧는 것이니 그런고로 모든 일을 죠심ᄒᆞ야 힝홀지니 가령 글을 알거든 죠흔 칙을 공부홀 것이오, 모르거든 아는 스람의게 ᄀᆞ셔 조흔 ᄯᅳᆺ을 만히 배호며 아름다은 싱각을 두며 량순ᄒᆞᆫ 음셩으로 믈ᄒᆞ며 분심을 품지 믈며 칙망ᄒᆞ지 믈며 닷토지 믈며 마음에 뒤졉ᄒ기를 예비홀지니 뒤개 뒤졉과 태즁 교육을 잘 밧은 아히는 후에 염졍ᄒᆞᆫ 스람되기 ᄀᆞ쉬오니라. (未完)

제2호

마음에 뒤졉ᄒ기를 예비홀진뒤 아해에게 긴ᄒᆞᆫ 의복과 쓸 거슬 예비할지니 가령 저고리와 몸을 잘 ᄊᆞ미는 배부드개와 기져귀와 이불과 보션 등속이니라. 아모리 가난ᄒᆞᆫ 어머니라도 옷과 덥흘 거슬 두 벌식 예비하고 기저귀는 불가불 열 벌은 잇서야 홀 거시며 돈이 만흐면 마음뒤로 홀 수 잇나니라. ᄯᅩᄒᆫ 기름과 가루들 예비홀지니 기름은 외국 ᄲᅢ살 인이라 ᄒᆞ는 기름이 조커니와 ᄉᆞᆺ긋ᄒᆞᆫ 도야지 기름도 조코 가루는 여러 가지 잇스나 메밀가루가 조흐니 셤긴 수건에 ᄊᆞ매여 두고 날마다 아기를 위ᄒᆞ야 쓸지니라.

아기 울 ᄯᆡ에 하나님ᄭᆡ셔 주시는 례물노 알고 감사ᄒᆞᆫ 마음으로 잠밧으며 ᄯᅩᄒᆫ 아해 울 ᄯᆡ에 큰 직분도 함ᄭᅦ 오는 줄을 알고 삼가 잘 직희여

야 될 거신 줄을 생각하고 쏘 아해 교육하는디 디호야 두어 마디 속담
이 잇스니 잘 배호시오. 이 속담은 곳이 잇시니 모든 거슬 둘 곳이 잇스
니 그 곳에 모든 거슬 두리라 모든 거슬 홀 씨가 잇스니 그 씨에 모든
것을 하리라 홀 물이니라.

음식 먹이는 법

아기의게 날마다 쓰려다가 식힌 물을 흔 수깔식 먹이면 입병이 흔이
나지 아니호며 먹이는 거슨 어머니의 젓시 제일 조호며 몃시 업시면
유모를 퇴용호는 거시 조코 유모도 퇴용호지 못할 테이여든 서국에셔
아기 위호야 만든 젓시 잇스니 그 젓슬 사 먹일 수 잇거니와 그 갑시
유모보다 더 만코 그 젓스로 아기가 살기 어려오니라. 아해 먹이는 거
슨 씨를 정호고 먹일지니 삼삭까지는 두 시 똥안에 흔 번식 먹이고 삼
삭브터 팔삭까지는 셰 시 동안에 흔 번식 먹일 거시며 흔 돌 후에는
호로에 다섯 번 먹이고 밤에는 아히를 오릭 잘 자게 할 거시오 아기가
어금니 나기 전에는 다른 음식을 먹이지 말지니 어금니 나는 거슨 음식
먹는 표이니라. 셰살 전에 음식 먹이기를 시작한즉 매우 조심할 거슨
단단흔 무와 백치 등속을 먹이지 말지니 연약흔 장위가 단단한 것슬
능히 소하호지 못홈이라. 그런 고로 먹이면 병이 나고 해를 밧기 쉬오
며 쏘흔 사탕을 너머 과도히 먹이는 거시 해로오니라. 아히의계 제일
조흔 음식은 반숙흔 계란과 죽과 고기국과 잘 삶은 닭고기가 매우 힘이
만코 유익호며 그 외에 여러 가지 조흔 거시 만호나 조심하야 먹일지오
두 살 후에는 날마다 실과 조금식 먹이는 거시 조흐니라.

제3호

몸 간수ᄒᄂ는 법

날마다 더운 방에서 ᄯᆺᄯᆺᄒᆫ 물노 아기를 목욕식일 것이오, 목욕 식일
ᄯᅢ 물이 덥고 찬 것을 알기 어려오니 팔을 것고 팔금치를 물에 잠거보
면 불한불열ᄒᄀ게 ᄒᆯ 거시오 목용통이 잇스면 아기를 통에 두고 잘 븟잡
고 수건과 죠흔 비누로 잘 씨슨 후에 큰 수건으로 싸고 몸을 조곰식
열어 말니고 마르ᄂᆫ 뒤로 덥허주며 가루(모밀)로 몸에 발을 것이오, 만
일 목욕통이 업시면 아기를 안고 잘 씨서 주며 목욕ᄒᆫ 후에ᄂᆫ ᄒᆫ 시
젼에 밧긔 내보내지 말지니라. 아기가 만일 살이 진물넛거든 잘 씻고
예비ᄒᆞ엿던 기름(비마자)으로 잘 발너 쥴지니라. 또 머리를 졍ᄒᆫ게 싸
셔 주되 머리털 속에 살ᄭ지 졍ᄒᆫ게 ᄒᆞ시오 어릴 ᄯᅢ에 잘 씻겨 주면
더러온 큰 ᄯᅢ가 업슬 거시오 만일 더러온 큰 ᄯᅢ가 잇스면 밤에 기름으
로 만히 발너 두엇다가 아참에 비누와 더운 물노 씻기를 잘ᄒᆞ면 업서질
터이오, 또 날마다 잘 씻지 아니ᄒᆞ면 태독이 나기 쉽고 귀속과 귀두를
잘 살펴 씻지 아니ᄒᆞ면 헌뒤 나기가 쉬오리니 날마다 졍ᄒᆫ 믈과 수건으
로 잘 씨서줄 거시며 또ᄒᆫ ᄉᆞ름의 일신 즁에 졔일 귀ᄒᆫ 것은 눈이니
목욕ᄒᆫ 물노 씻지 말고 졍ᄒᆫ 그릇에 졍ᄒᆫ 물과 졍ᄒᆫ 수건으로 씨시며,
만일 희미ᄒᆫ 긔운이 잇거든 더 잘 싯고 순ᄉᆞᆨ이 아니고 불평ᄒᆫ 병이 나
ᄂᆫ 듯ᄒᆞ거든 급히 죠흔 의원ᄭᅴ 가셔 뭇고 의원이 식이ᄂᆫ 뒤로 약을 쓸
지니라. 부모가 아기 눈을 잘 살피지 아니ᄒᆞ고 조심치 아니ᄒᆞ야 눈병
나ᄂᆫ 것을 심상히 넉이다가 의원이 잘 곳칠 것도 못 곳치게 되고 소경
되ᄂᆫ 자ᅵ 만흐니 엇지 부모의 허물이 아니리오. 아기 눈에 ᄒᆡ빗 만히
쏘임으로 소경되ᄂᆫ ᄌᆞ도 만흐니라. 또 아기를 업고 잘 살피지 못ᄒᆞ야
아기 목이 좌우로 흔들니거나 뒤로 자처져 ᄒᆡ를 향ᄒᆞᄂᆫ 거시 극히 ᄒᆡ로
오니라. 이젼에 여러 집에 상죵ᄒᆞ야 드러가 보니 아기를 더러온 강보에
사 뉘엿ᄂᆫ뒤 팔과 다리와 젼신이 더럽고 헌뒤가 만히 나고 방에 뉘암새

18

가 만흐며 아기 아바지는 정흔 옷을 닙고 길거리에셔 친구로 더부러 놀며 쓸듸업는 긴수쟉은 만히 ᄒ되 아기의 부졍흔 싱각과 불상히 녁일 싱각은 도모지 업고 아기 어머니는 엇지 게을너 안과 밧긔 홀 일이 만ᄒ도 ᄒ지 아니ᄒ고 한가흔 모양으로 동무를 차자 다니며 허탄흔 말과 헛된 일만 공론ᄒ며 생이도 힘쓰지 아니ᄒ고 <u>하나님이 주신 아히를 도라보지 아니ᄒ야 귀ᄒ고 졍흔 아기를 더럽고 쳔흔 모양을 만드니 가셕흔 일이로다. ᄯᅩ흔 녀아는 멸시ᄒ야 잘 보호치도 아니ᄒ고 병이 들어도 심상히 녁이니 이것은 하나님 압혜 큰 죄니라.</u>

제4호

아기 몸에 특별이 간수홀 것은 배와 발이니 아기 발을 잘 덥지 아니 ᄒ면 설사 나기도 쉽고 바람 쐬기도 쉬온즉 잘 덥는 거시 조코 배에 무삼 압흔 증세가 이러나거든 ᄆᆡ우 더운 수건으로 덥는 것이 조흐니 처음에 더웁게 ᄒ야 덥헛던 수건이 식기 전에 다른 수건을 ᄯᅩ 더웁게 ᄒ야 몬져 덥흔 수건 밋흐로 듸미러 덥고 우혜 수건은 다시 더웁게 ᄒ야 번걸나 덥흐되 압흔 거시 긋치도록 ᄒ는 거시 조흐며 ᄯᅩ 특별이 조심홀 것은 다리를 더웁게 간수ᄒ야 차지 안토록 홀지니 만일 다리가 차면 기참 나기가 쉽고 기참으로인ᄒ야 무서운 병 나기도 쉬오니라. ᄯᅩ 아히나 어룬이나 몸을 어듸등지 단단이 매는 것이 ᄒᆡ로오니 뒤개 ᄉᆞ름의 부화는 크게 홀샤록 조흔 거시라. 만일 가슴을 단단이 매면 숨 쉴 ᄯᆡ에 부화가 커지지 못ᄒ야 공긔가 만히 드러가지 못ᄒ는 고로 공긔를 넉넉히 밧은 사ᄅᆞᆷ보다 셩흔 몸 될 수 업ᄂᆞ니라. 그런즉 어린아히 두엇개를 젓치고 가삼을 반듯ᄒ게 ᄒ고 호흡을 만히 식여 쥬면 일노인ᄒ야 그 아히가 힘디 어 만히 날 거시며 ᄯᅩ흔 닙히는 옷을 몸에서 흘너 나리지 안케 ᄒ냐면 단단이 ᄆᆡ지 말고 두엇개에 질방을 만들러 주는 것이 조코 ᄯᅩ 아히가 처음으로 서고 것을 ᄯᆡ에 다리ᄶᅵ가 매우 연약ᄒ니 제 힘 나는 듸로 서고 것게 둘 거시오, 억지로 식이지 못홀 것은 그러케 ᄒᆞ면 ᄲᅧ가 굽으러저서 바르지 못홈이니라. 아히를 홀 수 잇ᄂᆞᆫ 딕로 고요ᄒᆞᆫ 방에 두고 큰 소릭와 분주홈이 업게 ᄒᆞ며 아히 몸을 상항 편케 ᄒᆞ고 과히 요동치 안ᄂᆞᆫ 것이 조ᄒᆞ며 ᄯᅩ 아히의게 담배와 닌암새가 히로오니라.

일긔 조흔 ᄯᅢ에ᄂᆞᆫ 밧긔 나아가 소풍ᄒᆞ고 아히가 오릭 자게 ᄒᆞᄂᆞᆫ 것이 조ᄒᆞ며 날마다 아히 잘 ᄯᅢ를 알아 그 ᄯᅢ에 자게 ᄒᆞ고 ᄯᅩ 부화의 흡긔ᄂᆞᆫ 항상 ᄭᆡᆺᄭᅳᆺᄒᆞᆫ 것으로 치워주ᄂᆞᆫ 것이 조흐니 사시를 물론ᄒᆞ고 어나 ᄯᅢ던지 거처ᄒᆞᄂᆞᆫ 방을 ᄒᆞ로 두 번식 문을 열고 묵은 긔운과 더러온 닌암새를 나아가게 ᄒᆞ며 새롭고 ᄭᆡᆺᄭᅳᆺᄒᆞᆫ 긔운은 드러오게 ᄒᆞ며 조흔 법은 방문 후홀 ᄯᅮᆯ코 안밧흐로 ᄒᆞᆫ ᄲᅢᆷ 장광즘 붓치면 조코 만일 병이 잇더릭도 새로온 더운 긔운이 만ᄒᆞ야 홀지니라.

제5호

아히의게 릭 잇ᄂᆞᆫ 것은 부모가 불찰ᄒᆞᆫ 칙망을 면치 못홀지니, 만일 간수를 잘ᄒᆞ지 못ᄒᆞᄂᆞᆫ 아히와 함ᄭᅴ 놀다가 릭가 올으거든 급히 가ᄂᆞᆫ 빗으로 잘 빗기고 릭 죽ᄂᆞᆫ 약을 발으며 만일 약이 업시면 셕유를 바른 즉 릭알까지 죽나니라. 그 다음에ᄂᆞᆫ 의원의게 가서 릭 잘 죽ᄂᆞᆫ 약을 사 둘 거시며 몸의 릭 잇ᄂᆞᆫ 것은 제일ᄶᅦ금ᄒᆞᆫ 것이오 더러옴에 열믹 다 그런고로 잘못 간수ᄒᆞᆫ 아히와 놀다가 만일 릭가 올으거든 급히 옷을 다 벗겨 문 밧 ᄶᅢ헤 던지고 아히를 더운 물과 비누로 잘 씨기고 새옷을 입힌 후에 벗긴 옷은 잘 살마 ᄲᆞᆯ지니 만일 ᄲᆞᆯ기만ᄒᆞ고 삼지 아니ᄒᆞ면 릭와 혁해가 죽지 아니ᄒᆞᄂᆞ니라.

ᄯᅩᄒᆞᆫ 아히 동모를 틱홀지니 나즌 말과 거즛말ᄒᆞᄂᆞᆫ 아히와 더러온 아히로 함ᄭᅴ 놀지 못게 ᄒᆞ며 홀 수 잇ᄂᆞᆫ 대로 ᄭᆡ긋ᄒᆞ고 조흔 아히를 틱ᄒᆞ야 놀게 홀지니라.

아히가 어릴 ᄯᅢ에ᄂᆞᆫ 그 아히 어머니가 렴치 차려 줄지니 딕개 어릴 ᄯᅢ에 렴치를 잘 빅호면 장성ᄒᆞᆫ 후에 렴치 업ᄂᆞᆫ 사름이 되지 안ᄂᆞ니라.

그런고로 아모 씌에던지 남의 압헤서 벌거벗지 못ᄒ게 ᄒ며 목욕홀 씌라도 어머니 외에 동셩들이라도 보지 못ᄒ게 홀지니라. 만일 어린 고로 벗겨도 관게치 아니ᄒ니 장성ᄒ거든 닙히겟다 ᄒ고 그런딕로 지닉면 그동안에 조흔 렴치를 만히 일흐리라. 아모 나리히던지 그 나라 법딕로 길거리에 벌거버슨 아히가 잇스면 그 부모를 잡아 다사리지 아니ᄒ면 그 나라 빅셩은 상등인이 될 수 업나니라.

아히가 차차 자라는 딕로 조찰흔 싱각과 깃분 마음을 가득히 품어 줄지니 밤마다 자기 전에 긔도ᄒ는 것을 가르쳐 주고 아름다온 니야기를 듯게 ᄒ며 만일 니야기를 모르거든 하나님의 사랑ᄒ시는 것과 조흔 친구와 곳과 어엿분 새로 니야기ᄒ오. 조흔 싱각으로 마음을 가득ᄒ게 ᄒ면 죄가 드러가기 어렵소. 또 아히를 덕힝으로 가르쳐 죄의 시험을 면홀 것을 예비ᄒ야 주면 당ᄒᄂ 씌에 면ᄒ기 더 쉬오니라.

제6호

부모홀 직분은 아히가 셰상에 슬 동안에 홀 일을 위ᄒ야 아히 장성홀 동안에 마련홀 것이오, 아히가 자란 후에 가르침을 더 쉽게 밧도록 홀지니 여섯 살부터 열여섯까지 조흔 학교에 둘지니라. 무론남녀ᄒ고 자란 후에 유익한 것은 학식이니 밧은 일에 공과 갑슬 생각홀 샏 아니라 자긔 마음에 자미와 깃분 것이 학식 업는 사람보다 더욱 만흐니라.

아해마다 한가지 특이 가르칠 것이 잇스니 이는 일ᄒ는 거시 나즌 거시 아니오 옷빅 존귀흔 줄노 알게 홀지니라. 모든 칙을 다 보와 외올지라도 일ᄒ는 것이라 남녀 아히들을 칙으로만 가르치지 말고 몸소 ᄒᄂ 일노 가르칠 것이니라. 아히를 학교에 보내고 각용 부비가 어려오나 부모던지 형들이던지 아히 학식을 위ᄒ야 자긔 쓸 거슬 참고 견대여 학식이 성취되도록 힘써 도아줄지니라.

하나님이 조싱ᄒ신 만물 중에 제일 귀흔 것은 스름이니 이 세상 만사는 육신샏 아니라 후세상에 영원이 사는 령혼을 주엇스니 육신도 잘 살펴보려니와 령혼이 하ᄂ님 압혜서 금세ᄂ 릭세에 잘 살 것을 가르칠 지니라.

병 다사리ᄂ 법

아히 병이 되단치 아니ᄒ면 집에서 약을 쓸지니라.

감긔병

감긔가 고에서 나면 기름을 코에 발을 것이오 가슴에셔 나면 더운 기름을 가슴과 등과 겨드랑이에 발을 것이오 옷이 더러올가 넘려ᄒ거 든 조희 갓혼 것으로 덥흘지니라. 자기 전에 더운 물 ᄒ 잔을 먹이고 쌈을 늬여 주ᄂ 것이 조흐며 기름 발으고 쌈 낸 후에ᄂ 바람을 쏘이지 말지니 이ᄂ 무익ᄒ 쑨만 아니라 기침이 더 남이니라.

복통병

복통이 나거든 더운 물을 수까락으로 써 먹이고 되단ᄒ면 더운 물에 목욕 식이고 쏘 조혼 법은 더운 슈건으로 덥고 식기 전에 련ᄒ야 밧고 아 덥흐시오. 조심ᄒ면 슈건을 더운 물에 담엇다가 배에 덥고 식기 전 과 찬바람 쏘이기 전에 더운 물슈건으로 련ᄒ야 갈어덥ᄂ 것이 조흐니 라. (미완)

*소년한반도는 제6호까지 발행되었음

◎ 家庭敎育, 張啓澤, 〈태극학보〉 제2호, 1906.9. (가정학)

夫ㅣ 人의 父兄된 者ㅣ 其 子弟를 敎育ᄒᆞᄂᆞᆫ 것은 當然ᄒᆞᆫ 義務라. 故로 敎育ᄒᆞ기를 不怠ᄒᆞ되 或 說諭로써 ᄒᆞ며 或 勸進ᄒᆞ며 或 强行ᄒᆞᆯ 씩도 有ᄒᆞ야 可成的 力을 竭盡치 아니ᄒᆞ면 此ᄂᆞᆫ 其 子弟에게 對ᄒᆞ야 父兄된 職分을 失ᄒᆞᆯ 쑨 아니라 實로 吾人 社會上에 對ᄒᆞ야 重大ᄒᆞᆫ 義務를 不行ᄒᆞᆫ 者라 稱ᄒᆞ리로다.

智力이 發達치 못ᄒᆞ고 聞見이 博達치 못ᄒᆞᆫ 幼年 子女를 家庭 內에셔 薰陶 養育ᄒᆞᆷ은 其 父母에 過ᄒᆞᆯ 者ㅣ 無ᄒᆞ리니 何則고. 情愛의 親密ᄒᆞᆷ과 恩愛의 深厚ᄒᆞᆷ이 父母와 如ᄒᆞᆫ 者ㅣ 無ᄒᆞᆫ 故로 三四歲 幼兒에 一端 觀念이 此世에ᄂᆞᆫ 吾의 父兄보다 善良ᄒᆞ고 愛情이 多ᄒᆞ며 吾의 母親보다 親切 仁慈ᄒᆞᆫ 이가 更無ᄒᆞᆫ 줄노 知ᄒᆞ고 쏘 父母의 所念은 此世에ᄂᆞᆫ 吾의 子女보디 愛重ᄒᆞᆫ 者가 無ᄒᆞ야 子에게 遺傳ᄒᆞᄂᆞᆫ 物은 平生에 所惜ᄒᆞᄂᆞᆫ 바 無ᄒᆞ며 쏘 子가 父母에게 受取ᄒᆞᆫ 物은 半點도 疑懼ᄒᆞᄂᆞᆫ 者ㅣ 無ᄒᆞ니 如此ᄒᆞᆫ 幼年을 訓導 敎育ᄒᆞᄂᆞᆫ 데 對ᄒᆞ야셔ᄂᆞᆫ 父母兄妹가 實로 好地位에 處ᄒᆞ엿다 할 만 ᄒᆞ깃고 쏘 其 父兄된 者ㅣ 一生 注意ᄒᆞᆯ 것은 其 子弟를 爲ᄒᆞ여ᄂᆞᆫ 비록 如何ᄒᆞᆫ 勞苦가 有ᄒᆞᆯ지라도 口外에 不出ᄒᆞᆷ이 可ᄒᆞ며 其 目的을 達ᄒᆞᆯ 方法을 能力 手段과 善言良談으로써 諄諄 敎喩ᄒᆞ야 漸次 進步케 ᄒᆞᆷ이 必要ᄒᆞ고 쏘 家庭 內ᄂᆞᆫ 恒常 和平 快樂을 主ᄒᆞ야 缺義沒德의 弊端이 無케 ᄒᆞ며 潔白지 못ᄒᆞᆫ 俗談과 善良치 못ᄒᆞᆫ 言行은 一切 家內에 勿入ᄒᆞ야 單純ᄒᆞᆫ 幼年子弟의 腦로 ᄒᆞ야곰 感化 模範이 되게 할지니라.

特別히 母된 者ᄂᆞᆫ 小兒敎育에 一層 重要ᄒᆞᆫ 地位에 處ᄒᆞ얏다 謂ᄒᆞᆯ지니 人이 此世에 生ᄒᆞᆷᆡ 母로 쏘추 始ᄒᆞ얏스며 初見ᄒᆞᄂᆞᆫ 者ㅣ 母의 行爲며 始見ᄒᆞᄂᆞᆫ 者ㅣ 母의 行爲며 始聞ᄒᆞᄂᆞᆫ 者ㅣ 母의 言語며 始感ᄒᆞᄂᆞᆫ 者ㅣ 母의 容貌라. 故로 母의 正邪와 善惡으로써 自然히 其子에 性質을 助成ᄒᆞᄂᆞ니 假令 人의 天與ᄒᆞᆫ 稟性이 各有 所定이라 稱ᄒᆞ나 其 特質은 家庭敎育間에 形成ᄒᆞᄂᆞᆫ 者니 此ᄂᆞᆫ 人의 母親된 者 第一 注意ᄒᆞᆯ 者니라. 古來에 所謂 偉人 傑士가 多有ᄒᆞ나 其 原因을 硏究ᄒᆞᆯ진ᄃᆡ 或 天性의

特出흔 者도 有ᄒ나 其 十分之九는 母親 養育間에 如何흔 거스로 좃차 成흔 者니 西國에 有名흔 傑士 나파륜이 嘗曰 一小兒의 將來 運命은 其 母의 行爲에 在ᄒ며 一國民의 富强도 其國民의 母에 在ᄒ다 ᄒ며 又曰 國民의 精神과 習慣과 偏僻과 特質과 德性이 各其 母 一身에 在ᄒ다 ᄒ니 此는 吾人도 經驗 自覺흘 者라. 我 東方에 偉聖 孟子도 其母의 三遷之敎가 아니면 엇지 其名이 至今ᄭ지 赫赫不滅흘 줄을 期ᄒ엿스리요. 然則 自古 及 今토록 偉人 賢士의 盛名은 다ㅣ 其 母親의 善良흔 指導와 家庭敎育의 起因造成흔 者ㅣ 實로 不少ᄒ도다.

　嬰兒의 思想은 極히 狹淺ᄒ야 家內든지 或 門外에 出ᄒ야 遊戲活動흘 時라도 善惡과 眞僞와 美醜와 危險 等을 一切 未別ᄒ나니 時時로 父母가 隨行ᄒ야 看察ᄒ되 兒가 或 危險과 暴行을 犯ᄒ거든 順言으로써 曉喩ᄒ고 壓迫悖言은 勿用홈이 可ᄒ며 或 範圍 以外에 出ᄒ거든 此를 禁止홈이 可ᄒ도다. 是以로 兒童을 有흔 者는 特別히 家庭內에 遊戲場을 設置ᄒ고 此內에 飲食 等과 兒童에 極히 嗜好ᄒ는 物를 設置ᄒ야 時時로 活潑 遊戲케 흘지니라.

　吾人이 此 新世界에 生ᄒ야 新學問과 新知識은 不可不 硏究흘 거시나 就中 最要흔 者는 道德의 觀念이 是라. 人이 此 二字를 不解ᄒ면 學問이 有餘ᄒ나 社會上 事業의 經營과 個人的 家庭의 幸福을 十分 期必키 難흘지니 水를 飲코져 ᄒ는 者ㅣ 엇지 井을 豫備치 아니ᄒ리오.

　現今 文明 列國에 敎育이 普及홈으로 學問이 發達되고 學校를 益益 廣設ᄒ나 槪觀컨딕 此等 學校는 智育을 高尙히 養成ᄒ다 홈은 可흘지나 德育의 點에 至ᄒ여는 아즉도 幼穉에 歎을 不免ᄒ깃도다. 嬰兒의 單純 潔白흔 性質를 其 父母兄妹된 者ㅣ 注意치 아니ᄒ야 家庭에서 不良 不美의 行動과 朋輩 親族의 悖理卑賤흔 誘導 模範으로 漸漸 養成ᄒ면 兒童의 良質이 此에 傳染되야 後日 良材의 基礎를 失흘지니 如此흔 後 學校에 入ᄒ야 비록 經天緯地의 智略을 習得ᄒ나 엇지 此世에 健全흔 人物됨을 期望ᄒ리오. 然則 家庭敎育의 重要흔 것은 多論을 不待ᄒ고 明瞭흔 者니 此 家庭에 敎育을 完美코져 ᄒ면 不可不 此에 主務되는

女子의 敎育을 急히 發達ᄒ야 賢母良妻를 造成홈에 在ᄒ도다.

廣濶흔 이 世上에 最樂흔 우리 家庭 萬親愛로 璧을 삼고 仁情으로 席을 삼아 父母姉妹相樂ᄒ니 和氣春風 우리 家庭.

◎ 家庭敎育, 오석유, 〈태극학보〉 제6호, 1907.1.

世界가 文明에 漸進홈에 家庭敎育의 必要를 唱ᄒᄂᆞᆫ 소리 甚히 盛ᄒ도다. 今에 其 注意點을 擧ᄒ야 略述ᄒ노라. 大抵 小兒와 母의 關係의 緻密흔 것은 不可再論의 可驚處라. 是ᄂᆞᆫ 天然的 造化의 作用인즉 爲 其 母者ᄂᆞᆫ 其 愛情으로 ᄒ야곰 益益 親密히 ᄒ야 堅固케 ᄒ고 母의 價値를 知케 ᄒ야 一層 勉力ᄒ야 愛兒로 ᄒ야곰 正道를 常踏케 ᄒ야 幼兒의 美質를 永遠히 發達케 할지라. 盖 幼兒의 性質은 白紙와 如히 其染ᄒᄂᆞᆫ 딕 依ᄒ야 或 靑 或 黃됨과 갓치 惡에 陷落ᄒ기 常易흔지라 一日 惡에 染質되고 邪에 被導ᄒ면 容易히 回復ᄒ야 本色에 使還키 到底 難흔지라. 故로 注意에 注意를 加ᄒ야 十分 高尙흔 德性를 養成ᄒᄂᆞᆫ 것을 其母ᄂᆞᆫ 肝要로 知홀지니라.

世上이 愛兒의 敎育이 極其 至重홈을 知ᄒ고도 爲其母者ㅣ 其 責任에 自當치 안이ᄒ고 흔갓 師傅 手中에 委任ᄒ야 母의 責任을 以盡흔다고 自感者ㅣ 擧世가 靡不皆然ᄒ니 師傅된 者ㅣ 極히 撫而敎之ᄒ야 其 全力을 盡흔다 云ᄒ야도 其 慈愛之情이 엇지 親生母의게 比ᄒ리오. 幼兒가 其母를 尊敬仰慕ᄒᄂᆞᆫ 것이 鬼神을 崇尙ᄒᄂᆞᆫ 스름갓치 一事二事를 惟其 母의게만 依賴홈이 안이랴. 如斯히 小兒가 信服ᄒᄂᆞᆫ 其母ㅣ 自手를 下ᄒ야 慇懃히 注意ᄒ야 小兒를 敎而育之ᄒ면 其 感化의 强固홈이 當何如 哉아. 父母가 小兒敎育의 責任을 共負ᄒᄂᆞᆫ 것은 必不待言이나 然其 感化力은 父의게ᄂᆞᆫ 少ᄒ고 全然히 母의게 惟在흔지라. 然則 爲其母者ㅣ 是我之子라. 依我之思ᄒ야 我當十分敎之ᄒ리라 홈과 如흔 惟思를 自諒치 말고 此 幼兒로 言ᄒ면 我國民의 一分子라. 將來의 社會를 組織홀

樞要의 民子됨을 廣義로 解釋ㅎ며 ㅼ흔 婦人이 國家에 對흔 一大 義務는 小兒의 敎育을 完全히 홈에 在홈을 自悟ㅎ야 小兒 敎育上에 一毫 過失이 無ㅎ게 勉力ㅎ는 것은 爲母者의 責任上 最必要홈이니라. (…下略…)

◎ 家庭과 結婚, 劉銓, 〈공수학보〉 제1호, 1907.01.31. (가정학)

*가정, 결혼: 애정 필요 강조
*가정-국가를 이루는 단위를 전제로 서술

一家族을 結合ㅎ는 血緣은 根本 男女間에서 生ㅎ며 戀愛의 結果은 卽 結婚에 由來홈으로 家庭이 成立 前에 必然코 結婚이 有ㅎ야 一家를 成立ㅎ야 男女 各個의 運命을 畢홈에 至ㅎ에 彼等의 本然的 利害 關係은 一에 着ㅎ믜 結婚은 約束의 首頭라.

結婚과 愛情은 相伴치 못ㅎ면 一家를 成功치 못홈이라. 此 結婚과 愛情은 地球上에 存在흔 動物 中에 人生이 特有흔 事實이라. 人生은 何等 事를 勿論ㅎ고 事實에 擧ㅎ는 者ㅣ가 된즉 事實을 硏究홈이 可홀지어다.

結婚 時에 數多흔 非道의 結婚을 硏究홈이 可홀지어다. 眞理를 求ㅎ는 者은 險道를 步ㅎ야 絶頂에 得達ㅎ며 濟度法은 天然 存在ㅎ듸로 人生을 觀察ㅎ고 天道의 光으로 其 暗黑面을 照홈에 在홈이라.

現今 我邦의 結婚이 不良홈은 男女가 皆知홈이라. 第一 原因은 其 結婚方法이 不好홈에 在홈이라. 商工業과 갓치 金銀과 權利만 信ㅎ고 男女 結婚흔 家庭은 趣味 敎育 交通 感情 等事가 互相 尊敬心 及 共同心이 有치 못ㅎ면 何時에 達ㅎ야도 愛情이 生치 못홈이라. 本邦 結婚은 如斯흔 狀態로 結婚흔즉 其 結果가 不良홈은 可知로다. 夫婦間의 愛情이 不通ㅎ믜 家庭이 不順홀 뿐더러 其 子孫에 傳染病이 됨이라. 父母의 意見이 不合ㅎ며 意思 及 趣味 不同ㅎ면 兒童의 家庭敎育은 永久히 不得홀

지라. 其 理由 則 父의 所爲는 母가 反對ᄒ며, 母의 所爲는 父가 不認ᄒ
즉 其 家庭은 破滅홈이라. 假令 夫婦間에 所見 希望 人世觀 道德 宗敎의
差異가 有홀시라도 子孫의게 此等事를 忍耐홈이 可홈이라. 然이나 世上
에 人生의 短氣로 ᄒ야곰 家庭敎育의 本務를 忘ᄒ고, 夫婦의 衝突을 子
孫에게 提出ᄒ야 善惡의 判斷을 求ᄒ즉, 其 夫婦의 薄識을 世上에 紹介
ᄒ야 自己의 人格을 失홈이라.

結婚上에 必要홈은 夫婦가 同一 方面에 進ᄒ야 一은 完全홈 後에 國
家 完全홈이라. 故로 一家를 完全케 ᄒ는 人은 國家의 義務를 홈이오,
一家를 成立치 못ᄒ는 者는 人生의 義務를 不知홈이라.

人世의 無常 迅速에 處ᄒ야 如斯홈 愛를 理解ᄒ는 者는 最上의 賜物
이요, 無二의 寶物이라 ᄒ노라.

◎ 家政學 譯述, 김명준, 〈서우〉 제3호, 1907.2;
　제3호부터 제10호까지

▲ 제3호

小兒敎養

育兒之法이 園丁의 裁植花木과 如ᄒ야 培養의 得宜與否를 視ᄒ나니
得其宜ᄒ면 庸株凡卉(용주범훼)라도 足히 金瓶에 綺麗ᄒ고, 失其宜ᄒ
면 비록 杜若蘭茞(두약난이)라도 脫蘀以凋萎(탈곽이조위, 잎이 시들어
비틀어짐)ᄒ는디 至홀지라. 於人에 亦然ᄒ니 人之生子에 尫弱痴鈍者
(왕약치둔자, 절름발이의 약자와 어리석은 자)는 大抵 起源於母胎內라.
或 幼時에 不注意衛生ᄒ야 以致一生之憾ᄒ니 可怖哉ᆫ져.

故로 欲擧健兒者는 不得不 强實賢智之母를 求ᄒ면 虛弱之兒가 可以 少矣라. 西哲이 有云호ᄃᆡ 神之造母者가 蓋托以無我之小兒 故로 女子之 性情이 必慈仁綿密이오 且能有耐物之力也라 ᄒ니 旨哉라 言乎여. 古來 力拔山氣蓋世之英雄이라도 若其博愛慈惠纖柔之母의 保養이 無ᄒ엿스면 安能立偉功於世界리오.

夫 大空을 凌ᄒ는 喬木이 其割殼出萌時에는 雖小兒라도 能히 挫摘 ᄒᆯ지니 培養을 不宜愼乎아. 人物이 同然ᄒ니 不可不知라. 嗚呼라. 母親 의 育兒之功德이 丈夫濟世之績에 比ᄒ면 更大ᄒ다 ᄒ니 此語가 誠然 이라. 世之爲母者는 맛당히 至親至愛之子女로 ᄒ여금 前塗에 奮翮(분 핵)凌風之望이 有케 ᄒᆯ 것이오, ᄒ여금 蹉跌世路之感이 有치 勿케 홈 이 可ᄒ도다.

一. 胎育

欲擧强健之小兒인ᄃᆡ 先宜有强健之母이오, 欲擧賢明之小兒인ᄃᆡ 其母 가 先宜有精神之敎育ᄒᆯ지라. 故로 姙娠之地位에 處ᄒ 것이 곳 小兒의 將來 成立之地位가 되ᄂᆞ니 其 視聽과 其 擧止를 必不可輕忽이라. 是故로 婦人이 旣姙兒ᄒ면 곳 맛당히 爲母의 義務로써 自任ᄒᆯ지라. 夫胎兒는 母의 感動으로 더브러 同ᄒ며 母의 知覺으로 더브러 通ᄒ야 實노 母의 體質이 遺傳者가 되는 고로 姙婦는 必先其精神을 爽快케 ᄒ며 衣服 住 居 飮食 等을 맛당히 時時 注意ᄒ야 務使心神安靜ᄒ며 運動適度ᄒ야 徐竢分娩(서사분만)ᄒᆯ지니라.

産育이 世界婦人의 應盡ᄒᆯ 職務가 되야 他 疾病과 不同ᄒ니 姙娠時와 産前産後에 不注意於衛 生ᄒ면 必有促縮壽命之慘ᄒ며 或罹不治之症ᄒ 야 種種 危險을 懵者ㅣ 不知ᄒ니 可哀로다. 若其平素에 能히 其 身體를 保衛ᄒ고 姙後에 能히 其 心身을 調養하면 곳 前者의 患害가 決無ᄒᆯ지

28

니라.

姙婦의 衣服을 맛당히 輕暖케 ㅎ며 맛당히 寬緩케 ㅎ야 帶紐之 屬을
不可緊縛於身上이오 密接皮膚之內衣를 最宜淸潔ㅎ며 其他 衣服을 均不
宜有濕氣라. 冬期에 冒寒을 尤忌ㅎ야 其 袖筒과 關於筋絡者를 必實以線
襦ㅎ며 腰部와 腹部는 雖在夏日이라도 亦 不宜冷이오 惟腹帶는 緊縛을
切忌ㅎ야 線布及 柔溫之物로 裏홈이 可홀지라. 凡 胎兒發育에 膨脹이
逾常者는 分娩이 必甚 因難이니 雖束以腹帶라도 無益이오 若不十分膨脹
이면 分娩時와 一切 動作에도 其母의 非 常若痛之 憾이 必無ㅎㄴ니라.

飮食은 맛당히 消化키 易혼 者를 擇ㅎ야써 滋養之品을 삼을지니 若
與 胃不合이면 不宜强食이오 食固忌多ㅎ며 尤忌空腹忍飢니 是는 調理
得宜에 在ㅎ니라.

姙婦의 居室은 宜南面ㅎ며 或東南面ㅎ야 맛당히 日光이 映射ㅎ고 空
氣ㅣ 流通ㅎ며 綠陰이 如幄ㅎ고 百花ㅣ 送香之地를 擇ㅎ야 居홀지오.
卽 不能이라도 所居室處는 暗을 忌ㅎ며 濕을 忌ㅎ고 窓戶簾幔을 반다
시 時時開放ㅎ야 空氣로 ㅎ여금 新陳代謝케ㅎ고 室內에 諸物을 洗拭淸
潔ㅎ야 務使其精神으로 爽快爲主홀지니라.

姙婦의 運動을 務期適度ㅎ야 恒常 맛당히 曠原海濱과 或 公園 及 田
圃少人之地에 散步ㅎ야 可히 新鮮空氣를 吸ㅎ고 極히 高低혼 道路에
走ㅎ거나 峻險혼 山岳을 攀ㅎㄴ거슬 切忌ㅎ고 馬車를 乘ㅎ거나 舞蹈를
試ㅎ거나 重物을 負ㅎㄴ 것이 皆在可戒니라. 平日에 運動이 適度ㅎ면
血氣가 和暢ㅎ고 筋骨이 舒適ㅎ야 夜間에 必能熟睡ㅎ고 睡時에도 其
心身을 靜養ㅎ야 所益이 甚多니라.

胎敎의 不可忽은 我 東洋先哲이 嘗言ㅎ야 西哲의 所言과 如出一轍혼

지라. 是故로 胎內 敎育이 生兒의 敎育과 不同ᄒ니 胎兒者는 母親의 體質이 遺傳ᄒ는 바라. 其 悲喜의 感動과 耳目의 觸發ᄒ는 바가 皆 與 胎內로 密接의 關係가 有ᄒ니 姙婦가 常能注意於此ᄒ야 嘉言을 習聞ᄒ며 善行을 漸漬ᄒ야 胎兒의 性質을 鎔鑄ᄒ면 所産이 必佳子어니와 否則烏能得賢兒乎아.

姙婦가 將及 産期에 必 其 精神을 恬養ᄒ며 其 身體를 淸潔ᄒ며 運動을 其 緩舒ᄒ며 睡眠을 宜安靜ᄒ며 産室과 用具와 衣服 等도 ᄯᅩᄒ 맛당히 規畵整齊ᄒ야 靜以待之ᄒᆯ지라. 普通産期가 大約 二百八十日이니 卽 四十週오 在 陰曆에 十箇月이 되ᄂ니라. (未完)

▲ 제4호

二. 哺育

赤兒를 哺育ᄒ는 것은 母의 乳와 乳母의 乳와 獸乳와 乳粉等이 是라 더욱 生母의 乳로써 最良을 삼ᄂ니 天이 人을 生ᄒ야 資性이 溫順慈惠ᄒ 婦人之手에 委託ᄒ고 ᄯᅩ 佳良ᄒ 食品으로써 異與ᄒ 故로 母의 兒를 乳ᄒᄂ것은 實로 天賦의 職分이니 職을 盡ᄒᄂ者는 其 身體가 반다시 强健ᄒ고 職을 不盡ᄒᄂ 者는 其 身體가 반다시 虛弱ᄒᆯ지라. ᄯᅩᄒ 母가 乳로써 兒를 哺ᄒ면 産後에 漏洩이 大約 三四週 間에 可止ᄒ 것이오. 否則 六週間과 八週間을 皆未可知라. 況 食慾의 進否와 血液의 循環이 兒를 哺치 아니ᄒ면 반다시 非常ᄒ 差異가 有ᄒᆯ지라. 彼愚人은 俗說에 惑ᄒ야 謂ᄒ되 乳로써 兒를 哺ᄒ면 容色이 早衰라 ᄒ야 往往히 愛兒를 他人의게 付ᄒ고 恬然不顧ᄒ면셔 오히려 文明을 自誇ᄒᄂ니 此 類人은 歐美가 最多라 可笑로다.

且 小兒를 自己가 哺育지 아니ᄒ면 愛情이 必薄ᄒ야 德育上에 缺點

이 亦多홀지라 慈母된 者가 엇지 留意치 아니호리오. 天所命의 職責과 義務로써 遺棄抛擲지 勿홀지어다. 母의 乳質이 配合適度를 獸乳와 牛酪과 乾酪質과 乳糖水와 分鹽類로 더부러 無異케 홀지라. 分娩後에 母乳中 一種質을 食하야 輕溫下劑의 效가 有호니 從來所用호는 馬枯李(海草也라 琉球에서 出호니 日本俗에 小兒가 始生호면 馬枯李와 甘草로써 煎湯飮之호야 胎毒을 瀉호는 用을 삼느니라)써 赤兒胎毒을 瀉호는 劑를 삼을 지니 往往히 大痢를 下호야 危險에 瀕한 者와 其 利害를 不可同日 語홀지니라.

母의 衛生은 與前條로 無異호니 一切食品을 반다시 滋養호고 消化키 易한 者를 擇호야 用홀 것이오. 飮料를 또한 苟且히 못홀 것이오. 酒를 더욱 宜禁홀지니라.

哺乳者는 實로 一種의 技術이 되니 初産時에는 母與兒가 不馴호야 其術이 雖拙호나 數日以後에는 必漸得之라. 乳汁이 始或患少호나 然호나 嬰兒가 漸漸發育호면 乳汁이 또한 增多홈이 無慮라. 오작 少年産母가 夜間에 令兒로 乳房을 含케 호고 眠호야 往往히 熟睡不寤호야 兒를 壓호야 死에 至케 호니 此固恒有之事라. 爲母者가 戒宜深戒호야 噬臍之悔를 母貽홀지어다.

生母가 若不能親哺其兒호야 不得已乳母를 傭홀 터이면 맛당이 乳母의 體格과 血統과 年齡 等을 愼選호야 반다시 身體가 康健호며 性質이 溫良호며 血統은 遺傳病과 種種嫌惡이 無호며 年齡은 自二十歲로 迄三十四五歲호야 生母의 齒와 及出産日數로 더부러 不甚差異者라야 方可호지라. 主婦가 小兒를 乳母의게 旣托호얏스면 其 職分을 不得不 또한 讓與홀지니 맛당히 恒常 乳母의 擧動에 注意호야 寬厚로써 待遇호며 飮食과 衣服等을 반다시 極히 鄭重호야 期코 衛生에 適케 호고 使彼로 我의 家庭法規에 馴染호야 遂히 骨肉과 如케 홀지라. 오작 此法은 用之

宜漸이니 萬若驟急히 其 習慣을 變코져 ㅎ면 쏘 乳母의 健康에 害홀가
恐ㅎ니라.

生母가 乳母哺乳之外에 반다시 獸乳와 乳粉 等으로써 小兒를 飼養홀
지니 此는 人工의 哺育이라. 就中에 最易ㅎ고 最適宜ㅎ 者는 莫如牛乳
니 牛乳는 購求키 甚易ㅎ지라. 所宜選擇者는 先히 廣大ㅎ 牧場을 求ㅎ
야 輭乾草를 用ㅎ되 少許의 鹽과 大豆와 靑草等을 幷ㅎ야 飼料를 삼고
幷히 壯齡의 牝牛를 得홈으로써 最上을 삼을 것이오. 卽 不能이라도 쏘
ㅎ 반다시 近於 此 格者를 擇홀지니라.

牛乳者는 晨搾은 必薄이오. 夕搾은 必濃이나 此는 常度라. 小兒初生
의 分量은 以薄爲貴니 用時에 必沸騰一次ㅎ야 淸潔之壜으로써 貯ㅎ고
用法은 自誕生後一月로 至三月은 牛乳一盃에 和水三盃ㅎ고 四月로 至
六月은 牛乳一盃에 和水二盃ㅎ고 七月로 至九月은 牛乳一盃에 和水一
盃ㅎ야 水量을 以次漸減ㅎ야 至僅用乳汁而止니 用時에 可히 乳糖과 或
最上之白砂糖을 和홀지라. 其 沸也에 반다시 一定ㅎ 溫度가 有ㅎ야 稍
冷을 俟ㅎ야 哺홀 것이오. 哺乳器와 及管等은 皆 宜洗滌淸潔ㅎ야 汚物
의 沾滯가 毫無케 ㅎ고 飮餘乳汁을 必棄之니 夏季炎熱에 腐敗가 尤易라
不可不注意니라.

牛乳는 較人乳에 腐敗가 尤速ㅎ니 酷暑時에는 晨所搾者가 不能留至
夕이라. 貯於壜內에 必用綿栓ㅎ야 緊閉ㅎ되 勿使空氣洩入이오. 或 以湯
煎ㅎ며 漬以冷水라야 始免前弊ㅎㄴ니라.
以牛乳로 哺小兒之量은 必其身體의 强弱을 視ㅎ야써 度를 삼을지니
乳壜으로써 小兒를 與ㅎ야 飮홀 時에 十五分間으로써 標準을 삼을지
니라.

生牛乳를 不可得인뒤 可히 煉乳를 用홀지니 煉乳의 種類가 甚多ㅎ야

甚히 不良혼 者가 有ㅎ나 日本所製의 牛印과 鷹印의 飴製혼 煉乳 等을 皆 可用이니 煉乳를 哺ㅎ는 度는 大約誕生後三月에는 用水五勺에 和乳一茶匙ㅎ고 八閱月則用水五勺에 和乳一茶匙半이 可也니라.

凡 成人後에 能히 正確혼 規則을 守ㅎ는 者는 必 於其襁褓之中에 先使之習慣이니 小兒初生ㅎ지 一週間內에 곳 맛당히 哺乳時刻과 漸次及種種之事를 定홀지라. 乳汁이 嬰兒胃中에 入ㅎ야 一時間四十五分을 經ㅎ면 消化始盡ㅎᄂ니 最初 之時는 大約二時間에 一哺乳ㅎ고 其後는 次第節減홀지라. 夜間에는 就寢夜中과 曉三時에 哺之ㅎ고 就寢과 早朝時에 可哺兩次라. 其餘는 小兒啼號時라도 다만 맛당이 輕히 背를 敲ㅎ며 身體를 擦ㅎ야 摩挲홀 而已오. 濫히 哺乳홈은 不可ㅎ니라.

小兒의 離乳가 最要혼 時期가 되니 調理가 失宜ㅎ면 반다시 終身多病이오. 甚且夭死ㅎᄂ니 故로 小兒의 離乳를 宜早라. 離乳의 格度는 大抵生齒後에 在ㅎ야 漸漸適宜혼 飮食으로써 與홀지니 其 時哺乳는 朝夕에 僅二次오. 由是로 漸減ㅎ야 二年許에 至ㅎ면 可히 全혀 離乳홀 지니라. (未完)

▲ 제5호

三. 小兒의 衣食과 居住라.

居住라 新英穉華를 愛ㅎ는 者는 반다시 珍護가 異常홀지니 善히 兒를 育ㅎ는 者가 엇지 此에 異ㅎ리오. 小兒의 心身 發育은 不完全혼 時期에 在ㅎ니 其母의 敎養 善否는 兒의 强弱과 賢 不肖가 實노 係혼지라. 習慣者는 第二層의 性質이니 全히 其母의 手에 鑄造홀지라. 是故로 衣服과 飮食과 住居 等을 母ㅣ 된 者가 반다시 十分 注意ㅎ야 疏忽치 못홀지라.

小兒의 衣服은 輕暖疎末의 品으로써 爲宜홀지니 綿布小絨의 類가 是라 夏季에는 極히 淸潔혼 麻布를 用ᄒ되 其 汚垢를 易見홀 것을 取ᄒ고 色은 尙白홀지라 最不適用者는 絹布니 非但 艱於洗濯ᄒ야 不易淸潔이라 ᄯᅩ혼 幼者之心은 奢侈에 引導홀가 恐혼 故로 비록 富貴之家라도 小兒는 但히 淸潔혼 綿服을 宜用홀지니라. 小兒衣服의 調製는 宜輕宜寬이니 身幅은 宜廣ᄒ며 袖은 宜闊ᄒ며 袖筒과 紐幅의 廣은 可히 緩飾ᄒ야 써 手足의 勞動을 便케 ᄒ며 褚綿은 宜輕薄이오 夏間은 腹掛를 調製ᄒ고 手足은 可露於外니라. 人情의 愛見은 往往히 厚重혼 衣服으로써 衣ᄒ야 以爲ᄒ되 身體가 脆弱에 冒寒致疾홀가 恐ᄒ나 幼穉之年에 發育이 最速ᄒ야 生氣가 充溢於外라 衣服이 薄ᄒ면 四肢運動이 十分活潑ᄒ야 雖嚴冬이라도 猶汗ᄒ야 於身體에 神益이 有홀 것은 不知로다. 小兒衣服은 宜淸潔이오 宜時時洗濯ᄒ며 疊摺整齊ᄒ야 以備取用이면 衛生上에 必要가 될 ᄲᅮᆫ 不是라 德育上에도 ᄯᅩ혼 甚히 關係가 有ᄒ니 凡小兒가 耳未能聽ᄒ고 口味能語홀 時에 맛당이 一種의 淸潔을 好ᄒ며 方正을 悅ᄒᄂᆫ 性情을 養成홀 것이오.

又 小兒가 生及週年ᄒ면 消食器가 漸漸發育ᄒ고 齒數亦增ᄒ고 胃形이 漸如帒狀ᄒ니 粥飯魚肉蔬菜果實之類를 此時에 皆可히 精良者를 擇ᄒ야 調理適當케 ᄒ야 飼之ᄒ고 飮物은 酒類를 除혼 外에 淸湯과 牛乳를 皆可用이오 飮食은 宜微溫이니 過冷過熱은 皆不相宜이니라. 小兒食物은 宜軟이며 宜烹熟而易消化者는 人旣知之나 至於鹽梅之品은 太히 甘鹹혼 것을 忌ᄒ며 辛香之味를 不宜多加이며 食物의 能變味者는 日必易之라 又 前所述과 如혼 食品을 猝不能購ᄒ면 곳 同種類의 物之謝代ᄒ야 반다시 小兒의 適口를 期ᄒ되 食慾이 日進ᄒ면 小兒無知가 或 浪費혼 心性을 養成ᄒ며 或 常食之物을 厭ᄒ야 珍味를 更求ᄒᄂᆞ니 此 種習慣이 於德育上에 甚爲缺點이라 知其弊而矯正之ᄒ야 衛生과 德育二者에 無過不及케 ᄒᄂᆞ 것은 又慈母의 責이니라 小兒의 精神이 最震動ᄒᄂᆞ니 赤兒의 安臥時를 觀ᄒ면 手舞足蹈가 是其性矣라 及能步行ᄒ면 能

히 物을 取ᄒ며 遊戱之心이 油然而生ᄒᄂᆫ 故로 身體가 發達ᄒ며 運動이 活潑ᄒ고 飮食料의 多가 可比大人이라 若强健ᄒᆫ 小兒가 十分의 飮食을 能ᄒ거ᄂᆫ ᄒ여곰 遊戱運動ᄒ야써 其 消化를 促ᄒᆯ지라 但 小兒가 斟酌 分量을 自知치 못ᄒ야 所嗜之物은 食必過度ᄒᄂᆞ니 是ᄂᆫ 爲母者之調護 에 在ᄒ니라. 小兒居室은 宜南面이오 其次ᄂᆫ 宜東南西南이니 반다시 日 光과 空氣流行之處를 擇ᄒ야 小兒로 ᄒ여곰 新氣를 呼吸ᄒ야 身體에 有益케 ᄒᆯ 것이오. 小兒習行時에 危險之事가 尤多ᄒ니 地의 高低와 門 閾의 出入과 切石斷崖와 接近泉水之地가 皆 可懸念이니 宜設高欄以限 之ᄒᆯ지니라. 其 寢室은 大抵 母가 伴之ᄒᄂᆫ 것은 人情이나 然이나 不宜 同衾이니라 居室寢室을 最宜淸潔ᄒ야 汚穢之物을 不可使近이니 必使 無臭氣之嫌惡이라야 乃可ᄒ니라. 室中에 陳設器具를 必布置整齊ᄒ야 無令混雜이니 使小兒로 未辦寒暑之稚年에 目所接觸之物이 皆有條理ᄒ 며 有規則ᄒ면 法律之觀念이 日印於腦ᄒ야 馴染於不自知ᄒ야 血氣가 與之融和ᄒ며 性情이 與之習變일ᄉᆡ로 其 長也에 進退가 반다시 規矩準 繩에 不難ᄒᆯ지니 此ᄂᆫ 德育上 最要者가 될지니라. (未完)

▲ 제6호

四ᄂᆫ 小兒生齒와 種痘와 疾病이라.

小兒의 生齒ᄒᄂᆫ 期에 ᄯᅩᄒᆫ 最意注意ᄒᆯ지니 强健者ᄂᆫ 或 所苦가 無 ᄒ나 虛弱ᄒᆫ 小兒ᄂᆫ 發熱과 懊惱ᄒᄂᆫ 事가 輒有ᄒ고 又 痘後에 맛당이 加意調護ᄒ야 尋常疾病이라도 ᄯᅩᄒᆫ 맛당이 留心ᄒᆯ지니 譬ᄒ건ᄃᆡ 嫩草 新曹와 如ᄒ야 風雨를 不禁ᄒ니 全히 培養者의 保護를 由ᄒᄂᆞ니라.
生齒時에 小兒가 或 不安之狀이 有ᄒᄂᆞᄃᆡ 眼瞼과 及頰邊에 赤色을 現ᄒ고 睡中에 瞪目而驚도 ᄒ고 發熱下痢와 周身發腫等이 是라. 速히 맛당이 延醫診察ᄒ야 小兒之齦이 微痛ᄒ야 泣ᄒ거든 淸潔ᄒᆫ 布片으로 써 溫湯에 漫ᄒ야 輕히 拭ᄒᆯ지니라. 日本三島醫士의 調査를 據ᄒ건ᄃᆡ

日本 小兒가 生後에 大約 七個月을 閱ᄒ면 先히 下顎의 切齒二枚가 生ᄒ고 이윽고 上顎의 切齒에 及ᄒ야 漸히 小臼齒와 犬齒와 大臼齒에 及하ᄂ니 三年을 經ᄒ면 乳齒 二十枚가 全ᄒ더라.

　先是에 日本이 種痘之法을 未知ᄒ야 小兒가 天行痘에 夭殤ᄒᄂ 者ㅣ 甚多ᄒ고 幸히 此를 免ᄒ 지라도 쏘한 容貌로 ᄒ여곰 陋惡케 ᄒᄂ 故로 女子가 尤其傳染을 懼ᄒ니 此ᄂ 爲母者의 最히 繫念ᄒᄂ 바라. 近年來로 種痘之法이 盛行ᄒ야 天行痘之事를 幾忘ᄒ니 此ᄂ 實노 文明世界에 莫大之幸福이라. 然이나 流俗이 種痘之惠를 不知ᄒ고 在上者가 懇篤히 示諭ᄒ되 曾不注意ᄒ다가 痘瘡流行之期에 至ᄒ면 비로소 怡然聽之ᄒᄂ니 慈母慈母여 其所愛之嬰兒를 鄭重히 保全코저 ᄒ진ᄃ 奈何로 於此至極히 切要ᄒ 事에 翫細ᄒᄂ가. 小兒種痘가 大約 誕生後 七十日로브터 六個月 內에 至ᄒ야 醫를 식여 兒의 體를 診視ᄒ야 絶無防礙라야 卽可放種이오 種後에 每六個月을 閱ᄒ야 又 必接種ᄒ지니 若痘瘡流行之期가 아니면 皆可種ᄒ지니라. 種痘ᄂ 大抵左右腕에 在ᄒ니 三粒으로부터 五粒에 至ᄒ야 種後 第三日에 針痕이 紅色을 小帶ᄒ고 四五日許면 創腫而圓ᄒ야 濃紅色을 現ᄒ고 七八日許면 其 中央이 必生膿液이니 其 時小兒가 必生痛楚ᄒ고 且 發熱苦渴ᄒ지니 爲母者ㅣ 맛당히 善護ᄒ 것이오 第十日許에 至ᄒ면 結痂ᄒ고 又 七八日이면 痂落而漸愈ᄒ지니 此ᄂ 種痘時經過에 順序라.

　小兒ㅣ 疾病이 最多者ᄂ 消化器病과 呼吸器病과 腦神經과 眼耳 等 病이 되고 其他 傳染病之屬은 痘瘡(假痘)라. 實布垤利亞와 枯路羅基와 猩紅熱과 百日咳과 痲疹과 水痘와 流行性感冒와 流行性耳下腺疾과 赤痢와 虎列刺와 腸窒扶斯 等이라. 腺病이 有ᄒ 小兒ᄂ 無論何病ᄒ고 均 易犯染이니 宜於幼時에 加意攝養하야 新鮮ᄒ 空氣를 呼吸케 ᄒ고 滋養物을 多取ᄒ야 調理ᄒ여야 身體가 비로소 强壯을 可望ᄒ지니라.

小兒ㅣ 頭部가 斜ᄒᆞ거나 肩이 曲ᄒᆞ거나 手足이 能히 十分屈伸치 못ᄒᆞ거든 곳 外科醫를 招ᄒᆞ야 視ᄒᆞᆯ 것이오 小兒의 啼聲이 平常과 異ᄒᆞ거든 宜 其 呼吸을 檢查ᄒᆞ야 呼吸이 吹笛한 如ᄒᆞ거나 或甚히 苦劇ᄒᆞ거나 或 睡中에 猝히 驚醒ᄒᆞ거든 ᄯᅩ한 맛당이 醫를 延ᄒᆞ야 視ᄒᆞᆯ것이오 泄汗과 便秘와 下痢와 二日以上에 水瀉 等 事는 尤應從速療治ᄒᆞᆯ 것이오 小兒의 身體가 薄弱ᄒᆞ야 卽有不適이라도 能히 其 容體 若何를 自狀치 못ᄒᆞᄂᆞᆫ 者는 爲母가 宜察之於微ᄒᆞ야 不治之悔를 勿貽ᄒᆞᆯ지니라. 小兒의 病을 調 護홈이 固非易易니 室內의 溫度와 衣服의 增減과 哺乳藥 等이 事極繁瑣 ᄒᆞ니 爲母者가 應히 籠中之病鳥를 飼養홈과 如ᄒᆞ야 細審徐察ᄒᆞ야 忤觸 지 勿ᄒᆞ며 姑息지 勿ᄒᆞ고 맛당히 急히 藥治ᄒᆞ야 苦口를 慮ᄒᆞ야 踟躕ᄒᆞ 다가 事를 誤치 勿ᄒᆞ라. (未完)

▲ 제7호

五ᄂᆞᆫ 小兒의 動靜과 遊戲

强健한 小兒ᄂᆞᆫ 반다시 能히 安眠ᄒᆞ며 能히 飮食ᄒᆞ며 運動을 好ᄒᆞᄂᆞ 니 强弱이 雖原於天性이나 然이나 其 一部分은 胎內敎育과 ᄯᅩ 幼稚時 保養之道如何에 在ᄒᆞ니 古之聖賢豪傑이 得力於家庭敎育者ㅣ 何限이리 오. 然則 膝下之薰陶를 誠不可忽矣로다. 兒生六七週間은 乳哺便通을 除 한 外는 皆 眠時니 無他라. 腦力이 十分 充足지 못한 故로 善睡하ᄂᆞᆫ지 라. 是於 發育上에 最大의 關係가 有ᄒᆞᆫ지라 虛弱ᄒᆞᆫ 兒는 決不嗜睡ᄒᆞᄂᆞ 니 日本俗語에 所謂 寐兒者丈夫라 ᄒᆞᄂᆞ니 其言이 誠不爽實이라. 故로 小兒眠時에 不可驚醒이오 必使之熟睡爲宜니라. 嬰兒 出外之期ᄂᆞᆫ 春秋 溫暖時를 當하면 誕生後 二週間에 天郞無風之日을 擇ᄒᆞ야 懷抱之ᄒᆞ고 徐徐히 運動於戶外를 約半時 許ᄒᆞᆯ 거시오 嚴寒酷暑에ᄂᆞᆫ 必七八週間이 라야 始能出外ᄒᆞᆯ지라. 小兒學步에 須聽其自由오 不可驚擾며 尤不可置 諸搖籃而簸動之라.

小兒가 旣能步行이면 强健者는 可히 活發흔 運動遊戱를 任其爲之나 惟其入園之期에 未達ᄒᆞ야는 頭部四肢가 尙極柔弱ᄒᆞ야 稍有折損이면 必極危險이니 任意勞動이 亦 非宜也라. 故로 保育小兒者가 注意而放任 홀지니라 若夫號泣과 歌笑는 小兒에 常事오 또흔 能히 呼吸을 通ᄒᆞ고 肺臟을 廣ᄒᆞ야 其全身之運動을 助ᄒᆞ는 것이 大有補益이니 不必抑制홀 지라. 小兒를 每日에 맛당히 極히 純良흔 溫水로써 浴ᄒᆞ되 以手로 酌其 度分而加減之홀지라. 其浴也는 兒의 初覺과 或 就寢時오 天寒則於中에 浴之라 浴巾은 軟흔 海布綿을 用ᄒᆞ야 頭部로 由ᄒᆞ야 徐徐히 全身에 及 ᄒᆞ되 不可洗拭眼口니라. 在浴湯中은 自五分以上으로 迄十分時間이오 浴終이면 西洋水拭을 取ᄒᆞ야 其 全身을 拭ᄒᆞ고 暖床上에 臥ᄒᆞ야 冷흔 空氣를 勿冒케 홀지라. 赤兒初生之胎髮을 世俗이 每剃之ᄒᆞ니 此는 大害 라. 赤兒가 頭極軟弱ᄒᆞ야 剃則傷腦니 烏乎可리오.

小兒의 遊嬉가 또흔 最宜注意之事라. 何則고 兒가 初人於世界에 所覩 所聞者는 無非新奇可喜之物이오 其 小腦가 漸和漸覺ᄒᆞᄂᆞ니 卽可因其 自然而敎導之ᄒᆞ야써 知識을 濬ᄒᆞ고 遊嬉之處는 智德體 三育之敎를 皆 宜附之라. 人性이 皆先入으로 爲主ᄒᆞ고 幼時於翫具之類에 一觸視聽이 卽深印於腦ᄒᆞᄂᆞ니 爲母者가 能히 婉轉曲引하야 諭之於道하면 隨處獲 益홀지라. 翫具는 如球類之圓形無角者를 以硝子製와 或 鐵葉製로 加染 料者는 不可予小兒니 小兒가 新奇之物을 見ᄒᆞ면 ▨得則欲得之하고 旣 得則必慊其望이라 無論或箱或毬ᄒᆞ고 必破碎之ᄒᆞ야 以觀其內部가 亦常 態라. 故로 雖 富貴之家라도 決코 高價의 翫具로써 幼兒를 予치 못홀지 니 予以粗物이 可矣라. 其 母가 更宜導之以淺詞淺理하야 動其愛情하야 使之惜物이면 勤儉慈惠之心을 庶可養成홀지니라. 小兒가 能取物時에 爲母者가 於一切翫具에 可히써 增益其智德ᄒᆞ며 及有助體育者를 擇홀 것이요 反對無益之物品은 尤宜擯棄라. 卽有益之翫具라도 亦必使納於箱 篋ᄒᆞ야 安置整齊ᄒᆞ고 穢者는 令滌之ᄒᆞ며 破壞者는 令補綴之ᄒᆞ야 懶慢 과 齷齪之行은 不宜使之習慣이니라. 代於母者는 (保母) 爲母之助手ᄒᆞ

야 時時로 看護小兒者니 選擇을 當愼이라. 泰西諸國의 凡 保母는 必卒業於學校者요 否則必擇其學識相當者라야 方能專一於保育及家庭教育홀지라. 今에 此等人을 我國內에 驟求코저 ᄒ면 固不能得이니 無已則其身體强健ᄒ며 性質이 柔淑하고 讀書에 稍有心得ᄒ야 略知普通之教育者를 取ᄒ야 用홀지니 然後에야 母之於兒에 漸導以目的之針路ᄒ야 務使小兒로 愛悅而從其規則케 홀지니라. (未完)

▲ 제8호

一은 家庭教育之必要

胎內教育과 襁褓中之教育이 甚爲切要는 前旣言之라. 子女가 達於學齡ᄒ야는 友宜善之其基礎니 故로 幼兒가 三四歲에 幼穉園에 入홀 時는 爲母者가 於家庭教育之點에 不可稍缺이라 西俗에 凡 子女의 言行端正을 見ᄒ면 輒目之曰 此兒之母가 必賢淑이오 其 家庭教育이 必極嚴肅홀지니 否則 安能及此리오 ᄒ고 又 見學藝之優ᄒ면 輒論之曰 彼之師長이 必完全之教育家로다. 不然이면 何以及此리오 ᄒᄂ니 彼國이 於家庭學校之教育에 視之를 如此 其 重이라. 故로 其 子女가 맛ᄎᆷ니 至善之效果를 收ᄒᄂ니라.

大人者는 不失其赤子之心者라. 西教에 人不如赤子ᄒ면 不能入天國之說이 有ᄒ야 東西 聖賢이 言同一轍ᄒ니 赤子之價値가 誠重矣哉ᆫ저 蓋赤子之誠은 人我之私가 無ᄒ야 純如白玉ᄒ며 潔如素絲ᄒ니 其 心身이 完全치 못ᄒᆷ으로써 遂히 木偶으로써 視치 勿홀지니 彼가 目非不能見이오 耳非不能聞이라. 但接於五官者가 渾渾噩噩ᄒ야 認於腦裏ᄒᄂ 事物이 極其單簡ᄒ야 善惡邪正이 分於此時ᄒ니 是는 教之者何如에 在홀지라. 嬰兒가 自墮地之始로 卽爲本國一國民ᄒ니 異日에 或 能置身朝廷ᄒ야 組織善政ᄒ야 竭一人之力ᄒ야 以造福於全群을 未可知也라. 彼 東西

豪傑이 建奇功ᄒ며 立偉業ᄒ야 轟聲名於全球者가 孰不從兒時來哉아 小兒之價値가 誠可寶哉ㅣ저.

近朱者는 赤ᄒ고 近墨者는 黑ᄒᄂ니 習慣者는 第二性이라. 爲君子 爲 小人이 皆 胚胎於此時ᄒᄂ니 習慣之力이 最大ᄒ고 所入이 赤最深이라 所習이 惡則終身受其害ᄒᄂ니 奈何不懼리오. 敎育者는 所以去其惡ᄒ 며 培其善ᄒ며 養其德ᄒ며 發其智ᄒ야 至良習慣으로써 導ᄒ이라. 不然 이면 幼旣失學ᄒ고 及長而後에 督責之ᄒ면 雖 勞나 何益이리오. 爲母가 於小兒天性未漓之時에 愼其所習ᄒ야 培其天賦之美質ᄒ야 子女의 智德 을 完全히 홈을 務홀지니라. 然則 小兒의 賢不肖를 皆家庭의 如何를 視 ᄒ야 消長을 삼ᄂ니 若內에 賢母가 有ᄒ고 外로 다시 明師益友와 日日 相處ᄒ면 小兒의 五官觸接ᄒᄂ 바가 無一不善ᄒ야 習與性成에 進德이 益易ᄒᄂ니 家庭敎育之必要는 於此에 益可知矣니 爲人母者는 其思之 어다. (未完)

▲ 제9호

二는 家庭敎育의 目的

家庭敎育의 目的은 讀書와 習算과 格物之類가 皆 智育의 切要ᄒ 者나 然이나 尤 莫要於德育이라. 有德育ᄒ야 以固其心ᄒ며 厚其情ᄒ며 養其 敬愛孝友之德ᄒ고 復强健其身體ᄒ며 鍛鍊其精神ᄒ야 使能耐寒暑ᄒ며 能忍飢渴이니 夫 男兒는 志在四方이라. 以此習慣으로 養成於平素라가 一朝에 有緩急之事ᄒ면 雖梳風臥露딜 何傷乎리오.

敎育 兒童은 勿賞其小慧ᄒ고 宜求大成이니 世俗之譽兒者는 略能讀 書識字홈을 見ᄒ면 卽 奬借百端ᄒᄂ니 孩提無識이 因寵生驕ᄒ야 久且 流於不遜이오 反是者는 或又 他兒之學藝가 優於我兒ᄒ 것을 羡ᄒᄂ지

라. 於是에 加以重量之課業ㅎ야 困其腦力ㅎ니 兒童의 能力과 腦力과 體力이 漸히 疲勞ㅎ고 身體가 漸히 虛弱ㅎ야 甚至於夭死不幸之事를 邁ㅎ니 是는 矯角殺牛와 無異ㅎ지라. 吁라 揠苗助長이 則何益矣리오.

學藝의 進步는 宜因勢利導요 不宜急促은 固然矣라. 然이나 必有一定之方針이요 不可遊移無主라. 若夫仁愛博愛之情牲과 不屈不撓之精神은 宜於襁褓養成之니 此則精神敎育의 基礎라. 不可稍緩者니 與學藝不同ㅎ니라.

逆世界之風潮者는 非善敎育小兒者라. 今日 敎育小兒의 要旨는 盖在德育ㅎ니 德育이 未厚ㅎ면 流弊가 滋多라. 譬如築堤ㅎ야 堅且固ㅎ면 惡浪이 不能齧ㅎ고 又 如築室ㅎ야 其基가 厚ㅎ면 雖有汚濁之物이나 亦無由乘隙而入이라. 故로 風俗이 厚ㅎ면 人人이 勉於善ㅎ고 風俗이 薄ㅎ면 人人이 不恥爲不肖ㅎ느니 所謂居移氣요 里仁爲美라. 今者 我國(日本) 治化가 雖勝於古ㅎ나 然이나 人智의 進步와 道德의 發達은 尙未至空前絶後之極點이라 故로 智以飾非ㅎ고 言以拒諫之流가 邀不義之榮ㅎ며 致不正之富者가 往往而有ㅎ거늘 後進이 不察ㅎ고 尤而效之ㅎ야 才智가 不能及ㅎ면 必貽畵虎類犬之誚니 爲之母者가 奈何로 不於家庭間豫防之耶아 凡東西古聖古賢之事蹟을 宜時時로 小兒의게 擧示ㅎ야 使奉爲標準이니 盖榮耳賤目은 人情이 類然이라. 與其徵今으론 無寧援古요 又有慮者는 異地異種之人을 擧ㅎ는 것이 不如同國同種人之有益이니 以其密接之感情이 甚薄也라. 若 其 戚友中 前輩之可法者를 最宜擧示小兒요 必不得已인딕 年齡相近과 位置相若之人을 擧示ㅎ지니라.

▲ 제10호

家庭敎育의 必要는 前旣畧言어이와 實行方法이 如何에 至ㅎ야는 請컨딕 其說을 更畢ㅎ노라.

41

一은 子女의 飮食과 衣服과 住居 等을 必宜注意ᄒ야 使之運動適度ᄒ고 睡眠酣足ᄒ야써 其 身體를 强健케 홀 것이요.

二는 忠君愛國之念을 必使腦中에 固結케 ᄒ야 其 正義를 體ᄒ며 正道을 蹈ᄒ기로 勸勉ᄒ야 行事를 必依秩序ᄒ며 接物을 必從規律케 ᄒ고 更히 我邦建國之體와 歷世之德과 東西古今 前哲의 嘉言과 懿行을 擧ᄒ야 一一히 指摘ᄒ야 說明ᄒ고 遷善去惡으로써 引導ᄒ야 使其 仁恕ᄒ며 博愛ᄒ며 誠實ᄒ며 正義之人을 養成홀 것이요.

三은 子女가 學齡에 達ᄒ면 父母가 命其就學ᄒᄂ 義務가 有ᄒ니 入學之 後에 使之尊師敬友ᄒ고 於其還也엔 其 學問을 硏究ᄒ야써 道德을 磨鍊홀지니 반다시 兒童의 腦力과 體格의 發達程度을 因ᄒ야 其 强弱과 年齡의 大小을 量ᄒ야 期於適當케 ᄒ되 毋過毋不及케 홀 지라 又 家庭敎育이 學校敎育으로 더부러 同一方針ᄒ야 不可齟齬 홀지니라.

家庭敎育은 必有秩序ᄒ야 歷階登堂과 如ᄒ야 不可造次홀지라 凡 幼 穉子女를 一事一物로써 敎ᄒ되 必先其己知者를 由ᄒ야써 其未知者에 及ᄒ며 其 名稱을 由ᄒ야써 性狀에 及ᄒ며 其 大體를 由ᄒ야써 其 各部 에 及ᄒ며 其 有形을 由ᄒ야써 其 無形에 及ᄒ며 其 簡單을 由ᄒ야써 其 複雜에 及ᄒ며 其 卑近을 由ᄒ야써 其 深遠에 及ᄒ여야 扞格不入之 患이 無홀지니라.

吾輩가 外國의 言語 文字을 學ᄒ면 必先識其字母ᄒ야 簡短綴字法과 單語 單句 等에 及ᄒ며 又必先其眼前之名稱을 由ᄒ야써 動詞와 及他品 詞에 及ᄒ 然後에 短間의 文章을 讀ᄒ야 長篇에 漸及ᄒ고 써 全體 文意 를 理解홈에 至홈은 不得不 順序홈이니 況小兒乎아.
現時 本邦(日本)의 習俗은 年少子女가 大抵 皆學於學校ᄒ니 自己 單

純之敎는 甚少혼지라. **予女가 幼稚園으로부터 學校에 升호야 種種 學科**를 修호매 其程度經驗이 幾許敎育家를 由호야 協議而定혼 者니 家庭間 注意를 不必홀 터이나 最常用心者는 學校所授의 文技程度을 査核호야 敎育의 目的으로 더부러 反對홈이 無케 호고 又必其幼兒의 心身을 察호야 發達이 相伴호여야 希望의 效果를 能得홀지라. 若在學校外 課之就學호야는 호여금 讀書寫字와 各種 技術을 修호되 非有特別事故면 不可 間斷홀지라. 最重者는 尤在德育호니 古人이 嘉言과 懿行을 使之飫聞(사지어문)케 호고 且就其言行而監察之호야 加以褒貶호야 令其自省호고 又適宜혼 運動과 其他 衛生이 體育에 有益혼 者를 使其爲之홀지니 此皆 爲母者의 責務라. 獎勸譴責에 至호야는 不可過渡요 반다시 身體와 年齡之格에 恰合(흡합)호여야 方可홀지니라.

小兒於襁褓中에도 맛당히 整齊혼 賞罰로써 示호야 使之習慣이요 且其緩急之度를 宜定홀지니 過譽之호면 足以長虛驕之氣요 責之太嚴호면 彼 小兒의 渾渾無知가 非疑則懼호야 或 易激其反動力호야 廉恥를 不養호고 感化가 更難홀지니 賞罰小兒는 宜慈恕호며 宜公正이라 若誑騙諂諛之惡德은 雖在幼少나 必嚴責之호야 以絶其萌芽호고 其餘小失은 漸有知識을 俟호야 除之自易라 但扶困濟急의 諸美德과 不文過호며 知過必改의 明訓과 言行이 合於正義者로써 灌輸호고 適宜혼 褒賞으로써 與호면 斯得矣라.

◎ **敎育의 目的, 禹敬命 (譯), 〈태극학보〉 제10호, 1907.5.**

[해설] 이 논설은 우경명이 역술한 것으로, 〈대한매일신보〉 융희원년 (1907) 10월 3일자에도 실려 있다.

如何혼 目的을 爲호야 人을 敎育홈인지 卽 人을 敎育호야 到達코져

ᄒᆞᄂᆞᆫ 目的은 何에 在ᄒᆞᆫ고. 此 問題에 對ᄒᆞ여ᄂᆞᆫ 古來 學者의 所言이 不一
ᄒᆞᄂᆞ 然이ᄂᆞ 此를 一言으로 論ᄒᆞᆯ진ᄃᆡ 大抵 敎育의 目的은 幼弱ᄒᆞᆫ 人을
善導ᄒᆞ야 獨立自裁ᄒᆞᄂᆞᆫ 域에 達케 ᄒᆞ야써 將來 社會上에 立ᄒᆞ야 能히
人된 職分을 完全케 ᄒᆞᆷ에 在ᄒᆞ다 謂ᄒᆞ리로다.

此에 人의 職分이라 ᄒᆞᄂᆞᆫ 言에 對ᄒᆞ야ᄂᆞᆫ 人人의 思量ᄒᆞᄂᆞᆫ 바 亦 各異
ᄒᆞ니 或은 人의 職分은 人의 道德的 生活을 完成ᄒᆞᆷ에 在ᄒᆞ다 ᄒᆞ며 或은
人으로 ᄒᆞ여금 天賦의 性質을 完成케 ᄒᆞᆷ에 在ᄒᆞ다 ᄒᆞ며 或은 人生의
道德的 品性을 確立ᄒᆞᆷ에 在ᄒᆞ다 謂ᄒᆞ야 其 所論이 各異ᄒᆞᄂᆞ 畢竟 同一
ᄒᆞᆫ 意義를 有ᄒᆞ고 ᄯᅩᄒᆞᆫ 十分 解釋을 盡치 못ᄒᆞ엿도다.

大抵 人은 生長 後 許多ᄒᆞᆫ 境遇에 處ᄒᆞ야 活動ᄒᆞᆯ 運命을 有ᄒᆞᆫ 者이니
다못 自己 一個人의 生活만 能케 ᄒᆞᆯ ᄲᅮᆫ 아니라 凡ㅣ 人된 職分이라 ᄒᆞᄂᆞᆫ
것슨 其 種種ᄒᆞᆫ 境遇에 處ᄒᆞ야 ——이 此에 對ᄒᆞᆫ 義務를 完全히 遂行ᄒᆞᆷ
으로 由ᄒᆞ야 비로서 完盡ᄒᆞᆷ을 得ᄒᆞᆯ 것이라. 其 關係가 쟈못 複雜ᄒᆞᄂᆞ
大略 區別ᄒᆞ면 次와 如ᄒᆞ니

一. 自己에 對ᄒᆞᆫ 關係
一. 家族에 對ᄒᆞᆫ 關係
一. 國家에 對ᄒᆞᆫ 關係
一. 社會에 對ᄒᆞᆫ 關係
一. 自然에 對ᄒᆞᆫ 關係

卽 人은 何人을 不論ᄒᆞ고 成長ᄒᆞᆫ 後에ᄂᆞᆫ 同是 以上 列擧ᄒᆞᆫ 關係間에
立ᄒᆞ야 活動ᄒᆞᆯ 運命을 有ᄒᆞᆫ 者니 所謂 人類의 普通 職分이라 하ᄂᆞᆫ 거ᄉᆞᆫ
此等 活動 全範圍에 對ᄒᆞᆫ 義務를 圓滿케 ᄒᆞᆷ에 在ᄒᆞ다 謂ᄒᆞᆯ지라. 自己에
對ᄒᆞᆫ 關係ᄂᆞᆫ 人은 自己의 生命을 保存ᄒᆞ고 自己의 智識을 增進ᄒᆞ며 自
己의 道德을 完成ᄒᆞᄂᆞᆫ 義務가 有ᄒᆞ고 家族에 對ᄒᆞᆫ 關係ᄂᆞᆫ 人은 家族間
에서 生長ᄒᆞ야 家族에 一員으로 生涯를 送ᄒᆞᄂᆞᆫ 者이민 家族의 幸福을
增進ᄒᆞ며 繁昌을 經營ᄒᆞᄂᆞᆫ 義務가 有ᄒᆞ고 國家에 對ᄒᆞᆫ 關係ᄂᆞᆫ 人은 國

家의 一員으로 生活ᄒ야 國家의 保護가 有ᄒ 後에 其生을 安ᄒ며 其業에 服홈을 得ᄒ니 人間의 幸福은 實로 完全ᄒ 國家的 生活로 因ᄒ야 其 最高度에 達홈을 得ᄒ깃고 人類의 進步 發達도 ᄯ또 此로 由ᄒ야 完全홈을 得ᄒ 것이니 故로 國家的 生活을 營ᄒᄂ 거슨 人類 一般의 目的에 適合ᄒ 者라 謂ᄒ지라. 然則 人은 國家의 有用ᄒ 一分子로 其 國家의 隆盛 發達에 盡力홀 義務가 有ᄒ며 ᄯ또 社會에 對ᄒ 關係ᄂ 人은 一般 人類社會間에 生存ᄒ야 此에 相離치 못홀 關係가 有ᄒ고 社會의 文化로 因ᄒ야 其 心身 諸力의 完全ᄒ 發達을 遂ᄒᄂ 者이미 人은 ᄯ또 社會에 對ᄒ 義務로 社會의 文明 開化를 增進ᄒ며 其 不完全ᄒ 點을 改良ᄒ야써 後繼者로 ᄒ여금 其 文化의 恩惠를 浴케 홀 義務가 有ᄒ고 自然에 對ᄒ 關係ᄂ 凡 社會의 進步 發達은 專혀 自然을 利用ᄒᄂ 如何에 關係홈인 則 人은 自然의 理法에 從ᄒ야 厚生의 資를 供ᄒ며 ᄯ또 自然을 愛護ᄒᄂ 道를 取치 아니치 못홀 거시라. 卽 人生의 職分은 以上의 境遇에 處ᄒ야 各各 其 義務를 完盡ᄒᄂ 者ㅣ니 如此ᄒ 人은 다못 一個 人으로 價値가 有홀 ᄹᄀ만 아니라 社會에 立ᄒ면 極히 有用ᄒ 人됨을 得ᄒ깃고 此로 由ᄒ야 人間의 理想과 社會 進步의 目的이 平行 發展홈을 得ᄒ리로다.

人의 職分이 此와 如ᄒ면 敎育의 目的은 言을 不待ᄒ고 自明홀 거시니 卽 <u>敎育의 目的은 人으로 ᄒ여금 將來 成長ᄒ 後에 獨立 自裁로 以上 種種의 關係間에 立ᄒ야 適當히 身을 處ᄒ며 其 義務를 完盡케 ᄒ기 爲ᄒᄂ 準備를 與ᄒᄂ 데 在ᄒ다</u> 謂홀지라.

此 目的을 達ᄒ기 爲ᄒ야 敎育上에 左記의 方法을 講치 아니치 못홀지니

一. 敎育을 受ᄒᄂ 人으로 ᄒ여금 成長ᄒ 後 以上 各樣의 義務를 完全케 ᄒ기 爲ᄒ야 幼時로부터 其 身軆의 健全 强壯ᄒ 發達을 遂케 ᄒᄂ 事이니 卽 軆育이 是也요

一. 敎育을 受ᄒᄂ 人으로 ᄒ여금 將來 道德的 生活을 完全케 ᄒ기 爲ᄒ야 道德上 行爲에 律從케 ᄒᄂ 事이니 卽 德育이 是也요

一. 敎育을 受ᄒᄂ 人으로 ᄒ여금 將來 處世上에 必要ᄒ 智識과 技能을 學得케 홈이니 則 智育이 是也라.

◎ 家庭敎育法, 金壽哲, 〈태극학보〉 제16호, 1907.12.

[해설] 이 논문은 태극학보 제16호(1907.12.4), 제17호, 제18호, 제19호, 제20호, 제21호, 제22호, 제23호, 제25호, 제26호에 9회 연재된 것으로 제1부 가정교육의 원리, 제2부 가정교육의 방법으로 구성되었다. 여기서는 제1부의 주요 내용과 제2편 정신교육 부분을 입력하였다. 학회보 연재물의 특성상 편-장-절-목의 구성 방식이 혼란스럽지만 이 시기 가정교육론을 체계화한 논문이라는 점에서 큰 의미를 갖는다.

▲ 제16호

緖論

大抵 敎育의 終局 目的이 人物 養成에 在ᄒ 것은 世의 定論이라. 更히 呶呶홀 빈 無ᄒ거니와 回顧컨딕 現時 小學校는 果然 人物 養成에 適當ᄒ가. 又 如何히 ᄒ면 完全ᄒ 人物을 養成할가. 此는 實노 敎育界의 一大 問題ㅣ라. 此 問題를 解釋ᄒ여 正當ᄒ 答辯을 與홀 것은 卽 吾人 敎育者의 當應할 責務가 아니리오. 若 敎育의 目的이 單히 知識技能을 授與홈에 在ᄒ다 ᄒ면 余輩ㅣ 다시 무엇을 云云ᄒ리오. (…중략…)

以上의 所論에 由ᄒ면 家庭의 任務는 實로 大ᄒ다 謂홀지로다. 그러나 現時의 家庭이 能히 其 要求에 應ᄒ여 其任을 完得ᄒᄂ냐 ᄒ면 余輩는 맛당히 否라 答홀 것을 不憚홀리로다. 嗚呼라. 小學校 敎育에 關ᄒ여 先進者ㅣ 이믜 其 設備를 考究ᄒ며 敎授의 方法을 硏究ᄒᄂ 等 諸般의 改良을 努力홈으로 써 適當의 書物도 漸出ᄒ고 其 方法도 公共ᄒ게 되

엿스나 其 家庭敎育에 至ᄒ야서는 世間이 아직 其 必要홈을 感함이 懇切티 못홀 쑨더러 또혼 其 方法을 硏究ᄒ는 者도 絶無ᄒ도다. 엇지 其 學校敎育에 基礎되는 家庭敎育이 此와 如히 等閒에 付홈을 見ᄒ건디 敎育에 從事ᄒ는 者ㅣ 一層 猛省티 아니리오. 大槪 敎育者는 國家의 先覺者로뼈 任홀지며 社會에 先進者로뼈 立홀지라. 余輩ㅣ 비록 不才ᄒ나 多年間 敎育의 事에 留意홈이 不無홀ᄉㅣ 恒常 家庭敎育의 不備홈을 慨歎ᄒ야 뼈 其 未知의 理論을 硏究ᄒ고 未發의 方法을 案出ᄒ야 世의 一般 家庭의 注意를 促ᄒ야 改良을 施ᄒ며 善良의 敎育을 行ᄒ고 又 進ᄒ여 其 學校敎育의 進步 發達홈을 貢獻코져 自期ᄒ는 비로라.

(第一部) 家庭敎育의 原理

第一 家庭敎育의 意義

家庭敎育의 意義를 明確히 ᄒ고져 ᄒ면 必先 家庭의 如何흔 것을 解說치 아니면 不可ᄒ지라. 그러나 家庭에 對ᄒ야서는 아직 確固흔 解釋이 업슴으로 人人의 所說이 區區ᄒ도다. 今에 余輩의 所見으로 由ᄒ면 家庭이라 ᄒᄂ 것은 卽 學校 以外의 敎育所이며 又 家庭敎育이라 ᄒᄂ 것은 此 家庭의 與ᄒ는 敎育이라 云홀지라. 그러나 此 意義ㅣ 甚히 廣漠홈에 失ᄒ여 其 眞意를 知키 不能타는 誹嘲가 亦不無홀이로다. 그런즉 家庭敎育에 對ᄒ여 其 廣義의 解釋을 與ᄒ자면 可히 二部에 分홀지니 第一部는 學校時代 以前의 家庭敎育, 第二部는 學校時代의 家庭敎育이라 稱홀지라. 前者는 學校敎育의 基礎가 되고 後者는 學校敎育의 補助가 되나 此를 簡言ᄒ자면 兒童이 小學校에 入ᄒ기 前에 施홀 敎育은 勿論 其 在學 中과 學校 以外에 當ᄒ야서도 行홀 敎育은 卽 家庭敎育이 是ㅣ라. 又 進ᄒ여 中等敎育의 學校에 入흔 後에라도 感情 猛烈흔 靑年時代에는 恒常 思想이 堅固치 못흔 故로 又 家庭敎育의 必要를 觀홀지니 故로 이믜 一般의 普通敎育을 終ᄒ면 所謂 成年時代에 達ᄒ야 父母의 干涉홀

비 減少ᄒ다 ᄒ나 더욱 社會敎育의 要用을 認ᄒᄂ니 此 社會敎育도 多大히 家庭敎育의 補助를 必借ᄒᆯ지로다. 그런즉 人生의 如何ᄒᆫ 時代를 勿論ᄒ고 學校敎育 以外에 更히 或種의 敎育의 必要를 見ᄒ겟도다.

余輩는 此種 敎育을 總稱ᄒ여 家庭敎育이라 名ᄒᄂ니 實노 廣義의 家庭敎育 中에는 社會敎育과 幼稚園 敎育이 다 含蓄ᄒᆷ이로다. 그러나 今에 論코져 ᄒ는 곳은 卽 小學校 以前의 家庭敎育에 在ᄒᆯᄉ시 其 學校 時代의 家庭敎育에 關ᄒ야서는 別論을 更擧ᄒ겟노라.

第二 家庭敎育의 目的

家庭敎育의 意義는 이믜 明確ᄒ지라. 玆에 論ᄒᆯ 만ᄒ 範圍도 定ᄒ엿슨즉 又 進ᄒ여 其 目的의 如何ᄒᆫ 것을 更히 硏究ᄒ리로다. 現時 世에 行ᄒ는 家庭敎育의 狀態를 觀察ᄒᆫ즉 兒童學, 兒童心理學, 兒童衛生學 等에 對ᄒ여서는 如何ᄒ 硏究도 少無ᄒ고 徒히 兒童을 抑制ᄒᆯ 쑨더러 所謂 嚴格ᄒ 行儀 作法을 授ᄒ여 知識을 付與ᄒ노라고 ᄒ야 反히 情神의 過勞를 來ᄒ며 過度의 勞働을 作ᄒ야써 身體 發育을 害케 ᄒ야 其 學校에 入ᄒ 後에도 다시 挽回ᄒᆯ 수 업는 悲境에 陷케 ᄒ는 者ㅣ 多ᄒ니 此는 全혀 家庭敎育의 目的을 不解ᄒᆷ이라. 그러면 其 目的은 如何ᄒᆫ고. 乞惟 此를 左에 述ᄒ노라.

今에 熟히 家庭에 在ᄒ 兒童의 狀態를 觀察ᄒ건딕 其 心意와 밋 身體의 組織이 아직 完全ᄒ 域에 未達ᄒ고 今에 비로소 發達의 時期에 在ᄒ니 可히 此 微弱ᄒ 心意를 發達ᄒ여 强固게 ᄒᆷ으로 써 他日 學校敎育을 施ᄒᆯ 準備를 하지 아니치 못ᄒᆯ지로다. 若 此와 反ᄒ야 此 纖弱ᄒ 兒童에게 對ᄒ야 理論으로써 制御ᄒ고 壓制로써 束縛ᄒ는 等은 다믓 其 心意의 發達을 害ᄒᆯ 쑨만 안이라 盛히 成長ᄒ는 身體의 發育을 妨ᄒᆷ도 頗大ᄒ니라.

幼兒는 極히 自然ᄒ고 極히 眞誠ᄒ고 極히 玲瓏ᄒ니 彼等의 行動은 卽 天性이라. 故로 大人의 惡으로 見ᄒ는 바 彼等은 反ᄒ여 善으로 思ᄒ

고 大人의 正으로 思ᄒᆞ는 바 彼等은 反ᄒᆞ여 邪로 考ᄒᆞᄂᆞ니 眞實노 事實의 眞想을 不究ᄒᆞ고 單히 皮相의 觀察과 無法의 推測으로 ᄡᅥ 兒로 童을 律홈은 實노 大謬見이니라.

嗚呼라. 今日과 如히 風儀頹廢ᄒᆞᆫ 家庭에서는 決코 人物을 養成키는 難望이로다. 必先 家庭의 改良을 待ᄒᆞ야 自初로 其 目的을 進達케 ᄒᆞ여야 될지라. 그런즉 如何히 家庭을 改良ᄒᆞ여야 可ᄒᆞ고. 此ㅣ 必先 其 目的의 確立을 要홀지니 故로 家庭敎育의 二大部에 從ᄒᆞ야 目的을 次와 如히 二種에 分ᄒᆞ노라.

第一　家庭敎育의 目的은 兒童 身軆의 發達에 留意ᄒᆞ야 其 心的 傾向을 觀察ᄒᆞ야 ᄡᅥ 完全ᄒᆞᆫ 心身의 發育을 圖ᄒᆞ고 後來 學校敎育의 基礎를 作홈에 在ᄒᆞ니라.
第二　學校와 連絡을 謀ᄒᆞ고 又 協力ᄒᆞ야 兒童의 敎育에 從事ᄒᆞ야 互相間 背馳가 無홈을 要홀지니라.

▲〈태극학보〉 제17호, 융희 2년(1908) 1월 24일

第三章 家庭敎育의 要件

家庭敎育의 目的에 從ᄒᆞ야 其 要件을 定ᄒᆞ건ᄃᆡ 左와 如ᄒᆞ니
第一　凡 敎育에는 此를 施ᄒᆞ는 敎師의 必要됨과 如히 家庭敎育에 對ᄒᆞ여서도 ᄯᅩᄒᆞᆫ 其 敎育의 可堪(가감)홀 人을 要치 아니면 不可ᄒᆞ니 그럼으로 其 人格은 이믜 完全ᄒᆞᆫ 敎育을 受ᄒᆞᆫ 知識 豊富, 感情 融和, 身体 健康됨을 要ᄒᆞᄂᆞ니 家庭 組織의 父母는 實노 此 敎育의 中心이라 엇지 右와 如ᄒᆞᆫ 資格을 預備홈이 可치 아니ᄒᆞ리오. 又 兄妹는 此에 補助의 責이 有ᄒᆞ니 ᄯᅩᄒᆞᆫ 敎育을 施치 아니치 못홀지며 其他 僕俾에 至ᄒᆞ기ᄭᅥ지 同一 家庭에 在ᄒᆞᆫ 者는 直接 間接을 不問ᄒᆞ고 兒童의 敎育에 影響되는 處가 殆多ᄒᆞᄂᆞ니 此等의 選擇에 밀이 注意

치 안이ᄒ면 不可ᄒ니라.

第二 敎育에ᄂᆞ 此를 受ᄒᄂᆞᆫ 生徒ㅣ 有흠을 要ᄒᄂᆞ니 抑 家庭敎育에 對ᄒᆫ 生徒ᄂᆞᆫ 則 小學校 時代 以前의 兒童이라. 此等의 兒童은 身體 强壯, 心意 活潑, 外界의 抵抗에 勝ᄒ며 自然과 調和ᄒ야 諸般의 知識과 經驗을 修得흘 能이 有ᄒᆫ 者를 要흘지니라.

第三 家庭敎育에ᄂᆞ 此를 施흠에 適ᄒᆫ 處所를 要ᄒᄂᆞ니 兒童은 時時로 外界의 事物과 觸接ᄒ야 天然의 風光을 樂ᄒᄂᆞᆫ 機會ㅣ 有ᄒ니 其時間의 大部ᄂᆞᆫ 自己의 住家에 在ᄒᄂᆞ니 故로 住居ᄂᆞᆫ 自然의 風光에 富ᄒ야 空氣 淸潔, 土地 高燥ㅣ 무릇 衛生에 適ᄒᆫ 地를 選치 아니면 不可ᄒ니 卽 家屋을 建築흘 時에도 此 覺悟를 豫要흘지며 ᄯᅩᆫ 家屋은 一 校舍될 바ㅣ 勿忘흘지니라. 小學校 設備 規則은 뻐 家屋建築의 參考에 供흠이 可ᄒ니라.

第四 家庭敎育에ᄂᆞᆫ 一定의 方法이 無ᄒ면 不可ᄒ니 抑 方案이 無ᄒᆫ 敎育은 前後 撞着, 刻印一致치 못흠으로 兒童의 思想을 混亂흠에 至ᄒᄂᆞ니라.

第五 家庭敎育은 其 材料를 選擇치 아니면 不可ᄒ니 兒童의 心意에 適應ᄒ고 體力에 堪能될 材料를 選ᄒ야 兒童으로 ᄒ여곰 同化 融合케 흠이 可ᄒ니라.

第六 家庭敎育에ᄂᆞᆫ 一定의 目的이 有흠을 要ᄒᄂᆞ니 盖 方案이라 云ᄒ며 材料라 云흠은 其 目的에 因ᄒ야 定흘 것이니라. 故로 前章에 就ᄒ여 이믜 目的을 論ᄒᆫ 所以니라.

第四章 家庭敎育에 對ᄒᆫ 父母의 位地 (…중략…)

第五章 家庭敎育에 對ᄒᆫ 祖父母 兄弟의 位地 (…중략…)

第六章 家庭敎育에 對ᄒᆫ 僕婢의 位地 (…중략…)

第七章 家庭敎育에 對흔 小學校 敎師의 位地

家庭敎育의 主腦는 父母에게 在ᄒ고 其 補助는 祖父母 兄妹 等의 家族에 在ᄒᄂ 此等은 아직 其 位地를 十分 理解치도 못ᄒ며 비록 此를 知흔다 ᄒ더린도 無敎育者ㅣ 多흠으로써 到底 放任置除키 不可ᄒ도다. 家庭敎育이 小學校의 基礎되는 것은 前章에 屢論흔 바ㅣ와 如ᄒ거니와 小學校 敎師된 者는 家庭敎育에 向ᄒ여서도 全然 其 責任이 無ᄒ다고도 云흠을 不得흠쑨더러 多大히 盡力의 處가 亦 不無타 謂ᄒ겟도다. (…중략…)

第八章 理想的 家庭

嗚呼라. 家庭 組織의 亂雜흠과 其 風儀의 頹廢흠이 今日보다 더 甚화ᄂ 者는 無ᄒ도다. 此와 如흔 家庭에 在ᄒ여서는 到底 其 敎育의 目的을 達키 萬萬不可ᄒ니 故로 善良有效흔 敎育을 施코져 흘진딘 몬져 家庭의 改良을 第一 急務로 合을지라. 抑 家庭을 改良코져 ᄒ면 또흔 其 頹廢에 至흔 原因을 先究치 아으면 不可ᄒ니 今에 余輩의 見解로써 推ᄒ면 其 原因이 비록 種種에 不止ᄒ나 大槪 家庭을 主宰ᄒ는 者의 威權이 不行흠과 家風 或 家憲의 確立치 못흠과 家族의 統一치 못흠과 社會風潮의 感化 等이 實노 其主되는 바ㅣ로다. 그런즉 此等 病源을 除去ᄒ야 써 其恢復을 圖흠이 肝要티 아니리오.

一. 一家를 主宰ᄒ는 父된 者의 威權은 能히 其 一家로 ᄒ여곰 統御흠에 足ᄒ니 故로 其 命令에는 다 服從치 안는 者ㅣ無ᄒ며 또흔 其 指揮에는 一人이라도 敢히 抵抗흠에 至치 못흘지니 此는 實노 善良흔 家庭의 一要素됨을 不失흘 것이니라.

二. 家風 及 家憲은 一家庭을 支配ᄒ는 重흔 思想인지라 其 家庭의 一員

된 者는 반다시 此에 服從ᄒ고 此에 遵據ᄒ야 動作치 아느면 不可ᄒ도다. 大槪 各 家에 由ᄒ야 多少의 差異가 有ᄒ나 其 祖父를 崇拜ᄒ며 其 遺業을 繼ᄒ며 其 名譽를 毁傷티 아니ᄒ며 其 遺德을 失墜치 아니ᄒ고 益益 自家將來의 幸福을 計ᄒ야뼈 家名을 隆高케 ᄒ고져 흠은 如何ᄒ 家庭을 勿論ᄒ고 定코 其 家風 或 家憲에 存ᄒ지니 그런 즉 其 主宰된 者ㅣ 몬져 自己로브터 此를 守ᄒ고 家族으로 ᄒ여곰 此에 從케 흠이 可ᄒ니라.

三. 家風이 이믜 確立ᄒ면 一定의 條規整齊의 秩序ㅣ 從生ᄒ나니 此에 由ᄒ여 可히 一家를 統一ᄒ지라. 一家를 統一ᄒ면 內로ᄂ 和ᄒ고 外에 對ᄒ여서는 强ᄒ야 其 快活ᄒ 家庭을 現出흘 것은 必然ᄒ도다.

四. 現時의 社會는 道德이 地에 墜ᄒ고 邪風惡習이 內에 滿ᄒ엿거늘 此 內에 立ᄒ야 獨히 家庭의 善良을 望흠은 엇지 至難의 事가 아니리오. 그러나 一家가 統一ᄒ야 首長의 威權이 行ᄒ게 되면 可히 社會의 風潮에 不冒흘지니 即 家庭에 對ᄒ야 愛로뼈 統合의 中心을 삼아 家族團欒으로써 和氣靄靄ᄒ 生活을 營得ᄒ면 社會의 害毒도 此에 向ᄒ여 侵入흘 餘地가 無흠에 至흠이니라.

以上에 揭ᄒ 病源을 除去ᄒ고 特히 家憲을 確定ᄒ야서 此에 更히 嚴正ᄒ 父의 威權과 敎育이 有ᄒ 母의 慈愛로써 敎導를 加ᄒ며 健全ᄒ 兄弟 姊妹의 友情으로뼈 和協ᄒ며 溫良ᄒ 僕婢의 補助를 得ᄒ야뼈 組織된 家庭이라야 余輩가 所謂 善良ᄒ 理想的 家庭이라 云흘지니 故로 余輩는 世의 家庭으로 ᄒ여곰 斯와 如ᄒ 程度에 進步 發達케 흠으로뼈 畢生의 事業을 삼ᄂ 바ㅣ로라.

第二部 家庭敎育의 方法

家庭敎育 一般에 關ᄒᆞᆫ 理論은 前部에 就ᄒᆞ야 大槪 述盡ᄒᆞ엿슨즉 此에 又進ᄒᆞ야 其 實際的 方面, 卽 家庭敎育 方法에 對ᄒᆞ야 ᄯᅩᄒᆞᆫ 論述을 要ᄒᆞᆯ 지로다. 蓋 余輩가 此 問題를 選擇ᄒᆞᆫ 所以는 實노 此 方法論을 陳키 爲 ᄒᆞᆷ이니 故로 以下 詳細의 硏究를 稍擧ᄒᆞ야 世의 家庭敎育者에게 向ᄒᆞ야 貢獻코져 ᄒᆞ노라.

第一編 身體敎育

總論

身體敎育은 人生敎育의 主要部라. 實로 人을 敎育코져 ᄒᆞ면 반다시 身體敎育으로붓터 始치 아니치 못ᄒᆞᆯ지로다. 蓋 身體敎育은 精神敎育의 基礎가 되는 者이니 家庭에 對ᄒᆞᆫ 敎育의 大部는 자못 此 身體敎育에 在ᄒᆞ다 云ᄒᆞ여도 可ᄒᆞ도다. 그러나 從來의 積弊를 見ᄒᆞ건ᄃᆡ 學校에서 는 兒童의 身體敎育에 留意ᄒᆞᆷ이 每切ᄒᆞ되 家庭에 就ᄒᆞ여서는 或은 此 를 不顧ᄒᆞ는 習慣이 有ᄒᆞ니 故로 余輩는 此等의 等閒忽諸ᄒᆞᆫ 家庭을 覺 醒키 爲ᄒᆞ야 몬져 身體敎育의 必要로붓터 立論ᄒᆞ고 終次 其 敎育法에 及코져 ᄒᆞ노라.

身體敎育의 事를 呼ᄒᆞ야 單히 體育이라 云ᄒᆞᆷ은 一般의 傾向이라. 此 를 熟考ᄒᆞ건ᄃᆡ 身體 各 機關의 作用은 極히 巧緻靈妙ᄒᆞ야 可히써 精神 作用의 機能의 精緻ᄒᆞᆷ과 選ᄒᆞᆯ 바ㅣ 無ᄒᆞ도다. 故로 身體 諸機關의 發育 增進을 圖ᄒᆞᆷ에는 決코 普通體育의 方法으로 數ᄒᆞ는 滎養運動 等으로만 主ᄒᆞ면 到底히 滿足을 遂키 不得ᄒᆞᆯ 거시미 맛당히 解剖學, 生理學, 心理

學, 人類學, 精神病學 等을 研究하야 써 身體의 均齊를 發育을 期치 안으면 不可하리니 此를 特히 身體敎育이라 稱하느니라.

第一節 身體敎育의 必要

身體敎育의 必要를 論홈에는 心理上과 實際上으로붓터 홈이 便利하니 心理上으로써 身이 如何한 關係가 有한 것을 知하면 從하야 身體敎育의 必要됨도 明確하리로다. 抑心身은 二元이 될가 一元이 될가 홈은 古來 爭論이 有하엿스나 今日에 至하야서는 兩者 互相의 間에 親密한 關係가 有한 것은 널니 學者의 認하는 바ㅣ니 其 所謂 健康한 精神은 健康한 身體에 宿하며 身體는 心意의 指導者가 된다홈은 可히 써 金言이라 謂할지로다. 蓋 知識, 感情, 志操의 陶冶는 健全한 身體라야 可望이 有할 뿐이고 病弱한 身體에는 可望이 無할 것은 更히 說明을 不要하려니와 吾人의 心情에 對한 快闊 銳敏, 鬱憂 遲鈍의 等은 다 身體의 狀態 如何에 因홈이니 兒童이 만약 身體의 一部에 苦痛이 有할 것 것트면 其 知性이 遲鈍하야 感情을 鬱屈케 하며 意思를 薄弱케 하며 또한 身體가 衰弱하면 神經이 過敏하야 所謂 狂者의 狀態가 될 것은 何人을 不問하고 實際로 認할 處이니 心身相關의 親密한 것을 知홈에 可히 足하도다.

更히 實際上으로 考하건듸 健康, 活潑, 堪能은 人生의 一大 幸福이오 疾病, 羸弱, 衰耗는 一大 災禍라. 故로 身體의 健全, 强壯, 活潑 及 均齊의 道는 敎育의 一目的이니 此를 尊重히 홈은 其 度가 可히 써 精神敎育에 不讓홀이로다. 疾病羸弱은 不必要, 不經濟의 極한 者니 만약 家庭 內에 病者가 有할 것 갓트면 家庭의 快樂의 大部는 此로 因하야 奪홀지니 엇지 一家의 衰頹를 招하는 原因이 此에 不在하리오. 一國의 衛生도 一家의 衛生으로붓터 始하느니 其 關係되는 바ㅣ 實노 些少에 不在하도다.

그런즉 實際로 家庭敎育의 任을 當한 者는 맛당히 以上의 必要를 考

究ᄒᆞ야 兒童의 幼時로붓터 此 點에 留意ᄒᆞ야 健全 強壯ᄒᆞᆫ 各部 調和의 完全ᄒᆞᆫ 身體를 組織케 ᄒᆞᆯ 것을 主眼을 삼아 將來 兒童으로 ᄒᆞ여곰 不幸의 運命에 遭遇치 아니ᄒᆞ도록 注意ᄒᆞᆯ지어다.

第二節 身體敎育의 二種

身體敎育의 方法은 消極 積極의 二種이 有ᄒᆞ니 消極的 方法이라 ᄒᆞᄂᆞᆫ 것은 身體 各部 機關의 發達을 妨害ᄒᆞ며 禁遏ᄒᆞᄂᆞᆫ 것을 除去ᄒᆞ야써 衛生學을 勉ᄒᆞᄂᆞᆫ 者니 衣服, 住居, 節制, 運動의 一部 等은 此 目的을 達ᄒᆞᄂᆞᆫ 手段이요. 積極的 方法이라 ᄒᆞᄂᆞᆫ 것은 單히 身體를 養護ᄒᆞᆷ에 不止ᄒᆞ고 十分 運動을 盛히 ᄒᆞ야 身體의 發育增進으로써 目的ᄒᆞᄂᆞᆫ 者니 故로 前者에 比ᄒᆞ면 其 效ㅣ 果大ᄒᆞ나 그러나 兩兩相俟ᄒᆞ야 비로소 完全ᄒᆞᆫ 敎育을 可望ᄒᆞᆯ지니 其 關係를 明知ᄒᆞ야써 適宜併用ᄒᆞ야 身體敎育의 目的을 可達ᄒᆞᆯ지니라.

第一章 榮養

第一節 榮養의 意義

榮養은 積極的 身體敎育의 一方法이니 生物의 一日이라도 缺치 못ᄒᆞᆯ 者라. 幼兒의 身體는 盛히 化學作用을 營ᄒᆞ며 恒常 消費 排泄ᄒᆞ야 或 種이 成分을 失ᄒᆞᄂᆞ니 故로 此等의 成分을 補充ᄒᆞ야써 其 發育을 謀치 아니치 못ᄒᆞᆯ지니 此는 卽 榮養의 目的이라.

榮養은 身體에 對ᄒᆞ야 三種의 務를 有ᄒᆞᆫ 者니 卽 消費部分의 補充과 發育의 增進과 疲勞의 恢復이 是라. 消費部分의 補充도 大緊ᄒᆞᆫ 榮養이나 더욱 必要ᄒᆞᆫ 者는 增進을 圖ᄒᆞᄂᆞᆫ 榮養과 疲勞를 慰ᄒᆞᄂᆞᆫ 榮養이니 幼兒의 活潑ᄒᆞᆫ 運動은 恒常 多量의 消費가 有ᄒᆞᆷ으로써 其 充分의 榮養

을 施홀 것을 注意홀지나 此는 僅히 補充에 不外ᄒ고 身體의 增進을 望키 不能ᄒ며 疲勞를 療키 不能ᄒ니 故로 榮養에는 三種의 目的이 有ᄒ 것을 記憶ᄒ야 此에 對ᄒ 榮養을 可與홀지니라.

第二節

榮養物을 其 性質에 由ᄒ야 分類ᄒ면 大槪 四種이 되ᄂ니 第一은 飮料水, 第二은 動物性 營養物, 第三은 植物性 榮養物, 第四는 刺激性 榮養物이 卽是라.

第一 飮料水: 飮料水는 消費部分의 補充에 當ᄒ는 主要니 抑人의 身體의 成分 中, 百分의 七十五는 水로써 吾人은 恒常 水分을 身體 外에 排泄ᄒᄂ니 特히 兒童의 活潑ᄒ 運動은 發汗을 惹起ᄒ야 多量의 水分을 排泄ᄒ는 時에 飮料에 由ᄒ야 此를 補치 아니치 못홀지라. 特히 夏季에 就ᄒ야 兒童이 日射病에 多罹홈은 畢竟 水分의 排泄을 補치 못홈에 原因홈이로다.

飮料水에 種類가 有ᄒ니 泉水, 井水, 河水가 卽是라. 何를 用ᄒ여야 可홀고. 맛당히 炭酸, 空氣, 及 鑛物成分에 富ᄒ야 有機性의 成分을 含有치 아니ᄒ고 無色 無臭 無味의 것으로써 最良을 숨을지니 故로 泉水 及 井水가 極可ᄒ니라.

現今 我國에는 到處마다 河水를 用ᄒ는 習慣이 有ᄒ니 此가 最恐홀 者로다. 此로 因ᄒ야 多大의 病源을 釀出ᄒ야 赤痢, 虎列刺病, 傳染病의 流行이 有ᄒᄂ니 危哉라. 河水는 斷然코 不用홈이 可하도다.

第二, 動物性 榮養物: 動物性 榮養物에도 種種이 有ᄒ나 兒童의 榮養으로는 다믓 乳汁, 鷄卵, 肉類의 三者로써 足하다 홀지니 此 三者는 消費部分의 補充은 勿論, 發育의 增進上에 必要ᄒ 者라. 故로 生後 初年의 榮養은 全혀 此에 依ᄒ다 云ᄒ여도 可ᄒ도다. 鷄卵, 肉類의 二種은 稍長

흔 兒童에 向ᄒᆞ야 可히 써 供給ᄒᆞᆯ지나 그러나 乳汁에는 母乳와 牛乳가 有ᄒᆞ니 其 優劣은 一槪로 論定키 難흔즉 반다시 醫師의 決定을 依ᄒᆞ야 決定ᄒᆞᆯ지로다. 蓋 完全흔 乳汁은 其 種類의 如何흔 것을 不問ᄒᆞ고 身體 發育에 必要흔 成分, 卽 蛋白質, 脂肪質 及 糖分 等을 含有흔 者로써 最重흔 榮養物을 삼을지며 鷄卵은 乳汁에 副되는 榮養物이니 多量의 蛋白質을 含有ᄒᆞ야 消化도 ᄯᅩ흔 容易에 至ᄒᆞᆯ 者를 取ᄒᆞ며 肉類도 ᄯᅩ흔 蛋白質, 脂肪質 等의 貴重흔 榮養物質에 富흔 者로 取ᄒᆞᆯ지나 其 消化의 力이 前二者에 比ᄒᆞ면 稍劣ᄒᆞᄂᆞ니 故로 單히 動物性分의 成分만 專用ᄒᆞ야 消化의 遲速을 不顧ᄒᆞ고 猥히 兒童에게 與ᄒᆞ는 時에는 反히 身體의 發育을 害ᄒᆞᆯ지니라.

第三, 植物性 榮養物: 植物性 榮養物의 種類도 甚多ᄒᆞ나 其 主되는 것은 穀類, 蔬菜, 果實의 三種이니 就中, 穀類는 多量의 澱粉과 少量의 蛋白質 及 鹽類를 含有흔 者ㅣ 가장 榮養 上에 要用흔 者로다. 此內 米麥 은 我國人이 常食ᄒᆞ는 바ㅣ라. 米는 榮養分에 富ᄒᆞ고 麥은 消化에 速ᄒᆞ ᄂᆞ니 故로 兩者를 混用ᄒᆞ면 其 效果ㅣ 甚多ᄒᆞᆯ지오. ᄯᅩ 豆는 此를 豆腐를 製ᄒᆞ야 用ᄒᆞ면 其 養分에 富ᄒᆞᆯ 것은 決코 動物性 食物에 不讓ᄒᆞᆯ지니라.
蔬菜는 蛋白質, 澱粉, 糖分 等의 成分에 乏ᄒᆞ고 多量의 水를 含有ᄒᆞ야 其 纖維는 極히 不消化가 되ᄂᆞ니 前述의 諸成分과 混用ᄒᆞᆯ 必要가 有ᄒᆞ 니라.
果實의 成分은 砂糖, 鹽類, 酸類에 富ᄒᆞ야 滋養分은 少無ᄒᆞ나니 故로 幼兒의 食物로 用ᄒᆞ기는 極히 不適當흔즉 此는 榮養의 目的을 達키 不 能ᄒᆞᆯ 者니라.

第四, 刺激物: 酒, 煙草, 茶, 唐椒, 胡椒, 芥子 等의, 刺激物은 大人에는 或 興奮劑, 刺激劑로 小量을 用ᄒᆞ면 其 效ㅣ 無ᄒᆞᆷ이 아니로딕 幼兒에 取ᄒᆞ여서는 全然, 利益이 無ᄒᆞᆯ 샌더러 反히 害惡을 來ᄒᆞᄂᆞ니 玆에 榮養 物노써 論ᄒᆞᆯ 必要가 無ᄒᆞ도다.

第三節 榮養의 方法

榮養物의 種類, 及 其 性質은 前節에 已述한 바ㅣ와 如한거니와 此를 用한는 方法의 如何에 依한야는 榮養의 目的을 達키 不能한니 例言한면 慈養物質에 最富한 鷄卵이라도 此를 熟煮한야 用한면 消化가 甚遲한고 又 片時라도 缺치 못홀 飮料水라도 善良한 것을 擇치 아니한면 傳染病의 媒介가 되야 드듸여 生命을 失홈에 至한느니 故로 玆에 榮養의 方法을 詳論한야써 其 目的을 全達코져 한노라.

第一, 飮料水: 飮料水가 吾人의게 必要한 것은 前節에 已述홈과 如한나 然하나 此를 用한는 方法이 適宜를 不得홀 時에는 不慮의 災禍를 招한느니 가장 此에 嚴密한 注意를 要홀지로다. 此 點에 關한야 余輩는 河水를 退한고 井水 及 泉水로써 適當한 者를 已定한엿스나 此도 亦是 漫然히 取用키 不可한즉 期必適宜한 方法으로써 試驗한기 前에는 用치 말지니라. 今日 村落의 狀況을 觀察한건듸 크게 寒心홀 바ㅣ는 多數의 人民이 河水를 其 本性듸로 用한되 寸毫도 介意홈이 無한며 又는 井水 及 泉水를 用한는 者라도 其 水質을 檢別홈이 無한고 廚와 下水 等의 近傍에 在한 井水와 밋 有機物을 溶解한 泉水를 用한는 者ㅣ 多有한니 此等 人은 食物에 對한야는 其 適否 良不良 等에 關한 注意가 有한되 가장 大緊한 飮料水에 對한야는 不注意홈이 如此한니 眞實노 本末을 顧倒한는 者라 可謂한겟도다. 兒童의 아직 幼稚한 者는 스스로 水를 求用키 不能한나 漸長한야 二三歲에 至하면 스스로 進한야 渴을 醫한는 便이 有한느니 此 時期가 가장 危險한 時ㅣ라 何者오. 卽 兒童은 濁水와 汚水를 顧察치 아니한고 飮用한는 所以니 此를 因한야 下痢를 催한며 或은 不測의 疾病을 起함은 屢屢히 聞한는 바ㅣ라. 此는 全혀 其 父母의 不注意홈에 原因홈이니 故로 비록 井水, 泉水를 用홀지라도 不良의 疑

ㅣ 有혼즉 此를 濾過히 用치 못홀지니라. 特히 夏時에 在호야는 一旦 煮沸혼 것을 與호거나 或은 稀鹽酸을 點혼 것을 與호야 不慮의 疾疫을 生치 아니호도록 注意흠이 肝要호도다. 蓋 水는 生命이 依호야 保持되는 榮養物이로딕 又 病源을 釀出흠도 有호니라.

第二, 動物性 榮養物: 最初로 幼兒에게 與할 者는 乳汁이니 乳汁에는 母乳와 牛乳가 有호나 良質노 榮養에 適혼 者는 母乳니라. 元來, 生母의 乳를 與하면 單히 幼兒의 身體에 對호야만 榮養物을 與호는 效에 不止호고 精神敎育上에도 쏘혼 非常의 影響을 及케 흠이어늘 現世에는 所謂 善良혼 母乳를 不要호고 乳母를 置흠으로써 一美風을 숨느니 實노 痛歎홀 바ㅣ로다. 何故오 호면 如何혼 者가 乳母가 되는 것을 考察호건딕 乳母는 居半이나 其 子를 失호야 悲哀의 境에 沈혼 者인 故로 其 精神이 憂鬱호고 活力이 遲鈍홀 것은 可히 免치 못홀 事實이라. 그런즉 此等의 乳母가 家庭間에 立호야 能히 幼兒를 保護養育홀가. 此는 一 大 疑問이라. 故로 不得已혼 形便을 除혼 外에는 乳母를 不置흠이 極可호니라. 그러나 만약 乳母를 依홀 境遇에는 반다시 其 性質과 行爲를 顧察홀지며 身體를 驗査호야 乳汁의 成分을 擇치 아니치 못홀 거시오 만일 此 要件에 適當혼 乳母가 無혼 時에는 牛乳에 依흠이 可호딕 牛乳를 用흠에 對호여서도 쏘혼 其 乳汁의 成分을 驗호는 것이 必要호니 牛乳를 用흠에는 可及的 母乳成分에 類似케 호야 用치 아니치 못홀지니라. 要컨딕 如何혼 乳汁을 用호던지 其 分量과 時間을 考치 아니치 못홀지니 分量은 年齡에 依호야 差가 有호나 恒常 幼兒가 飽호기신지 與흠이 可호니라. 牛乳를 與흠에는 生後 二週間된 兒童에는 水五倍를 加호며 二個月신지는 四倍, 六個月신지는 二倍, 八個月신지는 二分의 一을 加호고 十個月 以後는 純乳를 用홀지니라. 時間은 嚴重히 定키 不能호나 幼兒를 抱홀 時에 與호며 泣홀 時에 與흠과 如혼 不規律은 크게 不可호니 自初로 適當의 時間을 計호야 與호는 習慣을 養成호면 幼兒가 쏘혼 無時로 請求흠이 無홀지니 故로 此 種의 習慣을 作用흠이 가장 緊要호니라.

兒童은 生後 九個月에 至ᄒ면 新齒가 生ᄒᄂ니 此 期에 至ᄒ면 졔그
固形物을 與홈을 得ᄒ나 오직 消化機가 一般 纖弱ᄒ 즉 消化가 容易히
되ᄂ 者 外에는 與키 不可ᄒ니 鷄卵과 如ᄒ 者라도 此를 半熟ᄒ야 가장
消化키 易ᄒ 形에 就ᄒ야 與홈은 可ᄒ나 肉類와 如ᄒ 固形物은 三歲에
達ᄒ기ᄭ지 不與홈이 可ᄒ니라.

我國에는 米麥 等 植物性의 食物을 常食으로 숨아 由來홈으로써 아
직 齒牙가 發生치 못ᄒ 幼兒에게 向ᄒ여서도 일즉붓터 飯粒을 與ᄒᄂ
惡習이 有ᄒ나니 此는 兒童의 身體榮關의 發育程度를 未知ᄒᄂ 謬見
中으로 來ᄒ 者미 身體 各種의 機關을 傷害홈이 不少ᄒ도다. 蓋 穀類,
蔬菜와 如ᄒ 植物性 榮養은 十分 咀嚼케 아니ᄒ면 消化가 困難ᄒ나니
故로 다못 乳汁으로만은 榮養物質의 不足을 告홀 時期, 卽 二歲頃에 不
達ᄒ 者에게는 此를 不與홈이 可ᄒ니라. ᄯᅩ 消化는 煮沸를 取치 아느면
容易치 못ᄒᄂ니 故로 穀物, 蔬菜를 與홈에는 반다시 此 用意를 預要홈
이 可ᄒ니라. 果實과 如ᄒ 것은 如何ᄒ 方法으로써 與홀지라도 利益이
寸無ᄒ고 도로혀 諸種의 病源을 生홈이 多ᄒ나니 此를 斷然코 不與홀
거시며 居宅의 周圍에ᄂ 果樹를 培栽홈이 不可ᄒ니라.

第四, 刺激物: 刺激物의 特質은 精神을 鼓舞ᄒ며 血行을 旺盛케 ᄒᄂ
者로되 此는 一時的이오 永久的이 아니라 故로 全體로는 도로혀 精神
을 遲鈍히 하고 心意의 活動을 妨害ᄒ나니라. 就中 喫煙飮酒와 如ᄒ 것
은 一旦 習慣으로 終身不改홈에 至ᄒ나니 身體上 經濟上에 大損害를
招ᄒᄂ 者니라. 此 外의 刺激物도 兒童에 取ᄒ여서는 全然 不用홈이 可
타 斷言홈을 不憚ᄒ노라.

以上 各種의 榮養物에 對ᄒ야 其 榮養의 方法을 論述ᄒ엿스나 更히
全體를 擧ᄒ야 榮養上의 注意를 述ᄒ건디 其 第一은 品質의 選擇이니
品質을 擇홈에는 榮養分에 富ᄒ 것과 消化의 速ᄒ 것을 最良으로 숨을
것이오. 第二는 飮食物의 溫度니 무릇 溫暖ᄒ 것은 消化가 速ᄒ나니 비

록 夏時라도 冷흔 것은 用치 말지며 特히 極熱, 極冷의 二物을 混用흠은 가장 不可ᄒ니라. 第三은 食物의 分量이니 分量을 榮養에 充足ᄒ도록 與흘 것이오. 第四는 食前食後의 休息이니 特히 食後에는 곳 精神 及 身體의 運動을 中止흠이 可ᄒ고 第五는 飮食時間이니 我國의 習慣은 兒童으로 ᄒ여곰 速히 飮食케 ᄒ는 弊가 有ᄒ나니 此는 크게 消化에 妨害되는 者요. 第六은 調理法이니 食物의 消化는 調理의 方法과 多大 흔 關係가 有ᄒ나니 故로 消化키 容易흔 形으로 調理치 아니치 못흘 것이오. 第七은 食物의 配合이니 時時로 變化가 有흔 食物을 與흘 것이 오. 第八은 食器의 選擇이니 銅器와 如흔 有害의 器具를 用치 말지니라.

第四節 榮養의 原則

以上 榮養에 關흔 槪要를 論述ᄒ엿스니 由之ᄒ야 榮養의 原則을 左 와 如히 定ᄒ노라.

第一. 榮養의 主되는 者는 飮食物이니 故로 飮食物의 成分을 驗흠이 肝 要ᄒ도다. 其 成分은 人體를 構造흔 物質과 同一ᄒ고 쏘 成長ᄒ는디 必 須흔 것을 選치 아니치 못흘지니 즉 人體의 成分된 蛋白質, 脂肪質, 澱 粉質, 鐵質 水分 等을 含흔 榮養物을 適宜ᄒ게 用흘지니라.

第二. 이믜 各種의 成分을 要ᄒ엿슨즉 쏘흔 此等의 成分을 含흔 飮食物 을 與치 아니치 못흘지라. 그러나 一種의 飮食物노 各種의 成分을 具含 흔 者는 少ᄒ나니 各色 飮食物을 混用ᄒ야써 各 成分의 過不及이 無ᄒ 게 供給흘 것이니라.

第三. 榮養物의 成分은 비록 選擇配合이 適宜흠을 得흘지라도 만일 消 化의 作用이 容易치 못흘 時에는 決코 榮養의 目的을 達키 不能ᄒ나니 故로 同一흔 成分을 有흔 者 中에도 消化作用의 迅速흔 것을 選흘지니 만일 如此흔 者를 得키 不能흘 時에는 가장 容易히 消化흘 者로써 與흘 지니라.

第四. 消化作用의 遲速은 調理法에 關흠이 多ㅎ니 比ㅎ면 蔬菜는 煮흔 것이 消化키 容易ㅎ며 肉類는 此에 反흠과 如ㅎ니라.

第五. 飮食物의 分量을 定흠이 極히 必要ㅎ니 幼兒의 疾病은 過飮暴食 으로 因生ㅎ는 것이 多흔즉 맛당히 身體의 必要와 消火器의 能力에 應 ㅎ야 此를 定흘지니라. 大槪 幼兒는 每日 三時間 乃至 四時間을 隔ㅎ야 五六回를 與ㅎ는 것으로써 適度를 合을지니 兒童이 戲弄으로 飮食의 競爭을 相賭ㅎ는 것은 가장 注意ㅎ야 禁止흘 것이니라.

第六. 飮食時에는 兒童으로 ㅎ여곰 極히 安寧케 ㅎ며 愉快케 흘지니 元 來, 兒童은 大人 如히 精神을 勞흠이 無ㅎ되 身體 外部의 狀態로는 大段 히 不快의 感을 起케 ㅎ며 飮食의 消化를 妨害ㅎ나니라.

第七. 食物은 又 一種의 化學作用을 因ㅎ야 비로소 身體의 榮養物이 되 나니 同化作用을 起ㅎ는딕 必要흔 新鮮의 公氣를 附與흠이 肝要ㅎ니라.

第八. 食物의 溫度는 身體溫度에 比等케 흠을 要흘지니 만일 冷熱이 適 宜치 못흔 者를 與ㅎ면 消化器를 害ㅎ나니라.

第九. 刺激性의 食物은 胃腸의 疾病, 神經過敏의 病源이 되는 者니 진실 노 此는 禁흘 바ㅣ니라.

第十. 食前食後는 身體를 靜穩흔 位置에 置置흠이 可ㅎ니 食後 三十分 間은 特히 消化에 大緊흔 時間인즉 全혀 消化機의 運動을 自由케 ㅎ며 嚴히 此를 妨害ㅎ는 外界의 事情을 去흠이 可ㅎ니라. 그러나 一定흔 時

間 後에는 반다시 運動을 行치 아니치 못홀지니라.

▲ 제20호 융희 2년(1908) 4월 24일

第二章 運動

第一節 運動의 意義

運動은 身體敎育上에 就ᄒ야 榮養의 次로 必要ᄒ 者ㅣ니 榮養作用의 完全홈을 望홀진딩 亦是 運動의 力을 不由ᄒ면 不可ᄒ니라. 且 運動의 心理上에 對ᄒᆫ 位置를 考察ᄒ건딩 恒常 榮養보다 先在ᄒᆫ 듯ᄒ니 蓋食物 及 飮料를 要ᄒ랴면 必先飢渴의 感覺이 不無홀지니 此 感覺은 適度ᄒᆫ 運動을 因ᄒ야 精神이 快活ᄒ여서 同化作用을 行ᄒᆫ 後에 發ᄒᄂ 것이라. 或 兒童이 些少의 病症이 無ᄒ고도 食物을 不要홀 時가 有ᄒ나니 此ᄂ 當時 其 原因을 探求ᄒ건딩 多數는 精神의 憂鬱홈으로 從來ᄒᆫ 것인딩 其 不快ᄒᆫ 心情은 運動의 不足홈으로 從來홈이 特多ᄒ니 是ㅣ 運動이 榮養에 必要ᄒᆫ 所以ㅣ라. 此와 如히 心理上에서 임의 運動의 必要를 認홀 時에는 身體의 發育이라는 點으로ᄂ 더욱 一層의 必要를 見홀지라. 蓋幼時로붓터 右手만 使用홈을 慣習ᄒ면 其 兒童은 右手가 特히 發育되며 ᄯ 足을 使用ᄒ면 腰部 以下의 發育이 特히 著ᄒ나니 壯人으로써 見홀지라도 郵便遞夫의 足이 發育됨과 舵手의 手가 强健홈이다. 局部運動의 結果ㅣ라. 此는 一局部에 偏ᄒ야 眞正ᄒᆫ 運動의 目的에ᄂ 不適ᄒ다 홀지나 運動의 效力을 燈明홈에ᄂ 足ᄒ다 홀지니 此 二種의 必要는 實노 運動을 身體敎育 中에 加ᄒᆫ 所以라 홀지로다. 更히 進ᄒ야 幼兒의 運動이 如何ᄒᆫ 方法을 由ᄒ여야 可홀 것은 次節에 讓ᄒ노라.

第二節 運動의 種類 及 方法

幼兒의 行홀만흔 運動의 種類에는 大槪 體操, 步行, 遊戲, 乘車, 手工, 水浴 等이 有ㅎ니 其 種類를 選擇은 무릇 氣候를 察ㅎ며 年齡에 應케 홀지나 此를 全혀 多數의 運動에 從事케 ㅎ야 均齊흔 身體의 發育을 圖홈이 可ㅎ니라. 今에 此種 運動에 就ㅎ야 其 方法의 功能을 左에 述ㅎ노라.

第一. 體操 體操라 云ㅎ면 世人이 往往히 嚴格ㅎ고 困難흔 學科와 如히 思ㅎ나 此는 甚흔 謬見이니 體操의 任務는 實노 身體의 運動을 營홈에 在흔 故로 强히 學校에서만 行홀 것이 아니라 무릇 身體의 健康을 保ㅎ랴면 男女와 老幼를 勿論ㅎ고 可히 行치 아니치 못홀 一種의 運動이니라.

凡 體操는 身體를 平等히 運動식혀 均齊흔 發達을 致홈에 在ㅎ나니 蓋幼時로붓터 此를 嗜好ㅎ는 習慣을 養成홈에 勉力홀지라. 體操에는 반다시 棍棒, 球杆, 啞鈴 等의 器具를 要홈은 안인즉 兒童으로 ㅎ여곰 娛樂 中에 完全흔 運動을 行케 홈이 可ㅎ니라.

第二. 步行 身體의 各 機關, 各 局部는 此를 使用치 아니홀 時에는 發達을 不遂ㅎ고 곳 止홈은 進化論의 示흔 바ㅣ라. 此를 實際에 徵ㅎ더리도 恒常 老婆나 護兒者의 背에 負흔 바ㅣ 되엿던 兒童의 步行은 甚히 遲緩홈은 果然 現著흔 事實이니 蓋幼時에 發育치 못흔 部分은 壯年된 後에도 容易히 恢復치 못홀지니라. 만일 幼兒로 ㅎ여곰 少許라도 步行을 試치 아닐 樣이면 小學校에 入홀 年齡에 達홀지라도 其 步行이 充足치 못홀지니 故로 幼時붓터 徐徐히 步行을 使習ㅎ야 練熟케 홈을 要홀지라. 步行의 練習은 兒童에게 最히 興味를 與ㅎ는 者ㅣ니, 一步는 一步로 兒童의 精神을 鼓舞식힘으로 漸進ㅎ야 長距離의 步行을 試ㅎ기를 努力케 ㅎ는 者ㅣ니라.

蓋 步行은 運動의 奧義ㅣ라. 各種의 運動이 다 步行으로 始營ᄒ나니 이믜 步行으로 由ᄒ야 身體 全部의 運動을 行홈을 知ᄒ면 가장 此에 注意를 加ᄒ야 其 發達의 神速홈을 計圖홀지라. 兒童이 三四歲에 至ᄒ야 步行에 관숙케 되면 時時로 郊外에 散步케 ᄒ야 自然의 風景을 接ᄒ며 新鮮ᄒ 外氣를 呼吸케 ᄒ며 又 寒暑의 侵襲을 抵抗케 홈을 要홀 ᄲᆞᆫ더러 ᄯᅩᄒ 適宜簡易ᄒ 材料로 自然物에 關ᄒ 知識을 啓發케 ᄒ면 兒童은 더욱 興味를 感ᄒ야 郊外에 散步를 嗜好홈에 至홀지니라.

第三. 遊戲. 遊戲는 敎育上에 가장 價値잇는 運動法이니 此를 가장 獎勵홀 바ㅣ니라. 蓋小學校에서 初年級 兒童에게 敎授ᄒ는 學科는 다 遊戲的으로 愉快히 裡에서 敎育홈과 如히 家庭에서도 ᄯᅩᄒ 遊戲를 盛히 獎勵ᄒ야 運動의 目的을 達ᄒ며 一邊으로는 知識의 開發을 計圖치 아니치 못홀지니 이믜 此 目的으로써 遊戲를 採用홈에는 ᄯᅩᄒ 其 選擇上에도 多大ᄒ 注意를 要홀지니라.

種類를 撰擇홈에는 極히 進步的으로 ᄯᅩᄒ 社交的을 兼홈을 第一노 삼을 지며 遊戲는 勝敗를 爭ᄒ는 것이 多ᄒ즉 其 勝負의 結果로 兒童의 心意를 刺激치 아니케 홈을 選擇홀지니 此 目的에 依ᄒ건디 多數의 兒童으로 組織的 共同遊戲가 가장 宜當ᄒ니 此는 敗ᄒ나 勝ᄒ나 多數의 人에 分配됨으로 精神의 映ᄒ는 感覺이 弱ᄒ 緣故ㅣ니라.

遊戲는 地方에 依ᄒ야 其 種類와 其 方法을 殊異히 홈으로써 此를 槪論ᄒ기 極難일ᄉᆡ 玆에 다맛 遊戲의 目的과 種類 選擇의 標準을 示홀 ᄲᆞᆫ이오 其 選擇은 自由에 任ᄒ노라.

遊戲에 就ᄒ야 更述홀 것은 玩具가 卽是라. 凡如何ᄒ 遊戲를 勿論ᄒ고 其 遊戲에 附屬ᄒ 玩具를 要ᄒ나니 故로 玩具의 選擇에도 ᄯᅩᄒ 思考를 加치 아니치 못홀지니 卽 玩具도 亦是 遊戲의 目的을 達홈에 適合홈을 撰擇치 아느면 不可ᄒ도다. 然則 進步的은 勿論이고 運動치 안을 時에는 此를 使用키 不能홀 ᄯᅳᆺᄒ 者가 最宜ᄒ니라.

第四. 乘車. 乘車는 間接運動의 一種이니 或은 汽車에 乘ᄒ며 或은 電車에 乘ᄒ며 或은 馬車 人力車에 乘ᄒ는 等의 運動을 謂ᄒ미라. 此等의 運動은 幼兒에게 取ᄒ야 가장 適當ᄒ 方法이나 그러ᄂ 此를 日日로 遂行키 不能ᄒ 즉 此에 代ᄒ야 稍小ᄒ 手車를 造作ᄒ야 幼兒로 ᄒ여곰 安載徐牽케 홈이 可ᄒ며 又 稍長홈에 至ᄒ면 驢馬等을 用홈이 亦 可ᄒ니 此는 子守로 ᄒ여곰 負養홈보다 其 效가 殆多ᄒᄂ니 且 一人으로 ᄒ여곰 二三人을 守養홈을 得ᄒᄅ지니라.

第五. 手工. 手工도 亦 愉快의 裡에 運動을 營ᄒ는 一種의 方法이니 元來 幼兒는 巧緻ᄒ 手工을 遂키 不能ᄒ니 砂山을 築ᄒ며 堤를 造ᄒ며 土隅를 製ᄒ는 等을 不要ᄒ고 다맛 可히 煥得ᄒ 만ᄒ 바ㅣ 即 紙를 與ᄒ야 箱을 造케 ᄒ며 本片을 給ᄒ야 家屋의 模型을 作爲케 ᄒᄂ 等 가장 容易ᄒ 것을 行케 ᄒ야 小許間이라도 不倦ᄒ 樣으로 引導ᄒ 지니라.

第六. 水浴. 水浴은 身體의 發育과 不慮의 災害를 避ᄒ는 二種의 利ㅣ 有ᄒ나 危險이 此에 伴홈으로써 世人이 往往히 此를 排斥ᄒᄂ니 此는 小過를 見ᄒ야 大效를 減ᄒ는 者라 云ᄒᄅ지로다. 水浴은 呼吸器를 强健케 ᄒ며 血液의 循環을 善良케 ᄒ야 四肢의 發育을 均齊케 ᄒ는 等 益點을 枚擧키 無暇ᄒ도다. 故로 兒童이 能히 步行홈에 至ᄒ면 반다시 嚴密ᄒ 看護下에 此를 行케 ᄒᄅ지니라. 故로 夏時에 在ᄒ야ᄂ 特히 適當의 時間을 定ᄒ야 水浴케 ᄒ야써 皮膚를 强壯케 ᄒ며 寒冒의 侵擊을 防ᄒ며 遊泳에 熟練케 ᄒ야 不慮의 災禍를 免ᄒᄅ 預備를 要ᄒᄅ지니라.

第三節 運動의 原則

第一. 運動은 淸潔ᄒ 空氣 中에서 行ᄒᄅ 것이니 不潔ᄒ 空氣 中 或은 室內에 在ᄒ야 行ᄒᄂ 運動은 反히 害惡을 招ᄒᄂ니라.

第二. 運動의 種類는 年齡에 由ᄒ야 選擇홀 것이니 初生兒에 在ᄒ야ᄂ 手車를 乘케 홈과 如혼 靜平혼 運動을 行케 ᄒ며 漸長홈에 及ᄒ야 各種 의 運動을 混合ᄒ야 行홀지니라.

第三. 運動에는 興味가 有케 홀지니 嚴格혼 規律下에 運動케 홀 時에는 倦厭의 情을 發ᄒ야 運動의 目的을 達키 不能ᄒᄂ니 故로 恒常 各種의 運動을 混用變化ᄒ야 興味가 津津토록 兒童으로ᄒ야 喜悅從事케 홀지 니라.

第四. 運動은 適當혼 것을 取홀지니 兒童의 身體發育의 程度를 考察ᄒ 야 適當의 種類를 選擇홈이 可ᄒ니라. 故로 身體의 疲勞ᄒ기ᄭ지 運動 케 홈은 도리혀 害가 되나니라.

第五. 運動을 行케 홈에는 大人이 반다시 指導치 아니치 못홀지니 兒童 은 아직 運動의 方法을 發見키 不能홈으로써 長者의 指導를 要홈이 多 ᄒ도다. 故로 父母는 恒常 運動의 模範을 指示ᄒ야 其 方法을 敎授홀지 니라.

▲ 제21호 융희 2년(1908) 5월 24일

第三章 衛生

第一節 衛生의 意義

衛生은 身體敎育의 消極的 方法이니 其 積極的 方法되ᄂ 養生과 相俟 ᄒ야 비로소 身體의 完全혼 發育을 圖得ᄒ는 者요. 且 衛生에는 公衆衛 生과 家庭衛生이 有ᄒ니 卽 公衆衛生은 國家의 行政機關을 依ᄒ야 營ᄒ ᄂ 者라. 年來 我國에서도 年年多額의 費用을 投ᄒ야 其 完備를 圖去ᄒ

나 아직 其 功績의 顯著홈을 未得홈은 恒常 痢疾, 虎列刺 等의 最恐혼 傳染病이 流行ᄒ나니 此ㅣ 엇지 寒心의 處ㅣ 아니리오. 政府는 如何히 衛生의 普及을 思홀지라도 家庭의 衛生이 不行ᄒᄂ 時에ᄂ 到底히 衛生의 完整을 望키 不能홀지니 다맛 此 點으로 論ᄒ더리도 家庭衛生法의 輕忽치 못홀 것은 明若觀火로다. 又況 將來의 國民될 幼兒의 生活은 其 大部가 家庭 中에 專在홈이리오. 蓋 家庭에 病者가 有홀 時는 其 一家의 不幸홈과 不快홈이 幾何의 程度오. 人이 만약 健全혼 精神은 健全혼 身體에 宿ᄒᄂ다는 諺에 異論이 己無ᄒ엿슨 즉 엇지 衛生에 不注意홈을 得ᄒ리오. 且 家庭衛生의 勉홀 바ㅣ는 身體 各 機關을 養護홈에 在ᄒ니 其 方法으로 取ᄒ야 衣服의 選擇 住居의 構造, 飮食物의 節制 等에 就ᄒ야 攻究홀 바ㅣ 不無ᄒ도다.

第二節 養護홀 機關

身體의 各 機關은 極히 緻密하게 構成된 者며 其 作用이 쏘혼 銳敏홈으로써 些少의 損傷이라도 大害를 及케 홈이 不少ᄒᄂ니 故로 此를 養護ᄒᄂ 方法을 不講ᄒ면 恒常 外界로브터 侵擊을 受ᄒ며 或은 傷害 或은 破壞를 受홀지니라. 蓋 自然은 不知不識間에 嚴罰을 加ᄒᄂ 者니 一旦에 不注意홈으로써 再次 恢復키 難홈에 至홈은 實노 不避의 問題로다. 故로 此等 事는 무릇 未發혼 時에 防禦ᄒ면 身體로써 障碍가 업서 其 發育의 目的을 達케 홀지니 余輩는 於此에 其 養護를 要홀 各種의 機關을 先擧ᄒ고 漸次 其 方法에 陳及코져 ᄒ노라.

養護홀 機關은 第一 呼吸器, 第二 感覺器, 第三 神經系統으로 定ᄒ니 此三者는 飮食物노써 榮養홀 途ㅣ 無ᄒ며 又ᄂ 運動에 依ᄒ야 發育케 홈도 不能혼 者이미 오직 衛生法에 依ᄒ야 此를 養護ᄒ야써 其 完全을 謀홀지니라. 故로 左에 各機關 特殊의 養護法을 區別述之ᄒ노라.

第一. 呼吸器. 呼吸器는 上은 喉頭로 起ᄒ야 氣管을 經ᄒ고 下는 肺에

達ᄒᄂᆫ 貴重ᄒᆫ 機關이니 生命이 此에 依ᄒ야 拘ᄒᄂᆫ 者라. 且 幼兒의 病症中 最多ᄒᆫ 것은 此 呼吸器에 關ᄒᆫ 病이 統計上 明著ᄒᆫ 事實이니 家庭 衛生上에 가장 注意를 要ᄒᆯ 바ㅣ니라.

此를 養護ᄒᆷ에ᄂᆫ 淸淨ᄒᆫ 空氣를 吸入ᄒ며 尙且 適當ᄒᆫ 溫度가 有ᄒᆯ 것을 要ᄒᆯ지니 成人도 呼吸機關의 苦惱됨을 久忍키 不能커든 況且 幼兒의게 如何ᄒ랴. 機關이 柔軟ᄒᆷ으ᄋ 恒常 損傷을 被키 容易한즉 十分 注意ᄒ야 有害의 瓦斯, 塵埃, 煤煙 等을 包有ᄒᆫ 空氣에 觸接치 안케 ᄒᆯ지니 大槪 外氣의 吸收ᄂᆫ 淸潔ᄒᆷ이 最上 有效ᄒ나 그러나 一般 室內의 空氣와 溫度를 殊異케 ᄒᆷ으로써 寒暖의 差를 屢驗ᄒ야 만약 其差가 著現커든 其 激變에 不過토록 注意ᄒᆷ이 肝要ᄒ니라.

第二. 感覺器. 感覺器ᄂᆫ 各各 特殊의 感官을 有ᄒ야 精神 發達에 觀察ᄒᆫ 關係를 有ᄒᆫ 者니 單止 身體敎育의 方面으로만 要功ᄒᆯ 뿐 아니라 卽 精神 敎育에도 順程되ᄂᆫ 者니 엇지 等閒에 附棄ᄒ리오.

夫視覺을 司ᄒᆫ 目, 及 聽覺의 任에 當ᄒᆫ 耳ᄂᆫ 感覺器 中 首位에 在ᄒᆫ 者오 外界 認識의 要官되ᄂᆫ 者니 故로 不幸히 此 二感覺의 用을 失ᄒ면 精神 發達의 大部ᄂᆫ 休止될지라. 故로 幼時붓터 局部 養護에 嚴重ᄒᆫ 留意를 加ᄒ야 損害를 不受케 ᄒᆯ지니라.

又 味覺을 司ᄒᆫ 口에 在ᄒ야ᄂᆫ 齒牙 衛生에 注意ᄒᆷ이 가장 必要ᄒ니 幼兒의 齒牙ᄂᆫ 缺損키 易ᄒᆷ으로써 食物을 咀嚼치 안코 嚥下ᄒᆯ 것 ᄀᆺ트면 其 結果ᄂᆫ 消化器를 害ᄒᆷ이 甚ᄒ니라. 그러나 今日 如斯ᄒᆫ 影響을 不顧ᄒ고 齒牙 養護를 怠ᄒᄂᆫ 者ᄂᆫ 一般의 慣習이 되엿스니 엇지 浩歎ᄒᆯ 바ㅣ 아니리오. 此 幼兒의 齒牙ᄂᆫ 一旦 脫落ᄒᆫ 後에 新齒가 代生ᄒᆷ을 依憑ᄒ야 乳齒를 重視치 아니ᄒ나 然ᄒ나 乳齒가 健康치 못ᄒ면 成齒도 ᄯᅩᄒᆫ 健康치 못ᄒ나니 故로 乳齒라도 時時로 洗滌ᄒ야 其 腐蝕을 防치 아니치 못ᄒᆯ지니라.

觸官은 覺官全備의 人에게ᄂᆫ 視覺의 補助가 되며 盲者에 在ᄒ야ᄂᆫ 實노 眼目의 代用이 되ᄂᆫ 者오. 又 皮膚ᄂᆫ 此 任務에 當ᄒᄂᆫ 者니라.

第三節 衛生의 方法

前節에ᄂᆞᆫ 特別의 養護ᄒᆞᆯ 機關을 擧列ᄒᆞ야 其 衛生法의 大要를 己述ᄒᆞ엿슨즉 今에ᄂᆞᆫ 身體 全部에 關ᄒᆞᆫ 衛生法을 論及코저 ᄒᆞ노니 卽 衣服, 住居, 睡眠, 沐浴 等은 本節에 攻究ᄒᆞᆯ 問題로다.

第一. 衣服. 蓋 衣服은 寒暑를 防禦ᄒᆞᄂᆞᆫ 目的으로써 使用ᄒᆞᆷ이니 夏季에 在ᄒᆞ야ᄂᆞᆫ 暑熱을 禦ᄒᆞ며 冬季에 在ᄒᆞ야ᄂᆞᆫ 寒冷을 防ᄒᆞᄂᆞᆫ 者니 故로 其 季節을 從ᄒᆞ야 ᄯᅩᄒᆞᆫ 種類를 異케 아니치 못ᄒᆞᆯ지라. 通常 衣服에 供ᄒᆞᆯ 材料ᄂᆞᆫ 綿布, 麻布, 絨布, 絹布 等의 四種이 有ᄒᆞ니 特殊의 效를 各有ᄒᆞᆫ 者라. 綿布ᄂᆞᆫ 其 質이 柔軟ᄒᆞ야 體溫을 導ᄒᆞᄂᆞᆫ 力이 弱ᄒᆞ니 寒氣를 防ᄒᆞᆷ에 最可ᄒᆞ고 麻布ᄂᆞᆫ 其 質이 硬粗ᄒᆞ야 體溫을 導ᄒᆞᆷ이 速ᄒᆞ니 暑熱時에 適ᄒᆞ고 絨布ᄂᆞᆫ 其 質이 緻密ᄒᆞ야 體溫을 導ᄒᆞᆷ이 最少ᄒᆞᆷ으로써 防寒用에ᄂᆞᆫ 此에 及ᄒᆞᆯ 者ㅣ 無ᄒᆞ고 絹布ᄂᆞᆫ 其 質이 輕柔ᄒᆞ야 體溫을 導ᄒᆞᆷ이 多ᄒᆞ나니 故로 防寒用에ᄂᆞᆫ 不良ᄒᆞᆫ 材料니라.

衣服의 材料ᄂᆞᆫ 右述과 如ᄒᆞ거니와 兒童에 供給ᄒᆞᆯ 衣服은 其 季節을 考定치 아니치 못ᄒᆞᆯ지니 元來 衣服은 皮膚와 密接의 關係를 有ᄒᆞᆫ 者니 衣服이 厚ᄒᆞᆷ에 其 宜를 失ᄒᆞ던가 薄ᄒᆞᆷ에 其 宜를 失ᄒᆞ면 此ᄂᆞᆫ 寒冒에 共罹할지라. 故로 外氣의 溫度를 計ᄒᆞ야 此에 應ᄒᆞ야 衣服을 取捨ᄒᆞᆷ이 最可ᄒᆞ니라. 衣服을 恒常 淸潔히 ᄒᆞᆷ은 材料 選擇의 次로 必要ᄒᆞᆫ 條件이니 衣服의 汚穢 濕潤은 各種의 病源이 되ᄂᆞᆫ 者라. 故로 此를 時時 洗滌ᄒᆞ야 乾燥를 待ᄒᆞ야 每用ᄒᆞᆯ지니 特히 裏衣 及 寢具와 如ᄒᆞᆫ 것은 日日노 曝露ᄒᆞ야 使用치 아니치 못ᄒᆞᆯ지니라.

次에 衣服의 形式은 我國과 如히 區區ᄒᆞᆫ 者 更無ᄒᆞ리니 彼街路上에 往來ᄒᆞᄂᆞᆫ 人士를 試見ᄒᆞ라. 或은 洋服을 着ᄒᆞ며 或은 周衣를 着ᄒᆞ며 或은 上衣(赤古里)와 袴衣만 着ᄒᆞ며 或은 行巾을 着ᄒᆞ며 或은 襪만 着ᄒᆞᄂᆞᆫ 人이 有ᄒᆞ야 其 千態萬狀이 자못 衣服의 엇던 것을 解키 不能ᄒᆞᆷ에 至ᄒᆞ니 嗚呼라. 此와 如ᄒᆞᆫ 狀態로써 到底히 一定ᄒᆞᆫ 形式은 卒成키 不能ᄒᆞ나

진실노 身體發育에 有益ᄒᆞᆫ 者면 반다시 獎勵ᄒᆞ고 만약 害가 有ᄒᆞᆫ 者면 맛당히 除去흠이 可ᄒᆞ니 故로 此 衣服의 硏究는 비록 風儀上의 業이라 할지나 ᄯᅩᄒᆞᆫ 敎育上으로붓터 論흠도 必要ᄒᆞᆫ 問題로다. 그러나 現時 此를 爲하야 硏究에 從事ᄒᆞᄂᆞᆫ 者ㅣ 或 不無흠은 아니나 아직 其 一般에 效及코져 主唱ᄒᆞ는 者는 未見ᄒᆞ겟도다. 故로 余輩는 몬저 進步의 一段階를 ᄉᆞᆷ아 急히 絶叫ᄒᆞ는 바ㅣᄂᆞᆫ 다못 由來 我邦人의 常衣ᄒᆞᆫ 衣服中의 改良코져 흠이니 一曰 男人의 周衣 及 袴衣의 筒幅(今日 粗開化兒의 모양은 不取)을 稍狹케 흘 事와 二曰 女人의 上衣를 稍長케 흘 事와 三曰 男女間 勿論ᄒᆞ고 寒節에ᄂᆞᆫ 黑色服, 夏節에ᄂᆞᆫ 白色服을 共用케 흠이니 此는 衛生上으로 見ᄒᆞ드릭도 運動을 行흠에 極히 便利ᄒᆞ며 經濟上으로ᄂᆞᆫ 더욱 冗費를 節得흘지니 此 習慣을 養成흠에ᄂᆞᆫ 가장 幼時로써 良時를 作흠이 緊急ᄒᆞ니라.

衣服에 附屬ᄒᆞ야 論흘 者ㅣ 更有ᄒᆞ니 卽 帽子(近來 西人, 及 我國 學生 等이 戴ᄒᆞᄂᆞᆫ 毛氈 或 布織物노 成ᄒᆞᆫ 者 流를 云흠)의 問題라. 此는 由來 我國이 習慣으로써 不必要로 認知ᄒᆞᄂᆞᆫ 一大 理由가 有ᄒᆞ니 卽 有髮者가 尙多ᄒᆞᆫ 所以라. 此 點에 至ᄒᆞ야ᄂᆞᆫ 不可不 今日 斷髮問題가 더욱 必要를 生ᄒᆞ는도다. 噫라. 不斷髮者여 君 等은 何意를 抱ᄒᆞ야 其 頑古흠이 此와 如히 甚흐고 世界가 統히 衛生과 文明을 好ᄒᆞ거늘 君 等은 何獨時勢의 程度를 不踐흠이 此와 如히 甚흐고 大槪 有髮者라고 其 頭腦에 愛國誠이 特在ᄒᆞ다 흠은 吾人 生理學上에 이믜 不許ᄒᆞᆫ 바ㅣ오. ᄯᅩᄒᆞᆫ 愛國 保國흘지라도 不衛生家의 愛國은 世人이 一笑를 必加흘지니 請컨되 諸君이여 一言으로써 敎ᄒᆞ고 君 等은 速히 斷髮을 齊施ᄒᆞ야 精神的 生涯로써 將來 少年國民을 養成흠에 模範的이 되고 舊染物을 作치 말지어다.

此 帽子의 事를 衙工上으로 論ᄒᆞ면 ᄯᅩᄒᆞᆫ 經濟問題가 從生흠을 未免ᄒᆞ나 그러나 少年國民을 養護흠에 就ᄒᆞ야 엇지 適宜ᄒᆞᆫ 方便을 不要ᄒᆞ리오. 抑帽子製造의 問題는 殖産家에게 讓與ᄒᆞ려니와 다못 此의 效能을 擧說컨되 蓋 帽子의 效能은 我國 由來의 竹笠帽와 反如ᄒᆞ야 日光의 直射를 防ᄒᆞ며 外界의 打撲을 禦ᄒᆞ며 頭部를 保護흠에 가장 必要ᄒᆞᆫ 者라.

故로 幼時에는 더욱 輕ᄒ고 彈力이 有ᄒ 材料로 製造ᄒ 帽子를 用치 아니치 못할지니라.

▲ 제22호 융희 2년(1908) 6월 24일

第二, 住居

住居는 寒熱, 風雨, 霜露 等을 防禦키 爲ᄒ야 備ᄒ는 者니 비록 消極的 目的에 不過ᄒ나 또ᄒ 積極的으로 其 身體의 發育을 增進ᄒ며 精神 敎育上에 便益을 與홈이 頗多ᄒ느니 故로 於是에 土地의 選擇과 家屋 構造의 良否 等에 就ᄒ야 가장 硏究홀 必要가 有ᄒ리로다.

(A) 土地의 選定

土地는 道德上 幷 衛生上에 無害ᄒ고 또ᄒ 通行上에 便利ᄒ 處所를 選擇홀지니 此는 精神 敎育上으로도 必要홀 뿐 外라 體育 方面으로도 重要点이 되느니 然則 衛生上으로는 土地의 性質, 高低와 空氣의 良否, 及 飮料水의 善惡 等에 關ᄒ야 情密ᄒ 攻究를 致홀지오. 道德上으로는 兒童의 牲質 及 習慣에 及홀 影響을 考慮치 아니치 못홀지니 만약 住居를 이믜 確定ᄒ 境遇에 在ᄒ 者면 不得己함을 未免홀지나 將來 此를 經營ᄒ는 者는 모림이 此 土地 選擇에 嚴重ᄒ 注意를 加홀지니라. 大槪 家屋은 一時에 客易히 改造홈을 得ᄒ나 土地를 變更홈은 極히 困難ᄒ 事이니 엇지 十分 硏究를 加치 아니ᄒ리오.

以上 土地 選定의 理由를 述終ᄒ엿슨즉 更進ᄒ야 實際 驗定法에 及코 져 ᄒ노니 第一노 可述홀 者는 卽 飮料水의 性質이라. 飮料水는 一日이 라도 缺치 못홀 榮養品이니 만약 其 性質이 不良ᄒ면 諸種의 病源이 될지니라. 또 以次로 可驗홀 者는 土地의 高低 及 乾濕이니 此를 知코져 ᄒ면 地下의 水面을 반다시 驗홀지니 水面이 高ᄒ면 卽 低地를 未免홀 지라. 故로 斯와 如ᄒ 土地는 응당 避홀지오. 且 適當의 高地가 無홀

時는 他로붓터 土를 持來ᄒ야 其 土地를 高케 ᄒ야써 濕地의 害를 避흠이 可ᄒ고 又 癈物塵埃 等이 埋沒된 土地를 ᄯᅩ한 避치 아니치 못홀지니 此等의 土地는 有機物노붓터 有毒ᄒ 瓦斯를 蒸發케 ᄒ야 病源을 作흠이 多大ᄒᄂ니 故로 此를 驗흠에는 土地를 限二三尺 掘見흠이 可ᄒ니라. 더욱 詳細ᄒ 點에 至ᄒ야는 建築學者의 意見을 問흠이 極可ᄒ니라.

(B) 家屋의 構造

家屋을 建築흠에는 몬져 其 材料를 選擇홀지니 現今 我國에서 用ᄒ는 材料에는 木材 石材 煉瓦 等이 有하ᄂ 石材는 其價가 太高흠으로 使用키 容易치 못ᄒ고 煉瓦는 ᄯᅩᄒ 濕氣를 吸收키 恐ᄒ즉 가장 木材로써 適當ᄒ 材料를 作홀지니라. 材料가 이믜 定ᄒ면 ᄯᅩᄒ 其 樣式을 確定치 아니치 못홀지니 樣式에는 平屋이 有ᄒ며 二階建이 有ᄒ며 三階建이 有ᄒ며 四階建이 有ᄒ나 統計上 衛生에 適當ᄒ 者는 二階建이 卽時니 死亡者의 比較를 見흠이 二階建에는 가장 少ᄒ고 二階 以上에는 가장 多ᄒᄂ니 故로 二階 以上에는 住居치 아니흠이 可ᄒ니라. 又 家屋의 方向도 衛生上 注意를 要치 아니치 못홀지니 此는 南向이 가장 良好ᄒ며 市街의 店舖와 如ᄒ 者는 此制에 强據키 難ᄒ나 其 北面의 家는 가장 不可ᄒ니라.

從來 我國에서는 紙로 糊ᄒ 窓戶를 用ᄒ야 寒氣를 防禦ᄒ나 此가 非常ᄒ 外氣의 寒冷에는 室內에 寒冒의 媒介를 作흠에 至ᄒᄂ니 故로 冬期에는 玻璃로 作ᄒ 窓戶를 用ᄒ야 寒氣의 侵入을 防禦ᄒ며 上部에는 廻轉窓을 設置ᄒ야 換氣法을 作흠이 可홀지니라.

第三, 睡眠

身體를 勞働ᄒ면 疲勞를 生ᄒ고 精神을 使用ᄒ면 倦怠를 生ᄒᄂ니 이믜 此 疲勞倦怠를 感흠에 此를 恢復키 前에는 다시 身體의 運動, 精神의 活動을 營키 不能ᄒᄂ니 此가 卽 休息의 必要ᄒ 所以니라. 且 身體의

必要는 單히 一時의 休息으로 因ᄒ야 醫흠을 得ᄒ나 精神에 至ᄒ야는 더욱 贏大흔 休息을 要ᄒᄂ니 大槪 睡眠은 神經中樞의 疲勞를 醫ᄒ고 再次 活動흘 準備를 遂ᄒ는 者라. 故로 睡眠中은 가장 平靜흔 位地에 在ᄒ야 十分흔 休息을 取흠이 可ᄒ니 幼少흔 兒童의 比較的 長時間의 睡眠을 貪ᄒᄂ는 者에게는 生後 一年間은 十六時間 乃至 二十時間의 睡眠을 要흠이 可흘지니라. 故로 此 時期에 當ᄒ야는 가장 深快흔 睡眠을 營케 흠에 注意치 아니치 못흘지니라.

第四, 沐浴

沐浴은 皮膚 衛生上에 가장 肝要흔 者이니 幼兒에 在ᄒ야는 特殊흠을 覺破ᄒ겟도다. 兒童의 盛흔 成長 發育은 恒常 多量의 垢滓를 生ᄒ고 脂肪質의 汚物을 排泄흠으로써 날도 沐浴식켜 其 皮膚의 淸潔을 謀치 아니치 못흘지니 沐浴에는 冷水浴, 溫浴, 海水浴 等이 有ᄒ나 幼兒에게는 溫浴을 식힘이 가장 宜當ᄒ니 海水의 溫浴이면 其 效益이 更大ᄒᄂ니라.

浴場의 溫度는 攝氏 三十八度 乃至 四十五度의 範圍를 取흠이 可ᄒ니 入浴의 時間은 十分 乃至 二十分을 定흠이 可ᄒ고 長時間은 反히 身體에 害를 及ᄒᄂ니 其 回數는 生後 一年間은 每日 一回式ᄒ되 漸次 其 度를 減흘지라도 每週 二回는 不怠흠이 可ᄒ며 浴後는 가장 注意ᄒ야 外氣에 冒치 안토록 乾燥흔 衣服으로 卽 纏흘지니라.

第四節 衛生의 原則

第一, 衣服의 選擇은 衛生의 法則에 從흘지니 衣服의 目的은 身體 各 部를 養護ᄒ야 外界로붓터 侵入ᄒ는 疾病을 防禦흠에 在ᄒ니 故로 季 節을 隨ᄒ야 選擇치 아니치 못흘지라. 故로 冬期에는 絨布, 綿布를 用ᄒ 고 夏期에는 麻布 等을 用흠이 一般法則이니라.

第二, 衣服은 經濟的을 要홀지나 大槪 衣服은 消極的 衛生의 一種이 되는 者라. 身體發育에 對ㅎ야 積極的 效用에는 不在ㅎ도다. 故로 衣服의 材料를 選홈에는 單히 衣服 本來의 目的에 適홀만흔 程度에 止ㅎ고 華美흔 者를 避ㅎ야 차라이 此에 要ㅎ는 財로써 滋養品에 供홈이 可홀지니라.

第三, 住居는 淸潔홈을 要홀지니 假使 土地의 選定 材料의 選擇, 構造의 方法 等은 衛生의 法則에 適홀지라도 家屋의 周圍, 及其 內部의 淸潔法이 不行ㅎ면 到底히 無益에 終홀지니 故로 恒常 洒掃를 勵行ㅎ야 病源을 驅除홈이 肝要ㅎ니라.

第四, 睡眠中 異狀에 注意홈을 要홀지니 睡眠이 休息에 最良 方法이 됨은 前述과 如ㅎ거니와 活潑흔 兒童에 就ㅎ야는 就眠後 往往 魘夢ㅎ야 安眠을 不得ㅎ느니 其 激烈흔 時는 憂懼를 來ㅎ야 心搏呼吸의 不調를 生ㅎ며 流汗으로붓터 顔色을 變ㅎ야 甚至於 驚駭慟哭홈이 有ㅎ느니 斯와 如흔 時는 가만히 兒童을 醒覺식켜 卽時 抱起ㅎ야 安穩흔 狀態를 復홈이 可ㅎ니라.

▲ 제23호 융희 2년(1908) 7월 24일

第二編 精神敎育

總論

第一節 精神敎育의 意義

精神의 敎育과 身體의 成長은 恒常 竝行키 不能흔 者니 何者오. 大槪 兒童이 初生ㅎ엿슬 時에는 身體의 各 機關은 자못 具備ㅎ엿스나 精神

作用의 發達은 甚히 幽微호야 恰然히 無意識의 狀態에 在호지라. 그러나 無로붓터 有는 不生호다는 大原則에 依호면 반다시 精神作用에 就호여서도 突如히 外界로붓터 附與되는 것시 아니나 抑 其 吾人이 認識호는 範圍 內에 其 根據가 存在호 것은 亦 明確호도다. 兒童心理學는 恒常 這般의 硏究를 說明호야써 精神敎育의 基礎를 定호며 其 方法을 示호는 者니 余輩가 玆에 論호는 精神敎育은 即 家庭敎育에 適當호 者라. 故로 兒童心理學을 主로 솜아 이믜 說明호야 得호 材料에 據호면 가장 效果가 有홀 줄노 信호노라. 今에 便宜을 爲호야 精神敎育을 分호야 知育, 德育, 情育 三者로 定호나 此 ㅣ 原來 科學的 分類에 不在호즉 實際 敎育을 施호는 上에 就호야는 或 此 分科에 拘泥치 아니홈이 亦可호도다. 假令 個個別別히 敎育의 方法을 採코져 호나 到底히 行키 不得호느니 或은 三者를 同時에 行케 호며 或은 二者를 竝行케 홈도 有홀지니 此는 實地 其 任에 當호 者가 十分의 考慮로써 斟酌을 加치 아니치 못홀지니라.

第二節 精神敎育의 必要

知識明晳, 感情融和, 意志强固호 人物을 養成홈은 精神敎育의 任務라. 蓋 人의 價値는 精神發達의 程度에 由호야 定호며 强壯호 身體는 健全호 精神에 由호야 其 眞價가 益益 表現호느니 上來述來홈과 如히 幼兒의 精神界는 가장 軟弱호야 初生兒의 動作은 무릇 本能作用 又는 反射作用인 故로 아직 意志的 行動에 出치 못호느니 故로 此를 만약 同狀態되로 放任置之호면 精神敎育은 勿論호고 맛춤늬 無告可憐호 境遇에 終홀지라. 原來 外界의 事物노붓터 來호는 刺激은 自然의 敎育을 施키 不得호나 其 勢力이 複雜호야 順序가 無호면 其 結果의 過酷호 것은 人爲의 補助가 아니면 到底히 安全호고 利益이 有호 進步를 見키 不能홀 거니라.

凡人은 賢愚善惡의 分이 有호며 貧富貴賤의 別이 有호야 各其 運命이 多홈은 實노 精神敎育의 良否에 依호야 定호는 者니 此에 對호야는 寸時도 注意를 不怠홀 것이로다. 하믈녀 幼兒의 敎育은 自然의 經過에 任호는 時에는 將來 悲慘혼 境遇에 陷케 호야 再次 救濟키 不能홈에 至홈이리오. 故로 父母된 者는 身體 敎育에 注意호는 同時에 是等 可憐의 幼兒를 養育 敎導호야 將來 獨立의 生活을 營케 홀 基礎를 豊與홀진뎌.

第三節 精神敎育에 對혼 謬見

今日 我國 內에 一般家庭이 아직것 家庭敎育을 不認호는 家庭도 多호거니와 제긔 覺得혼 家庭을 試察호더릭도 精神敎育에 對호야는 謬見이 最大호니 第一노 痛歎할 바ㅣ는 幼兒의게 知識을 賦與홈으로써 精神敎育의 全部가 되는 줄노 思홈이로다. 此는 單히 家庭에만 如是홀 뿐 아니라 小學校에 就호여서도 오히려 此 渦中에 在혼 者ㅣ 不少호니 卽 各種의 學科를 敎授호면 吾事ㅣ 終이로다 호야 學校 以外에 對혼 行爲는 조곰도 觀念치 아니호고 甚至於 放課時間 中이라도 全然 不顧호는 者가 有호느니 嗚呼라. 아직것 小學敎育의 目的을 了解치 못혼 者流가 多호도다. 이믜 此와 如혼 謬見에 陷홈으로붓터 精神敎育은 單히 學校에서만 行호는 것이오 家庭에 就호야서는 行키 不得혼 者로 思호는 現況이로다.

試호야 兒童의 遊戲호는 樣을 見호라. 彼等이 樹木의 葉을 摘取호며 其 果實를 食홈은 植物學을 學코져 홈이오. 又 蜂을 殺호며 蟬을 捕홈은 動物學에 從事코져 홈이오. 蛇를 捕호야 皮를 剝홈은 解剖學을 硏究코져 함이오. 河에 游호며 山에 登홈은 地理學을 硏究코져 홈이오. 日月星辰의 如何홈을 問홈은 天文學을 硏究코져 홈이니 此와 如히 兒童이 行호는 바ㅣ는 다 學問이 아님이 아니로다. 然則 知識을 賦與홈은 다믓 學校에서만 行호는 事業일 줄노 思호는 謬見은 恒常 父母의 腦裡를 驅

ᄒᆞ야 兒童의 發ᄒᆞᄂᆞᆫ 問을 蔑視ᄒᆞ며 質ᄒᆞᄂᆞᆫ 事項에 不答케 ᄒᆞ야 드듸여 兒童으로 ᄒᆞ여곰 失望케 홈은 一般의 惡習이라. 此ㅣ 엇지 兒童 精神의 發達를 阻害홈이 少타 謂ᄒᆞ리오.

第四節 精神敎育의 要件

第一. 精神敎育은 身體發達에 應ᄒᆞ야 行ᄒᆞᆯ 것이니 이믜 論홈과 如히 精神敎育은 한갓 文字로써 授홈에도 不在ᄒᆞ고 ᄯᅩ 高尙ᄒᆞᆫ 感情을 養成ᄒᆞᄂᆞᆫ 意에도 不在ᄒᆞ며 ᄯᅩ 兒童으로 ᄒᆞ여곰 嚴格ᄒᆞᆫ 規律下에 生活케 홈에도 不在ᄒᆞ고 全혀 軟弱發育 中에 屬ᄒᆞᆫ 幼兒 身體에 影響치 아닐 度에 就ᄒᆞ야 知識의 範圍를 擴張ᄒᆞ며 圓滿ᄒᆞᆫ 感情을 養ᄒᆞ며 兼ᄒᆞ야 道德的 行爲를 導홈에 在ᄒᆞ도다. 故로 生理學에 依ᄒᆞ야 身體發達의 理를 知ᄒᆞ고 心理學의 助를 假ᄒᆞ야 心象發達의 狀態를 曉ᄒᆞ야 兩者가 서로 俟ᄒᆞ야 서로 衝突를 不來ᄒᆞᄂᆞᆫ 敎育을 施홈이 肝要ᄒᆞ니라.

第二. 精神敎育은 興味를 有케 ᄒᆞᆯ 것이니 할발트派는 興味를 喚起홈으로써 敎授의 目的을 슴ᄂᆞ니 其 意ㅣ 大槪 興味는 意志를 刺激興奮케 ᄒᆞ며 스스로 努力의 念을 起케 ᄒᆞ고져 홈에 在홈이로다. 故로 此를 小學校時代에 主를 슴아 敎授홈에 適ᄒᆞ나 ᄯᅩᄒᆞᆫ 家庭敎育에 就ᄒᆞ여서도 此를 據치 아니치 못ᄒᆞᆯ지니 兼ᄒᆞ야 家庭時代의 兒童은 小學校 時代에 比ᄒᆞ야 幼稚ᄒᆞ야 變化를 特好ᄒᆞᄂᆞ니 大槪 同一의 事業이 倦怠를 生키 易홈은 興味가 少ᄒᆞᆫ 所以니라. 眞實노 知育에 關ᄒᆞᆫ 事實은 殊히 興味를 喚起케 홈에 足ᄒᆞᆫ 材料를 供給함이 가장 必要ᄒᆞ며 其他 情育, 德育에 至ᄒᆞ여서도 兒童으로 ᄒᆞ여곰 愉快ᄒᆞᆫ 裡에서 道德的 行爲에 慣케 ᄒᆞ며 美情 愛情 等을 喚起케 홈에 十分 努力ᄒᆞᆯ지니라.

第二編 第一章 知育

第一節 知育의 意義

茲에 說明코져 ᄒᄂᆞᆫ 知育은 學校에셔 施ᄒᄂᆞᆫ 知育과 如히 嚴密치 아니ᄒ고 다못 精神의 發育을 助長식켜 將來 學校의 補助를 得코져 홈이니 故로 兒童心意에 過度ᄒᆫ 刺激을 與치 아니ᄒ며 ᄯᅩ흔 困難ᄒᆫ 問題를 提出치 아니ᄒ야 오직 愉快ᄒᆫ 裡에서 精神界의 知見을 擴張홈으로써 第一의 要務를 合을지로다. ᄯᅩ흔 此로 隨ᄒ야 兒童의 心的 狀態를 通曉ᄒ야 又其 適當ᄒᆫ 材料와 方法을 施與치 아니치 못홀지니 於是乎 知的 作用에 關ᄒᆫ 心象의 一般을 知홈이 最先의 急務로다.

第二節 知的 作用에 對ᄒᆫ 心象의 一般

第一. 知覺 知覺은 精神 作用上 最初에 位ᄒ야 五官의 力으로 外物에 對ᄒᆫ 觀念을 得ᄂᆞᆫ 作用이니 此를 分ᄒ야 視覺, 聽覺, 嗅覺, 味覺, 觸覺을 成ᄒ나니 是等는 다 知識의 根基ㅣ오 高尙ᄒᆫ 精神의 源泉이라. 幼兒의 最初 知覺은 單히 分量的의 性質的의 變化를 知홀 ᄲᅮᆫ이나 漸次 長홈에 及ᄒ야 各其 感覺을 結合ᄒ야 足히 一全體로 知覺홈에 至ᄒᄂᆞ니라. 味覺은 以上 各知覺中 最初로 兒童 精神 作用의 中心이 되ᄂᆞ 者니 善히 飮食物을 選擇 取捨ᄒ야 更히 手와 目으로 驗홈에 至ᄒ나 아직 比較의 力이 微弱ᄒᆫ 幼兒에 在ᄒ야ᄂᆞ 特히 注意ᄒ야 適當ᄒᆫ 것을 供給치 아니치 못홀지니라. 視覺은 往往 兒童으로 ᄒ여곰 誤謬에 陷케 ᄒ며 恐怖의 感情을 起케 홈이 有ᄒᄂᆞ니 要컨듸 眼에 映ᄒᄂᆞ 繪畵, 玩具와 如ᄒᆫ 者도 其 性質과 形狀 等을 選擇치 아니치 못홀지니라.

第二. 記憶 記憶은 原來 兒童의 談話上으로붓터 初起ᄒᄂᆫ 者니 其 多部分은 機械的이라. 故로 觀念 聯合上 法則에 依ᄒ야 記憶홈이 稀有ᄒ면 곳 薄弱ᄒ야 再現홈을 不能ᄒᄂ니라. 原來 記憶은 多方ᄒ나 其 把住가 永久ᄒ고 想起가 容易ᄒ야 其 再現 事項에 違眞치 아니ᄒᄂᆫ 者가 가장 善良ᄒ니 是以로 幼兒ᄂᆫ 自初로 其 完全홈은 望키 不能ᄒ나 此를 修練ᄒ야 强固케 ᄒ며 永續케 ᄒ야 漸漸 記憶케 ᄒ이 可ᄒ니라. 此를 達홈에ᄂᆫ 種種ᄒ 方法이 有ᄒ나 第一노 觀念 聯合의 法則에 依홈이 最要ᄒ니 此 聯合法則에ᄂᆫ 類似聯合 反對聯合 接近聯合 等의 各種이 是라. 此ᄂᆫ 다 旣有의 知識과 新來의 觀念을 聯合ᄒ야 記憶케 홈으로써 其 記憶홀 만ᄒ 事項의 種類로붓터 適宜 善良ᄒ 方法을 採用홈이 可ᄒ며 ᄯᅩ 何事던지 反復ᄒ면 印象키 深ᄒᄂ니 故로 記憶에 對ᄒ여서도 同一의 事實을 時時 見聞홀 時ᄂᆫ 더욱 强固케 ᄒ며 永續케 ᄒ야 記憶게 홀지며 ᄯᅩ 非常히 興味가 有ᄒ 愉快의 事거나 或은 興味가 無홀지라도 憂慮가 特著ᄒ 境遇에ᄂᆫ 다 激烈ᄒ 刺激을 心意에 與홈으로 其 記憶홈에 永存ᄒᄂ니라. 그러나 後者와 如ᄒ 刺激은 活動이 熾盛ᄒ 幼兒에 對ᄒ여ᄂᆫ 문득 害惡을 生홀가 恐ᄒ노니 반다시 此를 避ᄒ야 恒常 善良히 精神 發育을 不害홀 强度의 刺激을 附與홈이 可ᄒ도다. 是以로 今에 記憶 練習에 對ᄒ야 必要ᄒ 條件을 左와 如히 擧ᄒ노라.

第一. 過度히 記憶케 ᄒ야 兒童의 精神을 疲勞케 홈이 不可홈.
第二. 記憶홀 事項은 善히 了解케 홈이 可홈.
第三. 反復케 ᄒ야 印象을 强케 홈이 可홈.

第三. 想像 想像은 心象의 結生作用이니 此에ᄂᆫ 復起的 想像과 構成的 思想이 有ᄒ나 余輩의 所謂 想像은 다믓 後者에 在ᄒ도다. 卽 觀念復起ᄀ 多少 變化ᄒ야 新生의 觀念을 生ᄒᄂ니 故로 旣知의 觀念이 多홈에 從ᄒ야 想像 作用도 ᄯᅩᄒ 活潑ᄒ야 드듸여 各種의 想像을 生홈에 至ᄒᄂ니라. 通常 想像作用을 實際的 想像, 科學的 想像, 美術的 想像, 道德

的 想像, 宗敎的 想像 等에 分홀지니 其 種類의 生홈은 想像의 材料マ 될지라. 故로 影響이 頗多ᄒᄂ니 父母된 者는 マ장 其 材料를 選擇ᄒ지 아니치 못홀지어다. 通常 我國에 傳行ᄒᄂ 李忠武의 龜船, 鄭圃隱의 血竹 等과 如ᄒ 話柄은 다 想像作用의 材料マ 될 者니 將來 小學校에 入ᄒ 後 敎授上에 大助의 效를 見홀지니라.

世人은 動ᄒ면 곳 想像과 空像을 混同ᄒ야 全然 此를 拒否홈이 有ᄒ나 此는 도로혀 幼兒의 想像을 適當ᄒ 方面에 開誘치 못ᄒᄂ 積弊로다. 무릇 世間에 所謂 改良進步는 其 大小과 廣狹을 不問ᄒ고 다 想像의 賜라 云홀지니 此를 國民 文學發達에 徵ᄒ더리도 其 基礎マ 되ᄂ 것은 詩歌 又는 有의 言語 文字로써 因成ᄒᄂ니 實노 想像은 思想의 前驅라. 兒童이 談話를 好홈을 利用ᄒ야 適宜 想像의 練習을 施케 홈이 可홀지니라.

第四 槪念 槪念에 二種이 有ᄒ니 一을 心理的 槪念이라 云ᄒ고 一을 論理的 槪念이라 云홀지라. 就中 前者는 具體的이라 動搖不定ᄒᄂ 者니 幼兒의 槪念은 過半 此 狀態에 屬ᄒ며 又 一定 不變ᄒ야 一般 全通ᄒ 槪念은 稍稍 發達ᄒ 後에 其 成을 期홀지니 幼兒가 最初에 構成ᄒ 槪括은 極히 不精密홀지라. 此는 經驗의 範圍가 狹ᄒ고 比較의 力이 少홈으로 因홈이라. 그러나 二三歲에 長至ᄒ면 槪括의 念이 稍生홈으로써 各 事物로 ᄒ여곰 比較케 ᄒᄂ 機會를 與ᄒ며 漸次 槪括ᄒ 知識을 遂케 ᄒ야 精神의 過勞를 避ᄒ여 其 發育에 有效케 홀지니라.

▲ 제26호 융희 2년(1908) 11월 24일

第三節 知育의 方法

第一, 言語의 練習이니 言語는 卽 精神 發達의 標徵이며 及 原素라. 故로 幼兒의 知識을 開誘코져 ᄒ면 몬져 言語의 敎授로써 最初의 事業을

숨을지로다. 大概 幼兒의 言語는 遺傳上으로 來ㅎ는 者도 有ㅎ며 修得上으로 成ㅎ는 者도 有ㅎ니 即 他를 模倣키 不能ㅎ며 쏘 혼자 發明홀 能力이 無흔 時에 或 振身, 或 發音홈이 有홈은 是를 遺傳이라 云할지오. 又 父母의 言語을 摸倣ㅎ며 或은 自己 周圍에 在흔 他人의 調節에 注意ㅎ야 意識的으로 談話홈에 至ㅎ면 是를 修得이라 云홀지니 實노 言語의 發達은 此 後者에 不外흔지라 於此에 可히 敎育이 談話를 進步케 홈에 如何흔 效力이 有흔 줄을 了解홀지로다.

兒童이 談話홈에는 外界의 印象과 及 此에 應홀 生理의 機關을 要ㅎ느니 即 一便機關上으로 喉頭, 舌, 脣, 齒牙, 耳 等의 衛生上에 對흔 注意는 勿論이거니와 쏘흔 他方으로도 談話의 材料가 될 者를 施與치 아니치 못홀지라. 大概 談話의 機關과 談話는 互相 待俟ㅎ야 進步 發達ㅎ느니 만약 機關은 備存ㅎ나 此를 使用치 못홀 時는 其 發達를 不遂홈이 恰然 機關이 無ㅎ며 談話를 不能홈과 如홀지라. 故로 此 兩者 關係에 對ㅎ야 適切흔 注意로써 言語를 練習케 홈이 可ㅎ니라.

幼兒의 談話 進步의 狀態를 觀察ㅎ건딘 最初 限六個月은 다믓 叫聲을 發홀 쑨이나 第二 六個月에 至ㅎ면 漸漸 人을 模倣ㅎ야 音을 發ㅎ며 一歲 又 二歲에 至ㅎ야 步行을 遂得홈에 及ㅎ야 言語의 進步가 比前迅速ㅎ며 更히 三歲에 至ㅎ면 日常 卑近의 言語를 自由로 使用홈을 得ㅎ느니 然ㅎ나 此와 如히 長茁홈을 從ㅎ야 言語도 發達홈을 得홀지로되 決코 此를 自然에 放任ㅎ야 置與키는 不可ㅎ도다. 兒童이 談話를 試홈이 誤訛의 語詞를 그딘로 修得ㅎ야 發音不正, 音聲不明에 陷홀 時는 此를 矯正키 容易치 못ㅎ느니 故로 家庭에서 生後 六個月붓터 特히 言語 敎授에 注意ㅎ야 生理機關의 發達를 務ㅎ며 興味가 有ㅎ고 且 容易흔 材料를 施與ㅎ야 其 思想을 誘導식허 此를 言語에 表出케 ㅎ딘 發音을 正히 ㅎ며 謬語를 指摘ㅎ야써 言語의 目的을 到達케 홀지니라.

第二, 玩具의 授與니 兒童이 이믜 談話를 能히 ᄒ면 玩具를 且與홈이
知育上 適當의 處置라. 兒童이 生後 六個月에 至ᄒ면 겨우 玩具를 弄得
ᄒ나 아직 精神 發達에ᄂ 影響이 毫無ᄒ니 大槪 玩具가 其 目的을 達得
홈은 兒童의 手足이 自由 運動ᄒ야 時時로 容易ᄒ 玩具는 혼자라도 能
히 製作홈에 至ᄒ여 始生홀지니라. 家庭에 就ᄒ야 兒童 學問에 가장 適
當ᄒ고 가장 有益ᄒ 材料는 玩具로써 第一을 슴을지니 大槪 玩具는 兒
童의 嗜好ᄒ는 것으로써 愉快ᄒ 裡에서 其 知識을 附與ᄒᄂ 者로다. 然
이나 世에 혼히 敎育上 價値가 無ᄒ 玩具가 多홈으로 玆에 特히 種類를
選擇ᄒ야 敎育上 裨益이 될 者를 左擧ᄒ노라.

第一. 進步的 玩具
第二. 道德的 玩具
第三. 社交的 玩具
第四. 審美的 玩具
第五. 體育的 玩具
第六. 職業的 玩具(次號에 右를 區別 說明홈) 未完
(이하의 내용은 대한학회보 제1호에 수록됨)

◎ 家族敎育이 全國民族單體의 機關,
　金愼圭,〈대한협회회보〉제6호, 1908.9. (가정교육론)

目下我國現象에 對ᄒ야 論者 l 輒曰 敎育이 至急ᄒ다 團體가 必要ᄒ다
ᄒ니 此ᄂ 歐美風潮가 震撼全珠ᄒ야 東亞四千年傳來ᄒ던 制度文物이
寒暑晝夜와 如히 一切 相反ᄒ야 苟不改絃易轍ᄒ야 肩馳角逐이면 競爭
時代에 生存을 自保키 不得홀 줄로 思惟ᄒᄂ 비로다. 挽近學界狀況이
可謂盛矣라. 學部에서 其 請願을 認準키 不暇ᄒ고 報筆에 其 趣旨를 記
載키 不勝ᄒ니 表面으로 觀ᄒ면 敎育이 文明에 到達ᄒ고 團體가 確實히

成立홀 듯ᄒᆞ나 其 內容을 推測컨듸 一端 疑點이 不無ᄒᆞ도다. 國內學校에 對ᄒᆞ야 ──이 質査키 不能ᄒᆞ나 大槪 見聞ᄒᆞᆫ 바를 據ᄒᆞ면 社會上 有志紳士의 眞的ᄒᆞᆫ 熱心과 正當ᄒᆞᆫ 義務로 資金을 不惜ᄒᆞ며 名譽를 不要ᄒᆞ고 靑年子弟의 新知識을 發育ᄒᆞ며 愛國心을 活養ᄒᆞ야 獨立의 基礎를 準備ᄒᆞ고 自由의 效果를 希望ᄒᆞᄂᆞᆫ 者도 多有ᄒᆞ거니와 太半同地方에셔 學校와 學校間에 圭角釁隙이 層生ᄒᆞ며 或 同校內에서 任員과 師生間에 惡憾反動이 激起ᄒᆞ야 設立未幾에 尋爲廢止者도 有ᄒᆞ고 設或 未廢라도 繼續手段과 維持方針이 全無ᄒᆞᆫ 者도 有ᄒᆞ고 或 維持ᄂᆞᆫ 僅足ᄒᆞ나 分乖缺裂ᄒᆞ야 有名無實者도 有ᄒᆞ니 其 故ᄂᆞᆫ 何也오. 蓋 各人 發起에 心如其面ᄒᆞ야 一時釣名의 思想과 好勝의 氣癖과 挾雜의 慾望으로 前後를 不量ᄒᆞ고 形式을 徒倣ᄒᆞ야 創立은 容易ᄒᆞ나 僞善이 易怠ᄒᆞ고 虛想을 難副ᄒᆞ야 鄙吝之根이 復萌에 公益上 事業은 便屬先天ᄒᆞ고 猜媚之門이 漸開에 團合的 主意가 遂成畵餅故로 外人이 曰 韓國學校ᄂᆞᆫ 流行病과 如ᄒᆞ다 ᄒᆞ니 可勝歎哉아 何幸天誘其衷ᄒᆞ야 家族敎育이 稍稍發現ᄒᆞ니 愚ᄂᆞᆫ 大韓民族의 團體機關이 此에 在ᄒᆞ다 ᄒᆞ노라. 傳에 曰 一家仁이면 一國이 興仁ᄒᆞ고 一家讓이면 一國이 興讓이라 ᄒᆞ니 國內 諸姓에 各其 鼻祖以下로 派分ᄒᆞᆫ 雲仍을 勿論 疏遠卑賤ᄒᆞ고 一體聯合ᄒᆞ면 多者ᄂᆞᆫ 數萬에 可達이오 少者도 幾千에 不下ᄒᆞ리니 數三巨族에 一國所慕者로 爲始ᄒᆞ야 敎育의 方法을 擴張進步ᄒᆞ고 敦睦情誼를 親密融合ᄒᆞ야 文明의 光彩가 花樹에 生ᄒᆞ고 團結의 固體가 磐石에 比ᄒᆞ야 他族의 模範을 作ᄒᆞ고 全國의 標準을 立ᄒᆞ면 兵法에 云ᄒᆞᆫ 바 一人이 學成에 百人을 敎ᄒᆞ고 百人이 學成에 萬人을 敎홈과 如ᄒᆞ리니 國民團體가 此에 機關됨이 안인가. 或 이 難之曰 敎育의 至急과 團體의 必要ᄂᆞᆫ 全國 同胞를 通指홈이라. 子言과 如ᄒᆞ면 僻姓孤族앤 普及키 不能ᄒᆞ고 且 巨族中에도 頑昧反對者가 全無ᄒᆞ고 融通和合홀 줄노 何以確信ᄒᆞ나뇨. 曰 凡天下無情之物도 吸引의 力과 結合의 性이 皆 有ᄒᆞ거던 況 人乎哉아. 今 夫 僻姓孤族이라도 講其聯親ᄒᆞ면 必大姓巨族也니 聲氣의 相通과 臭味의 相合과 影響의 相及이 固有홀지오 公私學校가 在在立立ᄒᆞ니 敎育의 普及키 不能을 何患

之有리오. 家族敎育之成立也에 年行이 最高ᄒ며 位德이 俱邵ᄒ者ㅣ 主張而命令之ᄒ고 時勢에 通曉하며 事務에 練熟ᄒ 者ㅣ 組織而施行之ᄒ고 財産이 富ᄒ 者ᄂ 捐附之ᄒ고 學識이 優ᄒ 者ᄂ 敎導之ᄒ야 凡子弟之及學齡者ㅣ 莫不入學이면 其 中에 設有頑昧之人이라도 將勸諭開發ᄒ야 不日而化矣니 何敢反對乎아. 蓋 敎育者ᄂ 團體의 要素라 諸家族의 各 部分 小團體를 組成ᄒ고 各 部分이 一部 大團體를 結合ᄒ야 三千里 江山이 一家를 作ᄒ고 二千萬 同胞가 一身를 成ᄒ면 心城堅高에 金湯이 失險ᄒ고 力車ㅣ 衝突에 砲艦이 挫銳ᄒ리니 太極章旗를 萬國에 炫耀하고 大韓帝國이 世界에 屹立ᄒ기를 家族社會에 對ᄒ야 忠告血祝ᄒ노라.

◎ 育兒法의 注意,
　　宮里生 李揆萬,〈대한학회월보〉 제9호, 1908.11. (가정학)

育兒法의 注意 宮里生 李揆萬 譯

　이갓치 아ᄒᆡ 기르면 실픠ᄒ오

一. 아ᄒᆡ가 울기만ᄒ면, 곳 졋을 먹이ᄂ 모친이 잇스니 아ᄒᆡᄂ 빅가 곱흘 ᄱᅢ에만 우ᄂ 것이 아니라, 병이 잇을 ᄱᅢ에도 울고 ᄃᆡ소변을 싸고도 울고 졸니워도 우ᄂ 것이니, 어른의 언어와 갓치 무시로 우ᄂ것 이어늘, 을기만 ᄒ면 빅곱하 우ᄂ 쥴 알고, 곳, 졋을 먹이ᄂ 모친이 불소ᄒ더라. 졋은 두시간 이든지 셰시간이든지 일경ᄒ 규칙 을 경ᄒ고 먹이지 안으면, 필경, 소화불량증[消化不良症]이 싱기ᄂ니 이갓치 아희 기르면 실픠ᄒ오.

二. 좌우유방[左右乳房]을 번갈어 먹이ᄂ 모친이 잇으니, 아희가 오른편 졋을 물고 쯤 먹으랴 ᄒ면, 곳 웬편 졋을 물니고, 또 좀 먹으랴 ᄒ면,

쏘 곳돌녀 물니니 이는 졋나는 되유히 무익혼지라 오론편 졋을 물녓거
든, 다먹은 뒤에 웬편 졋을 들녀 물니는 것이 가장 죠흔 법이라, 쏘 처음
에 을은편 졋을 먼저 시작ᄒ야 먹이엿거든 그담벌 먹일 씨에도 올은편
졋부터 시작ᄒ야 먹이는 것이 가흘지라 사소흔 일에 주의를 안니ᄒ고
아므러케느 ᄒ니 이갓치 아희 기르면 실릭ᄒ오.

三. 우유와 밀크의 쟈양분[滋養分]분량을, 모르고된 우유를 그되로 어
린 아희에게 먹이는 모친이 잇으니, 간난 아희는 믈게 ᄒ야 먹이고 즈
라는 되로 츳츳 된 것을 먹이여야 헐것인되, 우유가 믈그면 즈양도 믈
글줄 알고, 된 우유를 흠부루 어린아희에게 먹이다가 소화기(消化機)가
불리ᄒ야 병이 도지면, 어시호 큰일 난듯시 소동ᄒ니 이갓치 아희기르
면 실픠ᄒ오.

四. 모유(母乳)를 만 일기년 이샹, 먹이는 모친이 만으니 모유는 일년
이샹 이되면, 아모 자양도 업는고로 믬죽이나 우유을 먹이기를 시작ᄒ
고, 엄아니의 것은 츳츳 쎼야 헐 것인되, 세상에 업는 리흔 우리 이기를
엇지 졋을 쎼는가 ᄒ야링슈 만도 못헌 졋을 먹이여서 아희의 영냥(營
養)을 불죡ᄒ게 ᄒ니 이갓치 아히 기르면 실픠ᄒ오.

五. 아희 먹이는 우유 에 셜당을 넛치안는 모친이 잇스니 단것이 회롭
다는 말은 잇스나 셜당은 독약이 안이오, 쏘 아회에게는 당분(糖分)이
필요흔 것인되, 모유(母乳)에 비ᄒ면 당분이 젹은 우유에 셜당을 넛치
안이ᄒ면 당분이 부죡ᄒ야 건강을 히롭게 ᄒᄂ니 이갓치 아히기르면
실픠ᄒ오.

六. 무시로 과즈(果子) 등속 等屬을 아회에게 함브로 먹이는 모친이 잇
스니 우스면 충찬으로 지롱브리면 상금으로 울면 달닉느라고 아침으로
부터 밤까지 쓴칠씨 업시 먹이는 므친이 불요ᄒ더라 인톄(人體)의 당분

이 필요훈 것은 우에 말혼것과 여훈건이와 아침 져녁으로 한번이든지 두번이든지 규칙 잇게 먹이지 안코, 썩썩로 함부로 먹이면 위쟝(胃腹)에 히만 되고, 아모 이익도 업스니 이갓치 아히 기르면, 실픽훈오.

七. 음식을 씹어 먹이는 모친이 만으니 어마니 입에 것을 아히 입에 넌는것이 더럽다는 것이 안이라 사람의 입은 길거리 됨즈리 보담 더ㅣ 더러우니 수업는 미균(黴菌)의 주가(住家)라 훈야도 가훈거늘 음식을 씹어 먹이는 것은 흡수히 미균을 발너 먹이는 것과 곳혼지라 이갓치 아히 기르면 실픽훈오.

八. 졋 먹일쩨에 아히의 입안을 삣쳐쥬지 안는 모친이 잇스니, 아히의 헤에는 졋직기가 뭇기수웁고 졋씨기가 므드면, 곳 부픠훈는뒤 그뒤로 졋을 먹으면 그 더러운 것과 함씌 위쟝에 드러가 아회의 건강을 히훈ᄂ니 냉슈나 혹은 극히 믈근 붕산수(硼酸水)를 명주 혹은 뎡훈 솜에 뭇쳐셔 뎡훈게 씨셔 주어야 훌 것이어늘 몃틸이 되도록 훈번도 씨셔 주지 안이훈고, 그뒤로 먹이는 이가 만으니 이갓치 아히 기로면 실픽훈오.

九. 아히를 안어 지우난 모친이 잇스니, 모톄온도(母體溫度)와 아톄온도(兒體溫度)가 현져히 달으거늘 한이블을 덥고쟈는 것은 아회를 쇠약훈게 훈는 긔본(基本)이라, 뒤소한 츄의라도 아회는 쳔의 한아면, 넉넉훈거늘 아히를 귀엽다고 건강을 히롭게 훈는 것은 부모의 도ㅣ가 아니라 이갓치 아히 기르면 실픽훈오.

十. 아히를 가는쎄로 업어 지우난 모친이 잇스니, 아히의 몸은 무한이 부두러운 것이어늘 가는 쎄로 잔득, 됭겨민셔 필경 사지 발육(四肢發育)을 히롭게 훈야 허리는 멀식훈고, 다리는 잘버져 조션인 표본(朝鮮人標本) 안종다리가 되게 훈고, 쏘는 아회가 져혼자는 들녀 눕지 못훈는 것을 모친의 마음뒤로 모루 뉘엿다 바로 뉘엿다 썩썩로 함브로 돌여뉘으ㅣ니

이는 잘못ᄒ면 목이 빗두러지기가 쉬운지라, 각별죠심 ᄒ시오.

十一. 아희가 짬난 웃을 입어도 갈아 입히지 안는 모친이 잇스니, 여름에는 쌀쎅가나고 겨을에는 감긔가 드난지라 짬쎅기고 웃 갈아 입히기가 귀치안어셔 그듸로 입혀두난 이 도 잇고 강보(襁褓)를 자죠 글어셔 쌀어쥬지 안난 모뒌도 잇오니 ᄀ보가 져지면 겨을에는 냉병 이나고 여름에는 서셜이 느느니 ᄀ보난 항상 청결ᄒ여야 홀 것이라.

ᄉ쇼흔 일에 주의를 겨으르게 ᄒ야, 아자의 건ᄀ을 히롭게 ᄒ니, 엇지 아희를 귀히 ᄒ는 본의리오.

◎ 家庭敎育法,
　김수철, 〈대한흥학보〉 제1호, 1909.3. (교육학, 가정교육학)

　　*이 논문은 앞의 〈태극학보〉 제26호에 이어지는 논문임

知育의 方法(玩具의 授與)

　玩具를 與홈에 進步的이 된 者를 選擇홀 것은 恒常 精神敎有上에 不忘홀 者이니 今日과 如히 學理的으로 製造흔 玩具가 簇出홈에 對ᄒ여는 더욱 其 種類를 選擇ᄒ야 兒童의 心意發達에 適要흔 者를 求홀지라. 또 運動은 進步의 先驅가 됨으로 玩具도 또흔 靜止흔 者를 捨홀지며 또 奇形을 成흔 者는 進步를 妨홈으로 其 形體가 正確ᄒ야 實物에 昵近흔 者 卽 現實世界에 存흔 者가 아니면 不可ᄒ니 動物의 玩具植物의 玩具 及 鑛物의 玩具가 다 最適흔 材料라 謂홀지라. 또 한갓 代價가 廉흔 것을 爲ᄒ야 實物에 反흔 者를 與홈은 幼兒의 腦中에 不確實흔 觀念을 與홈이니 將來 小學敎育의 妨害가 頗多할지라. 故로 代價의 高홈을

不憂ᄒ고 오직 正確ᄒ야 實物에 近ᄒ 者를 期取ᄒᆯ지로다. 特히 自動力이 有ᄒ 玩具는 가장 有益ᄒ니 卽 彈機가 有ᄒ 汽車, 汽船, 馬車, 人車等은 다 興味를 與ᄒ는 同時에 理學上 簡易의 智識을 與ᄒᆷ을 得ᄒᄂ니 斯와 如ᄒ 有益의 玩具를 다만 供與ᄒᆯ 쑨만 不啻라. 또ᄒ 兒童으로 ᄒ여곰 簡易ᄒ 玩具를 調製케 ᄒᆷ이 可ᄒ니 兒童이 四歲에 至ᄒ면 此 能力이 有ᄒ야 數個의 木片과 數連의 絲를 與ᄒ면 巧히 家屋의 模型을 作ᄒ며 紙와 糊를 與ᄒ면 袞를 製得ᄒᄂ니 故로 此種의 材料를 供給ᄒᆷ은 恒常 不怠의 事니라.

幼兒가 障子를 破ᄒ며 玩具를 損ᄒᆯ 時에 嚴히 叱責ᄒ야 其 材料를 不許ᄒᆷ은 兒童 自然의 要求를 拒絶ᄒᆷ이니 決코 注意치 아니치 못ᄒᆯ지니라.

道德的 玩具는 兒童으로 ᄒ여곰 不知不識 間에 道德的 行爲를 遂ᄒᆷ에 適ᄒ 者를 取ᄒᆯ지니 大槪 水遊를 식혀 水를 公道에 撒布케 ᄒ며 掃遊를 식혀 道路를 掃除케 ᄒ는 等은 다 公共心 道義心을 養成ᄒ는ᄃᆡ 適當ᄒ 方法이니라.

社交的 玩具는 公共, 及同情心을 養ᄒᆷ에 足ᄒ 者를 取ᄒᆯ지니 接賓戱, 及宴戱, 俱樂會 等은 다 適當ᄒ 材料라. 故로 此等의 遊戱는 더욱 獎勵ᄒ야 公共心을 發揮케 ᄒᆷ이 可ᄒ니라.

審美的 玩具의 重要ᄒ 者는 繪畵及彫刻物이 是라 然ᄒ나 現世에 出行ᄒᄂ 繪畵를 見ᄒ건ᄃᆡ 色彩의 配合 等에는 寸毫도 用意치 아니ᄒ고 오직 赤色, 紫色 等의 가장 眼目에 映ᄒᄂ 者를 選ᄒ며 참으로 高尙ᄒ 思慮로써 色彩를 施ᄒ 繪畵는 甚히 少ᄒ고 麤粗ᄒ 者를 廉價로써 供給ᄒᆷ에 勉ᄒ며 風景을 寫ᄒᆷ에도 眞을 失ᄒ며 形像을 畵ᄒᆷ에도 實物과 異ᄒ 者가 多ᄒ니 實노 今日에 在ᄒ야는 普通의 繪畵는 其 最宜ᄒ 者를 採ᄒᆯ 쑨이오. 多部分은 寫眞에 依ᄒ야 兒童의 觀念을 確定치 아니치 못ᄒᆯ지

라. 또 彫刻에 至ᄒ야는 더욱 甚ᄒ야 鬼面 或 狐狗의 形像 等을 無理로 製出ᄒᆫ 者가 多ᄒ니 一個라도 審美的이 될 者는 아직 未見ᄒ깃도다.

體育的 玩具는 男女를 勿論ᄒ고 擊球, 摘花, 鬪草 等은 다 幼兒의 最適ᄒᆫ 運動이니 반다시 施行케 ᄒᆯ지며 또 紙鳶을 弄ᄒ야 運動케 홈이 가장 有益ᄒ니라.

要컨딕 勝負的 傾向이 有ᄒᆫ 玩具와 及危險의 虞가 有ᄒᆫ 玩具는 斷然히 逃避홈이 可ᄒ며 元來 敎育的 玩具라 稱홈은 兒童의 精神發達에 補助를 與키 爲ᄒ야 作홈이어늘 今日 我國의 敎育家는 此에 注意를 不加ᄒ고 實際 敎育의 諸具를 設備ᄒ는 者ㅣ 鮮有ᄒ니 엇지 猛省ᄒᆫ 바ㅣ가 아니리오.

◎ 家庭敎育의 必要,
　金文演, 〈대동학회월보〉 제20호, 1909.9. (가정교육론)

良醫가 治病홈에 對證投劑ᄒ고 老農이 理圃홈에 隨地播種ᄒᄂ니 今日의 時務를 談ᄒᄂ는 者ㅣ 必 曰 敎育이 最急ᄒ다 ᄒ고 時事를 評ᄒᄂ는 者ㅣ 亦 曰 敎育을 宜先이라 ᄒ야 萬口同聲홈에 不謀相合ᄒ니 古今과 東西를 勿論ᄒ고 何時에던지 此 敎育이 엇지 急先務가 아니리오만은 但 國際의 汚隆과 時代의 變遷을 隨ᄒ야 損益홈이 不得不有ᄒᆯ지라. 夏殷周三代의 忠質文이 相異홈은 其 因時制宜홈을 不言可想ᄒᆯ 바이오 孔子의 尊周홈과 孟子의 齊梁之君을 勸告홈은 各其 時代를 因ᄒ야 其 揆不同홈이니 敎育은 習俗과 人心을 推測ᄒ고 一般國民의 文野ᄒᆫ 程皮를 隨ᄒ야 適宜이 施與ᄒᆯ지라.

我韓 敎育界의 靑年學徒를 見ᄒ건딕 其 活動奮發홈이 雖或 可取ᄒᆯ

者ㅣ 非無ᄒ나 其 輕燥浮薄홈이 亦 所慨惜홀 者ㅣ 常多ᄒ니 此ᄂᆫ 各其 家庭敎育이 不完全ᄒᆫ 所以라. 貴流子弟ᄂᆫ 門閥을 依藉ᄒ고 富豪生長은 財力을 誇恃ᄒ야 驕奢放縱ᄒ고 自大傲人ᄒᄂ 聞見이 流傳ᄒ고 閭巷市井은 謀利를 是事홈에 道德을 全昧ᄒ야 詬辱狼鬪ᄒ고 酒色冶遊ᄒ던 風習을 引繼홈으로 此 等 家庭에서 生於長於홈에 其 輕燥浮薄ᄒᆫ 狀態가 一般難掩홀 바이라. 自家의 父祖를 頑固ᄒ다 指斥ᄒ고 高年ᄒᆫ 丈老를 野蠻이라 慢侮ᄒ야 開明人으로 自處ᄒ고 學問家로 自尊ᄒ니 雖曰頑固이나 自口로 指斥홈은 不可ᄒᆫ 바이오 雖曰野蠻이나 自身으로 慢侮홈은 不敢홀 바이라. 眞正ᄒᆫ 開明人과 眞正ᄒᆫ 學問家ᄂᆫ 如此 淺妄ᄒᆫ 行爲가 不有홀 줄로 思量ᄒᄂᆫ 바이로라.

家庭敎育이란 者ᄂᆫ 學校敎育의 基礎이니 伯魚의 聞詩聞禮홈과 鄒孟氏의 遂成大儒홈과 加富爾의 後日 聲名과 華盛敦의 當年功業이 皆其家庭敎育의 基因ᄒᆫ 바이라. 人은 賢父兄이 有홈을 樂홀 바이오 靈芝ᄂᆫ 有根ᄒ고 醴泉은 有源ᄒᄂ니 有爲의 人物을 養成코자 홀진ᄃᆡ 必先 兒童의 性情을 硏究ᄒ야 其 性質에 適宜홀만ᄒᆫ 特殊ᄒᆫ 敎育을 施與ᄒ며 旣有ᄒᆫ 感情을 誘掖ᄒ야 美情과 愛情을 發達케 ᄒ며 明瞭ᄒᆫ 槪念을 構成ᄒ야 堅强ᄒᆫ 志氣를 作成케 홀지라. 敎育의 目的은 知識과 技能을 授與홈에 不止ᄒ고 道德과 倫理를 是要홀지니 道德과 倫理ᄂᆫ 人이 人되는 本領이라. 人이 道德과 倫理가 不足ᄒ면 根器가 淺薄ᄒ야 人의 本分을 擴充ᄒ기 不能ᄒᆫ 바이오. 兒童이 小學校에 入學ᄒ기 以前에 施ᄒᄂᆫ 敎育은 專主히 家庭에 在ᄒ고 其 入學ᄒᆫ 中이라도 學校 以外에 行홀 敎育은 卽 家庭敎育이오 中等學校에 入ᄒᆫ 以後에라도 感情이 猛烈ᄒᆫ 靑年時節에ᄂᆫ 思想力이 恒常 堅固치 못홈으로 家庭敎育이 亦是可無치 못홀지니 家庭이란 者ᄂᆫ 學校 以外에 特有ᄒᆫ 敎育所이오 將來 社會敎育에 對ᄒᆫ 補助機關이라. 此 關係를 槪括홀진ᄃᆡ 엇지 十分 注意홀 바 아니리오.

天이 人을 生홈에 男女가 無異ᄒ야 同是圓顱方趾이오 同是大腦小腦

이오 同是耳目口鼻이오. 同是手足肢體이라. 其 資格이 本同ᄒ고 其 知識이 亦同ᄒᆷ이니 任姒와 如ᄒᆫ 閨範과 孟母와 如ᄒᆫ 母儀와 陵母와 如ᄒᆫ 識鑑과 徐母와 如ᄒᆫ 義烈과 孟光과 如ᄒᆫ 婦德과 班昭와 如ᄒᆫ 文章과 加富爾의 夫人이 束裝從軍ᄒᆷ과 羅蘭夫人이 自由를 力倡ᄒᆷ은 皆 東西史冊上의 表表히 著名ᄒᆫ 者이어늘 我韓의 婦女ᄂᆫ 居內不言外라 ᄒᆷ으로 不二法門을 作ᄒ야 一平生 事業이 針線紡績과 酒食醬油에 不過ᄒᆯ ᄲᅵᆫ인 故로 聰明이 卓越ᄒ고 才藝가 妙絶ᄒᆫ 人이 雖 有ᄒ나 學問에 從事ᄒ야 擴充ᄒ기 不能ᄒᆷ으로 草木同腐ᄒ고 烟雲共消ᄒ야 寂寞ᄒᆫ 空山에 無名ᄒᆫ 一坯土를 成ᄒ얏스니 實로 可憐可惜ᄒᆫ 者이라.

驚天動地ᄒᄂᆫ 此 進化時代를 當ᄒ야 有意無薏 間에 烈烈 轟轟ᄒᆫ 一陣 尖風이 此 耳朶를 刺激ᄒ고 滔滔汩汩ᄒᆫ 一派驚浪이 此 脚心을 掀動ᄒ야 鎖鑰를 撞破ᄒ고 門鍵을 打開ᄒᆷ에 一身의 束縛ᄒᆷ을 自由解釋ᄒ고 新鮮ᄒᆫ 空氣를 吸收ᄒ야 男子와 如히 一般敎育을 受ᄒ니 本是 靈慧ᄒᆫ 性質인라 新知識을 發達ᄒ고 新思想을 奮發ᄒ야 文明時機에 維 新事業을 成就ᄒᆯ 其日이 必有ᄒᆯ지라.

<u>女子의 敎育은 第一 其 德性을 養成ᄒᆯ지라</u>. 其 德性을 養成ᄒᆷ에 對ᄒ야ᄂᆫ 家庭敎育이 亦是 第一 必要ᄒᆫ 바이니 今日의 女子ᄂᆫ 他日의 國民分子를 産出ᄒᆯ 兒母이라. 兒가 腹中에 在ᄒᆷ에 其 母氏의 飮食寢處와 言語行動ᄒᆷ으로 密接ᄒᆫ 關係가 有ᄒᆫ 故로 古代의 賢哲ᄒᆫ 婦人은 胎敎가 有ᄒ얏고 兒가 出生ᄒᆷ에 其 飼養ᄒᄂᆫ 凡百과 敎育ᄒᄂᆫ 儀範이 專히 母氏에게 在ᄒ니 其 母氏를 爲ᄒᆫ 者가 學問이 蒙昧ᄒ고 知識이 短淺ᄒᆯ진ᄃᆡ 脆軟ᄒᆫ 筋骨를 長養ᄒᆷ과 幼稚ᄒᆫ 惱髓에 先入ᄒᆷ이 到底히 充分ᄒᆷ을 得ᄒ기 難ᄒᆯ지라. 社會文野와 國家强弱에 至大ᄒᆫ 影響이 寔有ᄒᆫ 바이오 婦人의 身分은 男子와 有異ᄒ야 德性을 培養ᄒ야 家庭敎育이 完美ᄒᆫ 然後에야 幽閑貞靜ᄒᆫ 狀態를 持保ᄒ고 放蕩淫佚ᄒᆫ 獘害를 杜絶ᄒᆯ지라.

我韓의 家族制度와 男女分義는 可히 世界에 誇張홀 바이라 東西列邦의 俗習을 見ᄒᆞ건ᄃᆡ 女子에 對ᄒᆞ야 結婚ᄒᆞ기 以前에는 放任主義를 慣用ᄒᆞ고 結婚ᄒᆞᆫ 以後에는 自由同等홈을 容認홈도 有ᄒᆞ나 法律上의 人에 妻된 者는 准 禁治産者로 認定ᄒᆞ얏스니 知識程度가 終是低下ᄒᆞ고 行爲能力이 多般欠缺ᄒᆞᆫ 緣由이라. 近間에 至ᄒᆞ야 婦人界의 學問이 蒸蒸日進홈으로 天賦固有ᄒᆞᆫ 資格을 保守勿失홀 傾向이 漸有ᄒᆞᆫ 바이라. 我韓의 現今 間 局勢는 人의 妻가 准 禁治産者됨과 恰似ᄒᆞᆫ 者가 有함으로 此 婦人社會에 對ᄒᆞ야 同病相憐ᄒᆞᆫ 感情이 不無ᄒᆞᆫ 者이로라.

愛子ᄒᆞᆫ 情理는 盡人同然이라 薇拳柳腰를 前矜後裾ᄒᆞ야 三時 玩弄홈에 掌中寶玉과 如히 思量ᄒᆞ니 海棠花 下에 春色이 不老ᄒᆞ고 修竹叢裡에 隊魚가 相逐이라 恩斯勤斯ᄒᆞ야 愛流成海ᄒᆞ고 情種爲田ᄒᆞ나 愛子ᄒᆞ는 本意는 敎以義方ᄒᆞ고 導以禮法ᄒᆞ야 弗納於邪ᄒᆞ고 勿陷於惡ᄒᆞ야 鳳毛麟角이 嶄然翹楚홈을 期望홀 바이라. 交際間恒言에 其 人을 贊美홈에 父兄子弟라 稱道ᄒᆞ니 此는 其 人의 家庭敎育이 有홈을 謂홈이오 古語에 遺子黃金滿籝홈이 不如敎子一經이라ᄒᆞ얏스니 愛而不敎ᄒᆞ면 禽獸와 如히 牧畜홈이라. 一 爲公與相ᄒᆞ고 一 爲馬前卒홈이 皆此 敎育與否에 亶在ᄒᆞᆫ 바이니 福履門闌에 吉祥이 止止ᄒᆞ야 雲興霞結ᄒᆞ고 柳靄花曦홈도 此 如金如玉ᄒᆞᆫ 靑年子弟에게 寔由홀 바이오 大廈將頹에 面面皆風ᄒᆞ야 水落霜凄ᄒᆞ고 蘭衰菊殘홈도 此 爲雲爲雨ᄒᆞᄂᆞᆫ 少年子弟에게 專在ᄒᆞᆫ 바이니 小ᄒᆞ야 一家의 興替만 爲然홀 쑨 不啻라. 國이라 ᄒᆞᄂᆞᆫ 者는 多數ᄒᆞᆫ 家族을 團合ᄒᆞ야 成立ᄒᆞᆫ 者이니 各 個人의 家族이 墮落ᄒᆞᄂᆞᆫ 時는 全部 邯主權國을 到底히 維持ᄒᆞ기 不能홀지로다.

我韓 今日의 狀態는 治홈이라 云홀가 亂홈이라 云홀가 貧弱ᄒᆞ다 稱홀가 富强ᄒᆞ다 稱홀가 威權이 陵替ᄒᆞ고 經濟가 困難ᄒᆞ야 十顚九倒홈에 載胥 及 溺ᄒᆞ얏스니 其 至此ᄒᆞᆫ 原因을 溯究홀진ᄃᆡ 敎育과 學問이 不完全ᄒᆞ야 我二千萬人口의 自作ᄒᆞᆫ 罪孽이라. 政府를 怨尤코자 ᄒᆞ나 此 結果가 政府에 專由홈이 아니오 人民을 怨尤코자 ᄒᆞ나 此 理由가 人民에

게 全在홈이라. 如是혼 政府와 如是혼 人民으로 聲應氣求ᄒ야 此 境遇에 携手同歸ᄒ얏스니 尙히 誰를 爲咎ᄒ며 誰를 復怨홀이오.

往者ᄂ 不可追라 言ᄒ나 無益ᄒ거니와 來者ᄂ 尙可爲라 勉力前進홀이니 天地의 道ᄂ 消혼즉 息ᄒ고 終혼즉 始ᄒ야 否往泰來ᄒ고 剝極復至ᄒᄂ니 日月을 見홀지어다. 今夕의 往홈은 明朝의 來홈을 作ᄒᄂ 所以오 寒暑를 觀홀지어다. 折膠ᄒᄂ 寒成가 冬日에 不生ᄒ고 夏日에 根因ᄒ며 流金ᄒᄂ 暑機가 夏日에 不生ᄒ고 冬日에 胚胎ᄒ며 物理를 觀홀지어다. 尺蠖의 屈홈은 其 伸을 以求홈이오 龍蛇의 蟄홈은 其 神을 以存홈이니 其 止가 極혼 者ᄂ 其 進이 必銳ᄒ고 其 伏이 久者ᄂ 其 飛가 必高ᄒᄂ니 盈虛消息홈과 屈伸往來홈은 世界의 定理오 造化의 能事라 寔謂홀지라.

今日에 志士라 自處ᄒᄂ 人이 激仰혼 氣岸으로 橫跳旁躍ᄒ고 悲憤혼 言辭로 大聲疾呼ᄒᄂ 者가 或 有ᄒ나 大局을 洞觀치 못ᄒ고 一邊에 碍滯혼 識見이라. 霖雨를 苦ᄒᄂ 者ㅣ 雲을 罵ᄒ고 雷를 罵ᄒ고 電을 罵ᄒ나 終是無益혼 事이라 天의 未陰홀 時를 迨ᄒ야 牖戶를 綢繆홈만 不如혼 바이오 風浪을 遇혼 者ㅣ 天을 罵ᄒ고 日을 罵ᄒ고 舟子를 罵ᄒ나 只是狂妄혼 客氣라 雍容指揮ᄒ야 彼岸에 利泊홈만 不如홀지라. 現今 吾人의 當行底道理ᄂ 學問을 發展ᄒ고 實業을 勸勉ᄒ야 孜孜前進홀 바이나 此 學問을 發達ᄒ고 實業을 勸勉홈은 先히 家庭致育으로 其 基礎를 作ᄒ야 家族間 倫理를 講明ᄒ고 社交上 德義를 持保ᄒ고 物理를 格致ᄒ고 經濟를 節約ᄒ야 浮浪悖類의 行動이 無혼 然後에 源潔流淸ᄒ고 根固葉茂홀지니 此 髣髴 頭髮과 鬐鬆혼 頭角이 엇지 他日 三千里 大韓의 文明自開化가 아니리오. 今日의 病瘼을 治療ᄒ고 他日의 文明花를 培養홈은 家庭敎育을 務先期圖홀 바이니 北岳이 蒼蒼ᄒ고 漢水가 洋洋이라. 來頭의 幸福을 一心顒祝ᄒ고 三時企待ᄒ야 我 一般同胞가 爲人父兄혼 人에게 此 家庭敎育이 必要不可缺홈을 一次 佈告코자 ᄒᄂ 바이로라.

1.2. 가정학

◎ 家政學說, 李沂, 〈호남학보〉 제1호, 1908.2. (가정학)

*제1호~제8호까지는 가정교육의 의의와 방법 등을 서술한 것으로, '가정의 관계', '가정의 필요' 등은 조양보(1906) 번역과 내용이 같으며, 그 이하는 박정동(1907)의 〈신찬 가정학〉과 내용이 대동소이하다. 이기(1908)에서는 가정학의 성격, 가정교육의 계칙 등을 추가하고, 각 장마다 국한문을 제시한 뒤 국문으로 번역하였는데, 국문 번역본은 국한문과 내용이 일치하지 않는 부분도 많을 뿐만 아니라, 대부분 박정동(1907)을 그대로 옮겨 놓았다.

*제9호의 '제3장 소학교육'은 박정동(1907)에 없는 내용으로, 소학교육과 가정교육의 관계를 중심으로 설명하고자 하였다. 그러나 내용이 매우 소략하며, 제4장 '양로(養老)' 또한 박정동(1907)과는 다소 차이가 있으나, 내용이 간략하여 두 저술의 관계를 추측하기 어렵다.

▲ 제1호

近世 教育에 其別이 有三ᄒ니 而家庭이 居一焉이라. 人在幼稚之時ᄒ야 教育이 爲最易ᄒ니 蓋其身體未長ᄒ고 知慮未成ᄒ야 惟其父兄母姉 之是聽이라. 故로 教育之法이 必於是矣니 昔趙 淸獻公 [支那時人名]이 嘗帥成都홀ᄉᆡ 見一老卒이 抱其子立庭下러니 有不如意이 輒批其父頰 (부협)이어늘 公曰 小而如此커든 長亦可知라 ᄒ고 遂收殺之ᄒ니 世或 以爲過나 然長民者ㅣ 法當如是也라.

今人家兒三四歲에 擺亂器物ᄒ고 詬罵長者호대 商其父母ㅣ 反相嬉矣ᄒ 야 以爲無知而不責ᄒ니 殊可怪也로다. 諸公이 若果以爲無知ㄴᆫ 則請 試與之ᄒ라. 其喜乎아, 不喜乎아. 試奪之ᄒ라. 其怒乎아, 不怒乎아. 試打 之ᄒ라. 其哀乎아, 不哀乎아. 試撫之ᄒ라. 其樂乎아 不樂乎아. 然則其喜 怒哀樂之情이 己發見矣어늘 而以爲無知ᄂᆫ 何也오. 如隨其嗜欲ᄒ야 任 其跳踉(도근)이면 則終至於狂蕩悖惡而已矣니 此家政學之所以爲教育之 始ᄒ야 而非獨是士農商工通共之學也오 又男女老少共之學也라.

東洋 古書에 如戴記之內則과 管氏之弟子職 等 篇이 皆其法也라. 然其衣服飲食과 名物度數ㅣ 與今懸殊ᄒ야 有非童幼之所可曉解라. 故로 遂取家政學書ᄒ야 照騰於此ᄒ고 又以國文으로 次于其下ᄒ니 幸諸公閒時에 向燈一覽ᄒ고 而且使家中婦人으로 每以炊爨針繡之暇로 必加讀習ᄒ고 其不解國文者ᄂ 其家長이 爲之演說ᄒ야 面從傍聽講ᄒ면 則其爲益이 復何如哉아.

家政學 總論 第一[1]

家庭의 關係

古語에 曰 本이 亂ᄒ고 末을 治ᄒᄂ 者ㅣ 無ᄒ고 又曰 君子ᄂ 本을 務ᄒ다 ᄒ얏스니 此ᄂ 本이 立ᄒ면 道가 生홈이라. 大凡 家者ᄂ 國의 本이니 故로 國을 治ᄒ랴면 곳 其 家를 齊ᄒ고 兼히 國人으로 ᄒ야금 모다 其 家를 齊케 홀지라. 是以로 一國의 治平은 반다시 家를 齊홈으로 始ᄒ야 家가 齊ᄒ 後에 府郡이 安ᄒ고 府郡이 安ᄒ 後에 一國이 治ᄒᄂ니 大概 一國의 德敎ᄂ 一家의 德敎에 源ᄒ고 一國의 財用은 一家의 經濟에 根ᄒ고 國民의 康寧은 一家의 衛生에 基ᄒ고 其他 百般事物의 善否와 精麤가 ᄯ오 一人一家의 勤惰와 巧拙에 源치 아님이 업ᄂ니 故로 人人이 能히 其 家庭을 理홀지되 비록 國의 不治를 望ᄒᄂ 得지 못홀지라. 孟子ㅣ ᄀ르ᄉ되 國의 本이 家에 在ᄒ다 ᄒ셧시니 此ᄂ 家政의 得失이 一國의 興亡盛衰에 攸關홈을 表彰ᄒ심이라. 然ᄒ 則 國을 愛ᄒᄂ 者ㅣ 엇지 齊家의 道에 用心치 아님이 可ᄒ리오.

---

1) 이 부분은 조양보(1906)과 내용이 동일하다. 다만 국문 번역을 대조하지 않았다.

家政의 必要

家政學의 學科됨이 治家의 道를 敎홀 쑨이니 至於冗費를 省ᄒ야 生活을 謨ᄒ며 健康을 保ᄒ야 不虞을 備홈은 모다 治家의 術에 屬ᄒ지라. 故로 婦人이 其 責任을 盡ᄒ야 一家의 幸福을 長코저 홀진뒤 不可不 斯學을 講홀 거이오. 元來 家政의 됨이 習見을 依ᄒ야 施行홈을 得ᄒᄂ 故로 他學科와 ᄀ치 學홈이 아니면 不能홈과ᄂ 不似ᄒᄂ 然ᄒᄂ 學ᄒ야 行ᄒ면 能히 齊家의 責을 盡ᄒ야도 不學ᄒ고 行ᄒ기ᄂ 難ᄒ거늘 世人이 往往이 故習에 安ᄒ야 漫然히 經치 아니ᄒ니 可歎홀 ᄇ오. 今에 餓ᄒ야 食ᄒ고 寒ᄒ야 衣ᄒ며 夙히 興ᄒ고 夜에 寐홈과 生을 養ᄒ고 死를 送ᄒᄂ 等節을 處理ᄒ기ᄂ 비록 至愚ᄒ 婦女라도 ᄯᄒ 모다 能히 行홀 ᄇ니 禽獸도 오히려 巢를 自營ᄒ며 飽홀 物을 自貯ᄒ야 生活홈을 不見ᄒᄂ가. 人의 職分은 饑寒을 避ᄒ며 風雨을 凌ᄒ야 生命을 保ᄒ고 安逸을 圖홀 쑨 아니라 其 貴ᄒ 바ᄂ 此外에 ᄯ 凡事에 積ᄒ야 能히 散ᄒ고 聚ᄒ야 能히 分ᄒ되 小ᄒ 則 家給人足ᄒ고 大ᄒ 則 定國安邦에 在ᄒ니 此ᄂ 人이 禽獸버덤 異ᄒ 所緣이라. 然ᄒ 則 家政으로 ᄒ야금 完全히 和樂ᄒᄂ 域에 達케 ᄒ랴면 不可不 家政學을 先修ᄒ야 能히 凡百家事를 裁ᄒ고 善히 其 機關을 運ᄒ야 一家의 福祉를 增進홀지니 大抵 邦國에 善政이 有ᄒ 後에 治平을 可期오 家政에 良法이 有ᄒ 後에 安寧을 可保홈은 自然ᄒ 理致라. 一家의 幸福을 得ᄒᄂ 與否ᄂ 實로 主婦의 治家巧拙에 由ᄒᄂ니 家政이 體를 得ᄒ면 下로 婢僕에 至ᄒ기ᄭ지 欣欣히 和樂ᄒ야 福을 求치 아니ᄒ야도 自至ᄒ고 不然ᄒ면 家政이 不修ᄒ야 甚至於 夫妻가 反目ᄒ고 父子가 相爭ᄒ야 一家團欒의 歡樂을 失홀 쑨 아니오 家의 衰亡을 立致홀지니 主婦의 職은 能의 家政을 治홈에 在ᄒ고 家政의 要도 ᄯᄒ 此에 不外니라.

家政의 責任

天의 賦人홈이 男女가 各各 其 性을 殊케 ᄒ야 或은 剛猛히 强ᄒ고 或은 寬柔히 弱ᄒ니 稟ᄒ 바가 如此히 旣異ᄒ 則 處事에 長短이 互有홈은 自然ᄒ 理라. 然則 長을 取ᄒ고 短을 捨ᄒ며 職을 分ᄒ야 事에 任홈은 賦性의 當然이니 男은 外에서 務ᄒ고 女ᄂ 內에서 治ᄒ되 婦의 內를 治홈은 實로 天賦의 職이라. 故로 主婦가 家政을 治ᄒ기 맛당히 克勤克儉ᄒ야 丈夫로 ᄒ야금 外에 在ᄒ야 其 職에 盡力홈을 得ᄒ야 다시 內顧ᄒ 虞가 無케 홀지니 此ᄂ 婦道를 不可不 講究홀 所緣이라.

古諺에 曰 賢婦ᄂ 興家의 元素라 ᄒ니 此ᄂ 家人 中에 勢力이 有ᄒ 者ᄂ 主婦의 右에 出홀 者ㅣ 無홈이라. 故로 家의 興亡盛衰와 悲歡榮辱이 婦人으로 더브러 相關치 아님이 無ᄒ지라. 假令 衣服을 製ᄒ고 饗飱을 治ᄒ며 兒女로 育홈은 모다 女子에게 天賦ᄒ 性質에 最適ᄒ 者라. 此等 事ᄂ 男子가 비록 黽勉홀지라도 女子의 精홈과 如키 不能ᄒ야 家政의 整理와 室家의 綏和를 求ᄒ랴면 반다시 忠實ᄒ고 愼密ᄒ 婦人에게 任홀지니 婦人이 家에 依關홈이 宰相이 國에 依關홈과 如ᄒ야 百官을 統率ᄒ고 國政에 任ᄒ야 夙夜黽勉ᄒ야 內으로 民力을 養ᄒ고 外으로 國威을 揚ᄒ야 國의 富强을 圖홈은 宰相의 責이오 邦國의 隆盛홈은 宰相의 榮이오 邦國衰頹홈은 宰相의 辱이니 宰相된 者ㅣ 不可不 邦國廩興의 責을 任홀지며 主婦가 能히 一家의 財政을 制ᄒ며 婢僕을 統ᄒ야 外으로 鄕黨과 朋友의 交를 厚케 ᄒ고 內으로 子弟와 宗族의 和를 圖홈은 主婦의 責任이오 一家가 幸福을 得홈은 主婦의 功이오 一家가 悲境에 陷홈도 또ᄒ 主婦의 罪라. 然ᄒ 則 總而言之ᄒ면 主婦의 職分이 一家의 福祉를 增進홈에 在ᄒ다 ᄒ리로다.

家政의 大綱

家政의 大綱이 四이니 一은 家人의 監督이오 二는 一家의 風範이오 三은 一家의 衛生이오 四는 一家의 理財라.

第一 監督 子女의 敎育을 何如케 홈이 맛당ᄒ고 老者의 養護ᄅᆯ 何如홈이 맛당ᄒ고 奴婢의 使役을 何如케 홈이 맛당ᄒᆯ고 ᄒ면 此는 主婦된 者ㅣ 身任ᄒ야 其 所ᄅᆯ 各得케 ᄒ되 此 數事가 만일 其 當을 失ᄒᆫ 則 子女의 心이 卑ᄒ고 品이 下ᄒ며 老者는 意가 憂ᄒ고 心이 鬱ᄒ며 奴婢는 懶惰ᄒ야 上을 慢ᄒ야 一家機關이 다시 能히 活動치 못ᄒᆯ 것이오.

第二 風範 風範의 善惡은 一家의 利害가 繫ᄒᄂ니 風範이 善良ᄒᆫ 즉 鄕黨에게 尊重ᄒᄂᆫ 빈 되고 庶衆에게 愛敬ᄒᄂᆫ 빈 되야 名譽와 幸福이 自生ᄒ고 一家風範의 善惡은 主婦의 性行에 多根ᄒᄂ니 主婦ㅣ 溫良ᄒ면 一家가 모다 溫良ᄒ고 主婦가 卑鄙ᄒ면 一家가 모다 卑鄙ᄒ야 感應홈이 極히 速ᄒ고 또 主婦의 顰笑는 一家의 風範에 關ᄒᆫ 빈니 不可不愼重ᄒᆯ 것이오.

第三 衛生 健康者는 幸福의 基니 諺에 曰 人의 壽가 無홈이 不可ᄒ다 ᄒ얏스니 健康의 貴홈을 可知오. 家人으로 ᄒ야곰 其 健康을 保케 ᄒ랴 면 主婦된 者ㅣ 맛당히 衣服適否와 飮食時刻과 蔬菜精麤와 室內燥濕과 空氣流通을 便宜케 ᄒᆯ지니 身體健康ᄒ면 精神이 조차 活潑ᄒᄂ니 故로 健康ᄒᆫ 人은 身體가 雄壯ᄒ고 容貌가 磊落ᄒᆯ지며.

第四 財政 入을 量ᄒ야 出을 計홈은 主婦의 責任이어니와 姸好優美의 情은 天이 婦女에게 賦ᄒᆫ 바이니 裝을 愛ᄒ고 飾을 好홈이 不可ᄒᆯ 것이 아니오 또 外에 出ᄒ야 遊行홈도 또ᄒ 不可ᄒᆯ게이 아니로ᄃᆡ 다만 身分을 罔顧ᄒ고 貧富ᄅᆯ 不察ᄒ고 遊行에 荒溺ᄒ며 飾을 裝ᄒ고 奢ᄅᆯ

競ᄒ야 得이 失을 償치 못ᄒ면 一家가 衰敗ᄒ리니 用을 節ᄒ고 費을 省ᄒᆷ은 곳 富裕의 源이오 時勢에 通ᄒ고 世故에 嫺ᄒ야 應酬를 酌量ᄒᆷ 도 婦人이 ᄯᅩᄒᆫ 不可不知ᄒᆯ 것이라.

家政의 四綱은 大略 上述과 如ᄒ거니와 下에 更히 編을 分ᄒ야 詳論ᄒ리라.

家人監督 第二

一家에 老幼가 有ᄒ고 婢僕이 有ᄒ고 或은 病者가 有ᄒ리니 室家ᄂᆫ 此 輩를 集ᄒ야 成ᄒᆫ 者인 즉 此 輩ᄂᆫ 곳 一家의 分子라. 故로 主婦의 家를 治ᄒᆷ이 맛당히 此 輩를 保護ᄒ야 其 所를 各得케 ᄒ되 만일 不然ᄒ면 成家의 基가 圮ᄒ리니 興家의 果가 何來ᄒ리오.

幼兒를 敎育ᄒᄂᆫ 大要[2]

兒童을 敎育ᄒᆷ은 맛치 園丁의 花草와 如ᄒ야 培養이 宜를 得ᄒᆫ 則 風姿를 具保ᄒ고 否ᄒᆫ 則 珍草奇花라도 ᄯᅩᄒᆫ 荒敗에 歸ᄒ야 橫枝亂葉의 長ᄒᆷ이 天然ᄒᆫ 佳麗를 損ᄒᆷ은 初에 善히 栽植치 못ᄒᆷ이오. 兒童을 敎育ᄒᆷ도 此 理와 稍異ᄒᆷ이 無ᄒ니 是故로 兒童이 長成ᄒ야 羸弱愚鈍ᄒᆫ 者ᄂᆫ 胎育을 不謹ᄒᆷ과 幼時에 失敎로 由ᄒᄂᆫ니 此ᄂᆫ 不可不 初에 愼ᄒᆯ 것이오 ᄯᅩ 强健ᄒ고 賢能ᄒᆫ 後에야 得ᄒᆯ지라. 古哲이 言ᄒ되 神이 下民을 降ᄒᆯ 時에 母을 作ᄒ야 育兒敎兒의 機能을 與ᄒ얏ᄂᆫ니 故로 女子의 性情이 慈仁 忍耐ᄒᆷ은 依例히 然ᄒᆯ 바라. 世間에 大業을 立ᄒ고 偉勳을 成ᄒᆫ 英雄豪傑이 그 누가 慈母의 纖手로 保育ᄒᆷ으로브터 出치 아니ᄒ얏시리오. 是故로 兒童의 幼時敎養은 반다시 愼ᄒ고 又愼ᄒᆯ 것이라. 諺에 曰 慈母가 育兒ᄒᄂᆫ 功이 丈夫의 經世ᄒᆷ버덤 偉大ᄒ다 ᄒ니 此ᄂᆫ

---

2) 박정동(1907)의 〈신찬가정학〉 제1장 '어린 아히 길으는 법'과 내용이 동일함.

丈夫마다 兒童으로브터 成홈이라. 世의 母된 者ㅣ 맛당히 此에 三省ᄒ
야 슴가 幼兒敎育을 勿怠ᄒ야 兒女로 ᄒ야금 老大ᄒ야 悲境에 陷치 안
케 홀지어다.

아해를 길으는 법은 동산에 꼿나무 심으는 것과 갓ᄒ야 빗양ᄒ는 법을
젹당케 ᄒ면 변변치 못ᄒ 화초라도 쏘흔 금병에 치화보담 화려홀지오
배양을 젹당히 ᄒ지 못홀지면 비록 향긔 만흔 난초라도 말나셔 이울지
니라. 사람도 쏘흔 이와 갓ᄒ야 자식을 나음에 약ᄒ고 둔흠은 그 근원
이 틱즁에서 싱기며 쏘흔 어릴찍 위싱에 힘쓰지 아니홈이니 엇지 일평
싱에 한이 되지 아니ᄒ리오. 만일 건강흔 아해를 낫코져 홀진되 반다시
강건ᄒ고 어진 어미를 구홀지라. 이럼으로 셰상의 영웅호걸이라도 어
렷슬 째에 건강ᄒ고 어진 모친이 보호치 아니ᄒ얏스면 엇지 큰공을 셰
윗스리오. 틱져 수십장되는 큰나무라도 처음 날찍는 아해들도 능히 쩌
글지니 배양ᄒ는 리치는 사람과 물건이 엇지 달으리오. 슬프다. 어미의
아해 길으는 공덕이여. 장부가 셰상을 건지는 공 보담 더 크다 ᄒ느니
셰상에 사람의 어미되 니는 맛당히 친이ᄒ는 자녀로 ᄒ야곰 날기를 썰
치는 젼정이 잇게 홀지며 셰상에 고싱ᄒ는 슬픔이 업게 홀이 가홀지라.

胎育의 關係[3]

健兒를 得코져 ᄒ면 먼저 其 母의 壯健을 要ᄒ고 賢子를 得코저 ᄒ면
몬져 其 母가 其 精神을 敎育홀지라. 故로 婦人이 姙ᄒ면 먼져 起居와
身體와 耳目의 感觸ᄒ는 바를 愼ᄒ야 母儀의 責이 有홈을 忘홈이 不可
ᄒ니 大槪 胎兒와 母가 其 感動이 同ᄒ고 쏘 母의 體質을 繼承ᄒ야 其
關係가 繁ᄒ고 密接흔 故로 姙婦가 不可不 精神을 振作ᄒ며 時時로 適
宜히 運動ᄒ야 其 肢體를 活潑케 ᄒ야 分娩의 期를 靜待홀지니 元來

---

3) 박정동(1907)의 〈신찬가정학〉 제1장 어린 아히 길으는 법의 '一. 태즁에서 교육'과 동일함.

分娩은 이에 婦人의 大事로 産前産後에 不謹ㅎ면 天年을 傷ㅎ기 易ㅎ고 或은 不治의 病을 罹ㅎᄂ니 然이나 姙娠과 分娩은 本히 天授의 職으로 他諸病에 比홀 빅 아니니 産前에 攝養에 加意ㅎ고 産後에ᄂ 調攝을 勿怠ㅎ면 可恐흔 빅 無ㅎ니라. (以下次號)

강건흔 아해를 낫코자 홀진딕 먼저 강건흔 어미를 둘지며 어진 아해를 낫코저 홀진딕 그 어미가 먼져 그 정신을 교육홀지라. 그런고로 잉부된 디위는 곳 아해의 쟝래 성취홀 디위이니 듯고 보고 움직이고 긋침을 경홀치 못홀지라. 이럼으로 부인이 아해를 잉틱홈에 곳 어미된 의무를 당홀지니 딕져 틱즁 아해는 어미의 감동으로 더부러 갓ᄒ며 어미의 지각으로 더부러 통ᄒ야 어미의 신체와 성질이 젼ᄒᄂ 것이라. 고로 잉부ᄂ 반다시 먼저 그 정신을 상활케 ᄒ며 의복과 거쳐와 음식 등에 항상 쥬의ᄒ야 마음과 몸이 안졍케 ᄒ며 운동을 젹당케 ᄒ야 순산홈을 기다릴지라. 해산ᄒ야 길음은 세계에 부인의 당연흔 직칙이오 다른 질병과 갓지 아니홈이니 만일 포틱흔 ᄸ와 산젼산후에 위싱에 쥬의치 아니ᄒ면 반다시 쵹수홀 넘여와 난치홀 병에 걸이여 종종흔 위험이 됨을 어리셕은 자이 알지 못ᄒ니 참 슬푸도다. 만일 평시에 그 신체를 보호ᄒ야 산후에 능히 됴리홀지면 결단코 이런 넘여가 업스리라.

▲ 제2호

姙婦의 衛生[4]

姙婦의 衣服은 輕暖寬舒ㅎ고 體에 着ㅎᄂ 褻衣를 淸潔히 ᄒ야 帶濕치 안케 ᄒ고 冬月에ᄂ 寬博흔 軟布暖衣를 着ㅎ야 冷氣가 膚에 侵치 말게 ᄒ고 夏日에 腰腹에 冷氣를 勿觸ㅎ고 肚帶ᄂ 堅結을 忌ㅎᄂ니 世

---

4) 박정동(1907)의 국문본과 내용이 동일함. 이기(1908)에서는 국문 대조를 하지 않음.

人이 或 云ᄒ되 胎兒의 發育이 過盛ᄒ면 分娩ᄒ기 難ᄒ 故로 腹部를 堅結ᄒ다 ᄒ니 此ᄂ 誤料흠이라. 胎兒의 發育이 不完ᄒ면 分娩ᄒ기 却難ᄒ리니 此ᄂ 理勢의 必至ᄒ 바오.

姙婦의 食物은 滋養이 多ᄒ고 消化ᄒ기 利ᄒ 者를 擇ᄒ고 ᄯᅩ 調理가 宜를 得ᄒ야 欲食흘 意가 無ᄒ 者ᄂ 强食치 말고 多食흠이 不可ᄒ고 ᄯᅩ 空腹을 忌ᄒ야 適度케 흠이 宜ᄒ니라.

姙婦가 室에 居ᄒ미 南或東南에 面ᄒ야 日光이 映射ᄒ고 空氣가 流通ᄒᄂ 處를 擇ᄒ야 百花가 艶을 爭ᄒᄂ 庭園이ᄂ 萬綠陰中이ᄂ 或은 山川과 原野의 眺望흘 處가 有ᄒ면 ᄀ장 合宜ᄒ고 만일 如此치 못ᄒ면 반다시 高燥明亮ᄒ 處를 擇ᄒ야 時時로 窓을 開ᄒ야 空氣로 ᄒ야금 新陳交代케 ᄒ고 居室 內에 陳設이 恒常 准潔ᄒ야 精神을 爽快케 흘 것이오.

姙婦의 動靜[5]

姙婦ᄂ 身體를 恒常 適宜히 運動ᄒ되 時時로 郊外 或 海濱 或 平曠ᄒ고 空闊ᄒ 地ᄂ 或은 庭園田圃間에 散步ᄒ야 新鮮ᄒ 空氣를 呼吸ᄒ야 心神을 快케 ᄒ고 오직 高下崎嶇의 路에 行ᄒ고 或은 峻坂에 攀ᄒ며 車馬를 駕ᄒ며 舞蹈을 演ᄒ며 重을 負ᄒ야 用力흠이 不可ᄒ고 日間에 運動이 適宜ᄒ 則 夜間에 睡眠ᄒ기 易ᄒ고 睡眠이 充足ᄒ면 身을 養흠에 益흠이 不少ᄒ니라.

産期가 旣近ᄒ면 더욱히 精神으로 ᄒ야금 爽適케 ᄒ고 身體를 淸潔케 ᄒ야 運動이 舒暢ᄒ고 睡眠이 充足케 ᄒ 後에 産室의 一切 器具를 整頓ᄒ야 産期를 徐待흘지니 通常으로 論ᄒ면 胎를 受ᄒ야 分娩에 至ᄒ기ᄭᅡ지 二百八十日이니 卽 四十星期間(一星期 卽 一週日)이오 陰曆으로 算ᄒ면 大凡 十閱月이라.

---

5) 박정동(1907)의 국문본과 내용이 동일함. 이기(1908)에서는 국문 대조를 하지 않음.

哺育6)

嬰兒를 哺育ᄒ되 乳母를 雇ᄒᄂᆫ 者도 有ᄒ고 獸乳를 用ᄒᄂᆫ 者도 有
ᄒᄂᆫ 그러ᄒᄂᆫ 모다 母乳의 佳홈만 ᄀᆺ지 못ᄒ니 元來 天이 人을 生ᄒᄆᆡ
其 甘味의 食料가 임의 溫良ᄒ고 慈惠ᄒᆫ 毅身에 隨生ᄒᄂᆫ지라. 故로 母
의 兒를 哺홈은 實노 天賦ᄒᆫ 職으로 此 職을 盡ᄒᄂᆫ 者ᄂᆫ 兒女의 肢體가
強健ᄒ고 否ᄒᆫ則 羸弱ᄒᄂᆫ니 卽 産後에 乳液을 洩漏ᄒ야 哺ᄒᆫ지 不過
三四星期에 絶ᄒ고 否ᄒᆫ 則 六星期 或 八星期에 至ᄒ야 止홈이니 엇지
可恐홀 빈 아니리오. 또 産母食量의 增長과 血液의 循環과 如ᄒᆫ 者ᄂᆫ
其 利害가 또ᄒᆫ 自乳與否에 大關ᄒ거늘 世人이 或 云ᄒ되 産母가 自乳
홈 則 姿色이 衰ᄒ기 易홈으로 他人의게 委ᄒ다 ᄒ니 噫謬哉라. 斯言이
여. 婦를 娶홈은 佳兒를 育코져 홈이니 容顔의 美를 何取ᄒ리오. 然이나
方今文明이 歐美와 如ᄒᆫ 處에도 오히려 此 卑陋ᄒᆫ 習俗을 未免ᄒ니 可
歎홀 바오. 또ᄒᆫ 自乳치 아니ᄒᄂᆫ 者ᄂᆫ 母子의 親愛ᄒᄂᆫ 情이 반다시
厚ᄒ기 不能ᄒ야 將來 教育에 欠失이 殊多ᄒ리니 凡世의 人母된 者ㅣ
삼가 天賦ᄒᆫ 職을 毋棄홀지어다.

젓먹여 길음

어린 아ᄒᆡ를 먹여 길음은 어미의 졋과 유모의 졋과 집승의 졋과 등분이
잇스나 그 즁에 나흔 어미의 졋이 제일 죠흐니라, 하ᄂᆞᆯ게셔 스름나음애
셩질이 유슌ᄒ고 인쟈ᄒᆫ 부인에게 부탁ᄒ며 또ᄒᆫ 죠흔 식품으로써 쥬
신 고로, 어미가 아ᄒᆡ를 졋먹임은 실샹 하ᄂᆞᆯ이 품부ᄒ신 직분이니 직분
을 다ᄒᆫ 자는 그 신체가 강건ᄒ고 직분을 다ᄒ지 못ᄒᆫ 자는 그 신체가
반다시 약홀지며 또ᄒᆫ 어미가 아ᄒᆡ를 졋먹이면 산후에 누셜홈이 이십
여일에 긋칠지오 아ᄒᆡ를 졋먹이지 아니ᄒ면 오륙십일에 게우 긋치며

---

6) 박정동(1907)의 제1장 '二. 아ᄒᆡ를 졋먹여 기름'과 동일.

ㅎ물며 음식먹는 것과 혈믹의 순환홈에는 아히를 졋먹이지 아니ㅎ면 반다시 비상흔 히가 날지어늘 어리셕은 사름덜이 쇽셜에 미혹ㅎ야 말 ㅎ기를 아히를 졋먹이면 부인의 얼골이 슈이 늙는다 ㅎ야 항샹 아히를 유모에게 믹기고 도라보지 아니ㅎ며 자칭 문명흔 사람이라 ㅎ는 자는 구라파 미리견에 제일만 ㅎ니 우슈운 일이로다. 또 아히를 스스로 먹여 길으지 아니ㅎ면 이졍이 반다시 열버셔 덕육샹에 방히될지라, 어미된 자는 ㅎ늘이 명흔 직척과 의무를 유의ㅎ고 바리지 말며 어미의 졋은 아히에게 젹당홈이 우유와 암유와 다를이 업스며, 또 어미졋 가온되 일종 물질을 포홈ㅎ야 짜쯧ㅎ고 슈히 나리는 효험이 잇느니, 타국의 마고리(바다, 풀일홈이니 류구국과 일본국 풍쇽에 아히가 나면 마고리 와 밋 감초로써 믈에 쓸여 마시면 틱독이 풀닌다 홈이라)로써 아히의 틱독을 풀다가 흔히 리질을 만나 위틱흔 디경에 갓가운 자이 만ㅎ니 그리히를 엇지 셔로 비ㅎ리오.

乳母의 注意[7]

生母의 乳汁은 牛酪과 乾絡質乳糖, 水分 等을 含ㅎ니 其 配合의 均勻 홈이 如此ㅎ고 또 産後의 乳汁은 其下홈이 甚緩ㅎ야 妙用은 實노 思量 ㅎ기 不可홀지라. 向來積習이 嬰兒가 生흔 後에 鸕鶿藥을 服ㅎ야 胎毒 을 除홈은 즈못 危險ㅎ니 맛당히 切戒홀 바오.

婦人이 産後의 衛養에 留意ㅎ기 姙娠時와 不異ㅎ니 酒를 飮홈을 最忌 ㅎ는 바오. 또 食物은 맛당히 滋養이 多ㅎ야 消化키 易흔 者를 用홀 것 이오.

初産흔 婦가 哺乳에 未慣ㅎ니 반다시 困難홈을 稍覺홀지라. 然이나 數日을 經ㅎ면 漸次 慣熟ㅎ고 또 其時에 乳汁이 不多ㅎ야 母가 每樣懸

---

7) 이 부분은 박정동(1907)에 없음. 박정동(1907)에서는 어머니가 젖먹이다가 아이를 죽일 염려를 서술함.

慮ㅎᄂᆞᆫ 바이로되 嬰兒가 發育홈에 及ㅎ야ᄂᆞᆫ 乳汁이 自然이 漸增ㅎ고 ᄯᅩ 少婦가 就寢ㅎ면 每樣 子女로 ᄒᆞ여금 乳를 含ㅎ고 睡케 ㅎ다가 熟睡ᄒᆞᆫ 後에 往往히 壓死케 ㅎᄂᆞᆫ 弊가 有ㅎ나니 此ᄂᆞᆫ 不可不 愼重홀 바오.

母乳의 選擇[8]

生母가 만일 有故ㅎ야 自哺치 못ㅎ고 不得已 乳母를 雇ㅎ야 哺케 ᄒᆞᆫ 직 乳母를 選定ㅎ기를 가장 留意ㅎ되 반다시 其身體가 强健ㅎ고 性質이 溫良ㅎ고 遺傳ㅎᄂᆞᆫ 病이 無ㅎ고 年이 二十至三十四五歲되ᄂᆞᆫ 者를 擇ㅎ되 其年齡과 分娩ᄒᆞᆫ 期가 生母로 더부러 相等ㅎ면 尤宜ㅎ고 但 子女를 乳母에게 委홀진딘 此時로부터 母의 職을 卸홈이 不可ㅎ고 반다시 時時로 監督ㅎ고 部署에 留意ㅎ고 ᄯᅩ 乳母를 遇ㅎ기 寬柔慈愛로 爲主ㅎ야 其衣服飮食을 반다시 衛生에 適케 ㅎ고 ᄯᅩ 我家로부터 相化成風케 홀지라. 然이나 其積習을 速變코저 ㅎ면 或 其健康을 損ㅎ기 反易ㅎ니 漸次引導홈이 宜홀지라.

싱모가 만일 그 아히를 졋먹이지 못ㅎ고 부득이ㅎ야 유모에게 맛길질 되, 맛당히 유모의 체격과 혈분과 나흘 볼지니 반다시 신체가 강건ㅎ고, 성질이 온량ㅎ며 젼념될 병도, 업시며 나흔 이십셰로 삼십사오셰까지 싱모의 나와 갓ㅎ며 그 싱산흔 날슈가 싱모와 만히 어기지 아니흔 자이라야 가홀지니 싱모가 그 어린아히를 유모의게 부탁홀진딘, 그 직분은 부득불 다 쥴지나 항상 유모의 거동에 쥬의ㅎ야 딘졉홈을 넉넉히 ㅎ며 의복 음식을 극히 졍결케 ㅎ며 위싱에 젹당케 ㅎ야 유모로 ㅎ야곰 우리 가졍의 규칙에 물드려, 골육과 갓게 홀지니 오직 이 법을 씀에ᄂᆞᆫ 반다시 졈졈 화ㅎ게 홀지오, 갑자기 그 습관을 변코져ㅎ면 유모의 마음과 몸에 희가 될 념녀가 잇실지니라.

---

8) 국한문은 조양보(1906)와 동일하며, 국문본은 박정동(1907)과 동일.

人工哺育[9]

獸乳 或 乳紛 等으로 哺ㅎ는 者를 人工哺育이라 ㅎ느니 最宜흔 者는 牛乳라. 乳를 取ㅎ는 牛는 壯齡에 廣闊흔 牧場에셔 棲ㅎ야 豆蔬와 食鹽 少許를 常食ㅎ던 者를 擇흘지라. 然이나 如此흔 牛는 得ㅎ기 容易치 못 ㅎ리니 此와 近似흔 者를 勉擇ㅎ야 用ㅎ고 坯 牛乳를 朝에 搾흔 者는 淡ㅎ고 夕에 搾흔 者는 濃ㅎ느니 小兒가 初生ㅎ야는 淡흔 者를 用ㅎ되 生흔 後 一月로보터 三閱月ᄭ지는 乳一分 水三分이오 四閱月부터 六個 月ᄭ지는 乳一 水二오 七閱月로브터 九閱月ᄭ지는 乳一 水一이오 爾後 에는 水를 漸減ㅎ다가 終也에는 純乳를 用ㅎ고 又或 乳糖과 最上白糖을 和ㅎ야 沸騰흔 後에 少時放冷ㅎ다가 其 適宜흔 溫度에 至홈을 計ㅎ야 哺홈도 亦可ㅎ며 乳를 哺ㅎ는 器는 洗淨ㅎ며 或 時時로 賣ㅎ야 汚物로 ㅎ야금 附着치 못ㅎ게 ㅎ고 飮餘흔 乳를 棄ㅎ야 再用치 말것이오 暑時 에는 더옥히 腐敗ㅎ기 易ㅎ니 速棄홈이 易ㅎ니라.

牛乳의 腐敗ㅎ기는 人乳버담 速ㅎ야 酷暑를 當ㅎ야는 朝에 搾흔 者 ㅣ 夕에 至ㅎ기 前에 腐ㅎ는 故로 貯藏ㅎ랴면 甁口를 密閉ㅎ야 賣沸ㅎ 되 賣흔 後에 冷水中에 侵寘홈이 宜ㅎ고

牛乳를 兒에게 哺ㅎ는 分量은 兒의 體質의 强弱을 因ㅎ야 一定ㅎ기 難ㅎ느 大槪 一哺乳器를 哺흔 後면 十五分時는 可哺흘지니 用흘 時에 酌量ㅎ야 增加홈이 可ㅎ고 其 用法은 生흔 後 三月에 至ㅎ기ᄭ지 乳茶 匙에 水를 加ㅎ기 三勺半이오 三月以後로 八月에 至ㅎ기ᄭ지는 乳一茶 匙半에 水三勺半을 加흘지니라.

---

9) 박정동(1907)과 다소 차이가 있으나 내용이 비슷함.

乳를 哺ᄒᄂᆫ 時刻[10]

凡 小兒가 稍長ᄒ야 規矩를 能守ᄒᄂᆫ 者ᄂᆫ 嬰兒時의 習慣을 由ᄒ야 然흠이 多ᄒᄂ니 故로 生혼 後 一週間에 一哺乳時刻을 定혼 然後에 凡 百事務에 漸及홀지니라. 乳汁이 胃中에셔 消化ᄒ기를 一時 四十五分을 要ᄒᄂ니 故로 乳를 哺ᄒ기 반다시 二時를 間ᄒ야 一次式與ᄒ고 稍長 ᄒ거든 次數를 漸減ᄒ고 ᄯᅩ 夜中에ᄂᆫ 就寢과 午夜와 昧爽의 三次間哺흠 이 宜ᄒ고 再次 稍長ᄒ거든 就寢과 早晨 二次로 改ᄒ되 自餘時에 비록 號泣ᄒ야도 다만 抱持慰撫ᄒ고 乳를 哺흠은 不宜ᄒ니라.

乳를 斷ᄒᄂᆫ 期[11]

乳를 斷ᄒᄂᆫ 期ᄂᆫ 漫定ᄒ기 不可ᄒ니 만일 不適ᄒ면 兒가 終身토록 病이 多ᄒ고 甚흠에 至ᄒ면 夭折ᄒᄂᆫ 禍를 招ᄒᄂᆫ 故로 不得己흠이 아 니면 乳를 速斷치 말고 齒가 生혼 後 稍稍히 食物을 哺ᄒ되 오히려 朝夕 으로 乳를 哺ᄒ다가 二年 後에야 全斷흠이 合宜ᄒ니라. (以下次號)

▲ 제3호

小兒의 衣食宿[12]

樹木이 初生에 培養者가 深히 用意치 아니흔 則 其 性이 必劣ᄒ야 枝蔓이 橫生ᄒ기에 至ᄒ리니 故로 嬰兒의 發育이 未全혼 時를 當ᄒ야 母氏敎育의 得失은 兒童의 强弱과 賢不肖가 繫ᄒ야 習慣이 善히 性質을

---

10) 박정동(1907)과 다소 차이가 있으나 내용이 비슷함. 다만 박정동(1907)에서는 삼도 의사 의 말을 인용하였으나, 이기(1908)에서는 그 내용이 없음.

11) 박정동(1907)보다 간략함.

12) 박정동(1907)과 동일.

轉移ᄒᆞᄂᆞ니 然ᄒᆞᆫ 則 비록 人의 榮枯得失이 全혀 母氏의 製造에 全出ᄒᆞᆫ
다 ᄒᆞ야도 過言이 아니라. 故로 小兒의 衣食宿 等事를 母氏ㅣ 된 者ㅣ
더욱히 用心ᄒᆞ기 周到홀 빈니라.

어린 곳이 새로 피면 ᄉᆞ랑ᄒᆞᄂᆞᆫ ᄉᆞ람이 특별히 호위ᄒᆞᄂᆞ니 아해를 잘
길으ᄂᆞᆫ ᄉᆞ람이 엇지 이와 다르리오. 어린 아해의 마음과 몸이 발냥흠은
어릴 찌에 잇ᄂᆞ니 아히의 강ᄒᆞ고 약ᄒᆞ고 어질고 불쵸흠이 그 어미의
교양에 잇셔 아히의 습관과 셩질도 그 어미의 손으로 만드ᄂᆞᆫ 바이라.
이런고로 아히의 의복과 음식거쳐 ᄒᆞᄂᆞ딕 어미된 쟈ᄂᆞᆫ 반다시 십분 쥬
의ᄒᆞ야 경홀치 못홀지니라.

衣服의 種類[13]

嬰兒의 衣服은 맛당히 輕暖ᄒᆞ고 疎ᄒᆞ되 綿布와 法蘭絨 等類가 最宜
ᄒᆞ고 夏日에ᄂᆞᆫ 麻布도 쏘흔 可ᄒᆞ니라. 다만 모다 白色을 用ᄒᆞ야 其 汚垢
를 易顯케 홀 것이오 綢類ᄂᆞᆫ 小兒에게 ᄀᆞ쟝 不適ᄒᆞ니 此ᄂᆞᆫ 澣ᄒᆞ기 難ᄒᆞ
고 汚ᄒᆞ기 易ᄒᆞ고 쏘 兒童으로 ᄒᆞ야금 侈의 弊에 染케 ᄒᆞ기 易흠이라.
故로 富貴ᄒᆞᆫ 家라도 쏘흔 兒童으로 ᄒᆞ야금 淸素ᄒᆞᆫ 綿布의 服을 衣케
홀 것이오.

어린 아히의 의복은 가부엽고 더운 면포와 융속으로 홀지오 여름에는
극히 쳥결흔 마포로 희게 지어 입힐지며 뎨일 젹당치 못흔 것은 비단옷
이니 비단은 썰기가 어려워서 뎡결치 못홀 쑨 아니라 쏘한 어린 아히의
마음을 ᄉᆞ치흠에 닌도홀지라. 그런고로 비록 부귀ᄒᆞᄂᆞᆫ 집이라도 아히
들은 뎡결한 무명옷을 입힐지니라.

---

13) 박정동(1907)과 동일.

衣服의 製造[14]

嬰兒의 衣服은 寬博홈을 貴히 너기ᄂᆞ니 故로 身을 覆ᄒᆞᄂᆞ 幅이 宜廣
ᄒᆞ고 袖筒은 宜闊ᄒᆞ고 帶ᄂᆞ 堅結홈이 不宜ᄒᆞ니 此ᄂᆞ 四肢의 運動을 妨
홈이오 冬衣ᄂᆞ 綿을 裝ᄒᆞ기 宜薄ᄒᆞ고 夏日은 다만 兜肚(두렁)와 或 半
臂의 類를 着ᄒᆞ야 四股를 露出ᄒᆞ야 運動에 便케 홀 것이오.

어린 아해의 의복제도ᄂᆞ 반다시 널게ᄒᆞ야 써 수족을 편히 운동케 홀
지니 여름새이에ᄂᆞ 등거리를 입히여 슈족이 것해 나오게 홀지니라.

衣服의 增減[15]

世人이 小兒로 ᄒᆞ야금 衣服을 多着ᄒᆞ야 冒寒을 妨케 홈을 好ᄒᆞᄂᆞ니
元來 小兒의 皮膚가 軟弱ᄒᆞ야 寒을 冒ᄒᆞ기 最易홈으로 依例히 如斯홀
것이로되 小兒의 感覺力이 最速혼 故로 薄衣의 習慣을 養成홀 것이오
또 衣服이 厚ᄒᆞ면 四肢의 運動에 殊礙ᄒᆞ야 患疾을 致홈이 淺鮮치 아니
ᄒᆞ리니 맛당히 切戒홀 바오.

衣服의 淸潔[16]

嬰兒의 衣服을 맛당히 時時로 濯乾혼 後에 熨로 平平게 홀지니 此ᄂᆞ
衛生에 有益홀 쑨 아니라 德育에도 또혼 切要ᄒᆞᄂᆞ니 大槪 端正홈과 潔
淨의 風이 반다시 嬰兒時로브터 始홈이라.

---

14) 박정동(1907)과 동일.

15) 박정동(1907)에 없음.

16) 조양보(1906), 박정동(1907)에는 없음.

飲食의 種類[17]

小兒ㅣ 生호 後 一年이면 消食機가 前日에 較호야 發達호고 齒도 또호 漸增호리니 此 時에 可히 粥湯 或 米飯 又或 肉類 菜蔬 果實 等을 哺케 홈도 可홀지라. 然이ᄂ 다만 모다 調理를 適宜케 호야 飮料ᄂ 溫水 或 牛乳를 用호고 飮食은 맛당히 微溫호야 冷熱이 過度홈을 忌호ᄂ니 此ᄂ 齒를 傷호고 胃를 損홈이라.

ᄉ람들이 아히를 ᄉ랑호야 무거운 옷을 입혀 항상 연약호 몸이 치위에 상홀가 염여호ᄂ니 이ᄂ 어린 아히가 속히 발양호ᄂ 싱기가 밧게 가득홈으로 의복이 갑여운즉 샤지를 운동홈이 활발호야 비록 엄동이라도 쏨이 나셔 몸에 유익호 쥴 몰음이라. 이우에 말홈과 갓치 어린 아히의 의복은 맛당히 정결케 호며 쟈죠 쌜아셔 입히면 비단 위싱상에 필요홀 쏀 아니라 덕육상에도 관게가 됨이니 되져 어린 아히가 귀로 능히 듯지 못호고 입으로 능히 말호지 못홀 쎄에 경결호 마음과 졍되호 셩졍을 길너내며 또 아히가 ᄂ지 쥬년이 되면 음식 샥ᄂ 그릇이 졈졈 크미 이가 츠츠 나고 비위에 모양이 젼되 형샹과 갓호야 잇쎠ᄂ 왼갓 음식이 입에 맛ᄂ 것을 갈히여 먹으며 우유 갓호 것도 먹이되 먹이ᄂ 음식을 죠금 덥게 홀지니 과히 츠거나 과히 더우면 다 젹당치 못호니라.

食物의 調理[18]

小兒의 食物을 熟煮호야 消化호기 易케 호되 味가 甘鹹의 過度홈을 忌호고 辛香을 尤忌호며 또 每日種類를 改換호거ᄂ 或 一物이라도 製造法을 異케 호즉 兒가 食호기를 不厭호야 食量이 自增홀지라. 然이나 用

---

17) 조양보(1906)에는 없음. '의복의 제조, 의복의 증감, 의복의 청결, 음식의 종류'를 합쳐 국문 대조를 하였음.
18) 조양보(1906)에는 없음. 박정동(1907)과 동일.

意ㅎ기 過篤ㅎ면 嗜欲의 心이 滋長ㅎ야 常品을 厭ㅎ야 珍味만 貪求ㅎ리니 故로 斟酌을 適意케 ㅎ야 衛生과 德育二者로 ㅎ야금 兩全케 홀 것이오.

어린 아히의 식물은 맛당히 연ㅎ고 익어서 속히 소ㅎ될 즈를 먹일지오 과히 짜고 밉고 단 것을 기홀지며 음식의 맛의 쟐 변ㅎ는 쟈는 날마다 밧구와 반다시 어린 아히의 입에 맛게 홀지나 오쟉 어린 아히는 무지흔 쟈라. 식욕이 졈졈 더ㅎ야 혹 랑비ㅎ는 심셩을 일우며 혹 항샹 먹는 물건을 시려ㅎ고 다시 다른 맛을 구ㅎ면 이런 습관은 덕육샹에 방히가 될지니 그 폐단을 알아 교정ㅎ야 위싱과 덕육샹에 과불급의 페가 업게 홈이 쪼 어미의 직칙이니라.

飮食의 分量[19]

小兒는 安靜흔 時가 無ㅎ야 비록 臥眠ㅎ야도 恒常 手足을 屈伸ㅎ고 쪼 能히 匍匐ㅎ며 步行홈에 及ㅎ야 쪼흔 終日 運動ㅎ기를 好ㅎ야 休息ㅎ기를 不肯ㅎㄴ니 故로 飮食이 消하기 易ㅎ야 食量이 頗大ㅎㄴ니라. 然이나 小兒가 分量을 自酌ㅎ기 不能ㅎ야 嗜ㅎ는 바가 有ㅎ면 往往히 食ㅎ기를 貪ㅎㄴ니 母氏가 留心保護ㅎ야 飮食과 運動으로 ㅎ야금 其 宜를 兩得케 홀 것이오.

어린 아히는 졍신이 가쟝 신령ㅎ고 동ㅎ는 것이라. 어린 아히의 누엇슬 쩌를 볼진뒤 손으로 춤츄고 발을 쮜놈은 이것이 그 셩품이며 걸음걸을 줄 알면 능히 물건을 취ㅎ야 희롱홀 마음이 쟈연히 싱기나니 맛치 다람쥐를 농속에 길음이 혹 날며 혹 쟘쟈며 올느고 ㄴ려셔 두루 다니는 것과 갓흔고로 신체가 발달ㅎ고 운동이 활발ㅎ야 음식먹는 양이 어룬과

---

19) 박정동(1907)과 동일.

갓흘지니 만일 강건호 아히가 음식을 과히 먹엇슬지면 흐야곰 히롱흐고 운동흠을 식혀셔 속히 소화되게 흘지니 오쟉 어린 아히는 음식을 짐쟉지 못흐고 질기는 음식을 되흐면 반다시 식양에 과히 먹을지니 이것도 어미가 맛당히 죠종흘 바이니라.

食時의 注意[20]

小兒으로 흐야곰 床에 就흐야 習食케 흐야 스스로 能히 咀嚼흐야 嚥下흐거던 母氏는 婢媼이 咀嚼흐야 授與흠이 不可흐니 元來 傳染흐는 諸病이 此 時에 多基흠이오.

어린 아히가 음식을 먹을 쥴 알면 곳 씹어먹기를 가랏쳐셔 흐야곰 습관이 되게 흘지니 세속의 아히를 스랑흐는 즈이 그 어미와 흐인들이 왕왕히 음식을 씹어먹이나니 이는 되단흔 방히가 됨이니 병의 전염될 염여가 잇느니라.

居흐는 室의 選擇[21]

小兒의 居흐는 室은 南 東南 或 西南에 面흐야 日光이 充足히 映射흐고 空氣가 流通흐기 易케 흐고 또 匍匐과 步行흐는 初에는 危驗이 極多흐느니 所居를 斷崖와 沼池 等과 隣치 말게 흐고 만일 池沼가 有흐거던 반다시 高欄을 設흐야 墜落을 預防흐고 寢室에 至흐야도 可히 母氏와 共爲흐되 同衾흠이 不可흐니라.

어린 아히의 거쳐흐는 집은 남향이 뎨일이오 그 다음에는 동남향과 셔

---

20) 박정동(1907)과 동일.
21) 박정동(1907)과 동일.

남향이니 반다시 힛빗과 공긔가 류통ᄒᆞᄂᆞᆫ 곳을 퇴ᄒᆞ야 어린 아히로 ᄒᆞ
야곰 새 긔운을 마시게 ᄒᆞ면 신체에 유익ᄒᆞᆯ지며 어린 아히의 거름 배울
ᄯᅢ에 뎨일 위태ᄒᆞᆫ 일이 만ᄒᆞᆯ지니 ᄯᅡ의 놉고 나즌데와 문에 나가고 드러
올 ᄯᅡ와 언덕과 우물 근쳐가 다 위틔ᄒᆞᆫ ᄯᅡ이니 맛당히 난간으로 막을지
니라.

딋져 그 쟘ᄌᆞᄂᆞᆫ ᄯᅢ에 어미와 홈ᄭᅴ 자ᄂᆞᆫ 것은 인졍의 고연홈이라. 그러
나 ᄒᆞᆫ 이불속에 자지말지니라.

▲ 제4호

室內의 整潔[22]

居室과 寢室은 淸潔케 ᄒᆞ야 汚穢와 惡臭를 發ᄒᆞᄂᆞᆫ 物을 置치 말고
室內의 器具를 ——히 整飾ᄒᆞ야 亂雜치 안케 홀지니 大槪 幼時에 秩序
의 整齊홈을 習見ᄒᆞ면 長ᄒᆞ야 能히 規矩를 遵守홀 것이오.

그 쟘쟈ᄂᆞᆫ 방은 맛당히 뎡결케 ᄒᆞ야 더러운 물건으로 갓가이 ᄒᆞ지 말아
셔 그 악한 긔운과 냄식가 업게 홀지니라. 방 가온듸 잇ᄂᆞᆫ 세간을 반다
시 졍졔히 ᄒᆞ야 혼잡지 말아셔 어린 아히의 눈에 보이ᄂᆞᆫ 물건이 다 됴
리가 잇고 규칙이 잇셔야 법률의 관렴이 늘노 뇌슈에 인이 박히여 부지
즁에 물드러 혈기가 ᄯᅡᆯ아화ᄒᆞ고 셩령이 ᄯᅡᆯ아변ᄒᆞ야 그 쟝셩홈에 진퇴
홈이 범에 넘지 아니홀지니 이ᄂᆞᆫ 덕육샹에 가쟝 긴요ᄒᆞᆫ 자이니라.

---

22) 박정동(1907)과 동일.

小兒의 生齒 種痘 疾病23)

小兒의 生齒期를 極히 留心保護홀지니 强健흔 兒는 오히려 能히 康寧을 不失ㅎ되 虛弱흔 兒는 熱을 發ㅎ야 苦悶ㅎ고 또 種痘의 時期를 過홈이 不可ㅎ고 또 極盡히 保護ㅎ다가 만일 病을 罹ㅎ거든 더욱히 鄭重히 調攝케 홀지니 元來 小兒는 草木의 萌芽와 如ㅎ야 損傷ㅎ기 最易흔 則 保養ㅎ기를 勿怠홀 것이오.

어린 아히의 니 늘 쩍에 졔일 쥬의홀지니 강건흔 ᄌ는 염려홀 비 업거니와 허약흔 아히들은 문듯 열이 발ㅎ야 뇌곤홀지며 또 죵두흔 후에는 더욱 쥬의ㅎ야 죠리홀지니라. 아히의 왼갓 질병이 다 마음에 잇ᄂ니 비컨딗 어린 풀이 새로 늘 쩍에 풍우를 맛나는 것과 갓ㅎ야 젼혀 배양ㅎ는 쟈의 보호에 잇ᄂ니라.

生齒을 徵候24)

小兒가 生齒期를 當ㅎ면 不寧흔 徵을 多顯ㅎ야 眼瞼 及 頰邊에 赤色을 現ㅎ거ᄂ 或은 寐ㅎ다가 驚覺ㅎ며 或은 熱을 發ㅎ야 痢를 下ㅎ며 或은 瘡疹을 發ㅎᄂ니 此等 徵候가 有ㅎ면 速히 醫員을 延ㅎ야 診察ㅎ되 만일 齒齦이 微痛ㅎ야 啼泣ㅎ거던 淨布를 溫湯에 浸ㅎ야 屢屢히 拭ㅎ며 或은 樹膠板 等의 柔軟흔 物로 齔케 홈이 亦佳ㅎ니라.

小兒가 生흔 後 七閱月에 下顎에 門齒 二個를 生ㅎ고 後에 上顎에도 또흔 生ㅎ고 又 其 後에 小臼齒와 大臼齒와 大齒 等을 漸生ㅎ고 三年 後에 乳齒 二十個가 이에 全혀 長成ㅎᄂ니라.

---

23) 박정동(1907)과 동일.
24) 박정동(1907)과 동일.

어린 아히의 니 늘 씨에 혹 불안흔 형샹이 잇셔 눈가와 쌤에 불근 빗이
나며 잠잘 씨 눈을 바로 쓰고 놀나며 렬이 발ㅎ야 셜샤ㅎ며 왼몸에 종
긔 갓흔 것이 나ᄂᆞ니 맛당히 속히 의원을 마져 진믹ㅎ며 어린 아히의
니틀이 압파셔 울거든 졍결흔 뵈죠각으로 닥가줄지니 삼도의샤의 죠샤
흠을 거ᄒᆞ건ᄃᆡ 우리나라의 어린 아히가 난지 일곱달이 되면 먼져 아릭
압니가 나고 그 다음에 우에압니가 나며 그 다음에ᄂᆞᆫ 젹은아금니와 송
곳니와 큰아금니가 챠챠 ᄂᆞ셔 샴연을 지ᄂᆡ면 졋먹난 니 이십기가 나ᄂᆞᆫ
니라.

昔日에ᄂᆞᆫ 天然痘에 罹ᄒᆞ야 往往히 夭折의 慘을 遭ᄒᆞ고 或은 容貌가
醜惡흔 嫌을 未免ᄒᆞ더니 이에 種痘法을 發明흔 以來로 世人이 드듸여
痘瘡의 可懼홀 바를 忘ᄒᆞ얏스니 此ᄂᆞᆫ 開明의 恩澤이라 ᄒᆞ리로다. 然이
나 今에 오히려 愚人이 有ᄒᆞ야 種痘를 不重ᄒᆞ야 도리혀 政府의 勸諭를
厭ᄒᆞ다가 天然痘를 罹흔 不幸을 當ᄒᆞ니 可惜치 아니리오. 故로 母氏된
者ㅣ 種痘의 必要를 知ᄒᆞ야 兒女로 ᄒᆞ야곰 天然痘를 罹ᄒᆞᄂᆞᆫ 悲境에 勿
陷케 홀 것이오.

이왕에ᄂᆞᆫ 우리나라에셔 종두함을 아지 못흠으로 어린 아히들이 시두에
만히 샹ᄒᆞ며 혹 샹치 아니 ᄒᆞ더릭도 얼골이 츄악한 고로 녀자ᄂᆞᆫ 더욱
그 젼염을 두려워ᄒᆞᄂᆞ니 이ᄂᆞᆫ 어미된 주의 더욱 쥬의ᄒᆞᄂᆞᆫ 바이러니 근
년에ᄂᆞᆫ 종두의 법이 셩흠으로 거의 시두ᄂᆞᆫ 업게 되얏스니 이ᄂᆞᆫ 실노
문명세게에 막듸흔 ᄒᆡᆼ복이라. 그러ᄒᆞᄂᆞ 홀으ᄂᆞᆫ 풍속이 종두의 은혜를
아지 못ᄒᆞ야 재샹주의 간졀흔 효유를 쥬의치 아니ᄒᆞ야 시두가 단니ᄂᆞᆫ
씩도 염여홀 쑨이니 인쟈흔 어미들이여 그 샤랑ᄒᆞᄂᆞᆫ 어린 아ᄒᆡ를 보호

---

25) 박정동(1907)과 동일.

코져 홀진딕 엇지 이러케 절요혼 일에 염여ᄒᆞᄂ뇨.

種痘의 期[26]

小兒의 種痘期ᄂᆞᆫ 生ᄒᆞᆫ 後 七十日로 六個月에 至ᄒᆞᄂᆞᆫ 間이 宜ᄒᆞ되 入種키 前에 먼저 醫의게 診ᄒᆞ야 無病ᄒᆞ거던 種ᄒᆞ고 種ᄒᆞᆫ 後 每六個月에 一次式 接種ᄒᆞ고 쏘 만일 痘瘡이 流行ᄒᆞᄂᆞᆫ 時를 値ᄒᆞ거던 多次接種흠이 尤宜ᄒᆞ니라.

어린 아히의 종두흠은 난지 칠십일로부터 여섯달 안에 의원을 청ᄒᆞ야 아히의 몸을 보여셔 다른 방히가 업시면 곳 너을지며 넌뒤에 여섯달마다 쏘 너을지오. 시두가 다니는 썩에ᄂᆞᆫ 딕긔ᄒᆞᄂᆞ니라.

種痘의 經歷[27]

種痘ᄂᆞᆫ 左右兩腕에 各各 三顆 或 五顆式 種ᄒᆞ고 種ᄒᆞᆫ 後 三日이면 刺痕이 少腫ᄒᆞ야 紅痕을 顯ᄒᆞ고 四五日 後면 若干 塡起ᄒᆞ야 濃紅色을 帶ᄒᆞ고 七八日에 至ᄒᆞ면 中心이 膿을 釀ᄒᆞ고 十日 後면 腕部가 略痛ᄒᆞ면셔 身體에 熱이 略干發ᄒᆞ야 心神이 不快ᄒᆞ다가 十三日이면 痂가 生ᄒᆞ고 又其後七八日에 痂가 落ᄒᆞᄂᆞ니 此ᄂᆞᆫ 經歷의 次序오.

종두ᄂᆞᆫ 딕져 좌우팔에 너으며 넛ᄂᆞᆫ 낫수ᄂᆞᆫ 세기 혹 다셧기로 ᄒᆞ며 너은제 삼일이 되면 침흔젹이 죠곰 불근빗히 나며 사오일이 된즉 불근 구실이 나고 칠팔일이 된즉 흔가운딕셔 반다시 농집이 늘터이니 그찍에ᄂᆞᆫ 아히가 반다시 고통ᄒᆞ며 렬이 발ᄒᆞ고 물을 추즐지니 어미된 쟈 잘 보호

---

26) 박정동(1907)과 동일.

27) 박정동(1907)과 동일.

ᄒ야 열잇틀즘 되면 싹지가 안질지며 ᄯᅩ 칠팔일이 지나면 싹지가 써러
지고 나을 터이니 이ᄂᆞᆫ 종두ᄒᆞᄂᆞᆫ 긔흔이니라.

小兒의 疾病[28]

小兒가 常患ᄒᆞᄂᆞᆫ 病은 消化器病, 呼吸器病, 腦神經病, 眼耳病과 傳染
病 等屬이니 卽 痘瘡, 猩紅熱, 百日咳, 痲疹, 水痘, 流行ᄒᆞᄂᆞᆫ 感崇, 耳下
腺痰, 赤痢, 霍扁, 傷寒 等 諸症이오 又 其外 諸病을 致ᄒᆞ기 易흔 故로
幼時에 加意保養ᄒᆞ야 恒常 新鮮흔 空氣를 呼吸ᄒᆞ야 身體의 健康을 得케
ᄒᆞ고 ᄯᅩ 만일 頭部가 偏敍ᄒᆞ고 肩背가 屈曲ᄒᆞ며 手足의 屈伸을 自由치
못ᄒᆞᄂᆞᆫ 等 症이 生ᄒᆞ거던 速히 外科醫生을 延ᄒᆞ야 治흘 것이오.

어린 아히의 질병이 가쟝 만흔 자ᄂᆞᆫ 위경과 폐경과 두뢰와 심경과 밋
눈과 귀의 병이니 그 전염ᄒᆞᄂᆞᆫ 병은 곳 두챵과 귀병과 홍진과 딕두와
소두와 감기와 류감과 온질 등이니 만일 병의 어린 아히ᄂᆞᆫ 물론 무삼
병이던지 다 전염키 쉬을지니 맛당히 어릴 ᄯᅢ에 국진히 위싱에 쥬의ᄒᆞ
야 ᄒᆞ야곰 신션흔 공기를 마시며 보ᄒᆞᄂᆞᆫ 음식을 만히 먹여 죠리ᄒᆞ여야
가히 강쟝홈을 바랄지며 어린 아히의 머리가 비ᄯᅳ러지며 엇기가 곱으
러지며 수족이 능히 굴신치 못흘지면 속히 외과의 의원을 쳥ᄒᆞ야 보일
지며.

病徵과 注意[29]

小兒가 異常히 啼泣ᄒᆞ거던 먼져 身體의 溫度와 呼吸 等을 檢視ᄒᆞ야
만일 呼吸이 鋸와 如ᄒᆞ거나 或은 劇苦ᄒᆞ며 或은 寐ᄒᆞ다가 屢屢히 驚覺

---

28) 박정동(1907)과 동일. 문단 편집만 다름.
29) 박정동(1907)과 동일.

ᄒ거든 速히 醫를 延ᄒ야 診ᄒ며 ᄯ 鼻에 淸涕가 多ᄒ면 暖室에 居케 ᄒ야 發汗케 ᄒ고 ᄯ 小便이 不暢ᄒ거나 或 小便이 白濁ᄒᆷ도 病症이니 亦是 忽視치 못ᄒᆯ지라. 元來 小兒ᄂᆫ 其 體가 弱ᄒ고 兼히 口로 言ᄒ기 不能ᄒᆫ 故로 病이 發ᄒᆯ 時에 곳 診察ᄒᆯ 것이오.

어린 아ᄒ의 울음소래가 평시와 달을지면 맛당히 그 호흡을 검샤ᄒᆯ지라. 숨쉬ᄂᆫ 것은 져를 부ᄂᆫ 것과 갓ᄒ야 혹 급ᄒ게 ᄒ며 혹 잠자다가 놀나ᄶᆡᄂᆫ 쟈ᄂᆫ 맛당히 의원을 청ᄒ야 보일지며 ᄯ 씀흘리며 뒤믹히며 리질이 잇ᄒᆯ이샹과 샤ᄒᄂᆫ 것은 더욱 종속히 치료ᄒᆯ지라. 어린 아ᄒᄂᆫ 신체가 약ᄒ야 비록 적당치 못ᄒᆷ이 잇슬지라도 능히 스샤로 형샹치 못 ᄒᄂᆞ니 어미된 쟈ᄂᆫ 맛당히 아ᄒ의 몸과 얼골이 엇더ᄒᆷ을 쟈셔이 보와 셔 치료치 못ᄒᄂᆫ 후회가 업게 ᄒᆯ지니라.

看護의 方法[30]

羸弱ᄒᆫ 病兒를 看護ᄒ랴면 室內의 溫度와 衣服의 增減으로브터 乳를 哺ᄒᆷ과 藥을 投ᄒᄂᆫ 各事에 至ᄒ기ᄭᆞ지 모다 愼重ᄒᆯ지니 其 中에 만일 姑息을 爲主ᄒ야 服藥을 怠ᄒ다가 兒女의 早夭ᄒᄂᆫ 事가 每每有之ᄒᄂ 니 故로 小兒常患ᄒᄂᆫ 病의 看護法을 左에 揭ᄒ노라.

齒痛 小兒의 齒가 生ᄒᄂᆫ 時期를 當ᄒ야 保養ᄒ기를 不愼ᄒ면 思齒 (齦을 逆ᄒ야 生ᄒᄂᆫ 齒)를 生ᄒ기 最易ᄒ야 痛을 感ᄒ며 熱을 發ᄒ야 諸病의 根이 되ᄂᄂ니 頭後痛과 或은 矒睡가 多ᄒ며 或은 白睛이 多ᄒ며 或은 鼻孔이 痛癢ᄒ며 或은 口脣이 起絃ᄒ며 或은 熱을 發ᄒ야 痢를 下ᄒᄂᆫ 等 症이 모다 齒痛에 源ᄒᆫ즉 齒痛의 可懼ᄒᆷ이 如此ᄒ니 엇지 平素에 用心ᄒ야 保養치 아니ᄒ리오. 思齒의 生ᄒᆯ 兆朕이 有ᄒ거던 곳

---

30) 국한문에서는 박정동(1907)에 없는 '치통' 치료 설명이 들어 있으나, 국문은 박정동(1907) 과 동일.

醫를 延ㅎ야 治홀지니 齒痛의 通常治法은 或 冷水를 含ㅎ며 或은 綿布로 抑ㅎ고 또 齒가 汚穢不潔ㅎ면 齒痛의 原因이 되ᄂ니 齒垢를 不除ᄒ즉 齦을 多傷ᄒᄂ 故로 每日에 牙粉으로 垢膩를 擦去홀지니 此ᄂ 齒患을 防ᄒᄂ 良法이오.

熱病 熱病은 齒患與否로 由홈을 勿論ᄒ고 手巾을 冷水에 少浸ᄒ야身體에 纏ᄒ고 更히 毛布로 其 上을 覆ᄒ 則 水氣가 蒸發ᄒ야 體熱을解ᄒ고 또 水가 濕潤ᄒ야 神經이 鎭ᄒ리니 然則 自然히 病兒가 苦를忘ᄒ야 睡眠ᄒ기 易ᄒ고 또 覺ᄒ 後에 仍苦ᄒ거던 更히 前法을 施홀지니 此ᄂ 治熱ᄒ기 最便ᄒ 方이오.

下痢 小兒가 痢를 下ᄒ거던 空氣가 淸淨ᄒ 室에서 抱持ᄒ고 散步ᄒ며 意를 加ᄒ야 慰撫ᄒ며 食은 粥湯을 用ᄒ고 衣ᄂ 綿布를 用홀지니라.

여린 아히의 병을 죠리홈이 제일 어려울지라 방이 ᄎ고 더움과 의복의입히고 벗기ᄂ 것과 젓먹이고 약 먹이ᄂ 사에 딕단히 번란홀지니 어미된 쟈ᄂ 롱가온딕 병뜬 식싁기를 그르덧이 쟈셰히 살펴보와 거시리도말며 고식으로도 말고 맛당히 약을 속히 ᄒ야 치료홀지오. 그 괴로음을넘녀ᄒ야 쥬져ᄒ다가 바리지 말지니라.

▲ 제5호

小兒의 動靜과 遊戲[31]

小兒가 酣睡ᄒ며 多動健食홈은 强健ᄒ 徵兆니 强弱이 天賦에 固屬ᄒ되 또ᄒ 頗히 胎育의 當否와 幼時의 保養何如에 關ᄒ고 또 兒童이 公德을 重ᄒ며 國家를 愛ᄒᄂ 根性은 實로 家政敎育의 力을 全賴ᄒᄂ니 故로 母氏의 膝下薰陶를 忽諸치 말 것이오.

---

31) 박정동(1907)과 동일.

강건흔 어린 아히는 반다시 편이 자며 잘 먹고 운동을 죠와 흘지니 강흐고 약흠은 비록 천품에 달엿스나 그 흔부분인즉 그 틱즁에셔 교육흠이며 또흔 어릴씩 배양흐는 도리에 잇슬지라. 옛젹 셩현과 호걸이 가정의 교육에 득력흔 즈이 만흔즉 슬흐의 교육을 홀케 못흘지니라.

睡眠[32]

大凡 腦筋의 發達이 不足흔즉 睡眠흐는 時間이 必久흐리니 小兒가 生흔 後 六七週間은 乳를 食흐고 便을 撤흐는 外에는 大概 酣眠흐고 酣眠흐면 腦筋이 漸次 發育흐되 虛弱흔 兒에 至흔즉 久眠치 못흐느니 諺에 謂흐되 能히 眠흐는 者는 康흐다 흠이 誣言이 아니라 故로 小兒가 睡眠흐는 中에 靜穩케 흘지니라.

小兒가 睡眠흘 時에 被服이 輕暖흐야 體에 適케 흐고 其 面을 覆치 말지니 不然흔 則 空氣를 沮寒흐야 害를 受흠이 不淺흐고 또 母氏가 腕으로 小兒의 枕에 充흠이 不可흐니 小兒의 體溫이 過度흐면 食을 思흐기 易흐야 安眠치 못흠이오 小兒가 每樣食을 思흐기는 夜에 二次니라.

아히가 는지 사오십일이 될 씩에는 졋먹고 쮜노는 외에는 다 잠자느니 이는 다름이 아니라 두뢰의 힘이 완젼치 못흔 고로 잠을 잘 잠이니 이는 덕육상에 가장 큰 관게가 잇는지라. 허약흔 아히는 결단코 잘 자지 아니흘지니 일본속담에 잠즈는 아히가 장부라 흐엿스니 참 상쾌흔 말이로다. 그런 고로 어린 아히의 잘 잘씩에 놀나 씌이지 말고 흐야곰 잘즈게 흘지니라.

32) 박정동(1907)과 동일.

運動[33]

小兒가 生혼 後에 春秋溫暖홀 時를 當하야 每二週間에 天氣가 晴和혼
日에 抱持ᄒ고 戶外에 出ᄒ야 半時刻쯤 運動ᄒ고 嚴冬酷暑에는 每七八
週에 一次式 運動ᄒ거나 或은 室內에서 籃을 徐徐히 撼搖ᄒ야 運動홈도
可ᄒ고 또 强健혼 兒의 能히 步行홈에 至ᄒ야는 運動ᄒ며 遊戱ᄒ야 活
潑혼 氣像을 自養케 홈이 可ᄒ되 然이나 三歲에 未滿ᄒ면 頭部가 柔軟
ᄒ고 四肢가 尙弱ᄒ니 반다시 加意照料ᄒ야 危險혼 處에 勿趣케 홀지
니 小兒를 保育홈은 第一 其 動作을 注意홈에 在ᄒ고 또 兒童이 大聲으
로 嬉笑ᄒ면 肺臟을 發達홈에 最易ᄒ고 또 周身血脈의 運行이 便ᄒᄂ
니 맛당히 其意에 放任ᄒ고 沮抑지 말지니라.

涵養[34]

小兒가 生혼 後 二三閱月에 至ᄒ거든 溫和淸朗혼 目을 擇ᄒ야 懷抱ᄒ
며 或은 褓負ᄒ며 或은 車籃에 載ᄒ야 戶外에 遊行ᄒ야 自然혼 景色에
觸케 ᄒ야 其 心性을 涵養ᄒ되 만일 室內에 當居혼 則 精神이 沈鬱ᄒ고
氣力이 衰頹ᄒ야 長成혼 後에 身體가 羸弱ᄒ지라. 然이나 身體諸部로
ᄒ야금 風寒을 感冒케 홈이 不可ᄒ니 반다시 抱被ᄒ야 其 身을 護ᄒ고
帽子로 其 額을 覆ᄒ되 覆ᄒ기 過聚ᄒ면 神經의 眩暈를 發ᄒ기 易ᄒ니
寬緊을 得中케 ᄒ고 또 兩眼으로 ᄒ야금 日光을 直觸케 말지니 否혼
則 視力을 減損홀 쑨 外라 甚ᄒ면 失明에 懼가 有ᄒ리니 맛당히 留心홀
것이오.

어린 아히의 밧게 나오는 씌는 맛당히 봄이던지 가을에는 나은지 이십

---

33) 박정동(1907)에 없는 내용임.
34) 박정동(1907)과 동일. 국한문에는 '삼도 학사'의 말이 서술되지 않음.

일이 되거든 일긔도 청명ᄒ고 바람도 업ᄂᆫ 날을 퇵ᄒ야 안고 천천히
문밧에 ᄒᆫ 반시간쯤 운동ᄒᆯ지며 엄ᄒᆫ 치위와 혹한더위에ᄂᆫ 나흔지 오
륙십일을 지나셔 밧게 나올지며 어린 아희의 거름 배올 ᄯᅢ에ᄂᆫ 졔마음
ᄃᆡ로 맷겨두고 놀나게 말지며 뎨일 긔ᄒᆯ 것은 무삼 그릇에 담어셔 ᄭᅡ불
으지 말지며 어린 아희가 능히 거러다닐 ᄯᅢ에ᄂᆫ 강건ᄒᆫ 자ᄂᆫ 그 활발ᄒᆫ
운동과 히롱ᄒᆷ을 맷겨둘지나 오작 공원에 드러갈 ᄯᅢ가 못되야셔ᄂᆫ 두
뢰와 사지가 극히 연약ᄒ야 족곰이라도 손상ᄒᆷ이 잇스면 극히 위태ᄒᆯ
지니 무삼 로동ᄒᆷ을 금ᄒᆯ지라. 고로 어린 아희를 길으ᄂᆫ 자ᄂᆫ 쥬의ᄒ야
졔 마음ᄃᆡ로 노와둘지라 ᄒ엿스니 이ᄂᆫ <u>삼도학샤의 말ᄒᆷ</u>이 극히 진졀
ᄒ도다. 뒤져 울고 웃ᄂᆫ 것은 어린 아희의 셧셧ᄒᆫ 일이라. ᄯᅩᄒᆫ 능히
호흡을 통ᄒ며 장부를 널케 ᄒ면 그 왼몸의 운동을 도음이라 ᄃᆡ단히
유익ᄒᆯ지니 익졔치 말지니라.

入浴[35]

小兒의 身體가 不潔ᄒ면 皮膚가 損傷ᄒ기 最易ᄒ고 ᄯᅩ 疾病에 染感
ᄒ기 易ᄒᆫ 故로 반다시 每日 洗浴ᄒ되 水ᄂᆫ 맛당히 純良ᄒᆫ 軟水(軟水ᄂᆫ
第四編 第三章에 詳言ᄒᆷ)를 用ᄒ고 溫度ᄂᆫ 攝氏 三十五度로 三十七八度
(華氏 九十五度 以上 百二度 以下)가 宜ᄒ고 浴時ᄂᆫ 眠을 覺ᄒ거나 或은
就寢前이 宜ᄒ되 寒冷ᄒᆫ 氣候에ᄂᆫ 日中이 可ᄒ고 盥에 臨ᄒ야 먼져 海
綿 或 軟布로 輕輕히 全身과 頭部를 摩擦ᄒᆯ지니 此ᄂᆫ 浮塵이 毛髮에
多着ᄒᆷ이오 次에 顔面을 洗ᄒ되 溫水를 別挹ᄒ야 手巾을 另用ᄒ고 同一
ᄒᆫ 手巾을 用ᄒ야 面部를 幷洗ᄒᆷ을 忌ᄒ고 其 水中에 居ᄒᆷ이 五分 或
十分時가 好ᄒ고 一便으로ᄂᆫ 毛布手巾을 溫水에 預浸ᄒ얏다가 浴ᄒ기
를 畢ᄒ거던 全身을 徐拭ᄒ고 拭ᄒ기를 畢ᄒ거던 床上에 安臥ᄒ되 冷
氣를 勿觸케 ᄒᆯ지며

---

35) 박정동(1907)과 동일. 국한문을 직역한 것은 아님.

어린 아히는 날마다 슌량흔 더운 몰에 목욕을 식힐지니 물을 덥히는
도수는 셥씨의흔난계 삼십오도로 삼십칠팔도까지 덥힐지나 손을 너어
보와서 그 도수를 짐작ᄒ야 가감ᄒᆞᆯ지며 목욕식힐 ᄯᅢ는 아히의 쳐음 ᄭᆡᆯ
ᄯᆡ와 혹 잠잘 ᄯᆡ에 ᄒᆞᆯ지니 치울 ᄯᆡ에는 흔낫에 식힐ᄯᅥ며 목욕한 후에
고은 베수건으로 머리에서 시작ᄒ야 쳔쳔히 왼몸을 닥그되 눈과 입은
싯지말며 목욕식히는 동안은 오분 혹 십분까지 ᄒᆞ며 목욕을 다흔 뒤에
는 셔양수건으로 왼몸을 닥근 후에 요와 자리에 편히 누어셔 닝긔를
밧지 말지니라.

附記36)

小兒가 生흔 後에 만일 頭髮을 무히 薙去ᄒ면 大害가 有ᄒᆞ니 반다
시 周歲後를 俟ᄒ야 薙去ᄒ여야 方可ᄒ고 ᄯᅩ 頭部가 軟弱흔 兒에 在ᄒ
야는 더욱히 遲薙ᄒᆞᆯ 것이오.

小兒의 身體는 垢에 染ᄒ기 最易ᄒᆞ니 故로 衣服 臥床 居室 等을
모다 大段히 淸潔케 ᄒ고 ᄯᅩ 每次 食後에 반다시 淨布를 溫水中에 浸ᄒ
엿다가 小絞ᄒ야 其 口中과 口傍을 徐拭ᄒ고 便溺흔 後에 ᄯᅩ흔 下部를
洗滌ᄒ거나 或은 拭淨ᄒᆞᆯ저며

어린 아히의 태발은 셰속이 다 ᄭᅡᆨ느니 이는 크게 히로음이라. 어린 아
히의 머리는 극히 연약한 터이니 머리를 ᄭᅡᆨ그면 뢰가 상ᄒᆞ느니라.

遊戲37)

小兒의 遊戲를 크게 注意ᄒᆞᆯ지니 元來 兒童이 智識이 甫有ᄒᆞ면 耳目

---

36) 부기는 박정동(1907)에 없음. 부기 이후의 서술은 박정동(1907)과 동일.
37) 유희, 완구, 보모를 나누어 서술하였으나 국문 번역은 박정동(1907)과 동일.

에 觸ᄒᆞᄂᆞᆫ 바가 모다 新奇홈을 覺홈이 맛치 大人이 外國에 往ᄒᆞ야 遊歷ᄒᆞ면 반다시 其 眼界를 擴홈을 求ᄒᆞ기에 孜孜홈과 如ᄒᆞ니 ᄯᅩ흔 自然흔 勢라. 小兒가 遊戲ᄒᆞᄂᆞᆫ 間에 智德體 三種 敎育의 智識을 獲케 ᄒᆞ면 彼의 耳로 聞ᄒᆞ고 目으로 覩ᄒᆞᄂᆞᆫ 바가 自然히 腦筋에 感入ᄒᆞ기 易ᄒᆞ고 兼히 復忘ᄒᆞᄂᆞᆫ 憾이 永無ᄒᆞᄂᆞ니 母氏된 者ㅣ 반다시 此 時에 留念ᄒᆞ야 兒女의 天性을 育成홀지어다.

翫具[一名 戲具]

翫具ᄂᆞᆫ 樹膠로 製흔 者ᄂᆞ 或은 圓形物을 務擇ᄒᆞ고 琉璃 鐵片 等製와 有毒흔 粧飾品과 彩色을 忌ᄒᆞᄂᆞ니 大凡 小兒의 性이 故를 厭ᄒᆞ고 新을 好ᄒᆞ야 恒常 未知ᄒᆞᄂᆞᆫ 智識을 獲코져 홈으로 一新奇物을 見ᄒᆞ면 반다시 得흔 後에야 已ᄒᆞ고 임의 得흔지 未幾에 ᄯᅩ 厭棄ᄒᆞ고 手足을 自由로 動홈에 及ᄒᆞ야ᄂᆞᆫ 翫物을 毁壞ᄒᆞ야 其 內裏를 見홈을 最喜ᄒᆞᄂᆞ니 此ᄂᆞᆫ 恒性이라. 故로 富家라도 小兒에게 値가 高흔 翫具를 與치 말고 맛당히 通當흔 物을 給ᄒᆞ야 自由로 毁壞케 홀지라. 然이나 次次人의 言을 解得ᄒᆞ거던 반다시 天物을 暴殄홈이 不可ᄒᆞ고 兼히 己를 節ᄒᆞ야 人의게 施홈이 可흔 道를 諭ᄒᆞ야 勤儉ᄒᆞ고 慈惠흔 心을 養成케 홀 것이오.

小兒가 稍長ᄒᆞ야 言語를 能通ᄒᆞ거던 其 用ᄒᆞᄂᆞᆫ 바 翫具ᄂᆞᆫ 반다시 智識을 養成ᄒᆞ며 或은 體育에 補助될 物을 擇ᄒᆞ되 無益흔 翫具를 給치 말것이오. ᄯᅩ 有益흔 翫具ᄂᆞᆫ 藏之陳之ᄒᆞ야 秩序가 整然有條케 ᄒᆞ고 ᄯᅩ 흔 汚濊흔 者ᄂᆞᆫ 洗ᄒᆞ고 破傷흔 者ᄂᆞᆫ 修ᄒᆞ야 亂雜히 抛棄치 말게 홀지니 此ᄂᆞᆫ 兒童의 德性을 養成홈이오.

保姆[一名 乳母]

保姆ᄂᆞᆫ 生母를 代ᄒᆞ거나 或은 生母를 輔助ᄒᆞ야 小兒를 看護ᄒᆞᄂᆞᆫ 人이니 保姆의 選擇을 留心홀지라. 西洋 各國은 保姆學校가 有ᄒᆞ야 保育

學을 專修ᄒᄂᆫ 者가 有ᄒ고 ᄯᅩ 家庭敎育學者가 有ᄒ되 我國에 至ᄒ야
ᄂᆫ 오히려 如此히 文明ᄒᆫ 域에 未達ᄒ얏스니 今日의 計ᄂᆫ 身體가 强壯
ᄒ고 性質이 溫厚ᄒ고 ᄯᅩ 國文을 少識ᄒᄂᆫ 者를 擇用ᄒ되 更히 時時로
善良ᄒᆫ 敎誨를 授ᄒ면 兒童을 撫育ᄒᄂᆫ 道에 欠點이 幾無ᄒ리로다.

어린 아히의 희롱ᄒ고 놀 ᄯᅢ에 제일 쥬의 ᄒᆯ 것은 무엇이냐 ᄒ면 아히
가 처음으로 세상에 남이 보고 듯ᄂᆫ 바이 다 신긔ᄒ고 죠와ᄒᆯ 물건이니
사름의 성품을 교육ᄒᆷ이 먼져 드러감으로ᄡᅥ 쥬장을 삼을지라. 고로 어
릴 ᄯᅢ에 패물 갓ᄒᆫ 것을 ᄒᆫ번 보면 곳 뇌수에 인이 빅히ᄂᆫ니 어미된
ᄌᆞᄂᆫ 아모죠록 올ᄒᆫ 도리로 인도ᄒ면 곳곳마다 유익ᄒᆯ지며 가지고 희
롱ᄒᆯ 것은 공갓치 모가 업ᄂᆫ 것을 줄지오 류리와 쇠로 만드러 혹 무식
을 드린 것은 일절히 쥬지말지니 어린 아히가 무삼 신긔ᄒᆫ 물건을 보면
반다시 가지고자 ᄒ며 가졋다가 반다시 슬여ᄒᆯ지니 물론 무삼 상자와
공갓ᄒᆫ 것이라도 ᄭᅢ트려셔 그 속을 보고자 ᄒᆷ은 어린 아히의 ᄶᅥᆺᄶᅥᆺᄒᆫ
틱도이니 아무리 부귀ᄒᄂᆫ 집이라도 결단코 죠ᄒᆫ 물건으로 어린 아히
를 쥬지말지오. 맛당히 갓가온 말과 쉬운 이치로 그 마음을 인도ᄒ야
근검ᄒᆫ 심셩을 길을지니라. (以下次號)

▲ 제6호

第二章 家政敎育

第一 家政敎育의 要旨[38]

花草를 培養ᄒ랴면 반다시 먼져 土壤을 擇ᄒ며 佳種을 選ᄒ고 ᄯᅩ 其

---

38) 앞의 한 문단은 박정동(1907)에 없으며 국문 번역도 없음. '해제시를 당하여' 이후는 박정
동(1907)과 동일.

肥料를 厚케 흔 後에 萌芽의 善良을 可期오 萌芽가 임의 成흐면 風을 防흐며 雨를 避흐기 爲흐야 朝夕看護홈에 모다 方法이 有흔즉 懈怠치 못흐겟고 쏘 枝葉이 稍長흐야 만일 枉흔 者가 有흐면 矯흐고 劣흔 者가 有흐면 美케 흐고 쏘 或은 日에 暴흐고 或은 水를 灌흐야 無數히 匠心을 費흐고 無數히 辛苦흔 後에라야 이에 實의 秀홈을 能見흐ᄂ니 是以로 兒童敎育의 道가 쏘흔 正히 若此홀지라.

孩提時를 當흐야 家庭에셔 應施홀 敎育은 贅論홀 빈 無흐거니와 其 學齡에 達흐면 學校에 入흐야 業을 修케 흐되 此 時에 功課의 稽査와 品格의 立定과 德을 進흐고 學을 勵흐며 善에 趣흐고 邪를 避흐ᄂ 道ᄂ 쏘흔 母氏가 一一히 監督흐며 敎誨홀 빈니 西俗에 男女學童의 言行이 明達홈을 見흔즉 言흐되 此ᄂ 彼의 母가 반다시 賢흐고 彼의 家庭이 반다시 嚴홈이니 不然흐면 彼가 엇지 若此흐리오 흐고 쏘 學者가 學藝의 優홈을 見흐면 言흐되 彼의 師가 반다시 良흐고 彼의 學校가 반다시 善홈이니 不然흔즉 彼가 엇지 如此흐리오 흐ᄂ니 西俗에 家庭과 學校를 重視홈이 如此흔 則 兒女敎育의 善否ᄂ 母氏의 薰陶何如에 在흐다 흐리로다.

틱중에셔와 ᄀ보에셔 교육홈이 긴요홈은 우에 말흐얏거니와 그 ᄌ녀가 학문을 빈울 ᄯ에 밋쳐셔ᄂ 먼져 그 긔쵸를 세울지라, 고로 삼사세가 되야 유치원에 들어갈 ᄯ에 어미된 ᄌ이 가정교육흐ᄂ 도리에 죠곰이라도 어긔지 말지라. 셔양풍속에 아히의 언힝이 단뎡흔 ᄌ를 보면 문득 지목흐야 글오되 이 아히의 모친이 반다시 현슉흐며 가정교육이 극히 엄슉홀지라. 그러치 아니흐면 엇지 이갓흐리오 흐며 쏘 그 지죠와 학문이 넉넉홈을 보면 문득 의논흐야 갈오되 져 아히의 션성이 반다시 완젼흔 교육가이라. 그럿치 아니흐면 엇지 이갓흐리오 흐얏스니 그 ᄂ라이 가정교육에 디흐야 이갓치 즁히 넉이ᄂ 고로 그 ᄌ녀들이 맛참ᄂ 착홈에 이르ᄂ니라.

一 品格39)

先哲의 言에 ㄱ라디 大人은 其 赤子의 心을 不失흔다 흐고 西敎에
또흔 ㄱ라디 人이 嬰兒의게 比흐기 不能흔즉 天國에 入치 못흔다 흐야
東西聖賢이 嬰兒의 品格을 重視흐기 若此흐니 此눈 小兒의 純潔無疵흐
기 美玉의 無疵흠과 如흠니라. 然흐느 我國人은 智識이 未開흐야 往往
히 小兒를 視흐기 土偶와 如흐야 待흐기 極히 疎慢흐니 彼가 비록 口로
能히 言치 못흐되 五官의 感觸흐는 바가 모다 單純흔 腦中에 存흐야
其 性質의 善惡이 此 丈大人의 行動을 視흐야 轉移變改흠을 不知흐나니
元來 嬰兒가 胎를 脫흐면 呱呱의 聲을 發흐야 곳 國民의 一人이 되고
其 長흠에 及흐야는 或은 國家의 干城이 되고 或은 朝廷의 賢吏가 될
바를 모다 預知치 못홀지라. 一人의 力으로 或은 國家의 疆土를 拓흐고
或은 文明의 鴻業을 興흐야 國家로 흐야금 重흐기 九鼎과 如케 흐고
民智로 흐야금 日漸發達케 흔 者를 顧흐건되 萬國史乘을 縱覽흐면 其
例가 實로 勝數치 못흐리니 如此흔 英雄豪傑을 成年人의게 望흐기 不可
흐고 實로 呱呱흐는 赤子의게 求홀지라. 然흔 則 小兒品格의 敎育을 加
意치 아님이 豈可흐리오.

되인이란 ㅈ는 그 젹ㅈ의 마암을 일치 아니흔다 흐얏스며 셔교에도 사
름이 젹ㅈ와 갓지 못흐면 텬당에 못드러간다는 말이 잇스니 동셔양 셩
현의 말삼이 흔길로 흐얏스니 아히의 가라치기가 참 즁흐도다. 되기
젹ㅈ의 셩졍은 물욕이 업슴으로 슌젼흠이 흰옥과 갓고 졍결흠이 흰실
과 갓흐야 눈으로 능히 보지 못흐며 귀로 듯지 못흐나 션악과 샤졍이
이쎠 분간 될지니 이는 교육흐는 자에게 잇슴이라. 어린 아히가 짜에
써러질 써부터 곳 그 나라에 흔는 빅셩이라. 후일에 혹 죠졍에 올나
착흔 졍치를 죠직흐야 한 ᄉ름의 힘으로 왼나라에 힝복을 지을는지 알

---

39) 박정동(1907)과 동일.

지 못홀지니 져 동셔양 호걸들이 그 특별흔 공을 셰우며 큰 사업을 일워셔 소리와 일홈이 지구샹에 들인즈이라도 다 아히 썩로 좃차옴이니 아히의 갑이 참 즁홀지니라.

二. 習慣40)

習慣의 力은 可히 兒童의 性質을 變改ᄒ며 또 足히 感應을 敏捷케 ᄒᄂ니 往往히 世人의 能히 危에 趨ᄒ고 險을 冒ᄒ야 一學을 硏究ᄒ며 一事를 辨別ᄒ다가 其 目的을 不達ᄒ야ᄂ 不已홈을 엇지 幼時習慣의 所致가 아니라 ᄒ리오. 故로 敎育은 兒童의 習慣을 養成ᄒᄂ 機關이라 홀지니 假令 至難흔 事라도 幼時로부터 見習ᄒ면 艱苦를 不覺ᄒ되 至 易흔 事라도 長成흔 後에 始行ᄒ면 繁難치 아니흔 事가 無홀디라. 故로 母氏ᄂ 幼兒의 心身이 幼弱홀 時에 可히 各種 善良흔 習慣에 就케 ᄒ야 其 天賦가 良能흔즉 增進ᄒ며 其 氣稟이 缺乏흔즉 培補ᄒ고 充足케 ᄒ야 智德이 兼全흔 人物을 成케 홀디니라.

먹에 갓가운 즈이 검어지나니 군즈가 되며 소인이 되ᄂ 것이 다 어릴 썩에 잇슴이라. 습관의 힘이 가장 크며 그 물듬이 쏘흔 큼으로 습관흔 바이 악흔즉 몸이 맛도록 그 히를 바들지니 엇지 두렵지 아니ᄒ리오. 교육ᄒᄂ 즈이 악함을 바리고 그 착홈을 도으며 그 덕을 길으고 그 지혜를 발달ᄒ야 지극히 착흔 습관에 인도홀 바이라. 그럿치 아니ᄒ야 어렷슬 썩에 빅우지 못ᄒ고 장성흔 뒤에 아모리 독칙ᄒ야도 유익홈이 업슬지니 어미된 즈ᄂ 반다시 어린 아히의 텬셩이 완젼홀 썩에 그 습관을 삼가ᄒ야 써 ᄒᄂᆯ이 품부흔 즈를 버양ᄒ야 그 즈녀의 지혜와 덕셩을 완젼케 홀지니라.

---

40) 국한문을 직역한 것이 아님. 국문은 박정동(1907)과 동일.

女兒敎育의 重홈이 如此ᄒ거늘 自來로 人의 母된 者ㅣ 每樣 家庭敎育에 留心치 아니ᄒ야 其子가 粗暴에 流ᄒ며 羸弱에 陷ᄒ야 氣習이 輕薄ᄒ고 性質이 愚鈍ᄒ여 장차 何境에 至홈을 恬然不顧(염연불고)ᄒ니 實로 慨歎홀 비로다. 父母ᄂ 天然의 敎師로 母氏에게 對ᄒ야 더욱히 敎育의 主腦가 되ᄂ 故로 母氏의 一大要務가 此에 莫過홀지라. 然이ᄂ 兒女의 敎育이 至難치 아니ᄒ야 或 針*이ᄂ 或中饋의 餘暇에 行ᄒ야도 足ᄒ리로다.

上에 述ᄒ 바ᄂ 全혀 母氏의 義務에 屬ᄒ 者ㅣ니 其進步의 程度ᄂ 實로 家庭의 風紀와 互相消長홀지라. 外에 賢師良友가 有ᄒ야도 內에 賢母의 獎勵皷舞가 無ᄒ야 兒女로 ᄒ야금 其師를 不尊ᄒ며 其學步를 不勸ᄒ즉 必也에 兒女의 賢明을 能히 望치 못홀지니 然則 母氏의 責任이 엇지 不重타 ᄒ리오. 孟母가 三遷ᄒ 敎를 觀ᄒ면 可히 瞭然ᄒ도다.

그러ᄒ즉 어린 ᄋ해의 어질고 불초홈이 다 가정교육에 잇슬지니 만일 안으로 어진 어미가 잇고 또 밧으로 밝은 스승과 유익ᄒ 친구로 더부러 상종ᄒ면 어린 아해의 이목구비에 듸이고 졉ᄒᄂ 바니 ᄒ낫도 불션홈이 업스면 습관이 천성으로 더부러 일울지니 가정교육의 필요홈을 이에 가히 알지니 사람의 어미된 자ᄂ 그 싱각홀지어다.[41]

第二. 家庭敎育의 準備[42]

家庭敎育中에 讀書 算學 窮理 等은 모다 要圖에 屬ᄒ지라. 然ᄒᄂ 忽諸치 못홀 者ᄂ 兒童의 意志를 鞏固케 ᄒ며 兒童의 德性을 進步케 ᄒ며 愛國의 感情을 養成케 ᄒ며 體育의 習練을 發達케 ᄒ야 公德을 重히 녀기며 任俠을 好ᄒᄂ 精神으로 ᄒ야금 健康ᄒ 身體에 宿케 홈이니 如

---

41) 이 부분은 국한문을 직역한 것이 아니며, 국문은 박정동(1907)과 동일함.
42) 박정동(1907)과 동일.

是ᄒ면 長成ᄒ야 公業을 振興ᄒᄂ 義務를 擔負ᄒ기에 能히 勞苦를 堪耐ᄒ야 百折不回ᄒᆯ지니 若此ᄒᆫ 性質은 幼時에 養成치 아니ᄒ면 其 功을 不成ᄒᆯ지니라.

가정교육의 목적은 글일꼬 산 놋ᄂ 류이니 다 지혜를 교육ᄒ난 뎨일 긴요ᄒᆫ 자이라. 그러나 덕으로 교육ᄒᆷ이 뎨일 긴요ᄒ나니 덕으로 교육ᄒ야 써 그 마암을 굿게 ᄒ며 그 정을 후케 ᄒ며 그 공경ᄒ고 사랑ᄒ고 효도ᄒ고 우애ᄒᄂ 덕을 가라친 후에 그 신톄를 강건케 ᄒ며 그 정신을 단련ᄒ야 능히 칩고 더움을 견듸며 주리고 목말음을 참게 ᄒᆯ지니 딕뎌 <u>남자는 쯧이 사방에 잇ᄂᆞ니 이런 습관을 경시에 길녀셔 만일 급ᄒᆫ 일이 잇슬 디경에</u>ᄂ 비록 바람에 다니며 이슬에 잠자나 무삼 히가 잇스리오. (以下次號)

▲ 제7호

一. 大成을 期ᄒᆷ이라.[43]

兒童을 敎育ᄒᆷ은 小就를 求치 아니ᄒ고 大成을 期ᄒᆷ에 在ᄒ니 世人이 往往히 兒女의 銳敏ᄒᆷ을 誇ᄒ야 如干讀書作字에 能ᄒᆷ을 見ᄒᆫ즉 百端으로 譽揚ᄒ야 驕傲ᄒᆫ 心을 長케 ᄒ야 不遜ᄒᆫ 人을 成케 ᄒ며 或은 他兒의 學藝가 優勝ᄒᆷ을 美ᄒ야 己의 兒를 深責ᄒ야 天分의 高低를 不問ᄒ고 督責이 比至ᄒ다가 其 能力이 反히 漸疲ᄒ며 身體도 亦是 羸弱ᄒ야 畢竟 夭折의 慘에 至ᄒᄂ니 此ㅣ 所謂 矯角殺牛ㅣ라 엇지 悲慘ᄒᆯ 비 아니리오. 故로 兒童의 敎育은 其 進步의 遲緩ᄒᆷ을 過憂치 말고 揠苗助長ᄒᄂ 法을 行치 말지니라.

---

43) 박정동(1907)과 동일.

아희를 교육홈이 그 젹은 지혜를 길이지 말고 크게 일홈을 구홀지니 셰속의 아희를 길으는 자이 약간 글자이나 일꼬 알면 곳 빅단으로 칭찬 호느니 어려 지각업는 아희로 호야곰 사랑홈을 인호야 교만혼 마암이 싱겨 졈졈 불손혼 지경에 드러가게 호며 혹 다른 아희의 지조를 부러워 셔 양에 과혼 과졍으로 가랏쳐 그 뢰력을 곤케 호면 아희의 정신과 신 체가 졈졈 약호야 말릭에 요샤호는디 일을 지니 이는 쏠을 바로잡다가 소를 죽임과 갓흐니라.

兒童이 長호야 入學호거든 본다시 먼져 其 方針을 定호고 方針이 旣 定호면 猶預未決치 말고 我의 所志에 達케 혼 然後에 已홀 것이오 또 兒女의 仁恕博愛호는 性情과 不折不撓호는 精神은 必也에 襁褓의 時로 부터 育成홀지니 此所謂精神敎育의 基礎ㅣ니라.

학업의 진보홈은 맛당히 그 형셰를 인호야 리호게 인도홀지오 맛당히 지쵹지 아니홀지라. 그러호느 반다시 일졍혼 방침이 잇슬지오 가히 놀 아다녀셔 쥬쳐업게 못홀지라. 듸져 어질고 샹량호는 성졍과 굴호고 혼 들니지 아니호는 정신은 맛당히 강보즁에셔 길너닐지니 이는 곳 정신 을 교육호는 긔쵸이라. 가히 늣츄지 못홀 자이니 비우는 지조와는 달으 니라.

二. 先哲을 則호라.[44]

大凡 世運의 進化호는 風潮는 逆行치 못홀 者ㅣ 有호니 譬喩컨디 堤 를 築호야 水를 防코져 홀 時에 其 基礎가 未固호면 본다시 悠忽間에 崩壞홀지라. 國運이 發達호는 日을 當호야 學校가 林과 如호면 有用혼 人物이 漸漸 增加호고 國運이 否塞혼 時에는 大奸巨猾의 輩가 往往히

---

44) 박정동(1907)과 동일.

機를 乘ᄒ야 起ᄒ느니 語에 日 居ᄒ 則 氣를 移ᄒ고 養ᄒ 則 體를 移ᄒ다 ᄒ니 旨哉라. 斯言이여. 方今 我國의 變法維新홈과 人才를 作育홈은 實로 可慶홀 빈ㅣ라. 然이나 人智의 發達이 每樣 道德으로 더브러 幷進키 不能ᄒ 弊가 有ᄒ니 此時를 當ᄒ야 血氣가 未定ᄒ고 學養이 未深ᄒ 人은 義憤에 迫ᄒ야 謀홈이 不端ᄒ야 文明의 進化가 學術에 根ᄒ고 學術의 振興은 敎育에 在ᄒ고 敎育은 반다시 漸進ᄒ야 一旦에 大成의 域을 造홀 者이 아님을 不知ᄒ느니 故로 我國의 此後 兒童敎育은 더욱히 留心ᄒ야 東西先哲의 言行事蹟을 將ᄒ야 時時敎誨ᄒ야 學을 好ᄒ고 正을 習ᄒ 心을 啓發홀지라. 다만 注意홀 것은 海天萬里에 兒童이 嘗히 習見치 못ᄒ야 或 其 感情을 促進ᄒ야 功效ㅣ 도로혀 不著홀 것이 有ᄒ리니 故로 同國 或 同族 中 先哲의 言行功蹟에 就ᄒ야 語홈이 甚宜ᄒ고 坐 兒童으로 더브러 年齡이 相等ᄒ고 身分이 相若ᄒ 者의 事蹟을 取ᄒ야 效則케 ᄒ면 더욱히 其 觀感을 足動홀지니라.

세계에 바람과 물결을 거슬이는 자는 어린 아히를 잘 가라치는 자이 아니라. 지금 어린 아히를 교육ᄒ는 요지는 되져 덕을 교육홈에 잇나니 덕을 교육홈이 후ᄒ지 못ᄒ면 흘으는 폐단이 만홀지니 비컨딕 언덕을 막는 것과 갓ᄒ야 견고ᄒ게 ᄒ며 튼튼케 ᄒ면 악흔 물결이라도 능히 터지게 못홀지며 坐 집 짓는 것과 갓ᄒ야 그 터를 놉고 후케 ᄒ면 비록 더럽고 흐린 물건이 잇슬지라도 坐흔 드러오지 못홀지라. 그런 고로 풍속이 후흔즉 사람마다 착홈을 권홀지오 풍속이 박흔즉 사람마다 불초홈을 붓그러 ᄒ지 안이홀지라. 이제 우리나라 <u>사회</u>는 <u>비록 이전보담 낫다</u>ᄒ나 사람의 지혜 진보됨과 도덕의 발달됨은 아직 지극지 못흔 고로 지혜로써 간홈을 막고 말로써 글늠을 꼼이는 류가 불의흔 영광을 구ᄒ고 부정흔 부자를 일우는 자이 종종 잇슴으로 후진이 살피지 아니ᄒ고 더욱 본밧아셔 재조와 지혜가 밋지 못ᄒ면 반다시 범을 그리다가 도로혀 긔와 갓흔 긔롱을 밧을지니 어미된 쟈이 엇지 방치 아니ᄒ랴. 맛당히 동셔양 옛적 성현의 사적을 말ᄒ야 어린 아히로 ᄒ야곰 표준을 삼게 홀지니 대기 듯기를 조화ㅎ고 보기를 시려홈은 사람마다 그럴지니 옛 젹 일을 말ㅎ기보담 지금을 징거홈이 나을지며 쏘 다른 나라의 다른 사 룸을 말홈이 내 나라의 갓흔 사람을 말홈만 갓지 못홀지니 혹 친쳑 즁에 이젼 법홈직흔 쟈룰 드러 말홀지오 그럿치 못홀지면 곳 나도 갓고 셔로 아는 아히의 착흔 힝실을 드러 말홀지니라.

第三. 家庭敎育의 方法[45]

家庭敎育의 必要는 前에 詳述ㅎ얏거니와 其 實行ㅎ는 方法에 至ㅎ야 는 大槪 如左ㅎ니라.

家庭敎育의 要는 兒童의 衣食起居와 身體를 運動홈과 滿足히 睡眠케 홈과 行事에 次序가 有ㅎ며 處物에 規模가 有ㅎ며 遷善改過ㅎ야 正義를 嗜愛ㅎ는 人을 作홈에 在ㅎ며 我國 維新의 基가 已肇ㅎ얏스니 쟝차 小 學이 林立홈을 見홀지라. 故로 兒女가 學齡에 達흔 者는 卽時 就學케 ㅎ야 誘掖奬勵를 勿怠ㅎ되 學問과 實際가 相輔幷行케 홀 것이오 쏘 兒 女로 ㅎ야금 硏學케 ㅎ되 不可不 其 腦力과 體格發育의 如何와 學步程 度의 高低를 計ㅎ야 總히 太過ㅎ거느 不及ㅎ는 弊가 無케 홀지며 쏘 學校와 家庭은 븐다시 其 方針을 同케 ㅎ야 兩相抵觸치 말게 홀지니라.

가정교육의 필요홈은 압헤 말ㅎ엿거니와 실힝ㅎ는 방법에 대ㅎ야 다시 말홀지니 첫재는 자녀간 음식과 의목과 거처홈에 반다시 주의ㅎ야 운 동을 젹당케 ㅎ며 잠잠을 달게 ㅎ야 그 <u>신쳬룰 강건게 홀지오</u>, 둘직는 <u>인군게 츙셩ㅎ고 나라룰 사랑</u>ㅎ는 생각이 가삼에 엉긔게 ㅎ야 그 올흔 일을 법 밧드며 바른 길로 향ㅎ야 무심 일이라도 다 규률이 잇게 ㅎ며 다시 우리나라의 나라된 사젹과 력되의 덕화와 동셔양 고금 셩현의 아 람다운 말삼을 낫낫히 셜명ㅎ야 악홈을 버리고 착홈에 올마셔 어질고

---

45) 박정동(1907)과 동일.

사랑ᄒ고 셩실ᄒ고 졍딕ᄒ 사람이 되게 ᄒᆯ지며 셋지ᄂ 즈녀가 입학ᄒᆯ 썩가 되거던 그 배우ᄂ 의무ᄅ 가랎여서 입학ᄒᆫ 후에 스승을 놉히고 벗을 공경케 ᄒ며 집으로 도라오거던 그 배움을 단련ᄒᆯ지나 다만 그 아히의 정신과 체격의 정도와 강약과 딕소ᄅ 보와셔 뎡당케 ᄒ야 가뎡교육이 학교에셔 교육ᄒᄂ 방침과 갓치 ᄒᆯ지니라.

一. 敎育의 次序[46]

家庭敎育의 次序ᄂ 兒童의 能力의 發達을 隨ᄒ고 躐等ᄒ야 進치 못 ᄒᆯ지라. 但 誨諭로 爲主ᄒ야 終日토록 喋喋ᄒᆷ은 甚히 不宜ᄒ니 元來 兒 童은 智識이 未深ᄒ야 向學ᄒᄂ 心이 頗弱ᄒᄆᆡ 中道에 倦怠ᄒ기 易ᄒ 故로 過度히 誨諭ᄒ면 銳進ᄒᄂ 心이 反縮ᄒᆯ지니 此ᄂ 곳 幼兒ᄅ 敎育 ᄒᆷ에 不可不 其 程度ᄅ 從ᄒᄂ 所由ㅣ라. 其 法은 惟何오. 曰 其 己知ᄒ 事物에 就ᄒ야 其 未知ᄒ 事物에 推及ᄒᆯ ᄲᅮᆫ이니 譬喩컨딕 一物을 取ᄒ 야 講論ᄒ되 반다시 其 名稱으로부터 性狀과 大體와 各部와 全體와 有 形과 無形에 及ᄒ되 些毫라도 紊亂케 ᄒᆷ이 不可ᄒ고 論理에 至ᄒ야ᄂ 可히 單純으로부터 複雜에 及ᄒ며 卑近으로브터 高遠에 及ᄒᆯ지니 如斯 히 ᄒᆫ 則 能히 敎育의 效ᄅ 奏ᄒᆯ지니라.

가뎡교육은 반다시 차례가 잇슬지니 뜰과 마루에 올을 썩에 급ᄒ게 못 ᄒᆯ지라. 무릇 어린 아히ᄅ 가랏침이 무삼 일이던지 그 아ᄂ 것을 좃차 모르ᄂ 데 밋츠며 그 일홈을 좃차 그 형상에 밋츠며 갓가음을 좃차 먼 데 밋처야 알아듯지 못ᄒᄂ 폐단이 업슬지니라. <u>우리가 외국의 말과 글을 배울지라도 먼져 그 글짜을 안 후에 간단ᄒ 말로부터 물리까지 배우난 차례가 잇슬지니 ᄒ물며 어린 아히랴.</u>

---

46) 박정동(1907)과 동일.

二. 敎育의 程度[47)]

兒童敎育의 程度는 又其心身의 發達을 隨ᄒ야 方針을 定홀지ㅣ니 假令 運動은 其 體格의 贏壯과 年齡의 多小를 相ᄒ야 施行ᄒ고 過度케 흠이 不可ᄒ니라.

지금 우리나라의 습관이 쳥년 자뎨는 다 학교에 들어감을 죠와ᄒ니 곳 그 학교의 가룻치는 과정이 아희의 뎡도에 젹당흠을 보와 입학홀지며 만일 학교에 들지 아니홀지라도 반다시 왼갓 학문과 기술을 비와 특별흔 연고가 업거던 간단치 말게 홀지며 뎨일 쇼즁흠은 덕육이니 ᄒ야곰 옛사람의 아람다운 언힝을 일너 듯게 ᄒ고 쏘흔 그 언힝을 살펴셔 포폄ᄒ야 스사로 살피게 홀지며 쏘 젹당흔 운동과 왼갓 위생이 몸에 유익흠을 식힐지며 칭찬ᄒ고 꾸지즘을 과히 ᄒ지 말고 반다시 아희의 쳬격을 ᄯ라 젹당케 홀지니라.

▲ 제8호

三. 賞罰의 寬嚴[48)]

小兒의 習慣은 襁褓로브터 始ᄒ느니 故로 賞罰도 不可不 此時에 行ᄒ되 其 年幼흠을 嫌ᄒ야 忽諸치 말고 寬嚴을 適當케 홀지니 過譽흔 則 驕ᄒ며 貪ᄒ고 過嚴흔 則 屈抑ᄒ는 弊가 不無흠으로 疑懼를 常懷ᄒ야 憂憤흔 餘에 甚흔 則 轉變ᄒ야 剛復不羈흔 者가 되느니 故로 賞罰의 道는 恕ᄒ되 公ᄒ고 嚴ᄒ되 正홀지라. 然이나 詭詐의 言을 好ᄒ며 或은 諛語獻媚ᄒ는 等事는 모다 兒童의 惡習이니 假借치 말고 從速히 懲除ᄒ

---

47) 박정동(1907)과 동일.
48) 박정동(1907)과 동일.

되 其餘의 患됨이 不大흔 習은 智識이 漸長홈에 至ᄒ야 再誨ᄒ며 矯ᄒ고 또 仁慈흔 心과 誠實흔 行은 幼時로브터 涵養흘지며 如或兒童이 人의 不幸을 憐ᄒ며 人의 窮厄을 救ᄒ며 或은 過를 知ᄒ고 곳 改ᄒ거든 溫言으로 褒奬ᄒ야 善에 益進케 흘지니라.

어린 아히를 강보에 잇슬 ᄯᅢ붓터 정졔흔 상벌을 뵈여 습관이 되게 흘지며 또흔 그 완급의 도수를 졍흘지니 창찬을 과히 ᄒ면 그 교만흔 긔운을 길을지오 ᄭᅮ지즘을 과히 ᄒ면 어린 아히가 반다시 의심ᄒ고 두려워흘지며 혹 그 반ᄃᆡ흘 마암을 격동ᄒ야 염치의마암이업셔져서 감화홈이 어려울지라. 연고로 어린 아히를 상주고 벌줄 ᄯᅢ에 맛당히 공졍ᄒ고 용셔흘지나 만일 속힘과 아쳠흔 일에ᄂᆞᆫ 비록 어릴 ᄯᅢ라도 반다시 엄ᄒ게 ᄭᅮ지져서 그 밍동ᄒᄂᆞᆫ 싹을 ᄭᅳᆫ흘지며 여간 사소흔 허물은 지각날 ᄯᅢ를 기다려 다사릴지며 혹 구급ᄒ랴ᄂᆞᆫ 덕이며 허물을 숨키지 아니홈과 허물을 곳치ᄂᆞᆫ 훈계로 권면ᄒ야 그 언힝이 공졍흔 의리에 합당흘지면 상당흔 칭찬으로 포상흘지니라.

第四. 家庭敎育의 戒則49)

家庭敎育中에 戒愼흘 點이 不少ᄒ니 左에 臚烈ᄒ노라.

一 欺를 戒홈. 兒童을 敎育홈은 誠實홈이 第一이라. 然ᄒᄂᆞ 世人이 往往히 小事를 欺詐홈에 介意치 아니ᄒᄂᆞ니 假令 疾病이 有ᄒ야 藥을 勸흘 時에 苦흔 物을 甘다 ᄒ며 或은 給予흘 物이라 ᄒ다가 ᄆᆞᆺᄎᆞᆷᄂᆡ 不給ᄒ며 甚흔 則 隨意誑語케 ᄒ야 虛詭홈이 如此ᄒ면 兒童이 習慣ᄒ야 쟝ᄎ 改흘 可望이 無ᄒ야 畢竟 不信흔 人을 成ᄒᄂᆞ니 可히 戒愼흘지어다.

---

49) 이 부분은 박정동(1907)에 없음.

一 脅迫을 戒홈. 父母가 兒童을 脅迫ᄒᆞ야 己의 命을 强從케 홈은 自來의 積習이니 不可不亟改홀지라. 世人이 幼兒가 命을 不從ᄒᆞ면 往往히 空室에 幽閉ᄒᆞ고 各種으로 脅迫ᄒᆞ며 自思ᄒᆞ되 我의 擧動이 剛猛ᄒᆞ야 足히 兒童을 壓伏ᄒᆞ리라 ᄒᆞ야 他人이 見ᄒᆞ고 其 愚를 笑홈을 不知ᄒᆞ거니와 處罰의 要ᄂᆞᆫ 兒童으로 ᄒᆞ야곰 命을 樂從케 홈이니 罰은 반다시 施行ᄒᆞ고 施行ᄒᆞ랴면 難堪ᄒᆞᆫ 罰은 不可ᄒᆞ고 ᄯᅩ 難堪ᄒᆞᆫ 罰을 强迫히 施行치 말지니라. 然ᄒᆞ면 母氏의 威嚴을 不損ᄒᆞ고 兒童도 ᄯᅩᄒᆞᆫ 命을 從ᄒᆞ기 易ᄒᆞ고 ᄯᅩ 處罰홀 時에 怒를 忽發홀저니 怒氣가 發ᄒᆞᆫ 則 處罰에 其 宜를 失ᄒᆞ기 易홈이오.

一 報復을 戒홈. 報復의 事로 幼兒를 敎치 말지니 假令 兒童이 地에 仆ᄒᆞ거ᄂᆞ 柱에 觸傷ᄒᆞ면 地를 罵ᄒᆞ며 柱를 打ᄒᆞ야 其 心을 慰홈은 恒有ᄒᆞᆫ 事어니와 兒童의 報讐ᄒᆞᄂᆞᆫ 念이 此等 事로브터 胎生ᄒᆞ야 長成ᄒᆞ면 自己를 傷ᄒᆞ거나 罵ᄒᆞᄂᆞᆫ 者에게 報復을 肆行ᄒᆞᆫ 後에 快히 너기ᄂᆞ니 不可不 注意홀 것이오.

一 恐嚇을 戒홈. 長成ᄒᆞᆫ 人의 性이 怯懦홈은 幼時에 父母가 兒童을 順從케 ᄒᆞ기 爲ᄒᆞ야 往往히 設計恐嚇케 ᄒᆞᆫ 故이니 無知ᄒᆞᆫ 人은 姑捨ᄒᆞ고 稍히 學識이 有ᄒᆞᆫ 者도 此弊가 不無ᄒᆞ니 幼時에 鬼神의 妖怪홈을 言ᄒᆞᆫ 則 長成ᄒᆞ야 怯懦ᄒᆞᆫ 心이 必生ᄒᆞ고 幼時에 英雄豪傑을 言ᄒᆞ고 鬼神妖怪ᄂᆞᆫ 足히 畏홀 비 아님을 知케 ᄒᆞᆫ 則 懦者가 變ᄒᆞ야 勇者가 될 것이오 ᄯᅩ 兒童이 或 微傷홀지라도 過度히 愛憐ᄒᆞ면 其 氣가 虛弱ᄒᆞ야 將來에 勞苦를 不堪ᄒᆞ리니 맛당히 剛强ᄒᆞᆫ 性이 生ᄒᆞ도록 獎勵ᄒᆞ고 撫摩ᄒᆞ기만 爲主ᄒᆞ야 涕泣케 홈이 不可홀 것이오. 況女子ᄂᆞᆫ 天性이 柔弱ᄒᆞ거늘 更히 怯懦ᄒᆞᆫ 事를 敎ᄒᆞ면 將來에 事變을 少遇ᄒᆞ야도 但 涕泣홀 ᄲᅮᆫ이리니 可히 戒홀 비오 世人이 每樣 涕泣은 女子常態라 ᄒᆞᄂᆞ 此ᄂᆞᆫ 積習의 所致오.

一 嫉妬를 防홈. 父母가 兄의 純良ᄒᆞ고 弟의 頑陋홈을 相提竝論ᄒᆞ야 優

劣을 顯然히 分間ᄒ며 或은 一兒를 偏愛ᄒ야 他兒로 ᄒ야금 善에 遷코져 ᄒᄂ니 如是ᄒ 則 도로혀 兄弟姉妹間의 愛情을 必傷ᄒᆯ 뿐 外라 猜忌嫉妬의 心을 助長ᄒ야 뭇ᄎᆷᄂ 兄弟鬩墻의 禍가 生ᄒᄂ니 人의 父母된 者ᄂ 不可不 愼ᄒᆯ 것이오.

一 妄言을 戒홈. 婦女가 相聚ᄒ면 往往히 戱談과 妄言을 發ᄒ고 乳母侍婢等은 其 習이 尤甚ᄒ야 兒女의 視聽을 汚染ᄒᄂ니 不可不 戒ᄒᆯ 것이오.

一 禁令을 愼홈. 兒童이 嬉遊娛樂ᄒ기 太過ᄒᆯ지라도 空然히 禁止치 말지니 만일 其 娛樂의 機와 私心의 希望을 阻遏ᄒ야 竟日토록 愁苦ᄒ고 樂趣가 毫無케 홈이 不可ᄒ고 또 嚴禁ᄒ면 兒童이 每樣 樂從치 아닐 것이오 又或 樂從ᄒᆯ지라도 其 希望을 他에 轉ᄒ야 意外의 事를 反行ᄒ리니 實狀 過失이 有ᄒ기 前에ᄂ 禁止치 못ᄒ깃고 또 不得不 禁止ᄒᆯ 事가 有ᄒ야도 溫和ᄒ 色으로 從容히 挽止ᄒᆯ지니라.

一 博愛를 勵홈. 博愛ᄒ야 物에 及홈은 實로 至要ᄒ 敎法이니 此 敎가 普及ᄒ 則 殘酷凶暴의 徒가 可히 日減ᄒᆯ지라. 幼時에 恣意로 蟲鳥를 殘殺ᄒ 則 長成ᄒ야 必也에 其 手段을 儕輩에게 施ᄒ야 凶惡殘暴ᄒ 人이 되리니 不可不 幼時로브터 物을 愛ᄒᄂ 習慣을 養成ᄒᆯ지니라.

一 言行을 一케 홈. 自己ᄂ 人을 遇ᄒ기 不篤ᄒ거ᄂᆯ 親愛ᄒ 意趣로 兒童을 敎ᄒ며 自己ᄂ 良人의 슈을 不從ᄒ면셔 兒童을 恭順ᄒ라 ᄒ야 責ᄒ며 自己가 人을 對ᄒ야 僞言이 多ᄒ거ᄂᆯ 信實ᄒ 言으로 兒童을 敎ᄒ면 自己言行의 不一홈이 如此ᄒ거ᄂᆯ 兒童이 엇지 準行ᄒ리오. 此ᄂ 自己가 先愼ᄒᆯ 빈니라.

一 慈惠를 施홈. 母氏의 叱咤를 聞ᄒ며 母氏의 憤怒를 見홈은 元來 兒童의 恐懼ᄒᄂ 빈ᄂ 然ᄒᄂ 叱聲과 怒色은 空然히 兒童의 性을 頑惡케

홀 뿐이오 兒童을 敎育ᄒᄂᆫ 正軌가 아니니 西哲이 言ᄒ되 愛ᄂᆫ 强코져
ᄒ고 怒ᄂᆫ 弱코져 홈이라 ᄒ니 實로 至論이라. 兒童이 母氏의 怒를 屢遭
ᄒ 則 其 喜怒가 無常홈을 知ᄒ고 傲慢ᄒ 心을 反生ᄒ야 다시 敎키 不能
ᄒ기에 至ᄒ리니 故로 兒女를 敎育ᄒ되 溫和ᄒ 色과 悲憫ᄒ 心으로 苦
口勸戒ᄒ면 其 效가 鞭笞叱咤에 過홈이 尤遠홀지라. 西哲이 又 云ᄒ되
人에게 愛를 施ᄒ면 必也에 人에게 見愛ᄒ다 ᄒ얏거늘 況且 母子의 間
이리오.

▲ 제9호

第三章 小學敎育

第一 小學敎育의 要旨

小學敎育의 主腦ᄂᆫ 智를 開ᄒ며 德을 明홈과 兒童의 健康을 保홈에
在ᄒ니 如斯히 敎育홈으로 修身成業의 階梯를 作ᄒ즉 能이 利國平民의
思想을 能養ᄒ야 國家富强의 基礎가 될지라. 是以로 文明ᄒ 邦國에ᄂᆫ
遐邑僻壤에 小學의 設이 無處不有ᄒ지라. 近日 我國에서도 明詔를 迭頒
(질반)ᄒ야 各地方에 小學을 設ᄒ니 人의 親된 者ᄂᆫ 맛당히 兒女로 ᄒ
야금 就學케 ᄒ야 興邦의 基를 肇홀 것이오.

一 敎育의 關涉

小學敎育의 盛衰ᄂᆫ 實로 家庭敎育의 何如에 攸關ᄒ거늘 愚夫愚婦가
往往히 入學의 益됨을 不知ᄒ고 兒女를 入學케 ᄒ지 아니ᄒᄂᆫ 故로 學
校의 執事者가 若輩를 對ᄒ야 慇懃히 勸勉ᄒ다가 不聽ᄒ면 罰金을 科ᄒ
ᄂ니 此 制ᄂᆫ 德國에셔 行ᄒ야 效力이 頗大ᄒ며 其他 日本과 西洋 諸國
에ᄂᆫ 大槪 其 父兄을 譴責홀 뿐이니 我國 將來의 立制도 必也에 此法을

倣則홀 지니라.

二 敎師의 責任

兒女를 敎育홈은 父母의 責에 屬홀지라. 然ᄒᄂ 父ᄂ 恒常 職務에 從事ᄒ야 終日토록 外에 在ᄒ고 母도 亦是 家計의 勤勞ᄒ야 敎育의 要務를 專關키 不能ᄒ 故로 敎師ᄂ 其 父母를 代ᄒ야 其 義務를 執行ᄒᄂ 者오 尤況 脩身一科에 至ᄒ야ᄂ 父母가 兒女를 督責ᄒ면 必也에 恩惠를 損홀지니 古者에 子를 易ᄒ야 敎ᄒᄂ 理ᄂ 孟軻의 言으로 可히 徵ᄒ리니 是以로 敎師ᄂ 敎ᄒᄂ 바 兒女의 親友의 地位에 居ᄒ고 又ᄂ 其 父母의 思想을 代ᄒ 者라. 然則 當路者가 人師를 擇홀 時에 但 其 人의 學藝를 調査홀 쁜 아니라 其 人의 性行을 審察홀지니 弟子가 師의게 對ᄒ야ᄂ 影이 形을 隨ᄒ며 響이 聲을 發홈과 如ᄒ야 感應이 極速ᄒᄂ니 不可不 注意홀 것이오. 西人이 謂호ᄃᆡ 三敎가 有ᄒ다 ᄒ니 此ᄂ 父母와 賢師를 指함이라. 此 三者가 반다시 互相 輔行ᄒ야 偏廢홈이 不可ᄒ고 其 間에 責任이 最重ᄒ 者ᄂ 母氏라. 故로 國家의 賢才ᄂ 母氏로브터 出ᄒ다 ᄒᄂ니 然則 擇師의 責任도 또ᄒ 母氏의게 在ᄒ니라.

第二 兒童을 敎育ᄒᄂ 主腦

世人이 大槪 讀書 算術 習字 等類로 敎育의 主腦를 作ᄒ니 此ᄂ 智識과 理想의 階梯를 養成ᄒ기에 必要ᄒ 지라. 然ᄒᄂ 此 外에 또ᄒ 더옥히 切要ᄒ 者ᄂ 其 氣質을 養成ᄒ며 品行을 方正케 ᄒ며 態度를 優美케홈에 在ᄒ니 故로 幼時에 能히 此 事를 習脩ᄒ 則 長成ᄒ야 有用의 人材가 될지로되 不然ᄒ면 或 剛强ᄒ야 人을 凌ᄒ며 誠敬을 不脩ᄒ며 一己의 歡樂을 除ᄒ 外에ᄂ 顧見홈이 無ᄒ다가 後日에 반다시 放縱無忌ᄒ고 又 或은 向學ᄒᄂ 心이 無ᄒᄂ다면 脅迫을 畏ᄒ야 一時 强從ᄒ며 또 服役과 義務의 科를 不脩ᄒ면 將來國事에 勤勞ᄒ며 公利와 民

福을 謀ᄒ기 不能홀지라. 元來 英傑의 士는 모다 幼時의 敎育을 因ᄒ야 得ᄒᄂ니 人의 母된 者는 不可不 此等 事에 注意ᄒ야 學校에만 徒委치 말고 家에 歸ᄒ거던 ᄇ다시 其 課를 復習케 ᄒ다가 遺忘ᄒ 者가 有ᄒ면 곳 指敎ᄒ야 家庭과 學校가 兩兩相輔홀 지니 如是ᄒ 則 兒童이 비록 家中에 在ᄒ야도 곳 敎師의 側에 在홈과 無異ᄒ야 可히 知識의 進步를 立致홀지니라.

第四章 養老

先聖이 言ᄒ되 五十에 帛이 아니면 暖치 못ᄒ고 七十에 肉이 아니면 飽치 못ᄒ다 ᄒ엿스니 家에 老가 有ᄒ야 供養홈도 ᄯ흔 家庭의 要務ㅣ라. 凡人이 老ᄒ 則 身體가 枯瘦ᄒ고 視聽이 漸衰ᄒ며 精神이 ᄯ흔 消耗ᄒ야 草木이 秋節을 當ᄒ면 凋落ᄒ야 其 狀이 可憐홈과 如ᄒ니 元來 人이 少壯홀 時에 終日토록 營營勤勞홈은 老後의 安樂을 冀홈에 不過홀지라. 故로 主婦가 老를 待遇ᄒ되 ᄇ다시 撫慰ᄒ기를 懇切히 홀지니 女子가 家에 在ᄒ야 父母를 事홈은 出閣ᄒ 後에 舅姑를 事ᄒᄂ 責任의 重홈만 不如ᄒ거든 況 夫家의 凡百家庭을 ——이 監督ᄒ며 保護ᄒ야 失誤가 無케 홈이리오. 故로 女子는 家에 在ᄒ 日에 ᄆ당히 此等 事에 就ᄒ야 預先注意홀지니라. (이하 次號)

1.3. 소아양육

◎ 小兒의 養育法,
  池成允, 〈대한흥학보〉 제8호, 1909.12. (아동교육, 가정교육)

아동 교육

▲ 제8호

小兒의 養育法을 論홈에 當ᄒ야 先히 妊娠의 成立ᄒᄂ 關係와 胎中에 注意ᄒ 要件으로부터 次第히 論述코져 ᄒ노라.

妊娠의 成立ᄒᄂ 關係 妊娠의 成立홈은 男女의 交接을 因ᄒ야 健全ᄒ 生活機能이 有ᄒ 男性의 精蟲과 成熟ᄒ 妊孕機能이 有ᄒ 女性의 卵이 互相 會合홈에 在ᄒ고 此 兩性의 會合ᄒᄂ 部位ᄂ 子宮腔 或 輸卵管이 是이니 卽 射精ᄒᆯ 時에 膣腔內에 射入된 精蟲이 自働力으로 子宮頸을 經ᄒ야 子宮內에 進入ᄒ고 濾胞의 破裂을 因ᄒ야 排山된 卵이 卵巢로부터 輸卵管內에 至ᄒ야 其 部의 氈毛 上皮連動을 因ᄒ야 子宮內에 輸出되야 兩性이 互相 會合ᄒ며 或 輸卵管內에서 會合ᄒᆯ 運時ᄂ 稀히 輸卵管內 姙娠을 形成홈이 有ᄒ나 通常은 更히 子宮內에 退出ᄒᄂ者ㅣ 多ᄒ고 兩性이 旣 爲 會合ᄒ 後에는 子宮 粘膜에 包藏ᄒ야 漸次 發育ᄒ야 胎兒를 遂成ᄒᄂ니라. 然이나 男子의 生殖器에 畸形 或 疾病이 有ᄒ야 射精이 不能ᄒ거나 精液의 製成이 不能ᄒ거ᄂ 精液 中에 精蟲이 無ᄒᆯ 時와 女子의 生殖器에 畸形 或 疾病이 有ᄒ야 精蟲의 進入을 防害ᄒ거ᄂ 成熟ᄒ 卵의 排出이 無ᄒ거나 姙卵의 發育을 防害ᄒᆯ 時ᄂ 姙卵의 成立을 期望키 不能ᄒ나니. 如此ᄒᆯ 時ᄂ 急速히 醫師의 診察을 受ᄒ야 其 原因을 治療홈이 可ᄒ고. 且 或 男子의 荒色을 因ᄒ야 精蟲의 製成ᄒᆯ 間暇가 無ᄒ거나 女子의 荒淫을 因ᄒ야 卵의 成熟ᄒᆯ 間暇가 無ᄒᆯ 時에

도 姙娠의 成立을 期望키 亦 難ᄒ나니. 多妾ᄒ 男子의 嗣續이 極罕홈과 賣淫ᄒᄂ 娼妓의 姙孕이 甚艱홈이 此 故를 由홈이라. 如此ᄒ 時ᄂ 醫治를 受홀 必要가 少ᄒ고 自家의 治療를 行홈이 可ᄒ니라.

胎中에 注意홀 要件 姙娠의 成立ᄒ 日로붓터 出産ᄒ기 ᄭ지의 日數를 通俗에 十個月間이라 云ᄒ니 實際에 平均ᄒ면 十度의 月經期 卽 二百八十日間이라. 此 期間에 在ᄒ야 姙婦의 身體에 種種의 變化를 惹起ᄒ나니. 卽 受胎의 前에 每二十八日에 一次式 正規로 潮來ᄒᄂ 月經이 受胎의 同時에 直爲 閉止ᄒ며 往往心氣沈鬱 感情過敏 等의 精神症狀과 頭痛 腰痛 嘔氣 眩暈 等의 神經症狀이 有ᄒ며 食慾이 變幻ᄒ야 或 亢進 或 減損ᄒ고 或 酸性의 食物과 或 壁土 生米 木炭 等의 異物을 嗜好ᄒ며 或 下肢의 浮腫과 肺量의 減少와 尿量의 增加等을 招來ᄒ나니 此 亦 醫治를 受홈이 可ᄒ나. 第一 必要ᄒ 者ᄂ 自家의 攝生이니. 何故오 ᄒ면 胎母ᄂ 胎兒의 生命也며 世界也ㅣ라. 故로 胎母가 健全ᄒ면 胎兒도 亦 是 健全ᄒ고 胎母가 不健全ᄒ면 胎兒도 亦 是 不健ᄒ나니 엇지 注意치 아니리오 萬一 自家의 攝生을 不顧ᄒ야 可矜可憐ᄒ 胎兒로 ᄒ야금 冥冥中에 生ᄒ야 冥冥中에 歸케 ᄒ며 至重至愛ᄒ 自身으로 ᄒ야금 危險ᄒ 境에 陷케 ᄒ면 但히 一身의 義務를 空負홀 쑨 아이라 一家의 大慘狀을 招來홈이오 如或 自身은 無事ᄒ나 攝生을 不顧ᄒᄂ 所致로 不具의 小兒를 出産ᄒ면 一生의 羞恥와 後悔를 免키 不能ᄒ니 戒之愼之어다.然이나 胎中 攝生의 方法을 詳述코져 ᄒ면 一卷의 書이라도 可盡키 難ᄒ고. 且 此 時에 在ᄒ야ᄂ 何人을 勿論ᄒ고 擧皆醫治를 受ᄒᄂ 故로 其 大略만 記述ᄒ노라.

胎中攝生의 要件은 飮食物을 注意ᄒ야 不消化性의 胃腸을 害ᄒᄂ 者와 水分이 過多ᄒ야 尿量을 增加ᄒᄂ 者와 辛辣이 太過ᄒ야 刺激이 甚ᄒ 者를 禁ᄒ며 酒類의 飮用을 避ᄒ고 運動을 適度히 ᄒ야 長路遠行과 久時乘車를 避ᄒ며 興寐를 定時ᄒ야 徹夜起坐를 禁ᄒ며 身體를 淸潔히

ᄒᆞ야 汚穢를 勿蒙흠에 在ᄒᆞ고. 且 胎中에 特히 注意흘 者ᄂᆞᆫ 胎敎이니. 胎母의 行爲ᄂᆞᆫ 胎兒에 大關係及ᄒᆞ야 生兒의 賢與不肖와 聰明鈍濁이 胎內의 感化를 受흠이 不少ᄒᆞ나니 故로 胎中에 在ᄒᆞ야ᄂᆞᆫ 惡色邪音을 遠히 ᄒᆞ며 心行의 端潔과 品性의 貞肅을 務흘지어다. (未完)

▲ 제9호

初生兒의 處置 初生兒 産出ᄒᆞᆫ 後에 第一着 營爲ᄒᆞᄂᆞᆫ 官能은 呼吸運動의 開始와 血液循環의 變更이 是이니. 卽 胎內에 在ᄒᆞ야ᄂᆞᆫ 呼吸機能이 全無ᄒᆞ던 者ㅣ 産出ᄒᆞᄂᆞᆫ 同時에 大聲啼泣ᄒᆞ면서 肺臟呼吸을 始ᄒᆞ고 胎內에 在ᄒᆞ야ᄂᆞᆫ 臍帶循環을 營爲ᄒᆞ던 者ㅣ 産出ᄒᆞᆫ 直後에 肺臟循環을 始ᄒᆞᄂᆞ니. 故로 初生兒 産出後 暫時間은 産婦의 股間에 安置ᄒᆞ고 淸潔柔軟ᄒᆞᆫ 布片으로써 口腔과 鼻腔內를 淸拭ᄒᆞ야 呼吸運動의 障害가 無케 ᄒᆞ며 溫暖ᄒᆞᆫ 布片으로써 兒體를 包護ᄒᆞ야 體溫의 放散을 防禦ᄒᆞ고 臍帶에 在ᄒᆞᆫ 臍動脈의 搏動이 休止흠을 待ᄒᆞ야 臍輪으로 붓터 七乃至 八仙迷(約 大人 第二指의 長俓)를 隔ᄒᆞ야 消毒ᄒᆞᆫ 絹絲木綿絲 或 麻絲로써 二重의 結紮를 施ᄒᆞ고 其二 結紮의 中間을 剪刀 或 特別ᄒᆞᆫ 臍帶剪刀로써 切斷ᄒᆞᆫ 後에 空氣流通이 良好ᄒᆞᆫ 바의 物品으로 繃帶를 施흠이 可ᄒᆞ니라.

初生兒의 제帶를 切斷ᄒᆞᆫ 後에 西洋 及 日本에 在ᄒᆞ야ᄂᆞᆫ 通常 攝氏三十五度 乃至 三十七度의 溫水에 入浴케 ᄒᆞ야 皮膚表面에 付着ᄒᆞᆫ 胎脂 及 不潔物을 洗去ᄒᆞᄂᆞ 我韓에 在ᄒᆞ야ᄂᆞᆫ 初生兒를 入浴케 ᄒᆞᄂᆞᆫ 習慣이 無ᄒᆞ고 但히 白綿 或 軟布로써 兒體를 淸拭흘 ᄲᅮᆫ이니. 其入浴의 良否ᄂᆞᆫ 姑不可決이나 然이나 早産ᄒᆞᆫ 小兒 及 虛弱ᄒᆞᆫ 小兒의 外에ᄂᆞᆫ 一般히 入浴케 ᄒᆞ야 身體를 淸潔히ᄒᆞ야 諸他不潔物에 因ᄒᆞᆫ 傳染을 防禦흠이 可ᄒᆞ고 入浴ᄒᆞᆫ 後에 二布仙(五十倍)의 硝酸銀水를 點眼ᄒᆞ야 眼의 膿漏症을 預防흠이 可ᄒᆞ니라.

日本에 在ㅎ야는 萬久里라 稱ㅎ는 大黃 甘草 紅花 等 三種의 藥品를 煎用ㅎ는 習俗이 有ㅎ고 我韓에 在ㅎ야도 間或 此等의 藥品를 應用홈이 有ㅎㄴ 此는 有害無益혼 者인즉 勿用홈이 可ㅎ니라.

初生兒 發育에 對ㅎ야는 淸潔法이 最大혼 關係를 有혼 故로 每朝 攝氏 三十七八度의 溫水에 入浴케 ㅎ고 眼及口는 各自 別器의 水로써 洗拭ㅎ고 入浴혼 後에는 제帶를 包護혼 繃帶를 必須交換ㅎ며 如或 入浴케 아니ㅎ야도 每朝淸潔혼 布片를 溫水에 浸濕ㅎ야 全身를 淸拭홈이 可ㅎ고. 제帶의 繃帶와 襁褓가 尿屎 等을 因ㅎ야 汚染홀 時는 早速히 交換ㅎ고 臍帶切斷端에 炎症或 化膿의 慮가 有ㅎ거든 澱粉 或 硼酸末를 撒布홈이 可ㅎ니라.

初生兒를 溫保홈이 有要ㅎ나 我韓에 在ㅎ야는 間或 溫突의 過暖홈과 襁褓의 濕汚홈을 因ㅎ야 小兒의 薄弱혼 皮膚에 火傷을 蒙홈이 有ㅎ니 注意홈이 必要ㅎ고且 室內에 空氣流通을 適當케 ㅎ야 小兒의 窒息을 避홈이 可ㅎ니라.

小兒의 營養法 此 營養法을 分ㅎ야 天然 營養法과 人工營養法의 二種에 區別ㅎ니. 天然 營養法은 母乳 營養法及 乳媼營養法이 是ㅣ오 人工營養法은 牛乳營養法 雙乳營養法 煉乳營養法及 甘粥營養法이 是ㅣ라.

也[50] 第一母乳營養法 母乳는 小兒의 最良最適혼 天授의 營養物이니. 故로 媼乳及 牛乳에 比ㅎ면 母乳의 優勝홈은 自然혼 理라 然이나 往往 世間에 在ㅎ야 自家身體에 備有혼 乳汁을 不便ㅎ다ㅎ야 授乳치 아니ㅎ며 或 外觀을 因ㅎ야 乳媼를 置ㅎ며 或 牛乳를 買用ㅎ는 弊가 特히 上流社會에 流行ㅎ니 此는 千萬不可혼 事라. 西洋에 在ㅎ야는 婦人이 交際

---

50) 야: 원문의 오식으로 보임.

147

社會에 出入ᄒ야 授乳홀 時間이 無ᄒ고 服裝이 授乳에 不便흔 點이 有흔 故로 不得已ᄒ야 乳媼를 置ᄒ거ᄂ 牛乳를 代用홈이 有ᄒ나. 我韓에 在ᄒ야ᄂ 擧皆히 母乳로써 育子ᄒ고 乳媼를 置홈이 稀ᄒ며 牛乳를 用홈은 甚稀ᄒ니 小兒의 幸福이 此에 過홀 者ㅣ 豈有ᄒ며 且 婦人의 服裝이 授乳ᄒᄂ 點에 尤極便利ᄒ니 故로 爲母者가 不得已흔 境遇以外에ᄂ 自身上에 備有흔 天授의 乳로써 育子홈이 可ᄒ니라.

産褥後 通常 十二時 惑 二十四時間內에ᄂ 産母 及 小兒가 共히 疲勞를 因ᄒ야 熱睡ᄒᄂ 故로 食物를 不給ᄒ야도 無妨ᄒ고 若小兒가 不安啼泣홀 時ᄂ 極히 小量의 初回授乳를 試홈이 可ᄒ니라. 然而 授乳흔 際에 小兒의 鼻呼吸의 防害를 避ᄒ기 爲ᄒ야 必起坐ᄒ야 授乳ᄒ며 側臥ᄒ야 授乳홈은 不可ᄒ니 何者오 間或 注意가 不足흔 兒母ᄂ 側臥授乳ᄒ다가 因以睡眠ᄒ야 乳房으로써 小兒의 鼻腔를 閉塞ᄒ야 薄弱小兒로 ᄒ야금 窒息을 致홈이 有ᄒᄂ 所以라. 且 授乳홀 時에 手指로 乳房을 壓迫ᄒ야 乳汁의 分泌을 助ᄒ며 乳嘴를 深含케 ᄒ야 乳嘴의 龜裂을 避ᄒ며 一側의 乳房만 授乳치 勿ᄒ고 兩側의 房乳를 時時로 換哺케 ᄒ야 兩側의 乳汁分泌이 均等케 홈을 務홀지이어다.

初産婦에 在ᄒ야 特히 注意홀 者ᄂ 乳汁의 分泌이 分娩後 約 二日 乃至 七日에 始爲 發現ᄒᄂ 事ㅣ 有ᄒ니 此 時에 當ᄒ야ᄂ 煎茶 或 白湯에 小量의 白糖를 加ᄒ야 飮用케 홈이 可ᄒ니. 如此히 水分를 供給ᄒ야 尿의 濃厚를 避홀 時ᄂ 三日 或 五日間은 乳汁을 不給ᄒ야도 可ᄒ나 恒常 小兒로 ᄒ야곰 乳嘴를 吸吮케 하야 乳汁分泌을 催進케 ᄒ며 如或 乳汁分泌이 尙爲 遲延홀 時ᄂ 貰乳ᄒ야 營養ᄒ던지 或 牛乳一分에 水三分를 混和ᄒ야 人工營養을 試홈이 可ᄒ니라 然이나 如此홀 境遇라도 頻頻히 小兒로 ᄒ야곰 유嘴를 吸吮케 ᄒ야 乳汁의 分泌을 助홈이 可ᄒ니 何者오 産後 二週日을 經ᄒ야 始로 유汁의 分泌이 發現홈이 有ᄒ난 所以라. 故로 産後 數日內에 유汁分泌이 無타ᄒ야 母유營養을 斷念홈은

大不可ᄒ니라. (未完)

▲ 제11호

　授乳의 回數 小兒의 年齡多少와 體質强弱를 從ᄒ야 差異가 有ᄒ 故로 一樣論述ᄒᆷ이 不能ᄒ나 大略健全ᄒᆫ 小兒에 在ᄒ야ᄂ 出産後 一週日以內에 晝夜共通ᄒ야 二時 或 三時間式 間隔ᄒ야 一回式 授乳ᄒ고 一週日以後에ᄂ 晝夜分別ᄒ야 晝間에ᄂ 三時, 夜間에ᄂ 五時 或 六時式 間隔ᄒ야 一回式 授乳ᄒ야 一日間에 六 乃至 七回를 勿越케 ᄒ며 稍稍成長ᄒ 小兒에 在ᄒ야ᄂ 晝間에ᄂ 每三時에 一回式 授乳ᄒ고 夜間에ᄂ 其 回數를 減ᄒ야 漸漸 夜中에 授乳ᄒᄂ 習慣을 廢ᄒᆷ이 可ᄒ고 纖弱ᄒ 小兒에 在ᄒ야ᄂ 其 一回의 哺乳量이 僅少ᄒᆷ으로 二時半式 間隔ᄒ야 一回式 授乳ᄒᆷ이 可ᄒ나 此를 更히 短縮ᄒᆷ은 不可ᄒ니 故로 小兒의 啼泣ᄒᆷ을 愛憐ᄒ야 頻數히 授乳ᄒ야 胃腹의 障害를 起케 ᄒᆷ은 不可ᄒ니라.

　授乳의 時間 乳汁分泌의 量과 乳嘴의 形狀과 乳兒의 健否를 從ᄒ야 差異가 有ᄒ나 大略小兒가 健全ᄒᆯ 時ᄂ 十五分 乃至 二十分이면 可ᄒ고 小兒가 纖弱ᄒᆯ 時ᄂ 其 時間를 稍延長ᄒ야 三十分間 授乳ᄒᆷ도 可ᄒ나 萬一 三十分以上의 時間를 要ᄒᆯ 時ᄂ 寧히 其 授乳의 回數를 增加ᄒᆷ만 不如ᄒ니라.

　一回授乳量 小兒의 强弱를 從ᄒ야 差異가 有ᄒ나 少히 注意ᄒᆯ 時ᄂ 其 乳量의 過不足을 自然認識ᄒᄂ니 卽 小兒가 乳房를 把握ᄒ고 乳嘴를 緊含ᄒ고 吸哺ᄒᆯ 時ᄂ 小兒의 所欲를 從ᄒ야 授乳ᄒᆷ이 可ᄒ고 若 小兒가 乳房를 纔握旋放ᄒ고 乳嘴를 纔含旋吐ᄒ면서 他處에 注意를 移ᄒᆯ 時ᄂ 其 量의 已足ᄒᆷ을 示ᄒᆷ이니 此 時에ᄂ 小兒가 雖 或啼泣ᄒ야도 授乳ᄒᆷ을 止ᄒᆷ이 可ᄒ니라.

離乳 乳汁은 小兒의 第一營養品이라 ᄒᆞ야 成長後에도 授乳를 不廢ᄒᆞ면 反히 貧血狀態를 成ᄒᆞᆷ이 有ᄒᆞᆫ 故로 小兒의 發育年齡를 從ᄒᆞ야 食物를 變換ᄒᆞᆷ이 可ᄒᆞ나 然ᄒᆞ나 急速히 離乳를 實行ᄒᆞᆷ은 不可ᄒᆞ니라.

離乳의 時期에 對ᄒᆞ야ᄂᆞᆫ 諸家의 意見이 不一ᄒᆞ야 兒生後 七箇月이 適當ᄒᆞ다 ᄒᆞ며 或 十一箇月이 適當ᄒᆞ다 ᄒᆞ며 或 十箇月 乃至 十一箇月이 適當ᄒᆞ다 ᄒᆞ며 或 九箇月 乃至 十五箇月間이 適當ᄒᆞ다 ᄒᆞ나 然이나 此ᄂᆞᆫ 一定키 不能ᄒᆞᆫ 故로 乳兒의 身體强弱과 發育遲速를 從ᄒᆞ야 加減ᄒᆞᆷ이 可ᄒᆞ니 卽 乳兒의 發育이 一程度에 達ᄒᆞ야 消化管의 機能이 漸次 完確ᄒᆞ고 口腔의 裝置가 食物를 咬碎ᄒᆞᆯ 만ᄒᆞᆫ 時期가 可ᄒᆞᆫ 故로 上下門齒發生의 時期를 適當ᄒᆞ다 云ᄒᆞᆯ지라. 然이나 此期에 在ᄒᆞ야도 全然히 斷乳ᄒᆞᆷ은 不可ᄒᆞᆫ 故로 乳汁과 他의 易消化性食物를 混用ᄒᆞᆷ이 可ᄒᆞ고 生後二個年終에 至ᄒᆞ야 全乳齒가 發生ᄒᆞᆯ 時ᄂᆞᆫ 全然히 斷乳ᄒᆞᆷ이 可ᄒᆞ니 若此期를 經過ᄒᆞ야도 斷乳치 아니ᄒᆞᆯ 時ᄂᆞᆫ 小兒가 貧血症에 陷ᄒᆞ야 薄弱ᄒᆞᆯ 慮가 有ᄒᆞ고 且 或母體及兒體의 疾病를 因ᄒᆞ야 卒然히 斷乳ᄒᆞᆯ 時ᄂᆞᆫ 小兒가 神經性를 成ᄒᆞ야 漸次 嬴瘐ᄒᆞᆷ이 有ᄒᆞ니 注意ᄒᆞᆷ이 可ᄒᆞ니라.

我韓에 在ᄒᆞ야 間或 長久히 授乳ᄒᆞᄂᆞᆫ 習慣이 有ᄒᆞ야 甚或再度姙孕ᄒᆞ기ᄭᅡ지 授乳ᄒᆞᆷ도 有ᄒᆞ며 又或四五歲ᄭᅡ지 授乳ᄒᆞᆷ도 有ᄒᆞ니 如此히 晩時ᄭᅡ지 授乳ᄒᆞᆷ은 反히 有害無益ᄒᆞᆫ 故로 注意ᄒᆞᆷ이 可ᄒᆞ니라.

母乳營養時에 侵來ᄒᆞᄂᆞᆫ 諸種의 障害 生母自身이 小兒를 養育ᄒᆞᆷ은 最是自然的이오 且 確實ᄒᆞ나 有時로 諸種의 障害가 侵襲ᄒᆞ야 其 本志를 遂行키 難ᄒᆞᆷ이 有ᄒᆞ니 其 障害를 列擧ᄒᆞ면 如左ᄒᆞ니라.

一 乳汁不足 絶代的 無乳ᄒᆞᆷ은 甚稀ᄒᆞ고 乳汁不足ᄒᆞᆷ은 種種遭遇ᄒᆞᄂᆞᆫ 비라. 然이나 乳汁分泌은 乳房를 適當히 刺戟ᄒᆞᆯ 時ᄂᆞᆫ 其 作用이 亢進ᄒᆞᄂᆞᆫ 者인 故로 時時로 小兒로 ᄒᆞ야금 吸吮케 ᄒᆞ야 授乳를 勿廢ᄒᆞ야 可及的

自身의 乳汁으로 小兒를 養育ᄒ고 其 不足ᄒ 者ᄂ 乳母 或 牛乳로 補充
홈이 可ᄒ니라.

二 諸種結核性의 疾病 此等의 疾病이 有ᄒ 者ㅣ 授乳홀 時ᄂ 母體의
衰弱를 喚起홀 샌 아이라 結核菌의 新陳代謝産物이 乳汁中에 移行홀
慮카 有ᄒ니 廢乳홈이 可ᄒ니라.

三 癌腫 絶代的 廢乳홈이 可ᄒ니라.

四 腎臟疾患 亦是 廢乳홈이 可ᄒ니라.

五 心臟疾患 調節作用이 尙有홀 時ᄂ 授乳ᄒ야도 可ᄒ니라.

六 熱性疾患 傳染의 慮가 有ᄒ고 且 授乳홈을 因ᄒ야 母體의 衰弱를
喚起홀 時ᄂ 廢乳홈이 可ᄒ며 傳染의 慮가 無ᄒ고 食慾이 佳良ᄒ야 授
乳의 所致로 起ᄒ 바의 物質缺損를 補充홀 時ᄂ 授乳ᄒ야도 可ᄒ니라.

七 梅毒症 母體에 梅毒이 無ᄒ고 但 小兒에게 梅毒이 有홀 時ᄂ 授乳홈
이 可ᄒ니라.

八 月經潮來及妊娠新有 乳汁分泌은 婦人生殖器와 密接의 關係가 有ᄒ
고 且 月經潮來의 時ᄂ 乳汁分泌이 減少ᄒ나 授乳를 繼續홀 時ᄂ 乳汁
分泌이 再次 旺盛ᄒ며 乳汁의 性狀變化도 多大치 아니ᄒ 故로 授乳홈이
可ᄒ고 如或障害가 確實히 有ᄒ거나 且或曾往에 障害가 有홈을 經驗홀
時ᄂ 廢乳홈이 可ᄒ니라.

妊娠新有홀 時에 授乳ᄒ면 非但 母體에 有害홀 샌 아니라 哺育ᄒᄂ
胎兒가 正規의 發育를 遂成키 難ᄒ 故로 徐徐히 斷乳홈이 可ᄒ니라. (未
完)

▲ 제12호

九. 乳嘴의 龜裂及 乳房尖 乳嘴에 龜裂이 有ᄒ야 疼痛이 甚홀 時ᄂ 廢乳
홈이 可ᄒ고 乳房尖이 有홀 時ᄂ 其 側의 授乳ᄂ 廢홈이 可ᄒ니라.

十. 母體의 脚氣 日本에 在ᄒ야ᄂ 産婦의 脚氣가 種種 有之ᄒ되 我韓에

在ㅎ야는 此 病이 甚稀ㅎ 故로 別로 注意를 必要가 無ㅎ나 如或 此 病이 有ㅎ 時는 廢乳홈이 可ㅎ니라.

以上 所記와 如히 絶代的 或 相對的를 勿論ㅎ고 母乳營養이 不能ㅎ 時 는 乳媼營養法를 行홈이 可ㅎ니라.

第二 乳媼營養法 此를 行홈에 在ㅎ야 乳온를 撰擇홈이 必要ㅎ 故로 其 撰擇上 注意를 要件를 述ㅎ노라.

一 初産婦는 往往早期에 乳汁分泌이 閉止함이 有ㅎ 故로 多産婦오 且育 兒의 經驗이 有ㅎ 中年(二0-三0-四0) 婦人이 適當ㅎ니 若 其 年齡이 十八歲 以下이나 或 老年者이면 共히 不可ㅎ니라.
二 都市의 婦人보담 鄕村의 婦人이 適當ㅎ니 此는 鄕村의 婦人은 一般 히 身體의 發育이 佳良홀 뿐 아니라 諸種의 遺傳的 關係를 調査홈이 便利ㅎ 所以라.
三 乳汁分泌後 時日이 生母와 同ㅎ거나 或 此에 近홈이 必要ㅎ니 何者 오 乳汁의 分泌은 其 時期를 從ㅎ야 或多 或少홈이 有ㅎ 故로 其 時期와 遲速를 因ㅎ야 其 分泌이 旺盛홀 時는 容易히 營養過度에 陷ㅎ며 分泌 이 不足홀 時는 容易히 羸瘦를 致ㅎㄴ니라.
　且 分泌期가 太早ㅎ 者 就中 二箇月 以內의 婦人에 在ㅎ야는 月經 潮來를 因ㅎ야 乳汁分泌이 突然閉止홈이 有ㅎ는 故로 不可ㅎ고 分泌期 가 太遲ㅎ 者 就中 七 或 八箇月 以後 婦人에 在ㅎ야는 往往 自然的 分泌減少가 有ㅎ는 故로 亦 不可ㅎ니라.

四 乳溫은 絶代的 健康홈을 要ㅎㄴ니 故로 身體를 精査ㅎ야 其 旣 往症 과 現在 症를 診察홈이 可ㅎ니라.
五 乳房 及 乳汁의 檢査를 行홈이 可ㅎ니 乳房은 乳嘴가 隆起ㅎ며 龜裂 이 無ㅎ고 乳腺 實質이 富有ㅎ 者를 要ㅎ며 乳汁의 檢査는 專門醫에게

依賴흠이 可ᄒ니라.

六 乳媼兒의 檢査를 行흠이 可ᄒ니 即 乳媼自身에 在ᄒ야 不明흔 바의 梅毒本症를 乳媼兒 檢査를 由ᄒ야 看破흠이 有ᄒ며 且 該兒의 營養狀態를 從ᄒ야 一定度ᄭ지 其 乳汁의 分量 及 性狀를 知得흠이 有ᄒ니라.

七 乳媼은 其心德이 善良ᄒ고 品行이 端潔흠을 要ᄒᄂ니 何者오 乳媼은 恒常 小兒와 同處ᄒᄂ 者인 故로 不知不識間에 小兒가 其 感化를 受ᄒᄂ 所以라.

八 乳媼 採用後에 注意ᄒ 要件은 乳汁分泌이 旺盛ᄒ 時에 小兒가 薄弱ᄒ면 乳汁의 鬱滯를 起ᄒ야 營養障害를 起ᄒ며 且 鬱滯를 因ᄒ야 乳汁 分泌이 漸次減少흠이 有ᄒ고 小兒가 健康ᄒ면 容易히 營養過度에 陷흠이 有ᄒᄂ 故로 授乳後에 時時 乳量을 秤量ᄒ며(此ᄂ 授乳前에 小兒의 體重를 秤量고 且 授乳後에 小兒의 體重을 秤量ᄒ야 後者에셔 前者를 減ᄒ면 其差가 即 乳量이니라) 乳汁이 鬱滯ᄒ 時ᄂ 搾出等를 因ᄒ야 排乳흠이 可ᄒ니라.

授乳婦의 衛生 授乳婦ᄂ 其 生活法를 變更흠은 不可ᄒ나 適當흔 運動과 一定흔 作業은 無妨흘쑨 아니라 反히 身體를 健康케ᄒ고 乳汁分빌를 增進ᄒᄂ 者인 故로 室內의 襦褓淸潔等事와 室外의 適當흔 運動은 獎勵흠이 可ᄒ니라.

食物은 其 種類를 從ᄒ야 乳汁成分에 著明흔 影響를 致흠이 少흠과 如흔 故로 不良의 食品이 아니어든 乳婦의 所好에 任却흠이 可ᄒ나 然이나 乳婦ᄂ 恒常 授乳를 因ᄒ야 蛋白 脂肪 糖分 及 水分를 多失ᄒᄂ 故로 此를 補充흘 滋養分이 富有흔 食物를 供給ᄒ며 其 料理를 頻頻變更ᄒ야 食慾를 增進케ᄒ야 食事의 回數 及 分量를 增加케흠이 可ᄒ되 過食과 食物의 急劇變更은 嚴禁흘지니라.

禁忌食品은 鹽類下劑, 過量의 食鹽, 果物, 强度의 酸味, 强度의 香料

等이 是也ㅣ 니라. 飮料는 一定호 水를 用호고 多量의 曹達水 及 酒類는 禁흠이 可호니라. (未完)

(미완이지만 제13호에는 수록되지 않음 = 13호까지 발행됨)

02.
격치

순번	연대	학회보명	필자	제목	수록 권호	분야	세분야
1	1897	친목회회보	남순희	심리학과 물리학의 현효	제5호	격치	심리, 물리학
2	1908	대한협회회보	여병현	격치학의 효용	제5호, 6호, 7호	격치	·

◎ 心理學과 物理學의 現效,

南舜熙, 〈친목회 회보〉 제5호, 1897.9.26.

*동륙(동양)의 정심 수신의 학을 심리학으로, 서륙(서양)의 격물치지의 학을
물리학으로 규정함

大凡 學問은 個人의 利器요 一國의 基礎인 故로 學問을 以ᄒ야 文明
을 校開ᄒᄂ니 우리 東陸의 伊來 歷史를 開ᄒ야 敎育을 擧컨듸 遭ᄒ
바ㅣ 學問은 다만 格物致知의 實學은 虛文에 歸ᄒ고 正心 修身의 心理
學을 以ᄒ야 本源이라 稱ᄒ니 此에 觀ᄒ올진듸 비록 未盡ᄒ 바ㅣ 不無ᄒ
나 그러나 虞의 彈琴과 周의 刑措ᄂ 此亦 一世의 絶類ᄒ 文明이라 ᄒ
터이오. 今에 西陸의 學問을 不然ᄒ야 格物致知의 實際와 新見發明의
現效ᄒ 物理學을 以ᄒ야 敎育을 擴張ᄒ니 物理學이라 稱ᄒᄂ 거ᄉ 他
端이 無ᄒ고 吾人이 素知ᄒ 바ㅣ라. 곳 物에 格ᄒ야 理由를 究ᄒ인 故로
고롬바스ᄂ 地球의 圓ᄒ 理를 得ᄒ야 往古來知ᄒ 異域을 發見ᄒ고, 홀
든스지탠논은 水를 煎ᄒ야 蒸瀷의 出ᄒᄂ 理를 得ᄒ야 汽船 汽車를 發
明ᄒ고 호도쓰돈혈은 鐵을 磨ᄒ에 熱이 生ᄒᄂ 理를 得ᄒ야 電報 電燈
을 發明ᄒ니 由此觀之컨듸 읏지 泛然이 看過ᄒ겟쇼. 大抵 文明의 代表
를 擧ᄒ올진듸 心理學 文明의 代表ᄂ 禮樂이오 物理學 文明의 代表ᄂ 工
商이라 ᄒ이 可ᄒ오. 假使人이 外域에 入ᄒ애 村에 絃誦 을 奏ᄒ고 野에
擊*을 呼ᄒ며 行者ᄂ 路를

◎ 格致學의 功用,

呂炳鉉,〈대한협회회보〉제5호, 1908.8. (학문론, 격치학)

▲ 제5호

格致者는 格物致知之謂也니 其有功於利用厚生이 大矣라. 古昔聖賢이 莫不講究斯學 故로 大學首章에 修齊治平之道는 以格物致知로 爲本이나 後世儒者가 不務實學ᄒ고 漸尙詞章홈으로 將畢生有用之精力ᄒ야 銷磨 於唫詠誦讀之間ᄒ되 鮮有成功者러니 近自通商以後로 見夫西人富强之 術이 無不以格物之學으로 爲本ᄒ니 試言格致之科目컨딕 曰 天文學과 曰 地文學과 曰 化學과 曰 氣學과 曰 光學과 曰 聲學과 曰 重學과 曰 電學 等이라. 天文學者는 能察太陽系中諸星之體質經度ᄒ야 不亂一絲ᄒ 니 其 言에 曰 日爲衆星之宗ᄒ고 隨日之諸行星中에 最大者ㅣ 有八ᄒ니 金木水火土五星及地球天王海王也라. 若論體質之輕重大小則水星火星 은 小於地球而甚重ᄒ고 金星은 大與地球略等而亦重ᄒ며 木星 土星 天, 海王, 龍은 較以地球에 大至數倍 或 十數倍而稍輕ᄒ고 日體則大於地球 三百萬倍라 ᄒ며 若以諸星之軌道로 言之면 水星이 最近日이오 火星 金 星 地球 木星 天王 海龍이 順次 漸遠 故로 近則三個月而一周其軌道ᄒ며 遠則三十六年而一周ᄒ며 或一百五十年而一周ᄒ고 此 衆行星이 各有衛 星ᄒ니 日 月也라. 地球之月은 其 體가 小於地球四十九倍ᄒ고 火星 金 星도 各有一月ᄒ며 木星則有四月ᄒ고 土星則有八月이라 ᄒ니 此 蓋 前 人之所未發而今人則以格致之力으로 發明也오 地文學者는 能知地球土 質之緻疎輕重과 及其變遷來歷ᄒᄂ니 其 言曰 地心이 本以燒化之流質로 自古迄今에 未曾增減ᄒ고 其 熱度가 愈深愈加故로 掘地以下ᄒ야 驗以 寒暑表則每一丈에 熱增一度라 ᄒ며 厥初地球甫成에 其 熱이 與日相等 이러니 後來로 天風이 振蕩ᄒ야 體質이 漸凉則結膜一重이 周於地面ᄒ 니 此 膜이 爲至堅之石ᄒ야 無隙可鑽이라가 後因地震所撼ᄒ야 升者는 爲山爲陵ᄒ고 陷者는 爲谷爲川ᄒ며 地膜以下에는 地球流質之凝冷者가

爲鐵爲礦爲晶ᄒ며 地之熱氣가 驟凉에 乃化爲水ᄒ니 於是乎 大小魚鼈
이 産於其間ᄒ며 綠草靑苔가 長於地面ᄒ야 仍成林藪ᄒ며 奇禽大獸가
生於深山ᄒ고 風氣日闢에 人類始生焉ᄒ니 此乃地學之硏究者而後來鑛
學者가 推廣斯學홈으로 辨土質採五金ᄒ야 以爲人生之利用ᄒ니 其 功
이 果何如哉아. 化學者ᄂ 能知萬物之性質及效用ᄒᄂ니 其 種類 不一ᄒ
야 動物化學者曰 人畜身體에 含質이 甚夥ᄒ야 肉含 水素 酸素 炭素 窒
素 等 四質ᄒ고 骨髮은 含燐 硫 金 三質ᄒ고 血含蛋白 鐵 鹽 等 三質ᄒ
니 水酸二素가 相合則生水ᄒ고 炭酸二素가 相合則生火ᄒ며 窒酸二素
가 相合則生呼吸之氣라 形體之學이 從此而生矣오. 植物化學者曰 凡天
下之草木 果蔬 穀物 等을 皆可辨其種類ᄒ며 審其性味ᄒ야 何以生 何以
長 何以養 何以蕃과 所含者爲何質이며 所宜者爲何土를 無不通曉라 ᄒ
며 鑛物化學者曰 凡 地中所産 沙石 煤土 金 銀 銅 鐵 錫 鉛 硫黃 石膏
石炭 硼砂 砒霜 雄黃 朱砂 雲母 鐘乳 礬石 金鋼 鑽水晶 瑪瑠 各色玉類
及 諸種 寶石을 皆可析其質化其氣分其形究其性ᄒ며 亦可合二種 或 三
種之元素ᄒ야 化成一種混合物ᄒ니 凡 此世界之千萬種混合物이 莫不由
七十二種元素而混成者也라 ᄒ니 此乃格致之功效也라. (未完)

▲ 제6호

格致學의 功用(續) 呂炳鉉

氣學者ᄂ 能知各種氣體之性質臭味及重量ᄒᄂ니 其 言에 曰 輕氣(水
氣)ᄂ 無色無味ᄒ야 氣體 中의 最輕者라 謂홀지니 養氣(酸素)에 比ᄒ면
十六倍가 輕ᄒ고 空氣에 比ᄒ면 四十零五倍가 輕ᄒ니 毋論某物ᄒ고 凡
屬酸質者ᄂ 必含輕氣니 此氣之爲用이 頗廣ᄒ야 以之裝人皮球中이면
其 球가 卽 可上升ᄒ리니 蓋球中所裝之氣가 輕於空氣故로 其 能浮空을
如大船之浮海上이라. 此 球上升之際에 懸一小船於球下ᄒ고 二三 或 四
五人이 乘坐其上이라도 船隨局而升ᄒ야 飛行于空中ᄒ니 此 卽 輕氣球

라. 遡究其源이면 西曆千七百七十三年에 法國人 孟施兄弟가 作一布球
ㅎ야 盛以烟焰之氣에 其 氣가 能高升ㅎ니 名曰 大球라. 然ㅎ나 不久에
熱氣減退則落下故로 更以抹漆皀紬로 作一大球然後에 用鑛强水生輕氣
ㅎ야 以充其球ㅎ니 球升三百餘丈이라가 落在五十里外라. 法王이 聞之
ㅎ고 賞金千磅이러니 嗣後歐洲格致者家가 精益求精ㅎ므로 能作高升不
落之氣球ㅎ야 以刀刺球而放氣然後에야 乃下케 ㅎ니 俄人은 用兵之際
에 纏輕氣球隊ㅎ야 以窺敵陣ㅎ고 普法之戰에 法人이 被圍ㅎ야 用輕氣
球而通信城外ㅎ니 此乃氣學之功用也오. 光學者는 能察光行之遲速遠近
ㅎᄂ니 其 言에 曰 光於一抄間에 能行十八萬六千英里故로 太陽與地球
之距離가 雖達九千四百萬英里之遠이나 八抄間에 光自太陽으로 能達于
地球라 ㅎ니 推此觀之컨듸 設或太陽이 一朝熄滅ㅎ지라도 八抄前에는
吾人이 必不能覺知其然也리라. 推此光行之速度而回光折光之理가 生焉
ㅎ고 回光折光之理가 生而造鏡之法이 始焉일시 蓋作凹鏡凸鏡而用直照
返照之法이라. 於是乎 望遠鏡이 作焉ㅎ니 大者는 二丈有餘라. 以此而諸
星距日之遠近及體質之大小輕重과 月中之火山과 火星之雲氣와 土星之
光環을 皆 可窺見ㅎ니 蓋用回光之法也오. 且 顯微鏡이 作焉而至精者는
視原物에 大至五千倍故로 以此而照에 塵埃野馬가 大如車輪ㅎ고 蚊虱之
脚이 巨若棟樑ㅎ며 血中水中之微菌을 亦 可照見ㅎ니 蓋用折光之法也
니 此乃光學之功用而亦是格致之效也오. 聲學者는 能知傳聲之法ㅎᄂ니
其 言에 曰 聲音은 賴空氣而傳ㅎ니 空氣가 實爲傳聲之媒介ㅎ야 激揚移
動을 如浪因風激 故로 謂之聲浪이라 ㅎ니 聲浪之速度는 一抄間에 能行
一千一百英尺이나 假如大砲之發也ㅣ에 砲烟이 先見ㅎ고 砲聲이 繼聞홈
은 實非烟先聲後라. 其 在大砲에 烟與聲으로 縱然同時竝發이나 烟屬於
光ㅎ야 其 行이 速故로 先入于我目ㅎ고 聲은 但以一抄間一千一百英尺
之速度로 行過空氣故로 後入于我耳니 西曆 一千七百八十三年間에 蘇格
蘭人 培勤이 敎授 聾啞于一學校라가 創造傳聲器ㅎ고 繼而傳話機留聲器
等을 次第發明ㅎ야 今爲人生之利用ㅎ니 此乃聲學之功用也오. 重學者는
物之重量이 莫不由地球引力而生故로 地球는 可謂重之源也라. 格致諸家

가 推廣重力之作用ᄒ야 發明重心之法ᄒ니 重心者ᄂ 重量中心之謂也라. 假令 甲乙 兩力이 互相 牽引ᄒ야 甲向于東ᄒ고 乙向于西ᄒ면 重心이 聚于中央ᄒ니 馬牛之重心은 在於背ᄒ고 蟋蟀之重心은 在於腹ᄒ고 不 到翁之重心은 在於下ᄒᄂ니 現世利用之各種量衡과 諸般器械配置之法 이 莫非重學中出來者也오. 電學者ᄂ 能察電氣之作用ᄒᄂ니 其 言에 曰 琥珀玻瓈等所生之電도 與天上電氣로 實爲一類也라. 由來格致諸家가 推 廣此理ᄒ야 發明造電之法ᄒ니 醋與硫黃으로 化合而生濕電ᄒ고 金鐵相 磨而生乾電ᄒ며 電有陰陽二種ᄒ니 氣之所到에 萬物이 莫不引受인ᄃᆡ 就中五金之屬은 引電尤速ᄒ고 但 磁器絲綿之屬이 可以隔電이라. 於是 乎就引電隔電之說而電報生焉ᄒ니 電報에 用濕電故로 導電鐵線을 托以 磁礦ᄒ야 此 感彼應에 萬里如比隣ᄒ고 因陰極陽極之理而電燈이 作焉 ᄒ니 電燈에 皆 用乾電故로 蒸水化汽ᄒ야 以之輪轉機輪에 銅瓦與鐵片 이 兩相磨盪ᄒ야 陰陽二電이 生焉이나 因其機輪之速轉ᄒ야 欲合而離 ᄒᆷ이 因熱生光也니 此 即 電學之功用也라. (未完)

▲ 제7호＝格致學의 功用(續), 呂炳鉉

夫 格致者ᄂ 算學之進功也오 算學者ᄂ 格致之用具也라. 故로 東西格 致之士가 無不以算學으로 爲本ᄒᄂ니 譬如琢玉에 必資刀鉅鑢石ᄒ고 建屋에 必須棟樑梲杲이니 算學之於格致에 何以異此리오. 現世 學校之 制가 大略 相同일ᄉᆡ 專門敎科之中에 格致科目이 居多ᄒ니라. 十餘年 前 에 余遊美國北地方이라가 歷訪于一專門學校러니 該 校 敎授 某氏가 謂 余曰 此校之生徒 七百四十餘人 中에 硏究格致之學者ㅣ 略有二百八十餘 人인ᄃᆡ 彼等이 每十分鍾에 二分半鍾은 專力於各國言語文字及史記ᄒ고 二分半鍾은 專力於化學光學重學聲學等ᄒ고 再以一分鍾으로 注意於天 文學地質學等ᄒ고 其餘四分은 硏究動植等 諸學이라 ᄒ니 其 時 英吉利 全國 內에 著名格致之士가 數至十萬餘名인ᄃᆡ 莫不結社設會ᄒ야 日夜 로 硏究蘊奧타가 若有一奇一新之發明件이면 開一總會於國中ᄒ고 互相

討論 然後에 次第實施故로 人文始闢以後五千餘年에 曾所未發者를 類多 發明於十九世紀ᄒ얏슨즉 二十世紀 中에 又 未知何等 神妙之發見也니 人之心力所至에 能奪天地之造化者ㅣ 蓋以此也라. 溯究格致學之淵源컨 딕 古代希臘國은 文藝學術이 稱爲歐洲文明之鼻祖요 現世科學之頭腦로 首先注力格致之學ᄒ니 其 時 國運之隆盛과 民智之發達이 可謂西歐列邦 之第一位러니 及至日久이 專尙虛文ᄒ고 不能實事求是흠으로 學業이 駸衰ᄒ고 國勢가 因亦不振ᄒ니 由强而弱ᄒ고 由大而小가 皆學與不學 之明證也라. 嗣後羅馬國이 繼興흠이 因襲希臘之學ᄒ야 講究格致흘ᄉᆡ 其 時 羅馬 全國 內 各 學校에 執鞭敎授者ㅣ 皆 希臘人也라. 其 國이 亦 可謂一時之盛이러니 後來習俗이 腐敗ᄒ야 奢侈成風ᄒ니 格致之說 이 遂廢ᄒ고 國隨而亡ᄒ니라. 其 後 數百年에 格致學者가 寥寥無聞이러 니 粵在西曆一千六百六十年間ᄒ야 英國人裵肯이 崛起於理學之界ᄒ야 收拾遺稿ᄒ며 博採新說ᄒ야 編成一部格致之書ᄒ고 更與二十同志로 創 設一會ᄒ니 蓋 其 趣旨ᄂᆞᆫ 務要講究新知ᄒ야 凡 於利用厚生之道에 可以 有助者ᄂᆞᆫ 一切 采納實行者也라. 其 時 英王이 捐資贊成ᄒᆡᆷ 數年之間에 大有發展之效 故로 歐洲 列邦 中에 俄法이 先之ᄒ고 德國이 次之ᄒ야 爭相慕效흠으로 至于一千八百二十年ᄒ야ᄂᆞᆫ 全歐學者가 皆知格致學之 爲急務ᄒ야 於是乎 同聲相應ᄒ며 協心互助ᄒ야 都鄙處處에 皆有學會 ᄒ고 歐洲 中央에 有一總學會ᄒ야 每年 幾次에 定期開會흘ᄉᆡ 各處格致 之士가 雲屯霧集ᄒ야 必於大衆之前에 各言所得ᄒ야 互相 比較 然後에 或選其最優者ᄒ며 或蒐衆知而成一技ᄒᄂᆞ니 自此以後로 格致之說이 盛 行于泰西ᄒ고 至于 今日ᄒ야 英美法德俄諸國之富强이 莫不由此也니 格 致學之有關於國之盛衰ᄂᆞᆫ 不待贅論也라. 我韓은 幾千年來로 雖有名儒碩 彦이 接踵相起ᄒ야 競以理學之說로 相高ᄒ나 終不能推廣其設ᄒ야 施 論事爲 故로 後來에 不知格致學之爲何物何用ᄒ니 今日 國勢之不振과 民生之困瘁ᄂᆞᆫ 理所固然이어니와 惟願我靑年同胞ᄂᆞᆫ 特爲注意於格致之 學ᄒ야 發前人之所未發ᄒ며 致他國之所不致ᄒ야 他日에 國家之隆運과 人民之福利를 期圖흘지어다. (完)

03.
경제

순번	연대	학회보명	필자	제목	수록 권호	분야	세분야
1	1897	친목회회보	오성모	분업과 합력의 관계	제5호	경제	경제학
2	1897	친목회회보	어용선	경제학 개론	제5호	경제	경제학
3	1906	태극학보	전영작	학술상 관찰노 상업경제의 공황상태를 논홈	제2, 3, 4호(3회)	경제	경제학
4	1907	대한유학생회학보	이창환	노력	제2호	경제	경제학
5	1907	대한유학생회학보	이한경	경제생산	제3호	경제	경제학
6	1907	공수학보	윤거현	생산을 논함	제3호	경제	경제학
7	1908	낙동친목회학보	이명재	경제학설	제4호	경제	경제학
8	1908	대한학회월보	윤정하	경제학 요의	제1, 2호(2회)	경제	경제학
9	1908	태극학보	삼보	경제학 대요	제21호	경제	경제학
10	1908	대동학회월보	법률독서인	경제학 공부의 필요성	제5, 6, 7, 13호(4회)	경제	경제학
11	1908	기호흥학회월보	윤성희	경제학	제2, 4호	경제	경제학
12	1909	대한흥학보	이승근	경제학의 필요	제2호	경제	경제학
13	1907	대한자강회월보	설태희	경제학 총론 적요	제8, 9, 11, 12호(4회)	경제	경제학 일반
14	1907	야뢰	안국선	응용경제	제1, 3, 5, 6호 (국채와 경제 등)	경제	경제현상
15	1907	대한유학생회학보	이한경	은행과 경제 발달의 관계	제1호	경제	경제현상
16	1897	친목회회보	최영식	공업의 필요	제5호	경제	공업
17	1907	공수학보	전영식	운수교의 통기관	제1호	경제	교통
18	1906	태극학보	최석하	공채론	제4호	경제	국가경제
19	1906	태극학보	장홍식	국가와 국민 기업심의 관계	제6호	경제	국가경제

순번	연대	학회보명	필자	제목	수록 권호	분야	세분야
20	1907	대한유학생회학보	문내욱	무역상으로 관하는 영법(영국프랑스)	제1호	경제	무역
21	1908	대한협회회보	이종일	수출입의 관계	제2호, 3호	경제	무역
22	1908	대한학회월보	노정학	외국 무역론	제5호	경제	무역학
23	1908	조양보	편집국	상공업총론	제6, 7, 8, 9, 10호	경제	상공업
24	1907	대한유학생회학보	윤정하	상업교육	제2호	경제	상업교육
25	1906	소년한반도	이범익	상업학	제3~6호	경제	상업학
26	1906	태극학보	장흥식	상업의 의의	제3호	경제	상업학
27	1908	공수학보	장홍식	논 법률이 불여실업	제5호	경제	상업학
28	1908	대한학회월보	윤정하	상업부기	제3, 4, 5호(3회)	경제	상업학
29	1908	대한학회월보	환은 역	현금 상업 대세	제6호	경제	상업학
30	1908	대한협회회보	권동진	상업발달의 요소	제6, 7, 8, 9, 10, 11, 12호(7회)	경제	상업학
31	1910	대한흥학보	김상옥	상업 개요	제10, 12호(2회)	경제	상업학
32	1906	조양보	편집국	실업	제2호	경제	실업

※實業-道德과 實業의 關係, 〈조양보〉 제1호 추가 검토 필요

순번	연대	학회보명	필자	제목	수록 권호	분야	세분야
33	1907	공수학보	윤거현	만근 각국 세출이 일반으로 증가하는 원인을 논함	제5호	경제	재정학
34	1906	서우	김하염	화폐의 개론	제16호	경제	화폐론
35	1906	소년한반도	유승겸	經濟學 問答	1~6호	경제	·
36	1908	대동학회월보	편집부	은행의 효용	제2호	경제	·
37	1908	대동학회월보	유승겸	경제서를 독하다가 유자의 현상을 탄함	제3호	경제	·

3.1. 경제학

◎ 分業과 合力의 關係,
　吳聖模, 〈친목회 회보〉 제5호, 1897.9.26. (미확보)

　　*사회 분업의 원리

　社會上에 人이 生흐애 반두시 職業을 分擔흘지니 職業흘 分擔흘진된 各其 專事 用力흔 後에 其力을 合흠이 可흔지라. 一身으로 言흐면 心으로 思흐며 耳로 聽흐며 目으로 視흐며 口로 嘗흐며 鼻로 嗅(후)흐며 手로 作흐며 足으로 動흐는 職을 分흐야 合力흔 後에 一人 全體가 完成흐고 一家로 言흐면 男子는 外事를 服흐고 女人은 內事를 服흐는 業을 分흐야 合力흔 後에 一家 産業을 經營흐고, 一國으로 言흐면 宮內部는 宮內 監督에 關흔 事를 掌흐고, 內部는 內地 人民에 關흔 事를 掌흐고, 外部는 外國 交際에 關흔 事를 掌흐고, 度支部는 財務 出入에 關흔 事를 掌흐고 農商工部는 農商工務에 關흔 事를 掌흐고, 軍務는 陸海軍 修繕에 關흔 事를 掌흐고 警務는 警察明白에 關흔 事를 掌흔 故로 業을 分흐야 合力흔 後에 一國 政府가 되느니 分職業과 合成力이 關係가 엇지 重大치 아니흐리요.

　往古來今에 通行 常業이 有 四흐니 曰 士農工商이요, 現今 世界 共同 分力이 有二흐니 曰 身体 心理라. 一個人이 四業을 兼치 못흐며 兩力을 并用흐기 難흔 故로 人의 性質이 體格을 由흐야 事業 中에 適不適을 觀察흐야 가장 身體 適當흔 職業에 專從흐야 各各 業을 分흐며 業을 從흐야 力을 用흐느니 業과 力은 相須흐야 (…下略…

◎ 經濟學 槪論, 魚瑢善, 〈친목회 회보〉 제5호, 1897.9.26.

*경제학의 개념과 대상: 부, 생산, 분배, 교역, 소비

世上 사람이 經濟學이라 ᄒ면 다만 財政上에 關ᄒ 問인 줄노 아ᄂ니 가만ᄒ 듯ᄒᄂ 本意ᄂ 그러치 아니ᄒ오, 經字ᄂ 經緯의 意味오 濟字ᄂ 相濟에 意味인ᄃᆡ 宇宙間 萬物이 셔로 經緯가 되야 셔로 相濟ᄒᄂ 意味오. 몬져 天地 氣候를 論ᄒᆯ진ᄃᆡ 春夏秋冬이 잇셔야 萬物을 生長 成實ᄒᆯ 터인고로 四時를 마련ᄒ 거신즉 此ᄂ 氣候의 經濟오, 下等動物노 論ᄒᆯ 진ᄃᆡ 飛禽走獸가 잇셔야 相生相克의 消長之理가 잇ᄂ 거신즉 此ᄂ 下 等動物의 經濟오, 上等動物을 論ᄒᆯ진ᄃᆡ 男女智愚의 區別이 잇셔야 人을 生出ᄒ고 人을 敎育ᄒ고 人에 부림이 될 터인 故로 此等 分別이 自然 잇스니 이거슨 곳 上等動物의 經濟오, 그런 故로 天地 萬物에 無論 大小 ᄒ고 自然 經濟에 性質이 업ᄂ 거슨 업소. 그러ᄂ 今日을 當ᄒ야 暫間 簡*히 말심ᄒᆯ 거슨 곳 人生에 一部分된 財政上과 利殖上과 商業上에 因ᄒ야 써 愚見을 陳ᄒ리오다.

大抵 經濟學을 論ᄒᆯ진ᄃᆡ 몬져 **富와 生産과 分配와 交易과 消費**에 五 個 名稱이 根本이 되ᄂ 故로 此五 名稱을 가지고 次序로 說明ᄒ오리다.

第一 富라 ᄒᄂ 거슨 天然에 富와 人爲에 富 二種이 有ᄒᄃᆡ 大抵 富라 ᄒᄂ 거슨 何物이던지 價値를 지니고 잇ᄂ 거슬 稱홈인ᄃᆡ 物品이 價値 를 지니고 잇ᄂ 原因이 二者가 有ᄒ니 一은 그 **數量이 有限되ᄂ 거시오** **二ᄂ 人類의 專用 必須**되ᄂ 거시오. 가령 物件 數量의 有限 無限과 價値 의 有無를 말ᄒᆯ진ᄃᆡ 風雨 空氣 日光 等 ᄀᆺᄒ 거슨 天地間에 自然 循環ᄒ 야 萬物이 此를 因ᄒ야 發生홈이요, 一二人이 專用ᄒ야 自家物을 숨지 못ᄒᄂ 故로 此等은 數量도 限이 無ᄒ고 價値도 업ᄃ ᄒᄂ 거시오, 쏘 人類를 말ᄒ면 鴻儒碩學(홍유석학)之人이 千百 中에 一二人밧게 업ᄂ 故로 그 數量이 限이 有ᄒ다고 ᄒᆯ만ᄒᄂ 그러ᄂ 此ᄂ 人類요 物件이

되지 못ᄒᄂᆞᆫ 故로 富라 稱ᄒᆞ기 어렵고, 또 學士 職(?)者ᄭᅥᆫᄒᆞᆫ 거슨 有用이라 ᄒᆞ면 有用이요 有限이라 ᄒᆞ면 有限이ᄂᆞᆫ 此ᄂᆞᆫ 有形의 物躰가 되지 못ᄒᄂᆞᆫ 故로 此亦 富라 稱ᄒᆞ기 難ᄒᆞᆫ지라. 天下의 物躰 資格이 그 價值잇ᄂᆞᆫ 것과 人類 外에 物躰된 것과 此二者에 不踰ᄒᆞᆫ 거시라. 그러나 實은 價值 잇고 업ᄂᆞᆫ 거슨 時勢와 事實을 죠츠 變化ᄒᄂᆞᆫ 거시라 ᄒᆞ오.

第二 生産이라 ᄒᄂᆞᆫ 거슨 何物이던지 逍出ᄒᆞᆫ 物件을 稱ᄒᆞᆫ 거신듸 大抵 無用의 物을 變ᄒᆞ야 有用의 物이 되게 ᄒᆞ고 虛ᄒᆞᆫ 거스로 實ᄒᆞᆫ 거슬 生ᄒᆞ게 ᄒᄂᆞᆫ 거신듸 그 中에 物品의 形狀을 變ᄒᆞ야 人類의 供用이 되게 ᄒᄂᆞᆫ 것과 位貳(?)를 變ᄒᆞ야 人生의 當用이 되게 ᄒᄂᆞᆫ 거시 有ᄒᆞ니 그 形狀을 變ᄒᆞ야 供用되게 ᄒᄂᆞᆫ 거슨 農業과 製造業ᄭᅡᆫ혼(같은) 거시오, 그 位貳(?)를 變ᄒᆞ야 供用이 되게 ᄒᄂᆞᆫ 거슨 商業과 運送業 等이라 ᄒᄂᆞᆫ 거시라. 그런듸 生産에 最要가 三種이니 一曰 勞力이오, 二曰 天然이오 三曰 資本[1]이라 ᄒᆞ오, 此 三種은 이 아릭 듸강 말슴ᄒᆞ오리다. (…下略…)

◎ 學術上 觀察노 商業 經濟의 恐慌狀態를 論홈(기서),
　全永爵, 〈태극학보〉 제2호~제3호 (경제학)

▲ 제2호

恐慌이라 云홈은 經濟上 急激ᄒᆞᆫ 變態를 謂홈이라. 生産 分配 交換의 機關 或 其 一部가 卒然히 活動力을 失ᄒᆞᆫ 狀態를 指홈이니ㅣ 미루氏 言ᄒᆞ듸 商人의 多數가 同時에 支撥홀 約束을 履行키 困難홀 時와 困難을 當ᄒᆞ깃다고 恐縮을 抱홀 時라 云ᄒᆞ얏더라. 特別히 經濟上 各種의 機

---

1) 원본에는 노력, 천연, 자본에 첨자가 있는 것으로 보이는데 확인이 안 됨.

關이 完美호 國에는 其 影響이 甚흠을 感知호느니 譬컨티 汽船汽車가 盛行호는 國人이 未開國에 入호야 不利不便의 感을 惹起흠과 同一호도 다. 恐慌이 起호는 것은 大槪 信用經濟時代에 在호 各 國民인데 凡一家 를 成호 者 各各 스스로 其 需用品을 生産호야 스스로 消費호는 離隔的 生活을 營홀 것 ᄀ트면 恐慌이 起홀 理由가 無호깃스ᄂ 他人의 需要를 充備호기 爲호야 物品을 生産호는 域에 至호면 恐慌의 患을 難免호 니라. 開明進步가 逐日 進步흠을 從호야 各種의 患病이 人體를 侵害호 는 거와 ᄀ치 經濟機關이 完美호데로 趨向호는 時期를 當호면 各國 經 濟社會의 遭遇호는 一大患病이니라.

恐慌의 狀態라

大抵 恐慌이 破裂호랴면 此前에 만첨 物價는 騰貴호고 信用은 膨脹 호야 事業의 利益은 漸次로 增加호느니 만일 商業이 一般히 時勢가 無 호야 商人은 自己營業의 範圍를 守호고 濫히 此를 擴張코저 아니홀 時 를 當호면 資本은 漸漸 貯蓄이 되고 銀行業者는 任置金의 增加貸付抽除 의 減少를 見홀 것이오 利子는 下落호느 資金使用의 無路흠을 因호야 巨額의 遊資를 藏호는데 至홀지라. 資本의 供給은 增加호나 需要는 此 에 不伴호야 利子는 益漸低下홀지라. 如斯히 利子利率이 低廉흠을 當호 야 事業家의 起業心을 鼓舞호고 低廉호 資本을 利用코저 흠으로 新事業 의 企圖와 新版路의 擴張 等을 見홀 時에는 市場은 漸漸 活氣를 帶호고 投機商人은 此 機會를 利用호야 或 風說로 或 流言으로써 有價證券及商 品市價의 高騰을 勉力호는 것이라. 玆에 着實호 商人도 如此高騰호 時 를 利用호야 利益을 得코저 호는 念이 生흠으로 事業을 一時에 擴張호 민 資本의 利潤은 增加호랴는 狀態를 顯호고 銀行業者는 貸付抽除等의 方法을 依호야 資金을 市場에 放出호야 商工業者를 獎勵흠으로써 더욱 活氣를 添호고 工業家는 雇人의 不足을 苦호야 工錢을 增給호여 其 缺 乏을 補흠으로써 一般의 消費力이 日日上進호야 其 影響은 商品需要가

增加되고 供給은 此에 應치 못ᄒᆞᄂᆞᆫ지라. 物價ᄂᆞᆫ 騰貴ᄒᆞ고 起業은 相次ᄒᆞ야 各種 去來所ᄂᆞᆫ 隆盛을 極ᄒᆞ고 僅僅數圜의 證據金을 拂給ᄒᆞᆫ 領受證은 拾圜貳拾圜의 呼價를 물ᄒᆞᆷ이 至ᄒᆞᄂᆞ니 何人이라도 狂奔ᄒᆞ야 此를 得코저 ᄒᆞᆷ으로 其 所有者ᄂᆞᆫ 賣ᄒᆞᆷ을 惜ᄒᆞᆯ지라. 玆에 全社會ᄂᆞᆫ 恰然히 醉人과 如ᄒᆞ야 着實ᄒᆞᆫ 商人도 亦此를 爲ᄒᆞ야 不知不識之間에 確實치 못ᄒᆞᆫ 事業에 着手키 易ᄒᆞ니라. 此際를 當ᄒᆞ야 投機者類ᄂᆞᆫ 더욱 其 奸策을 呈ᄒᆞ고 無實ᄒᆞᆫ 事實를 捏造ᄒᆞ야 新聞 或 電信으로 自己의 所有ᄒᆞᆫ 有價證券과 商品市價를 騰貴케 ᄒᆞ고 資本은 不當히 營業을 擴張ᄒᆞ야 僅히 數千圜의 資本을 持ᄒᆞ고 融通手形의 借入資本으로 數萬圜의 貸物을 運轉賣買ᄒᆞᄂᆞᆫ데 至ᄒᆞᄂᆞᆫ 것은 屢屢實例를 徵ᄒᆞ야 見ᄒᆞᄂᆞᆫ 바라. 至此에 全社會ᄂᆞᆫ 相當ᄒᆞᆫ 形便도 업시 但 世上流言訛說에 迷ᄒᆞ야 過當ᄒᆞᆫ 資本의 營業을 始ᄒᆞᄂᆞᆫ데 至ᄒᆞ야 만첨 自醒ᄒᆞᄂᆞᆫ 者ᄂᆞᆫ 銀行業者라. 銀行業務ᄂᆞᆫ 恒常 金融市場에 先導者가 되야 他人의 資本을 使用ᄒᆞ야 利益을 收ᄒᆞᆷ으로 負債主信用에 깁피 注目ᄒᆞ고 貸金回收에 勉力ᄒᆞ고 利子利率을 高騰케 ᄒᆞ며 或 貸付金延期의 請求을 拒絶치 아으치 못ᄒᆞᆯ지라. 然則 借主ᄂᆞᆫ 旣爲資本을 事業에 投入ᄒᆞ야슴으로 銀行者 請求를 應코저 ᄒᆞ면 其勢不得已所有商品 或 有價證券을 〈24〉 賣却ᄒᆞ거ᄂᆞ 不然ᄒᆞ면 事業을 中止치 아니치 못ᄒᆞᆯ지라. 然則 商品及有價證券의 市價ᄂᆞᆫ 一時暴落ᄒᆞ야 商人은 益益失敗를 加ᄒᆞ고 事業은 中止되야 基礎脆弱ᄒᆞᆫ 會社ᄂᆞᆫ 解散ᄒᆞ고 職工은 其業을 失ᄒᆞ고 家族은 糊口에 苦ᄒᆞ며 商品의 需要ᄂᆞᆫ 漸減ᄒᆞ고 資産이 有ᄒᆞᆫ 商人이라도 一時負債ᄒᆞ야 辦債에 苦ᄒᆞ고 手形支給ᄒᆞᄂᆞᆫ 方法에 困窮ᄒᆞ야 破産의 不幸을 當ᄒᆞᆯ지니 此際에 만참 閉戶者ᄂᆞᆫ 投機者類라. 其 發行된 融通手形은 市場에 充滿ᄒᆞ야 世人이 비로소 信用의 濫用을 一驚ᄒᆞ야 疑心暗鬼를 抱ᄒᆞ고 確實銀行이라도 任置金還推請求가 一時에 輻輳ᄒᆞ야 信用은 地에 落ᄒᆞ고 證券類ᄂᆞᆫ 其 流通力을 失ᄒᆞ고 正貨의 需要ᄂᆞᆫ 逐日貯藏ᄒᆞᄂᆞᆫ 者 多ᄒᆞᆫ 故로 自然히 缺乏을 感ᄒᆞᆷ이 更爲緊切ᄒᆞ야 倒産이 連綿ᄒᆞᄂᆞᆫ 慘狀을 難免ᄒᆞ리니 然則 社會의 狀況은 亂麻와 如ᄒᆞ야 資産의 多寡를 鑑別ᄒᆞᆯ 暇遑이 無ᄒᆞᆯ지라. 於此에 不信은 不信을 加ᄒᆞ고

恐慌은 恐慌을 生ᄒᄂ데 至ᄒᄂ니라.

恐慌의 定期性이라

恐慌은 旣往의 經驗을 依ᄒ야 一定ᄒ 時期에 規律的으로 起ᄒᄂ 것이라. 英國에셔 起ᄒ얏든 年次를 擧ᄒ면 現世紀에 一千八百十五年 二十五年 三十六年 乃至 三十九年 四十七年 五十七年 六十三年 七十八年 九十年이라 十年을 相隔ᄒ야 其 發生홈을 見ᄒ얏나니 此를 恐慌의 定期性이라 稱ᄒᄂ니라. 恐慌이 發生홈에 要홀 期間은 國民信用機關에 狀態及 經濟制度의 如何홈을 由ᄒ야 差異가 有ᄒ니라. 企業은 恐慌을 爲ᄒ야 挫折ᄒ고 資本은 貯蓄이 되야 再度企業心이 勃興ᄒᄂ데 要홀 歲月은 大略 國民及其制度에 由ᄒ야 一定ᄒ 年限을 要ᄒᄂ 故로 其 順序ᄂ 市場의 狀況이 恒常 一定ᄒ 還內를 輪轉ᄒ고 市場이 오릭 沈靜ᄒ면 信用이 盛行ᄒ야 繁榮의 狀을 呈ᄒ다가 恐慌의 原因으로 마츰닉 激動ᄒ야 過度의 商業이 擴張되고 一轉ᄒ야 金融必迫이 되고 再轉ᄒ야 失敗가 되고 三轉ᄒ야 困難이 되야 다시 沈靜ᄒ 市場이 되ᄂ 것이 順序니라.

恐慌의 種類라

恐慌一般ᄒ 狀態ᄂ 右에 大略을 說明ᄒ야스나 恐慌에 就ᄒ야 一一細微케 觀察ᄒ면 其 狀態도 不一ᄒ도다. 此를 大別ᄒ야 次三種에 分ᄒ면
第一 販賣恐慌이니 商品及有價證券의 市價가 暴騰暴落ᄒᄂ 結果로 商人의 破産이 相續ᄒ고 信用이 落地홀 時
第二 銀行恐慌이니 銀行營業上 不當ᄒ 貸付抽除等으로 顧客의 信用을 失ᄒ고 任置金還推가 輻輳홈이 應키 難ᄒ야 破産에 至ᄒᄂ데 其 影響이 他銀行業者에 及홀 時
第三 紙幣恐慌이니 一國政府 或 銀行에셔 紙幣를 濫發ᄒ야 其 價格이 暴落에 市價를 激變케 홈으로 信用이 墜地홀 時니라.

▲ 제3호

前號 中 恐慌의 種類는 三種에 分ᄒᆞ야스나 通常 其 原因과 現像이 相略錯雜ᄒᆞ야 容易히 決定키 難ᄒᆞ도다. 今次에는 其 三種의 原因을 列 擧코저 ᄒᆞ노라.

(甲) 販賣恐慌에 原因

現世紀始에 주무스, 왓트 諸氏의 蒸氣力 及 汽車에 關한 大發明은 經 濟社會의 革命을 促ᄒᆞ고 工場組織이 起ᄒᆞᆫ 후로 此에 伴ᄒᆞᆫ 分業法은 其 精密을 極ᄒᆞ야 一箇靴를 製造코저 ᄒᆞ면 六十二人의 手를 經ᄒᆞᄂᆞᆫ 至 ᄒᆞᆫ지라 生産力의 進步와 生産社會의 稗益이 多大ᄒᆞᄂᆞ 또 此를 爲ᄒᆞ여 弊害가 起ᄒᆞᆷ도 難免ᄒᆞ도다. 工場 內의 勞働ᄒᆞᄂᆞᆫ 雇人으로 資本家의 奴 隷를 삼고 主宰者되는 資本家도 亦 其 製造物品의 販路 及 需要供給의 關係를 詳知키 難ᄒᆞᆷ에 至ᄒᆞᆫ디라 蓋分業法이 社會에 起ᄒᆞᆷ으로부터 次二 原則은 最重要ᄒᆞᆫ 地位를 占케 된디라. (一) 財의 生産은 交換을 目的ᄒᆞᆷ 으로 生産 後는 可成的 速히 交換치 아니치 못ᄒᆞᆯ디라. (二) 各 生産者는 自己의 需要物을 生産티 안코 他人의 消費品을 生産ᄒᆞᄂᆞᆫ 故로 生産物 需要者를 迅速히 發見ᄒᆞᆯ 必要가 有ᄒᆞ니라. 以上 二原則은 明白無疑ᄒᆞᄂᆞ 此를 實行ᄒᆞᄂᆞᆫ데 當ᄒᆞ야 一困難을 難免ᄒᆞᆯ디라. 何也오. 假令 甲은 乙이 需要ᄒᆞ리ᄅᆞ고 想像ᄒᆞ야 製造한 物品이 乙의 需要ᄒᆞᄂᆞᆫ ᄇᆞ 되지 못ᄒᆞ고 何人도 此를 需要티 안을 時 有ᄒᆞ면 是卽 商業의 活發과 沈靜을 生ᄒᆞᄂᆞᆫ 所以라. 各人의 生産ᄒᆞᆫ ᄇᆞ 貨物이 卽時에 需要者를 發見ᄒᆞᆷ을 得ᄒᆞ면 生 産의 效果 多ᄒᆞᆫ 故로 資本主와 勞働者는 不少한 利益을 享ᄒᆞᆯ디니 社會 全般의 商業이 繁盛케 되는 것이라. 現今 經濟社會는 分業이 盛行ᄒᆞᆷ을 因ᄒᆞ야 彼此 서로 關聯ᄒᆞ고 密接ᄒᆞᆫ 關係가 有ᄒᆞᆷ으로 一大産業의 無時勢 는 卽 他에 波及ᄒᆞᆷ을 難免ᄒᆞᄂᆞ니 況數多産業의 無時勢리오. 假令 甲이 라 ᄒᆞᄂᆞᆫ 産業이 無時勢에 陷ᄒᆞᆯ 時의는 乙丙又티 平常 甲의 購買力을

目的ᄒ고 製造ᄒ든 貨物은 卽時로 販路를 失ᄒ야 乙丙도 損失을 見홀 것이오 其 結果로 丁戊에 及ᄒ고 遂全國 全世界를 擧ᄒ야 不振의 狀에 陷케 ᄒᄂ니라. 또 分業의 弊害는 往往 需要와 供給이 不適當홈을 因ᄒ야 恐慌을 起홀 時 有ᄒ니 恐慌之際에 常常 生産超過의 說을 聞홈이 此를 由홈이라. 生産超過의 原因이 有二ᄒ니 一은 消費ㄱ 急激히 減少 됨이오 一은 生産이 急激히 增加됨이라. 消費ㄱ 急激히 減少홈은 世人 이 貨物에 對ᄒ야 其 嗜好를 變홈과 又튼 것. 假令 海關稅의 影響 或 競爭者의 成功 等을 因ᄒ야 엇던 種類의 貨物은 消費力이 甚히 減少ᄒ ᄂ 等例가 不少ᄒ도다. 或 饑饉 戰亂 時疫 等의 流行홈을 因ᄒ야 國民의 消費力이 積極 消極으로 減殺되ᄂ 例도 有ᄒ고 또ᅵ 生産이 急激히 增 加되ᄂ 것은 物價 一二의 原因으로 高騰홀 時ᄂ 忽然히 貨物의 市價的 需要를 惹起ᄒᄂ 故로 市價ᄂ 漸益 上進ᄒ고 生産機關은 擴張이 되ᄆ 雇人의 工錢은 此에 伴ᄒ야 上進티 못ᄒ고 資本家의 利益은 不當히 增 加홈으로써 資本家ᄂ 此機를 不失코져 ᄒ야 工場을 新築ᄒ고 舊工場의 規摸를 擴張홈으로 生産은 急激ᄒ 變態를 呈ᄒ고 極端은 生産超過가 되고 販賣恐慌을 生ᄒᄂ데 至ᄒᄂ니라. 歐美 諸國에서 從來 屢屢히 起 홀 恐慌은 大槪 資本家가 有利홀 事業을 發見ᄒ면 其 機會를 不失고져 ᄒ야 狂奔ᄒᄂ 結果로 社會의 需要供給이 平衡을 失ᄒ고 夢想ᄒ든 利益 은 不得홈으로 俄然히 大恐慌을 生ᄒᄂ지라. 一千八百二十五年에 英國 의 恐慌은 鑛山業의 熱中ᄒ얏든 結果오 一千八百三十七年에ᄂ 鐵道業 이 無理의 擴張을 被흔 等事라.

(乙) 銀行의 恐慌(卽 銀行不信用)

現今 社會ᄂ 其 關係가 織홈과 如ᄒ야 複雜흔 것은 各狀키 難ᄒ도다. 其 金融의 中樞가 될 것은 銀行業者라. 所謂 銀行業務ᄂ 信用을 基礎로 合ᄂ 故로 銀行者의 信用을 動搖케 ᄒᄂ 原因이 發生 時에ᄂ 其 影響이 全社會의 波及ᄒᄂ니 例를 引ᄒ야 言ᄒ면 英國의서 英蘭銀行 準備金이

減少할 時는 世人이 疑懼의 念을 抱하는 것과 又고 ㅣ또 銀行의 顧客이 破産 時는 世人은 銀行을 信用홈이 從前과 不同하야 任置金을 還推코저 홈이 常例라. 此 時를 當하야 若準備金이 薄弱한 銀行이면 卽 破産의 不幸를 被하고 銀行이 破産하면 此에 依賴하얏든 商業者의 信用을 動搖하야 金融의 途를 絶홈으로 大銀行信用의 動搖는 恐慌을 惹起하는 導火線이 되고 銀行의 大小는 恐慌範圍에 關係가 되느니라.

(丙) 紙幣恐慌(卽 紙幣濫發)

紙幣發行의 方法을 一次 誤錯하면 往往 恐慌을 起하는 例 不少하도다. 紙幣兌換이 不自由하야 其 不落을 惹起홀 時는 正貨는 國外에 驅出이 되고 內國에는 其 跡을 絶하야 從來 契約을 基한 收入과 財産의 關係를 轉覆하고 負債者는 不正한 利益을 得하며 物價는 騰貴하고 投機業者는 勃興하야 世人이 紙幣에 對한 誤錯의 觀念을 利用하야 數多의 事業을 計劃하며 資本을 聚集하야 前途의 收益이 確實 與否를 不問하고 猥濫히 事業의 規模를 廣大케 하는 故로 紙幣에 對하는 信用이 墜地하는 變事를 生홀 時에는 前日의 得하얏든 巨額의 利益은 忽然히 消散하고 眞正혼 實業家로 하야곰 起業心만 挫折케 홈으로 信用이 破壞하야 恐慌이 顯出하는데 室하느니 紙幣의 濫發이 恐慌의 大原因됨은 不思하고 世人은 紙幣를 增發하야스면 國民經濟가 依然히 前日의 狀態를 回復하리록고 思惟하고 國家도 財政上의 困難을 救濟코저 하야 오히려 紙幣를 增發홈으로 通貨缺乏의 聲은 喧高하고 已生한 害毒으로 하야곰 一層 激烈케 하야 終是 信用壞亂의 度를 結局 時機에 救濟方法이 無하는데 至케 하느니 如斯히 紙幣의 價格이 動搖不已홀 時는 一般商業法來는 射倖的 性質을 帶하고 投機業者의 跋扈는 其 所得한 空利는 多少 眞正혼 實業家록도 過中에 誘하고 恐慌暴發의 機가 至하면 所得한 利益은 本來 下落紙幣로 計算하는 故로 正貨로 較計하면 忽然히 利益의 空虛홈을 覺知하미 此是 全社會의 破産이라.

恐慌의 影響

經濟社會에 及ᄒᄂᆞ 恐慌의 影響은 大略 如左ᄒᆞ니라.
(ㄱ) 勞働者의 困難, (ㄴ) 資本家의 破産, 右ㄱㄴ二者則已包含於前說明中故今不必重復也.
(ㄷ) 貧富의 隔絶

恐慌의 起ᄒᆞᆷ을 因ᄒᆞ야 勞働者ᄂᆞ 解雇ㄱ 되야 糊口의 策이 無ᄒᆞ고 少額의 貯蓄도 暫時間에 費盡ᄒᆞ야 救貧院에 入ᄒᆞ거ᄂᆞ 不然ᄒᆞ면 資本家 命令下에 如何ᄒᆞ 低廉의 工錢을 受ᄒᆞ고ᄅᆞ도 勞働ᄒᆞ거ᄂᆞ 二途에 一을 取치 아니치 못ᄒᆞᆯ디라. 此에 反ᄒᆞ 資本家ᄂᆞ 恐慌을 因ᄒᆞ야 一時 不幸을 當ᄒᆞ야서도 倒産을 免ᄒᆞ 者ᄂᆞ 暫時后 土地 有價證券의 價ㄱ 恢復ᄒᆞᆷ을 依ᄒᆞ야 復舊ᄒᆞᆯ 섇 아이라 前說과 又티 小資本家의 破産이 多ᄒᆞ고 大資本家ᄂᆞ 도리어 利益을 得ᄒᆞᄂᆞ 機會도 或 有ᄒᆞ야 彼此 間에 貧富ᄂᆞ 益益 隔絶ᄒᆞᄂᆞᆫ데 至ᄒᆞ고 勞働者ᄂᆞ 終乃 資本家의 隸屬이 되지 아니치 못ᄒᆞᆯ지라. 以此로 暗暗裏에 革命 等의 危險을 誘起ᄒᆞᄂᆞ 結果를 生ᄒᆞᄂᆞ 일도 有ᄒᆞ도다ㅣ. 미라보氏 云ᄒᆞ되 嘗 合衆國 獨立戰爭 後에 起ᄒᆞ얏든 恐慌은 佛國革命의 原因이 되얏ᄯ 稱ᄒᆞ얏더라.

(ㄹ) 奢侈의 弊害: 社會人心의 狀態로 一次 過度ᄒᆞ 奢侈에 耽ᄒᆞ면 容易히 此를 脫키 難ᄒᆞ도다. 恐慌이 生ᄒᆞ기 先ᄒᆞ야 商業社會ᄂᆞ 浮華繁榮으로 一時 增加ᄒᆞ얏든 收入은 即時 消費ㄱ 되고 殘餘ᄒᆞ ᄇᆞ 無ᄒᆞᆯ 섇 外라 未來의 利得섇지 豫想ᄒᆞ야 生計를 經營ᄒᆞᄂᆞᆫ데 至ᄒᆞ미 奢侈風이 盛行에 恐慌이 起ᄒᆞ야 曩者에 想像ᄒᆞ얏든 空中樓閣은 雲消霧散ᄒᆞ고 惟 奢侈의 弊風ᄆᆞᆫ 依舊不減ᄒᆞᄂᆞ니라.
(ㅁ) 産業機關의 停止: 恐慌이 起ᄒᆞ야 經濟社會 各種 機關이 停止됨으로부터 生ᄒᆞᄂᆞ 物質的 損害ᄂᆞ 一一枚擧키 無遑ᄒᆞ도다. 各種 機關의 運用은 日과 月에 複雜을 極ᄒᆞ고 關係ᄂᆞ 愈益 密接ᄒᆞᆷ을 從ᄒᆞ야 其 一部에

起흔 障害는 忽地에 全部에 波及흠으로써 近年 恐慌의 性質은 世界的
恐慌이 된니라. 地의 遠近을 勿論호고 電信이 相通호는 處와 鐵道가 繫
續된 所는 卽時 其 影響을 受흠으로 物質的 損害 益大흔니라. 더옥히
金融機關의 運轉이 停止되야 一地方의 經濟界는 暗黑洞裏에 投入흔 바
되고 生産 分配 交換이 暫時 停止호는데 至호면 其 及호는 바 損害는
言을 不待호리로다.

(ㅂ) 旣成資本의 減耗: 經濟上 各種의 機關이 其 運用을 失호고 生産이
停止됨으로 國民의 資本은 消極的으로 減少될 샌만 아니라 旣成資本을
不確實흔 事業에 投入케 됨으로써 쏘 積極的의 減少를 見홀지라. 恐慌
이 起호기 前 企業心이 勃興時는 倒底히 成功키 難흔 各種 計劃에 投흔
資本은 當時에 已, 耗消ᄀ 되야스니 恐慌 後라야 世人은 비로소 此를
覺知흠으로 英國人民이 千八百九十年에 南米 諸國에 投入흔 資本又튼
것은 世上 好況의 誘흔 바 되야 其 計劃의 如何는 顧遑이 無호고 放銀흔
것이라. 以此로 巨額의 過法貯蓄은 全然히 泡沫과 又치 消散호얏더라.

(ㅅ) 營業方法의 改良進步: 恐慌의 恐흔 影響은 已盡호야슴으로 最後에
其 利益을 擧호려 호노라. 俚諺에 降雨흔 地라야 堅固튼 흠과 又치 恐慌
이 生호얏든 後에야 世人은 드 失敗에 驚호야 各種 機關의 整理를 務흠
으로 營業方法은 改良이 되고 諸般事業會社의 基礎는 鞏固흔데로 趨向
호며 貯蓄의 念이 生호는데 至흠은 恐慌後 起호는 現像이라. 恐慌 前에
濫히 放資호야든 事業이라도 整頓호미 其 方法을 得호면 國民의 利益
됨을 得호리니 一國富榮의 基礎를 開호는 例 亦 不少호니라. (未完)

▲ 제4호: 공황의 구제책=1) 지폐 남발, 은행 자금 남용=지폐 및 은행제도 정리=2) 공황 완화책

前號에는 經濟恐慌의 一般狀態를 論호야것이와 今次는 恐慌의 救治
策을 略術코져 호노라.

恐慌은 近代經濟社會의 ᄀ장 激烈흔 病患의 一이라. 其 救治方針을

吾輩研究치 아니치 못홀지라. 其 救治策에는 二箇 條方이 有호니

第一 一病을 艾除코저 호면 其 原因을 除치 아니치 못홀지라. 其 原因
紙幣濫發과 銀行資金의 濫用 等으로 從호야 生호 恐慌은 紙幣.及.銀行
制度의 整理홈을 由호야 恐慌을 未發에 防備홈을 得홀 터이는 販賣恐慌
의 普通原因되는 生産消費의 不適合은 現今經濟社會의 根底되는 資本
主義와 分業法의 關호야 資本家와 勞動者間에 衝突을 生호는 一現像이
데 其 豫防法에 至호야는 經濟學子間 定論이 無호도다. 現今 經濟社會
에 實行될 믄흔 方法은 左擧흔 數者라. 恐慌豫防策으로는 效力이 不多
호느 ᄀ장 行키 易흔 法이 될지라.
(甲) 各 生産者 及 商人의 需要供給의 量과 營業現況의 情細흔 統計를
作호야 在外領事의 數를 增호고 其 事業에 熟達者를 擇用호며 其他 工
業監査官을 設置호고 또 統計局 農業協會 及 商業會議所 等을 確實히
設立홀 事.
(乙) 國家는 特種에 營業을 保護호야 濫히 誘導치 믈지라 此는 國家가
生産과 消費를 廣大히 觀察호야 保護策을 用코저 호야도 到底히 不能홈
을 爲홈이라.
(丙) 國家는 生産物 需要호는 最有力者中 一이라. 故로 濫히 急激흔 消
費의 變動을 起홈은 勉호야 避홀 事.

第二 恐慌緩和策

恐慌을 全然히 除去호는 策이 不完全홈으로 現今 經濟社會도 多少의
恐慌을 難免호는지라. 恐慌이 破裂호얏거느 또 破裂의 兆候가 現然홀
時에는 其 勢 劇烈키 前에 可成的 此를 緩和方法으로 救치 아니치 못홀
지라. 今 其 方策을 列擧호면 次와 如호니라.
(ᄆ) 恐慌은 神經病과 如호야 其 興奮홀 時를 當호야는 後來에 無害흔
緩和劑를 要홀지라. 起業者가 裕足흔 資産을 有홀지르도 其 手裏에 流

通力이 有호 支撥方便이 無홈으로 不得已 其 商品 或 有價證券을 投賣
호야 非常호 損失을 被호고 破産의 不幸을 當홈으로써 恐慌의 波瀾을
爲호야 動搖를 蒙호는 것이 不少호 國家 或 中央銀行은 其 所有호 ㅂ
財産과 信用으로 援助호야 一時의 困難을 救濟홈을 要호고 需要供給의
不適合을 因호야 生産이 超過한 時는 商人이 多少實地의 損害를 當호야
서도 資力이 裕足호 者 此를 援助호야 損失을 數年에 分호여 其 負擔을
輕케 홀지니리 引例호야 言호면 恐慌으로 爲호야 社會의 購買力이 半
減됨으로 商品은 倉庫에 積滯되야 販路가 無홀 時에 中央銀行은 一時維
持홀 資力을 給호야 商人의 信用이 恢復호야 消費額이 通常과 同홀 時
에 此를 發賣호면 損失은 數年에 分配가 될 것이오 苦痛의 減은 僅少홈
을 得홀지라. 或 銀行業者가 同盟호고 上述호 便宜를 給與호야도 無妨
호도다. 千八百七十三年 紐育恐慌에 銀行者로서 連合호야 同盟을 組織
호고 信用을 恢復호는데 大效를 奏호지라. 英國서 英蘭銀行은 屢屢히
恐慌을 遭遇호야스나 千八百五十七年신지는 收縮主義를 用호야 恐慌
이 起호면 貸出을 收縮호고 準備를 強固케 홈을 勉力호야스나 恒常 失
敗를 免티 못호얏도다. 是는 恐慌이 已起호랴는 兆가 有홀 時에 貸出을
收縮홈으로 더욱이 預金換推는 激烈을 加호야 銀行 準備金은 漸漸 薄弱
케 되는 故로 비록 中央銀行이르도 支撥을 停止티 아니티 못호는데 至
홀지라. 大抵 準備金을 鞏固케 호는 것은 平常時 信用이 充分홀 際에
在호고 만일 信用이 懷亂호랴는 兆가 有홀 時는 此 準備金으로 金融을
調理호는 것이라. 英蘭銀行이 千八百六十六年 恐慌에는 專히 開放主義
로 緩和의 方策을 敏捷히 用홀지라 同年 五月 十日에 倫敦 諸銀行에서
任置金還推請求가 輻輳호야 六時間에 二百萬磅을 支撥호 等事는 其 一
班을 知홀지라. 翌日에는 諸銀行이 거의 支撥을 停止케 되얏도다. 同夜
英蘭銀行이 政府에 托호야 千八百四十四年의 條例를 一時 停止호고 一
割 以上의 割引料로 制限의 紙幣를 發行호는 許可를 得호야 爾后五日間
에 千二百二十五萬五千磅의 巨額을 貸出호니 恐慌은 劇烈을 極지 못호
고 斂跡호는데 至호지라 此 英蘭銀行이 開放主義로 資産 確實호 商人을

救濟홈이라. 世人은 中央銀行이 開放主義로 確實 商人을 救濟혼다는 風評을 聞ᄒ고 安心을 得홈으로 信用의 壞亂은 容易히 回復홀지라. 그러나 中央銀行이 濫히 貸出을 ᄒ면 其影響은 反一層 恐혼 狀態에 陷홀지니 商人의 資産確實 與否를 調査ᄒ야 此를 濫別홈이 ᄀ장 重大혼 事라. 一次 此를 誤ᄒ면 中央銀行도 失言ᄒ고 恐慌緩和의 方法이 無혼데 歸ᄒᄂ니라.

(ㅂ) 恐慌이 裂破홈을 當ᄒ야 凶作과 其他原因으로 巨額의 正貨를 輸出ᄒ야 紙幣의 準備를 薄弱케 ᄒ고 通貨의 缺乏을 爲ᄒ야 信用이 壞亂홀 時를 當ᄒ야서는 適當히 通貨를 增加ᄒᄂ 商略을 用홀지라. 英國서 屢屢히 千八百四十四年의 銀行條例를 停止ᄒ고 紙幣를 增加ᄒ얏고 獨逸과 日本에서도 制限屈伸法을 依ᄒ야 稅付兌換券을 發行케 ᄒᄂ 方法이 有ᄒ도다. 如斯等 方法을 依ᄒ야 發行혼 通貨는 可及的 其額을 少케 ᄒ며 또 迅速히 回收홈을 要홀지라. 만일 通貨를 不當히 膨脹케 ᄒ고 길히 此를 回收티 아니면 再度正貨를 驅逐ᄒ야 다시 恐慌을 誘發홀 慮有ᄒ니라. 故로 發行 紙幣는 短期割引 或 貸附에 使用ᄒ야 恐慌이 鎭靜되면 卽時 回收ᄒ야 國家 平日의 常態를 恢復케 홀지니라.

(ㅅ) 國家는 恐慌이 破裂ᄒ거든 經濟上 自由를 撿束ᄒᄂ 法律을 廢止 或 一時 停止홀지니라. 利子制限法, 輸出入의 禁止, 妨害, 勞力 移轉의 關혼 等 制限法이라.

(ㅇ) 恐慌의 因原이 紙幣下落에 在ᄒ야 信用이 紊亂홀 時는 特히 紙幣를 整理홀지라. 其 方法이 有三ᄒ니 如次ᄒ니라.

(A) 紙幣를 回收ᄒ고 流通力을 減少ᄒᄂ 方法, 此法이 甚히 善良ᄒᄂ 回收의 速度ᄀ 遲緩홀 時에는 其 方策을 畵餠에 歸케 ᄒ고 또 急劇에 過ᄒ면 去來 財産의 關係를 動搖케 홈으로써 注意홈이 可ᄒ도다.

(B) 下落紙幣를 益益 下落케 ᄒ야 自滅ᄒᄂ 方法, 此法은 A法에 反ᄒ야 紙幣의 信用을 益益 墜落케 ᄒ야 自滅에 歸케 ᄒᄂ 것인데 千八百六十三年에 北米合衆國에서 南部 諸州ᄀ 發行혼 紙幣에 對ᄒ야 此 方法을 用ᄒ얏더라.

(C) 法律上 紙幣의 下落을 認定ㅎᄂᆞ 方法 此法은 紙幣의 下落을 認定ㅎ
야 下落ᄒᆞᆫ 紙幣디로 流通케 ㅎᄂᆞ 것이라. 經濟上의 變動온 生케 ᄒᆞᆯ 慮無
ㅎᄂᆞ 永久히 此 方法을 依ㅎ야 表面에 價格 以下로 流通케 ㅎ면 國家信
用의 關係 不少니라. (完)

右上에 經濟恐慌의 一部分을 擧ㅎ야 大略 愚見을 陳述ㅎ야것이와 現今
我邦經濟上 狀態ᄂᆞᆫ 如何ᄒᆞᆫ 地位에 在ᄒᆞᆫ지 蓋一國의 經濟ᄂᆞᆫ 其 重要ᄒᆞᆷ이
譬컨딕 吾人의 血液과 魚類의 水와 如ㅎ야 暫時라도 相離치 못ᄒᆞᆯ 密接
ᄒᆞᆫ 關係ᄀ 有ᄒᆞ도다. 以此로 經濟上에 注意ㅎ시ᄂᆞᆫ 同胞를 爲ㅎ야 一念
의 資를 供ㅎ노라.

◎ 勞力, 李昌煥, 〈대한유학생회학보〉 제2호, 1907.4. (경제학)

大抵 勞力이라 ᄒᆞᆷ은 何를 云ᄒᆞᆷ이뇨 人이 肉體를 勞働ㅎ야 效力을 生
ᄒᆞᆷ이라. 然則但히 肉體를 勞働ㅎ야 生ㅎᄂᆞᆫ 效力만 勞力이라 ㅎᄂᆞ뇨 曰
不然ㅎ다 肉體外에도 精神上勞力이라 云ㅎᄂᆞᆫ 것이 有ㅎ니 精神上勞力
은 精紳上研究結果에 效力이 生ᄒᆞᆷ을 稱ᄒᆞᆷ이니 此二者를 總稱ㅎ야 勞力
이라 ㅎᄂᆞ니라 딕뎌 天然物質이 日光과 空氣와 及水를 除ᄒᆞᆫ 外에ᄂᆞᆫ 卽
如何ᄒᆞᆫ 處所던지 如何ᄒᆞᆫ 人欲에던지 應ㅎ야 適用되지 못ᄒᆞᆷ이니. 이러
므로 其天然의 物質로 ㅎ야곰 如何處所와 人欲에 應用ᄒᆞᆯ 만ᄒᆞᆫ 狀態와
位置를 隨用시키기 째문에 人의 勤勞를 要ᄒᆞᆷ이니 卽 物質은 土地의 供
給이요 物能은 人力의 結果라 云ᄒᆞᆷ이 可ㅎ니라 然而勞力의 重要ᄂᆞᆫ 文化
進步에 從ㅎ야 愛遷ᄒᆞᆷ이니 故로 上古幼稚時代에ᄂᆞᆫ 墮落ᄒᆞᆫ 木實과 打捕
ᄒᆞᆫ 野獸로 食物를 삼고 其 獸皮로 衣服을 合으며 ᄯᅩ 木幹과 石塊와 角骨
等類를 武器로 用ㅎ야쓰니 此ᄂᆞᆫ 單히 天然物産을 取點ㅎᄂᆞ딕 不過ㅎ야
全히 人工을 加ᄒᆞᆯ 줄은 不知ㅎ더니 中古以來로 漸漸人智가 發達ᄒᆞᆷ을
從ㅎ야 飮食과 居處와 衣服과 器具等物을 造成ᄒᆞᆷ에 全히 人力을 利用ㅎ
더니 近世에 至ㅎ야 東西文化가 開展됨이 天然方利用ᄒᆞᆯ줄을 覺知ㅎ야

器具가 益益精巧複雜홈의 機械로써 殆히 産物全部를 製作ᄒ고 勞力은 單히 機械를 使用及監守홈에 不過ᄒᄂ 故로 世人이 稱ᄒ기를 生産上 要素가 初인 自然이요 中인 勞力이요 終인 器械라 ᄒᄂ 然ᄒᄂ 如何홈 生産이던지 幾分이라도 勞力을 要치 안니 홈이 無흔 故로 勞力은 生産의 要素라 云홈이 可ᄒ니라.

◎ 經濟生産,
　李漢卿, 〈대한유학생회학보〉 제3호, 1907.5. (경제학)

　大抵 人類가 團結ᄒ야 國家를 成立ᄒ미 安泰를 得코자 ᄒ면 經濟에 朦昧ᄒ면 其國이 貧弱홈은 不必可言이라.

　夫經濟者ᄂ 簡單히 云ᄒ면 經國濟民의 源理을 物件上으로 說홈이라 故로 愚劣의 見聞으로 經濟上 生産을 陳ᄒ노라 經濟의 大意ᄂ 生産과 消費라 生産에 有三ᄒ니 一曰 勞力一曰資本一曰 土地是也라 勞力種類 如左ᄒ니.

一 發見(其物이 己存世上ᄒ것만은 世人이 不知ᄒᄂ 것을 今始發見을 云홈이오) 發明(人의 ᄒ지 안혼바을 먼져ᄒ고 人의 造ᄒ지 안이 흔 것 造出홈을 云홈이라)
二 採業(伐木鑛業漁獵과 如흔 自然의 天産物을 採取홈을 云홈)
三 原料品의 生産(農業林業과 如히 製造品의 元質이 될만흔 것을 産出홈을 云홈이니 養蠶牧蓄木實과 如흔 副産物이 是也)
四 製造(埴泥로써 陶器을 造ᄒ며 木材金屬等으로써 器具械機等을 製홈과 始히 在來의 物品을 形을 變홈을 云)
五 土木(道路開鑿家屋建築等의 工事을 云홈이오.)
六 分配(商價가 物品을 運搬賣買ᄒ야 有無相通ᄒ며 艮短相補홈이니 土

地家屋等 貸借와 金貨貸借도 此類의 屬홈)

七 執務就業(官人敎師辯護士僕俾等과 如히 勞働을 云홈이니)

右七種의 勞力이 相待ᄒ야 生産의 業을 助ᄒ야 農工商이 相通ᄒ야 南餓北飽之嘆이 無케 ᄒᆫ 後에 國家安寧을 維持ᄒ고 道德敎育을 盛히ᄒ고 國民健康을 保全홀지라.

資本이라ᄒᄂᆫ 것은 固定資本流動資本無形資本等이니. 固定資本이라ᄒᄂᆫ 것은 家屋械機와 如히 一度設ᄒ게 되면 久히 使用ᄒ야 消費遲緩ᄒᆫ 者을 云홈이오.

流動資本이라 홈은 製造의 原料品等과 如히 一時使用ᄒ야 形체을 變ᄒ며 其所在處換遷ᄒᄂᆫ 等이오.

無形資本이라ᄒᄂᆫ 것은 才智藝能과 如히 是을 使用ᄒ야 一身을 立ᄒ야 國의 財源을 發케 ᄒ며 又ᄂᆫ 有名ᄒ 社會에 主顧와 如홈을 云.

土地라 云홈은 原野山林沼澤河川海岸及其包有物을 總稱홈이니 可惜다 我國의 生産이 具備豊足ᄒ것만 如此貧弱홈은 經濟에도 不明홀쑌 外라 國民이 一身一家만 注意ᄒ고 全國盛衰ᄂᆫ 不注意ᄒᄂᆫ 然故라.

西曆一千九百年에 白耳義國에셔ᄂᆫ 푸란틜쓰海岸에 一草도 無ᄒ 砂漠이 有ᄒ니 남의 버린 砂漠이라 白耳義人士가 耕耘ᄒ기를 熱心ᄒ야 처음에 金雀花라ᄂᆫ 草을 植ᄒ야 其 草根이 次次砂土을 언키 게ᄒ 後 落葉이 肥料가 되야 砂漠이 漸漸變홀지음에 羊과 豕을 放牧ᄒ야 動物的 肥料을 地上에 撒布ᄒ니 그러홈으로 沃土을 得ᄒ얏다 ᄒ니 我國은 土地豊饒ᄒ고 人士俊秀ᄒᆫ 國으로 可히 世界에 富名을 들을 土地라 一般國民은 注意홀지여다.

◎ 生産을 論홈, 尹擧鉉, 〈공수학보〉 제3호, 1907.7. (경제학)

近世 社會上에 所謂 經濟學이라 ᄒᄂ 거ᄂ 何也오, 卽 左에 列ᄒ 바 四個 要件에 不過ᄒ도다.

一曰 財에 生産이요,
二曰 分配요
三曰 交換이요
四曰 消費라 稱ᄒ나니 然則 人類社會에 最重要ᄒ 者ᄂ 何也오. 財라 ᄒᄂ 거ᄂ 有價格의 物이라. 價格을 有ᄒ 物이 他物과 交換ᄒᄂ 거슬 財라 稱ᄒᄂ니 物件의 意義을 論ᄒ면 他物件에 對ᄒ야 交換의 能力과 價格이 有ᄒ 者을 財物이라 稱ᄒ나 物件에 價格 有無을 稱ᄒ면 三資格 을 兼備ᄒ 者와 兼備치 아니ᄒ 者가 有ᄒ니,

一曰 效用이요,
二曰 有限이요,
三曰 私有ㅣ 是也라. 然則 效用이라 ᄒᄂ 거ᄂ 卽 有用이니 人民ᄂ 無用의 物件을 賣買ᄒᄂ 者ㅣ 無ᄒ 故로 效用에 無ᄒ 者ᄂ 價格이 無ᄒ 고, 效用 有限이라 稱ᄒᄂ 거ᄂ 最廣義味요, 假令 必要品, 便利品, 軍用 品, 機械, 器具 等을 有用이라 稱ᄒ고, 私有라 ᄒᄂ 거ᄂ 法律上에 私有 을 認許치 못ᄒ고, 또 私有ᄒ기 能치 못ᄒ 데 對ᄒ야 賣買가 無ᄒ나니, 假令 學者의 智識과 職工의 手才와 畵工의 手藝ᄂ 皆私有에 歸치 못ᄒ 지라. 經濟家의 論을 據ᄒ즉 **大抵 生産**이라 ᄒᄂ **거스** 新物貨을 造出ᄒ ᄂ 意味가 아니요, 宇宙間 現存 物貨에 位置을 變更ᄒ고 形體을 變更ᄒ 야 保存的으로 人類에 對헐 效用을 制造ᄒᄂ 거시라. 假令 地中에 鑛物 을 採屈ᄒ고, 海中에 産物을 採取ᄒ야 物件에 位置을 變更ᄒ야 無用之 物을 有用케 홈은 **變地的 生産**이니 是故로 商業 及 運送業은 物件을 比 較的 無用地로부터 有用地에 移轉ᄒ야 其 效用을 增加ᄒ니 變地的 生産

183

이요, 農業 畜産業, 森林業 等은 種子의 物이요, 現存 物質을 原料라 ㅎ고, 日光 地力 風雨 等에 自然力 及 種子가 其物의 發達力을 利用ㅎ야 此을 適宜에 變形ㅎ니 此等은 **變形的 生産**이라. 曰 勞力 曰 土地 及 自然物, 曰 資本이 是라. 勞力이 無ㅎ면 農工商 諸業은 行치 못ㅎ고 勞力과 土地가 有ㅎ더링도 機械, 器具, 工場 等이 無ㅎ면 生産치 못ㅎ는 故로, 生産에 必要者는 資本이니, 此 三者는 生産의 必要라 稱ㅎ고,

第二 分配라 ㅎ는 거슨 人類 共同ㅎ야 産出식킨 生産物 或 物件 賣買金을 各自 分配ㅎ는 거슬 稱ㅎ느니 生産은 土地 資本 及 勞力 此 三者가 共同ㅎ야 事業을 成ㅎ는딕 甲은 土地을 有ㅎ고 乙을 資本을 供ㅎ고, 丙은 勞力을 供ㅎ야 生産物을 三者가 分配ㅎ니 曰 土地에 受取ㅎ는 部分을 地價라 稱ㅎ고, 資本家에 受取ㅎ는 部分을 利息이라 稱ㅎ고, 勞力者에 受取ㅎ는 部分을 給料라 稱ㅎ느니, 忍苦는 職業에 依ㅎ야 多少가 有ㅎ고, 給料는 職業에 依ㅎ야 多少가 有ㅎ는 故로, 一曰 勞力이요, 二曰 素生勞力이 是也라. 國에 依ㅎ야 異點이 有ㅎ고, 時에 依ㅎ야 異點이 有ㅎ니, 人口 盛衰와 資本家 多少에 利害가 有ㅎ고,

第三 交換이라 ㅎ는 거슨 古代의 現品으로 現品을 交換ㅎ여스나 文明 進步 社會에는 貨幣가 媒介되야 通常 交換에 一種 機關이 되야, 社會上 便利되고 物品 交換에 對ㅎ야 必要가 有흔 故로 分業과 交換은 相離ㅎ면 不可흔 關係가 有ㅎ고, 分業이 盛大ㅎ면 交換도 亦盛大ㅎ느니 是故로 交換은 分業을 行使ㅎ는 一手段이 有흔 故로 經濟上 一大 目的이라 稱ㅎ고,

第四 消費라 ㅎ는 거슨 使用의 義로 百般의 生産ㅎ는 目的을 含ㅎ야서 二種類가 有ㅎ니 曰 生産的 消費와 曰 不生産的 消費라. 生産的 消費는 資本家가 金錢으로 物品 位置을 變更ㅎ고 其形體을 變更ㅎ야 此等을 保存ㅎ고, 效用을 造出ㅎ니 變地的 生産과 變形的 生産이 是也라. 且

固定資本과 流通資本이 有ᄒ니 此等은 生産消費라 稱ᄒ고 不生産的 消費ᄂ 消費의 結果가 何等에 在ᄒ야도 生産을 못ᄒᄂ 者이니 假令 酒類 煙草 等이 是也라.

　盖 古人의 云ᄒᆫ 바 生ᄒᄂ 者ㅣ 多ᄒ고, 用ᄒᄂ 者ㅣ 寡ᄒ면 財가 恒 足타 ᄒ고, 泰西人의 云ᄒᆫ 바 財ᄂ 譬컨ᄃ 人의 血脉과 同타 ᄒ니, 誠哉 라. 是等 評論이 足히 經濟家의 要訣을 作ᄒ깃도다. 若 其 血脉을 保護 치 못ᄒ면 榮衛(영위)가 不調ᄒ고 肢體가 益瘦(익수)ᄒ야 事爲上에 活 動力을 失홀 거시오, 쏘 有限ᄒ 財物을 持ᄒ야 無量ᄒ 費用에 供ᄒ면 囊槖(낭탁)이 罄竭(경갈, 빔=고갈)ᄒ고 生涯가 杳遠(묘원)홈으로 因ᄒ 야 人生의 樂意도 抛棄ᄒ며 業務의 就路도 阻碍(조애)ᄒ나니 엇지 其 人間世에 最히 要點되난 經濟術을 講磨ᄒ야 財政에 窮乏을 免ᄒ고, 事 業의 發展을 圖치 안으리요.

◎ 經濟學說,
　李命載, 〈낙동친목회학보〉 제4호, 1908.1. (경제학)

　　　*경제학이라는 용어의 출현 / 경제학의 개념과 특징
　　　*동양의 경제학(경국제세, 치천하국가)
　　　*서양의 경제학 = 재리학
　　　*서구 경제학의 정의를 기준으로 설명 = 지식 수용과 유입 과정의 특징을 보여
　　　주는 사례임
　　　(본문을 입력하지 않았음)

◎ 經濟學 要義, 尹貞夏 역, 〈대학학회월보〉 제1호, 1908.2.

▲ 제1호 經濟學要義, 尹定夏 譯

第一編 緖論

第一章 生活

人之在世에 必先求其所以生活ᄒ나니 蓋 不能生活이면 則 無以存在오 亦 無以發達이라. 雖然이나 生活之方을 豈 易言哉아. 人이 未有可以獨存者ᄒ야 自初生으로 其衣 其食을 皆待之于其父母近親故로 營生者난 必也相群ᄒ나니 其 相群之初난 爲何오 曰 家團體者ㅣ 是也라. 夫 血屬이 相集ᄒ야 相利相益ᄒ며 無或相爭ᄒ야 以圓滿其生活은 是所謂家團體也니 此家團體가 漸而擴張ᄒ고 益而分岐ᄒ야 家之生也ㅣ 無數엔 欲家家之不相衝突ᄒ야 乃 又 有團體之更大者生焉ᄒ니 卽 社會가 是也오 更有大焉者ᄒ니 卽 國家가 是也라.

夫 家族이 相和ᄒ야 能勵其業인딘 家門이 富榮ᄒ고 長幼가 和洽ᄒ야 一家能足而無慊焉者난 乃 生活之要道也라. 古人이 曰 衣食足而後에 知禮節이라 ᄒ얏스니 宜哉라 此言이여. 故로 謂經濟者난 起於營生ᄒ고 始於齊家ᄒ야 慾望之充滿과 福利之增進을 期以使其家無欲不獲故로 健行而不已ᄒ나니 吾之與人으로 凡 活動于經濟者도 其 志가 皆 在乎此ᄒ야 先齊其家而家以齊然後에야 社會 國家之經濟도 亦 可以完備矣리라.

第二章 生活狀態之發達

吾觀人類生活發達之狀컨딘 蒙昧之世에 文化 未開ᄒ야 山野에 狩麋鹿ᄒ고 沼澤에 漁魚鼈ᄒ며 割鳥獸肉以充食ᄒ고 剝鳥獸皮以爲衣ᄒ며

構屋을 必於深樹之陰纖流之畔과 否則海岸易漁之地ᄒ야 是時也엔 其 所待者ᄂᆞᆫ 唯 天生之物而已오 其 所期者ᄂᆞᆫ 使自己家族으로 厭於安逸ᄒ야 以遂生活而已라. 此 所謂 狩獵時代也오 及 稍發達에 飼牛羊ᄒ며 養鷄豚ᄒ야 只 賴牧畜以圖生ᄒ얏스니 此 所謂 牧畜時代也오 更又進步而農業이 起生ᄒᆷ에 群移沃野而耕食ᄒ고 及 於脊土ᄒ야난 糞蓄力作ᄒ야 以事耕耘ᄒ니 社會經濟之將趨于複雜也ㅣ 萌于此時矣라. 然이나 以此農産物而已로ᄂᆞᆫ 未足以滿人之慾望 故로 工業이 於是乎 生ᄒ야 資彼農産而加以人工ᄒ니 製作之物이 漸次 日繁이라. 所謂 工業이 是也오 有製之者ᄒ며 有用之者ᄒ야 用之者ㅣ 爲需要之家ᄒ나니 需要者ᄂᆞᆫ 需此工業品而已라. 以工業品으로 輸於需要之家者를 是謂之商業이니 人類生活之變遷이 如此ᄒ야 經濟社會에 遂有漁獵農工商諸種營生之業이 生焉ᄒ니라.

第三章 人類生活之方所以趨于複雜

夫 未開化之國民은 生活之方이 極爲簡易ᄒ고 開化之國民은 生活之方이 極爲複雜ᄒ나니 豈 惟 兩國之民이 爲然哉아. 雖在一國之中이라도 都鄙兩地에 職業이 不同ᄒ고 生活之方이 亦 因以異ᄒ나니 例如山間僻陬之地에ᄂᆞᆫ 或 十里 一家 或 數十里 一家오 至入村落 則 田野가 遠開ᄒ고 人口가 漸多ᄒ며 更入都會 則 商工이 連屋ᄒ고 車馬가 如織ᄒ야 生業之方이 最稱活潑ᄒ고 人口之多가 亦 爲之最라. 蓋 生活之方을 得之容易ᄂᆞᆫ단 人口가 繁殖ᄒ고 得之不易ᄂᆞᆫ단 人口가 稀少ᄒ야 卽 人口之多寡가 由於得資之難易而殊ᄒ나니 自狩獵而牧畜과 自牧畜而農業과 自農業而商工業에 其 趨勢之如此者ᄂᆞᆫ 亦 由於生活之方이 欲使之容易而完全耳라. 夫 狩獵所獲은 不過 是毛皮骨肉 故로 不惟不能多養人이라. 且 有告乏之憂 故로 欲除此憂而焦思力作ᄒ야 以畜牛羊ᄒ고 及 於牛羊之不足以給衣食也에 始有農業之起焉ᄒ고 且 有商工業之生焉ᄒ야 焦思力作之勞가 日益加焉ᄒ니 然則 焦思力作之兩事ᄂᆞᆫ 實爲人類生活之基礎而其所以日趨于複雜者也라. 人之所以爲人도 蓋 亦 存于此ᄒ나니 西哲之語에 天

助人之自助云者ㅣ 豈不信哉아.

第四章 經濟與慾望之關係

夫 經濟者는 何義乎아. 是問題之所宜解者而吾今說之曰 經濟者는 人
類之活動이 以遂成其生活之慾望이라 하노라. 凡 人類는 因生存發達之
必要 故로 生而有種種之慾望하야 寒而欲衣하며 暑而欲笠하며 飢而欲
食하며 渴而欲飮은 是人之所必需而不可缺乏者 即 天成之慾望也니 天成
之慾望을 求所以遂之成之ㄴ딘 必求方于自已身體以外 即 求之外界也라.
蒙昧之世에는 遂慾之方이 極爲簡易로되 文運이 漸開에 方始複雜하야
人人이 競起活動하며 互相 交錯하야 各 欲遂其生活必需之慾望하나니
吾人이 槪托此諸種活動하야 名之曰 經濟라 하고 所謂 活動者는 其 中에
有農業之活動하며 有商工業之活動하며 有勞役之活動하야 凡 志出於遂
成慾望者ㅣ 其 所爲가 皆爲活動이라 하노라. 經濟之意義는 如所定而自
可昭析이나 然이나 抑經濟學云者는 指何而言也오. 曰 吾人이 旣因有缺
乏而活動 則 所謂 經濟上之活動이 生焉하나니 凡 事之起於經濟上活動
者與他事之關係와 與其理相通而可貫綜者를 舉而攻究之者ㅣ 乃 斯學之
任也라. 由是觀之면 經濟上之活動은 則 在審其現象하고 貫綜現象之通
理는 則 在究明其故하나니 此 究明者는 是所謂經濟學也니라.

第五章 財物

財物者는 何也오 經濟活動之所以取資者ㅣ 是也라. 換而言之ㄴ딘 凡
物이 可以充實人類之缺乏者를 皆 謂之財物이니 生活之方便과 生活之資
料에 人類之不可無者ㅣ 此也라. 故로 財物에 有有形者하며 有無形者하
니 如豆米布帛之供於衣食之資者는 財物之有形也며 如商標, 華客, 特
許等之不可一日缺於商家營生者는 財物之無形者也오 且 財物에 有自然
而存者하며 有自然而育者하니 如兩間空氣와 原上水流는 是自然而存者

188

也며 如深林草木과 山野鳥獸난 是自然而育者也라 財物에 或 有無主之
物ᄒ야 他人이 取之而無禁者난 無量之空氣와 未領之島嶼之類是也오 財
物에 有有數量之制限ᄒ야 各 有其主而非他人의 所能濫取者난 都會水道
管裏之水와 潛水器內定量之空氣之類ㅣ 是也라. 其 經人工이 愈多者 則
其 充人用이 愈切而其得之也ㅣ 愈難ᄒ나니 卽 工業品은 得之至難者也
라. 蓋 世運之進步也에 其 初에 皆以自由取得ᄒ며 自由行使者ㅣ 日以減
少ᄒ야 其得而不易取得者ㅣ 尤 此 增加홈은 此 勢之自然者也ㅣ니라.

▲ 제2호

第六章 利用(利效)

凡 財物之性이 可以充實人之缺乏者를 謂之利效ㅣ니 財物之所以爲財
物者난 實因有此性也라. 例如米난 可以充責吾人之慾望ᄒ니 是財物之有
利效者也오 水, 火車, 薪炭, 車丁之力役 等도 皆 然ᄒ야 亦 可謂之財物이
니라. 故로 人이 欲充實其慾望者난 於財物之有利效者에 爭而獲之ᄒ나
니 然이나 惟 萬物은 各 有其主ᄒ야 不可容易獲之라. 故로 如欲獲之ㄴ
딘 或 出金錢ᄒ며 或 出物品ᄒ야 以此易彼가 可也오 否則不能獲也니라.

財物之充慾望은 譬猶衣食住之於生活也ㅣ니 卽 生活에 不可無衣食住
요 充慾望에 不可無財物이라. 故로 欲獲財物 則 或 待之于金錢ᄒ며 或
待之于物品ᄒ고 否則 不能不待于力役勤勞ᄒ나니 然則 不先有所自費ᄒ
며 不先有所自勤이면 不能得財物者ㅣ 明矣라. 徵諸 職業컨딘 官吏난 以
蓄積勤務而後에 能得俸給ᄒ고 商人은 以放下資本而後에 能收利益홀지
니 俸給與利益은 皆所以充慾之財物也라. 故로 其 必先自勤勞ᄒ며 先自
費消而後에 可以得此生活ᄒ나니 經濟之根源이 實在此也로다. 夫 充慾
之多少와 得財之難易난 是爲經濟門限之管鑰이라. 故로 必其所出이 愈
少而所入이 愈多ᄒ고 且 其 充慾之效가 愈大 則 爲至善ᄒ야 經濟之極致

가 不外乎此夫 ㄴ더.

第七章 富

今 夫 資産家가 有資數百萬金ᄒ야 擲此巨額而以求得其已之所欲者를 此之謂富ㅣ니 故로 此 所謂 富者ᄂ 非直指財産而言之者也오 乃 指財産 與人關係之自由圓滿者而言之者也라. 申而言之컨딘 財物之利效를 我發 揮之ᄒ야 其 充慾之效가 多大者를 是謂之富ㅣ라. 故로 多數財産이 足以 充實多量之慾望者를 謂之當人이오 少數財産이 不足以充實少量之慾望 者를 謂之貧人이라. 雖 然이나 使以至多之財物으로 徒坐擁之ᄒ야 袖手 而觀인딘 是豈經濟上之幸福哉아. 吾 所謂 經濟上之幸福者ᄂ 顧用富之 方如何耳라 國之貧富도 亦 同此意ᄒ야 民雖有金銀財寶나 用不得法則有 若無也오 雖 有鑛山이나 採不得方則如無鑛이오 地雖豊饒나 不耕不作則 無異磽确이오 海有良港이나 不駛不繫則便若淺瀨ᄒ나니 是故로 民有勇 邁敢爲之風者ᄂ 必勤勉于其業ᄒ야 於財物之可利用者ᄂ 必開發無遺ᄒ 야 事事物物을 皆 使活動인딘 大業偉功을 斯以日擧ᄒ리니 如英美法德 諸國者ᄂ 此之謂國之富也ㅣ니라.

第八章 經濟現象之元素

凡 吾人之充慾은 必由于利用財物ᄒ야 渴而飮水와 飢而取食은 皆 因 財物之性而利用者也라 旣已利用 則 必消耗財物ᄒ나니 是以로 經濟上之 活動은 必始于消耗財物ᄒ나니 消耗財物은 是謂之消費ㅣ오 人이 若 欲 消費 則 必有足以消費之物이니 是以로 經濟上之活動은 必始於獲得財物 이나 然이나 財物이 不生成之 則 無由獲得이라. 故로 經濟上之活動은 必始于生成財物ᄒ나니 人之勤勞도 爲此而已오. 人之營業도 亦 爲此而 已라. 故로 生成獲得之活動을 總謂之生産이니라.

生産者는 財物之所由生也라. 雖 然이나 決不可徒手生産之오 欲生産
之 則 必宜先有所消費也 | 니 例如 農夫가 春時 播種ᄒ야 施以肥料ᄒ고
及至秋時ᄒ야 始收獲之ᄒ나니 是先有消費而後에 有所收獲也라. 故로
曰 生産者는 待消費而行者也 | 니라. 經濟上之活動은 千差萬別ᄒ야 不
知所窮이나 然이나 約而言之면 一曰 生産 二曰 所費而已라. 其 所活動
이 雖 萬變無常이라도 終不能脫于斯兩種現象之外ᄒ나니 故로 斯 二者
는 乃 經濟現象之元素也 | 니라.

◎ 經濟學 大要, 三寶, 〈태극학보〉 제21호, 1908.5.

經濟學의 意義

凡 生活을 此世에 受ᄒ 者 人類로붓터 禽獸에 至흠에 慾望이 無ᄒ
者 無ᄒ며 皆其 慾望을 滿足케 ᄒ기 爲ᄒ여 日夜 勞力지 안는 者 無ᄒ되
特別히 人類는 萬物의 靈長이 되니 其 慾望도 禽獸에 比ᄒ면 高尙ᄒ며
複雜ᄒ 故로, 其 慾望을 滿足케 ᄒ기 爲ᄒ야 勞力흠도 他動物과 不同ᄒ
야 但其 身體만 勞할 쑨 아니라 多大히 其精神을 勞ᄒ나니 其 慾望을
滿足케 ᄒ고저 ᄒ는 目的物에 對ᄒ야는 有形ᄒ 者도 有ᄒ며 無形ᄒ 者
도 有ᄒ야 其數는 千種萬類에 不止ᄒ나 其中에 最多 最重ᄒ 者는 外界
에 有形物이니 人類는 此 外界에 有形物을 得ᄒ야 此를 使用ᄒ여 此로
써 自己의 慾望을 滿足케 ᄒ기 爲ᄒ야 日夜로 其身體와 智慧를 勞働ᄒ
나니 此 勞働을 <u>經濟的 活動</u>이라 稱ᄒ여 此 <u>經濟的 活動을 研究흠이 卽
經濟學</u>이니, 上古 未開時代에는 人類도 禽獸와 近似ᄒ야 生活이 單獨ᄒ
며 慾望이 單純ᄒ야 衣食만 有ᄒ면 滿足에 自處ᄒ고 物品에 交換도 全
無ᄒ여스나 異類 相爭ᄒ며 同類 相保의 源因을 由ᄒ야 一致 協同의 性
質이 漸次 發達ᄒ야 太古的 生活이 一變ᄒ고, 共同的 生活이 次第로 進
步ᄒ야 所謂 社會의 組織이 於此에 始生ᄒ엿도.

人類의 第一 目的이 自己의 慾望을 滿足케 홈에 在ᄒ나 萬一 此共同的 生活이 無ᄒ여스면 到底히 其慾望의 滿足을 得키 不能할지믜 自己에 生存 發達을 企할 同時에 共同生活을 經營ᄒ며 社會에 發達을 計圖ᄒ엿나니 經濟的 生活이 於此에 漸盛이라. 本題 經濟學은 此活動에 研究를 因ᄒ야 出來ᄒ 者로다.

經濟學의 區分

經濟學은 二種의 區別이 有ᄒ니 第一은 純正經濟學이며, 第二는 經濟政治學이라. <u>純正經濟學은 經濟의 原理를 研究ᄒᄂ 者요, 經濟政治學은 此를 事物에 相照ᄒ야 論理ᄒ 者</u>니, 此兩者를 研究홈에 對ᄒ여ᄂ 純正經濟學을 研究ᄒ 後에 經濟政治學을 研究홈이 順序에 適合ᄒ지라. 故로 最先 純正經濟學에 對ᄒ야 研究할 要件을 擧ᄒ노라.

第一은 財의 生産이며 第二는 財의 交換이며 第三은 財의 分配며 第四ᄂ 財의 消費라. 此 四項을 說明키 前에 經濟學에 對ᄒ 根本的 關念에 對ᄒ야 數言을 先陳코져 ᄒ노라.

人類의 慾望

人類의 慾望에 對ᄒ야ᄂ 前述이 有ᄒ거니와 人類ᄂ 飢ᄒ면 食을 望ᄒ며 渴ᄒ면 水를 求ᄒ며 寒ᄒ면 衣를 願ᄒᄂ 關念이 有ᄒ며 或은 名譽를 求코져 ᄒ며, 或은 富貴를 得코져 홈이 無非人類의 慾望이라 稱할지니 此等 慾望은 實노 經濟學 根本的 感念이라 ᄒ노라. 人類의 慾望은 社會의 發達을 從ᄒ야 漸益高尚ᄒ며 其慾望의 種類도 漸益 增加ᄒ나니 在昔 人類의 慾望은 田을 耕ᄒ야 食ᄒ며 井을 掘ᄒ야 飲에 不過ᄒ며스나 社會의 進步를 從ᄒ야 衣食住居가 其飢寒을 纏免(재면)홈으로난 滿足키 不能ᄒ고 其好良을 益望홈에 至ᄒ엿고 昔에ᄂ 肉體에 慾望에 不外

ᄒᆞ야스나 今에는 肉體 慾望의 滿足을 得ᄒᆞᆯ지라도 精神上 滿足이 無ᄒᆞ면 滿足키 不能ᄒᆞ나니 此를 觀察ᄒᆞ면 人類의 慾望은 制限이 無ᄒᆞ도다. 然이나 如此ᄒᆞᆫ 慾望이 無ᄒᆞ면 社會의 日進月步를 期待키 不能ᄒᆞᆯ지니 人類의 最大 貴重ᄒᆞᆫ 者는 實노 此 慾望에 在ᄒᆞ다 ᄒᆞ노라.

此 慾望은 三種에 分ᄒᆞ건ᄃᆡ **第一은 自然의 慾望**이니 飢者의 食을 求홈과 寒者의 衣를 望홈과 如ᄒᆞᆫ 慾望은 一時라도 無키 不能ᄒᆞᆫ 者니 此를 謂ᄒᆞ야 自然의 慾望이라 稱ᄒᆞ며, 第二는 **身分의 慾望**이니 人類는 社會에 參與치 아니키 不能ᄒᆞ며 社會에 立ᄒᆞ여는 其相當ᄒᆞᆫ 地位와 相當ᄒᆞᆫ 品格을 保持치 아니키 不能ᄒᆞᆯ지니 此等 相當ᄒᆞᆫ 者를 希望홈은 卽 身分의 慾望이라 稱ᄒᆞ며, 第三은 奢侈의 慾望이니 前述ᄒᆞᆫ 바 自然의 慾望과 身分의 慾望은 人類의 相當ᄒᆞᆫ 程度를 濫越키 容易ᄒᆞ도다. 此가 一盛ᄒᆞ면 一身一家와 國家 社會랄 危殆케 ᄒᆞ나니 人類된 者난 此 慾望의 增加에 對ᄒᆞ야 一時라도 其 注意랄 怠키 不能ᄒᆞ도다.

財

財者는 人類의 慾望을 滿足케 홈이 目的物되는 有形物과 無形物을 總稱홈이니 慾望이 增加ᄒᆞ면 此財도 ᄯᅩ한 增加ᄒᆞᆫ 者라. 其分圍를 各 列ᄒᆞ면 財는 內部에 財와 外部에 財와 自由의 財와 經濟的 財의 四種에 區分ᄒᆞ나니 **內部의 財**는 人類의 健康 智慧 腕力 等이니 卽 身體 內部에 存在ᄒᆞ야 活動ᄒᆞᆫ 者를 稱홈이오, **外部에 財**는 金銀銅鐵 其他 各種 物品을 總稱홈이니 卽 身體 以外에 存在ᄒᆞᆫ 者오, **自由에 財**는 天然界에 存在ᄒᆞ야 勞力을 不費코도 能히 此를 得ᄒᆞ야 慾望을 充ᄒᆞ기에 足ᄒᆞᆫ 者니, 則 空氣 光線 等이며, **經濟的 財**는 慾望을 充키에 能ᄒᆞ되 多少 勞力과 報酬를 要ᄒᆞᆫ 者니, 卽 宇宙間에 萬物이라. 經濟學에 硏究는 全혀 此 財에 在ᄒᆞ나 此 經濟的 財도 有形 無形의 二種으로 區分ᄒᆞ노니.

(一) 有形 經濟的 在는 心身 以外에 存在ᄒᆞᆫ 者라. 此 有形 經濟的 財를 更히 二種에 分ᄒᆞ건ᄃᆡ 人工을 不要ᄒᆞ고, 使用키에 能ᄒᆞᆫ 果物 草木 等을

天然的 經濟的 財라 稱ㅎ며, 人工을 不要ㅎ면 使用키 不能흔 者를 人工 經濟的 財라 稱ㅎ며 (二) 無形的 財는 他 人爲ㅎ야 精神을 勞ㅎ며 身體 를 働ㅎ야 他人의 慾望을 滿足케 흔 然後에 相當흔 金額을 取得홀 時에 其 精神과 身體의 勞働을 無形 經濟的 財라 稱ㅎ나니, 以上 所陳흔 바 財를 分類ㅎ면 左와 如ㅎ니라.

財	經濟的財	自然的財	
		有形的財	天然的財
			人工的財
		無形的財	

　財는 大畧 如此ㅎ나 社會의 進步를 從ㅎ야 自由財는 漸次 其 範圍가 減少ㅎ나니 譬컨디 水는 大畧 自由財의 範圍에 在ㅎ나 水道를 用ㅎ야 供給홀 時에는 經濟的 財에 變移ㅎ며 光線과 如흔 自由財도 家屋을 地 下에 建築ㅎ고 使用홀 時에는 多少 費用을 要ㅎ는 故로 經濟的 財에 變移ㅎ나니 如此히 自由財의 範圍가 減少할 同時에 經濟的 財는 其 種 類가 增加ㅎ나니라. 此에 對ㅎ야 注意할 바는 以上 所論에 財와 富를 階同키 不能홈이니 富란 者는 經濟的 財를 多少히 積置흔 以上에 對ㅎ 야 稱홈이요, 財른 者는 卽 經濟的 財니 財와 富를 同一흔 物노 視홈이 不可ㅎ도다.

◎ 경제학 공부의 필요성, 법률독서인,
   〈대동학회월보〉 제5, 6, 7, 13호 (경제학)

▲ 제5호=경제학 공부의 필요성/화폐론

經濟學을 不可不讀

夫經濟는 一國의 經濟가 有ᄒᆞ고 一家의 經濟가 有ᄒᆞ고 一身의 經濟가
有ᄒᆞᄂᆞ니 國에 經濟之士가 無ᄒᆞ면 其國이 반다시 振興치못ᄒᆞ고 家에
經濟之人이 無ᄒᆞ면 其家ㅣ 自然이 衰敗홈은 多言을 不竢ᄒᆞ고 可히 明瞭
이 知홀지니 國이 有ᄒᆞ고 家이 有ᄒᆞ고 身이 有ᄒᆞ고야 엇지 經濟가 無ᄒᆞ
리오. 是以로 人類의 生活上에 一日이라도 不可闕홀 者ㅣ經濟니 經濟란
者는 衣食住三者에 不外ᄒᆞ나 但衣服을 華麗케 ᄒᆞ고 飮食을 珍佳케ᄒᆞ고
宮室을 高大케ᄒᆞ야曰 我는 經濟를 善學ᄒᆞ얏노라ᄒᆞ면 是는經濟를 不識
홀 뿐 아니라 經濟의 耗賊이라 稱ᄒᆞ야도 不可홈이 無ᄒᆞ니 萬一 經濟를
知得코져 홀진듸 其原理原則을 硏究치아니ᄒᆞ면 不得홀지라. 其原理原
則은 經濟學卷裡에 昭然載在ᄒᆞ엿슨즉 片言으로 謄錄홀지라도 料得ᄒᆞ
기 不能홀지라 其 要點만 擧ᄒᆞ건듸
    盖至極複雜ᄒᆞᆫ 人類는 生活上에 對ᄒᆞ야 種種 不足의 感覺이 有ᄒᆞᄂᆞ니
此 不足의 感覺과 滿足코져ᄒᆞᄂᆞ 情願을 包括ᄒᆞᆫ바 心裡作用을 稱ᄒᆞ야
欲望이라 云ᄒᆞᄂᆞ 바인듸 此 欲望에도 必要的 欲望과 地位的 欲望 卽
應分的 欲望과 奢侈的 欲望 等이 有ᄒᆞ야 人類는 恒常 此를 滿足케ᄒᆞ기
爲ᄒᆞ야 許多의 働作을 行ᄒᆞ야 經濟的 財貨를 獲得코져 營營汲汲ᄒᆞᄂᆞ니
是實 經濟學上의 根本的 問題라. 此를 由ᄒᆞ야 觀ᄒᆞ면 經濟學은 經濟業
務를 經營ᄒᆞ야 指揮監督ᄒᆞᄂᆞ 一般企業家와 其他 生産業을 從事홈에 當
ᄒᆞ야 各種의 關係를 說明ᄒᆞ며 一步를 進ᄒᆞ야 國家의 政務로 直接間接을
勿論ᄒᆞ고 經濟社會에 對ᄒᆞᆫ 利害得失을 學理的으로 講究ᄒᆞ야 其原理原
則을 論解ᄒᆞᆫ 바 學問이라.

嗟我 同胞中에 經濟란 句語를 解識ᄒᆞᄂᆞᆫ 者ㅣ 十分의 一이 不過ᄒᆞ되 又 其中에 舊習을 膠守ᄒᆞ고 推移를 不識ᄒᆞᄂᆞᆫ 人은 曰 經濟學은 我國의 遺來ᄒᆞ든 書冊이 아니라 寧死언졍 不可讀也－라ᄒᆞ고 稍勝人은 曰 我聞 經濟學이 好則好矣 云이나 我年이 衰邁矣라. 讀之何益고ᄒᆞ며 我才가 魯鈍矣라. 讀之徒勞라ᄒᆞ야 又 爲不讀ᄒᆞ며 爲農爲工爲商者ᄂᆞᆫ 全不顧見ᄒᆞ니 十一之中에 如此ᄒᆞᆫ 人을 除却ᄒᆞ면 所謂讀者ㅣ 幾人고 雖千人이 讀之라도 學士와 博士의 名稱은 二三人이 難得이거든 讀之者ㅣ 無幾어니 學者의 稱을 何處의 望이ᄂᆞᆫᄒᆞᆯ가 斷言ᄒᆞ노니 商業家ㅣ 讀之면 富源을 必致오. 農工業家ㅣ 讀之면 獲利倍蓰오 儒林家ㅣ 讀之면 天下事를 皆可ᄒᆞ니 惟願家家讀之ᄒᆞ고 人人讀之어다 噫라 現今宇內列邦의 貧富强弱의 差異가 有ᄒᆞᆷ은 經濟學程度의 進步 如何에 寘在ᄒᆞᆷ이 아닌가 詩不云乎아 周雖舊邦이다. 其 命維新이라 ᄒᆞ니라.

貨幣의 性質

財貨의 交易이 頻繁치 아니ᄒᆞᆫ 未開社會에 在ᄒᆞ야ᄂᆞᆫ 物物交換이 專行ᄒᆞ얏스나 社會가 進步ᄒᆞ고 交易이 漸盛ᄒᆞᄂᆞᆫ 時代에 至ᄒᆞ야ᄂᆞᆫ 物物交換의 風俗은 到底히 實行키 難ᄒᆞᆫ지라 何者오 元來 交換은 二人 以上이 各各自己의 剩餘ᄒᆞᆫ바 貨物로써 他有用의 貨物을 得코져 ᄒᆞᆷ이니 財貨의 種類가 尟少치 아니ᄒᆞ고 各人의 欲望이 漸次 增加ᄒᆞ야 此欲望을 滿足히 ᄒᆞ고져 ᄒᆞᄂᆞᆫ 意思가 互相符合ᄒᆞ기 難ᄒᆞ며 且其 欲望은 비록 符合ᄒᆞᆯ지라도 價格의 標準이 缺乏ᄒᆞ야 適當ᄒᆞᆫ 比例를 算定키 難ᄒᆞ며 特히 某種의 財貨ᄂᆞᆫ 分割ᄒᆞ기 不能ᄒᆞᆫ 等 不便이 有ᄒᆞᆫ 所以라. 故로 此等의 不便을 避ᄒᆞ기 爲ᄒᆞ야 一般人의 所好ᄒᆞᄂᆞᆫ 一種財貨를 選擇ᄒᆞ야 交換의 媒介를 作ᄒᆞᆷ에 至ᄒᆞ얏스니 是 卽 貨幣라.

然則 貨幣ᄂᆞᆫ 一般人民이 價格의 標準과 交易及支撥의 媒介로 通用ᄒᆞᄂᆞᆫ바 貨物로 國家의 法令에 法貨로 公認ᄒᆞᆷ을 由ᄒᆞ야 其 性質을 全히 ᄒᆞᆷ이니 此 貨幣ᄂᆞᆫ 通常 消耗ᄒᆞᄂᆞᆫ 目的으로 通用ᄒᆞᆷ이 아니라 他의 經濟

的 財貨와 交換홈은 勿論ᄒ고 特히 人類生活上 不可缺홀 衣食住를 滿足 케홈으로 時代를 隨ᄒ야 種種의 貨幣가 有ᄒ나 然이나 善良ᄒ 貨幣ᄂ **此에 必要ᄒ 性質을 保有ᄒ 物質로 成ᄒᄂ니 玆에 貨幣에 最適ᄒ바 性質 을 略論ᄒ건ᄃᆡ**

第一, 一般 世人이 公認ᄒᄂ바 價格이 有홀 事: 貨幣ᄂ 交換의 媒介라. 他의 價格이 有ᄒ 貨物과 交換ᄒᄂ 故로 其自体에 價値가 無치 못홀지며 又貨幣ᄂ 價格의 標準됨으로 貨幣 自身에 價格이 有치아니치 못홈과 如홀지니 是ᄂ 他物의 長短을 計ᄒᄂ 尺度가 自體에 其長이 有치 아니치 못홈과 如ᄒ니 此乃紙幣와 手形等으로써 貨幣라 未稱ᄒᄂ 所以라.

第二, 僅少ᄒ 分量으로써 高價를 有홀 事: 貨幣는 交易의 媒介及價格의 標準됨과 同時에 貯蓄의 方便을 因ᄒ야 廣大ᄒ 處所를 要홈이 不可ᄒ니 此이 分量이 小ᄒ 者로 價値의 大ᄒ 貨物을 要ᄒᄂ 所以라. 然이나 絕對 的으로 採用홈은 不可ᄒ니 何者오 金剛石과 如홈은 能히 此條件은 保有 홀지라로 實際에 適用ᄒ기 不能ᄒ바ᅵ라.

第三, 隨意로 分割ᄒ기 可得홀 事: 貨幣ᄂ 交易의 媒介物이라. 故로 各 種의 貨物을 交換홈에 當ᄒ야 多寡를 適意히 分割ᄒ야 其價値를 不失홈 을 要홀지니 是實金剛石, 毛皮等이 貨幣에 不適ᄒ 所以라.

第四, 價値를 不損ᄒ고 永久히 貯藏홈을 可得홀 事: 貨幣ᄂ 各處에 轉輾 流通홈으로 氣候의 寒暖을 因ᄒ야 其質을 變更ᄒ거ᄂ 永久貯藏홈에 當 ᄒ야 腐敗ᄒ기 容易ᄒ거ᄂ 又ᄂ 物品에 接觸ᄒ야 毀損홈과 如ᄒ 弊害 가 無홈을 要홀지라.

第五, 物質의 一樣을 要홀 事: 貨幣ᄂ 價格의 標準으로 貸借의 基礎를 作홈이니 若其物質이 不同ᄒ야 甲의 部分이 乙의 部分에 對ᄒ야 性質이 相異ᄒ거ᄂ 價値가 不同홀진ᄃᆡ 貸借의 關係上에 損害를 未免홀지니 然 則如何ᄒ 時와 如何ᄒ 處를 不問ᄒ고 一樣不變의 物質됨이 必要ᄒ니라.

第六 價格의 變動이 小홀 事: 時勢의 變遷을 從ᄒ야 貨幣의 價格에 變動 이 生홀 時ᄂ 所有財産, 貸借關係等에 損益의 差異를 免치못홀지라. 然

이는 萬般貨物中에 能히 此性質을 完備한 者는 全無하고 다만 金銀兩種이 比較的 此性質을 保有한 바ㅣ라.

第七, 認識하기 易할 事: 貨幣는 交易의 媒介로 各種去來에 通用하는 者ㅣ라. 故로 容易히 其眞價을 判定하기 可得함을 要할지니 彼寶石과 如함은 專門的 智識을 不有하면 其眞僞를 判別하기 不能하야 一般通用上에 多大한 不便을 釀成할지느 然이느 金銀은 其光澤及影響 等을 由하야 何人이든지 容易히 此를 判定하는 故로 現今 各國이 擧皆金銀을 用하는 바ㅣ라.

第八, 鑄造하기 適當할 事: 此는 第七의 條件을 實施함에 가장 必要한 바ㅣ니 卽 鑄造에 依하야 貨幣에 表裏兩面에 種種의 紋章을 雕刻하야 僞造의 弊害를 防杜함과 共히 一見에 他物과 區別하기 易케함이니 是亦 金屬中 特히 金銀이 其性質이 最適한 者ㅣ라.

第九, 磨滅이 小할 事: 是는 一日中이라도 幾十幾百人의 手裡에 轉轉流通하야 幾多의 歲月을 終過하면 自然磨滅하는 故로 我國의 (貨幣條例) 金貨는 純金九百分, 銅一百分으로 成하고 且其各片에 毫末의 差異가 無함을 斷定하기 不能하야 公差를 規定하고 此規定에 踰越한 者는 通用함을 不得케한 바ㅣ라.

上陳한 바는 貨幣에 必要한 條件으로 此를 比較的 完備한 者는 金銀이니 卽金銀은 人類社會의 經濟交通을 容易히하야 人類의 勞力을 減少케하는 效用이 有한 則貨幣는 交易及支撥의 媒介와 價格의 標準될 쑨 아니라 生産을 助長하는 一種器具라 云함이 可할지오 旣已一種의 器具된 以上은 貨幣도 쏘한 一種의 資本됨은 無疑한 바ㅣ니 此를 一國一社會上으로 觀察하면 固定資本이라 云할지느 一個人의 方面으로 觀察할 時는 流動資本이라 謂함이 可할지로다.

如斯히 貨幣는 一種特別의 性質을 保有한 貨物로 一般社會에 對하야 直接으로 重大한 關係를 有한者ㅣ라. 故로 國家의 權力으로도 新貨幣를 鑄造하고 舊貨幣를 廢止함에 當하야 市場에 狀況을 精察하야 愼重한

態度를 取ᄒᄂ 바ㅣ라.

▲ 제6호=신용의 성질을 거(擧)하여 이해를 논함

信用의 性質을 擧ᄒ야 經濟上에 關ᄒ 利害를 論홈

信用이란 者ᄂ 或人이 반다시 諸般의 義務를 盡ᄒ며 特히 貸借上의 義務를 履行홈을 他人이 推測ᄒᄂ 信任을 謂홈이니 卽 信用이 有라 云홈은 他人의 信任에 基因ᄒ야 單히 他日報酬를 約束홀 쓴으로 其財産 又ᄂ 勞力을 自由로 利用홈을 可得홈이라 故로 信用은 三個의 條件을 因ᄒ야 成立ᄒᄂ니

第一 信用을 得홀 人 自身이 其 義務를 盡홀 能力이 有ᄒ 事

第二 信用을 得홀 人 自身이 其 義務를 盡홀 意思가 有ᄒ 事

第三 信用을 得홀 人이 若自意로 其義務를 盡치 아니ᄒᄂ 時ᄂ 此를 盡케ᄒ기 爲ᄒ야 不得已ᄒ 境遇에ᄂ 司法行政의 兩權을 藉ᄒ야 强制홈을 可得홀 事 一國의 文化가 高尙ᄒ야 信用의 事業이 行홀 時ᄂ 賣買의 際에 現金을 不要ᄒ고 다만 支撥의 約束을 因ᄒ야 賣主와 買主間에 商業上關係를 成立ᄒᄂ니 如斯ᄒ 制度ᄂ 英米等 諸國에 가장 盛行ᄒ 바오 我邦에 在ᄒ야ᄂ 多少間 如此ᄒ 事業이 行ᄒ나 아직 幼稚ᄒ 狀態를 難免이니 玆에 此制度가 社會一般에 普及ᄒᄂ 條件을 先擧ᄒ고 從ᄒ야 經濟上에 及ᄒᄂ 利害를 論述코져ᄒ노니

第一 資本의 增殖이 盛大ᄒ 事

第二 各種의 産業이 繁榮ᄒ 事

第三 商業去來가 敏活ᄒ 事

第四 國民道德의 程度가 高尙ᄒ 事

第五 法律制度가 整頓된 事

第六 政治上及經濟上의 自由가 有ᄒ 事

此六個 要件은 信用이 普及홈에 不可缺홀 者ㅣ라 故로 歐洲大陸中伊太利國과 如홈은 中世에 信用의 事業이 盛行홈에 不拘ᄒ고 其後에 國內가 撓亂ᄒ야 政治 法律이 其宜를 不得ᄒ며 諸種의 商業이 萎靡不振홈을 因ᄒ야 信用의 事業도 ᄯᅩ혼 非常히 凋殘혼 狀況을 逞出ᄒ야 多少間 信用이 有혼 人이라도 現金을 支撥치 아니ᄒ면 賣買홈을 不得홈에 至ᄒ얏스며 今日에 在ᄒ야ᄂᆫ 全國의 狀態가 頗히 面目을 改ᄒ야 着着進步ᄒ야 諸般의 事業은 能히 列國과 互相比肩홈에 至ᄒ얏스나 信用의 事業에 至ᄒ야ᄂᆫ 오히려 昔日의 狀態를 未復ᄒ야 他國과 幷驅치 못ᄒ니 此ᄂᆫ 前揭혼 要件이 具備치 못홈에 職由홈이라.

如斯히 信用이 廣行홈에 數多의 關係가 有혼 바로 其利益이 ᄯᅩ혼 不小ᄒᄂᆞ니 第一. 信用은 多額의 支撥及遠方의 支撥에 供ᄒᄂᆫ 手形, 爲替券等과 如히 硬貨에 比ᄒ야 數層便利혼 交易의 媒介를 作ᄒ야 時間과 勞力을 節用홈을 可得ᄒᄂᆫ 事. 第二. 信用은 此에 相當혼 硬貨의 代用이 됨으로 硬貨로 ᄒ야금 地方法에 依ᄒ야 經濟上 有益혼 活動의 作用을 行ᄒᄂᆫ 事. 第三. 信用은 반다시 資本現在의 所有權을 變更치 아니ᄒ고 此를 有益ᄒ게 利用ᄒᄂᆫ 者의 手中에 歸ᄒᄂᆫ 機會를 得ᄒ야써 資本을 生産的에 使用ᄒᄂᆫ 바ㅣ라 故로 信用의 力을 依ᄒ야 無資無産者라도 진실노 企業力이 有홀진ᄃᆡ 能히 資本을 得ᄒ야 獨立으로 其勞力을 活動ᄒ야 資本家의 奴隷되ᄂᆫ 細民의 狀態를 得免ᄒᄂᆞ니 信用이 細民間에 行홈은 實노 社會政策의 一大方策이라 謂홀지라. 第四. 信用은 小額의 金錢을 鳩集ᄒ야 一大資本을 能成ᄒ야 經濟上 有益혼 事業을 行ᄒᄂᆫ 故로 特히 社會의 生産力을 一國의 中央에 輻湊케 아니ᄒᄂᆫ 事. 第五. 信用에 由ᄒ야 如何혼 金額이든지 此를 有益ᄒ게 使用ᄒᄂᆫ 時ᄂᆫ 自然貯蓄을 獎勵ᄒ야 將來를 爲ᄒ야 計劃을 行ᄒᄂᆫ 事. 第六. 信用은 人人互相의 信任的 關係를 結合ᄒ야 經濟上의 交通을 有혼 者의 利害를 均一히 ᄒ야 社會를 圓滑케 ᄒᄂᆞ니 信用을 根基ᄒᄂᆫ바 社會經濟가 發達ᄒᄂᆫ 時ᄂᆫ 各人은 他人의 信任을 受ᄒᄂᆫ 價値가 有홈을 指示ᄒ야 一大利益이라 稱ᄒᄂᆫ 故로 一舉一動에 悉皆此方針을 執ᄒ야써 社會全體의 智織, 道德

을 高尚케 ᄒ며 且社會全體의 智識, 道德이 高尚홈에 至ᄒ면 國民은 如何흔 事爲든지 營得치 못홀바ㅣ 無ᄒ니 是ᄂ 由ᄒ야 觀ᄒ야 信用의 效用은 實로 偉大홈을 可知홀지라.

信用의 利益이 如彼히 盛大홈으로 此를 能히 利用ᄒᄂ 時ᄂ 經濟上生産을 幇助홈이 恰然히 氣候의 順良及國民와 敎育이 發達홈과 同樣의 結果를 可見홀지라 盖一國의 氣候가 順良ᄒ며 國民의 敎育이 發達됨은 實노 其價値를 數字的으로 計算ᄒ기 不能홀지라도 其生産을 必助홈은 容疑홀바ㅣ 아니니 信用도 亦然ᄒ야 其價植를 數字的으로 計算홈은 不得홀지나 其生産을 增加홈은 明白흔 바ㅣ라 故로 學者가 或은 信用으로써 一箇의 新資本이라 稱ᄒᄂ 者ㅣ 有ᄒ나 此ᄂ 極端에 失ᄒᄂ 嫌이 不無ᄒ니 何者오 信用은 此를 有흔 者에 對ᄒ야 資本을 特히 供給ᄒᄂ 事이 有홈은 容疑치 아니홀 事實이라 然이나 此로 因ᄒ야 信用은 卽資本이라 云홈은 穩當치 아니흔 바ㅣ니 然則信用은 人類互相間에 存在흔 信任에 基因ᄒ야 生産을 助ᄒᄂ 一方便됨이 卽勞力의 組織이 其宜를 得홀 時ᄂ 生産을 多大히 增加홈과 如흔지라 此点으로 觀察ᄒ면 信用은 分業과 類似ᄒ며 且其作用은 運搬의 良法, 貨幣의 作用과 同一흔 效果를 有ᄒ얏다 可稱홀지로다.

然이나 一利一害ᄂ 事物의 常則이라 信用도 ᄯᅩ흔 不識不知中에 往往濫行ᄒ야 反히 可恐흔 弊害를 惹起ᄒᄂ니

第一. 信用을 利用ᄒ야 容易히 金錢의 融通을 得ᄒᄂ 時ᄂ 目前의 快樂을 貪ᄒ야 不生産的으로 資本을 減小ᄒᄂ 事
第二. 勞力及財産에 不相應흔 事業을 經起ᄒ야 其基礎를 鞏固確定치 못ᄒ야 種種의 弊害를 惹起ᄒᄂ 事
第三. 信用의 利用을 奇貨로 作ᄒ야 投機的事業을 增加ᄒᄂ 虞慮가 有흔 事

第四. 有産者ᄂ 通常無産者보다 自然多大ᄒ 信用을 有ᄒᆷ으로 此ᄅ 因ᄒ
야 更히 一層의 勢力을 無産者上에 振ᄒ야 貧富의 懸隔이 益甚ᄒ야 旣
已困難ᄒ 社會問題로ᄒ야금 愈益困難ᄒ 地位에 陷케 ᄒᄂ 事

此第四의 弊害ᄅ 矯正ᄒᆷ에 當ᄒ야ᄂ 오직 中産者以下의 社會에 信用
組合의 制度ᄅ 設ᄒ야 小農工業者로 ᄒ야금 廣大히 信用을 利用케ᄒᄂ
一方法이 有ᄒ 뿐이니 學者가 往往信用粗合, 庶民銀行의 必要ᄅ 論ᄒᆷ도
ᄯᅩ흔 此意에 不外ᄒᄂ바ㅣ라.

▲ 제7호=分業의 種類及利害

分業이라 ᄒᆷ은 生産에 干與ᄒ 人人이 各各 所掌을 相異히 ᄒ야 勞働
ᄒᆷ을 謂ᄒᆷ이니 此ᄅ 大別ᄒ면

第一. 技術的 分業 此ᄂ 各種의 業務 又ᄂ 箇箇의 私經濟의 範圍內에
在ᄒ 分業을 謂ᄒᆷ이니 譬컨ᄃᆡ 製造場에 在ᄒ 場長, 監督人 等의 勞働과
職工이 一人式 獨自勞働ᄒᆷ과 又ᄂ 數人이 共同치 아니ᄒ면 從事ᄒ기
不能ᄒ 勞働과 如ᄒ며 又 大工이 家屋을 建築ᄒᆷ에 當ᄒ야 設計指揮ᄒᆷ과
此에 從ᄒ야 各種의 使役에 從事ᄒ야 各自 其 事業의 性質을 相異히
ᄒᆷ과 如ᄒᆷ이라.

技術的 分業의 種類와 此ᄅ 行ᄒᄂ 順序ᄂ 職業의 差異ᄅ 因ᄒ야 不
同ᄒᆷ으로 事業이 盛大ᄒ고 生産의 規模가 複雜ᄒ야 一物을 作ᄒᆯ지라도
順序方法等이 甚多ᄒ면 分業의 行ᄒᆷ이 益大ᄒ야 一家內ᄂ 勿論ᄒ고 一
地方, 一國內에 亘涉ᄒ며 且 其結果ᄂ 同一生産에 對ᄒ야 同一ᄒ 勞力
과 同一ᄒ 時間으로써 一定ᄒ 組織이 無ᄒ고 孤立經營ᄒᄂ 者에 比ᄒ
면 多額의 生産을 得ᄒᄂ니 此種의 分業은 工業의 發達과 共히 機械의
發明이 其數漸多ᄒ며 此ᄅ 利用ᄒᄂ 方法이 愈益增加치 아니ᄒ면 充分
ᄒ 功效ᄅ 奏키 難ᄒ 비라.

第二. 職業的 分業 此는 國民의 許多흔 欲望을 滿足케 홀 種種의 財貨를 生産홈에 當호야 必要흔 國民全體의 勞働을 各種의 職業에 分호야 一個人 又는 多數人으로 호야곰 各其所掌의 勞働을 相異케 홈을 依호야 生産된 各種의 財貨를 互相交換호야 其 欲望을 滿足케 호는 方法이라. 故로 此 交換을 便利케 호기 爲호야 中間에 介立호야 運輸, 賣買 等에 從事홈도 쏘흔 一種의 職業으로 分業의 依호얏다 云호야도 過言이 아니니 此種의 分業은 純粹흔 農業國에 在호야는 實行이 頗稀호고 商工業이 盛行흔 國에 在호야 漸次 廣大호며 一步를 進호야 士農工商等 總히 職業에 從事호는 人人의 區別이 有홈에 至호야 가장 發達호는 빈라. 然이는 此 分業의 盛行은 士農工商中 工業의 範圍內에 屬홈이 第一이라 可謂홀지로다.

此種 分業의 結果도 쏘흔 生産額을 增加호야 國民으로 호야곰 各種의 欲望을 充滿케 홈에 在호며 從호야 國民이 開化文明의 地位에 漸進호야 列國間에 權衡을 能爭호는 빈며 且 此種의 分業을 稱호야 社會的 大分業이라 云호느니 彼 農夫가 穀物을 耕作호고 大工이 家屋을 建築호며 醫師가 疾病을 治療호고 學者가 眞理를 攻究호는 等이 皆社會的 大分業으로 쏘흔 社會의 進步를 隨호야 增進호는 빈라. 或者는 云 古人은 萬能을 兼備호얏스느 今人은 不然흔 故로 孤立호야 衣食住 其他 千百의 欲望을 滿足홈을 不得흔다 호느 然이느 今人의 欲望은 原始時代의 人에 比호면 非常이 多大호고 且 複雜홈은 無疑흔 事實이니 古今을 對照홈에 當호야는 此點을 可考홀지로다.

第三. 國際的 分業 此는 地球上에 在흔 諸國의 人民이 各其 所長의 貨物을 生産호야 稀貴흔 바 物品을 他國에 得호야 有無를 相換홈이니 是實外國貿易이 由起흔 빈오. 其 原因은 第一에 地勢, 風土 等 各國 自然의 差異와 第二에 國民에 政治上及經濟上에 關흔 歷史的 發達의 不同홈을 基因홈이니 此種의 分業도 쏘흔 前二種과 如히 生産을 增加홈은 勿論이라.

如斯히 分業에 三種 區別이 有ᄒᆞᄂ 其 利益은 共히 生産을 增加홈에 在ᄒᆞ지라. 然이ᄂ 分業은 如何히 ᄒᆞ야 其 目的을 達홀지 此를 左에 略論ᄒᆞ컨ᄃᆡ

第一. 各人으로 ᄒᆞ야곰 其 能力, 嗜好에 應ᄒᆞ야 各各 其所를 得케 홀 事
第二. 各人으로 ᄒᆞ야곰 一種의 勞働의 專依홀 時ᄂ 諸種 勞働을 兼行홈보다 顯著히 熟練홈을 可得홀 事
第三. 一種의 勞働으로 他에 勞働에 移轉홈을 當ᄒᆞ야 所要의 時間과 無用의 煩勞를 省略ᄒᆞᄂ 事
第四. 機械의 發明及改良을 誘起ᄒᆞᄂ 事. 蓋機械의 使用에 從事ᄒᆞᄂ 者의 多數ᄂ 敎育이 無홈에 不拘ᄒᆞ고 其 發明改良이 彼等에게 多有홈은 機械의 發明史에 在ᄒᆞ야 足徵홀 비라.
第五. 生産의 所費의 資本을 節略ᄒᆞᄂ 事
第六. 職業을 增加케 ᄒᆞᄂ 事. 職業의 增加라 홈은 分業의 結果로 新職業을 惹起홈을 謂홈이니 是亦生産額을 多大케 ᄒᆞᄂ 利益이라.

上陳ᄒᆞᆫ 바ᄂ 總히 分業의 利益으로 生産의 增加를 惹起ᄒᆞᄂ 바 手段方法이라. 玆에 此 分業의 利益에 關ᄒᆞ야 <u>아담스미스氏</u>의 引用ᄒᆞᆫ 바 有名ᄒᆞᆫ 一例를 擧ᄒᆞ건ᄃᆡ 當時의 縫針을 製造홈에 當ᄒᆞ야 十八段階의 順序를 成ᄒᆞ얏ᄂᄃᆡ 若此 十八段階의 順序를 分業에 依ᄒᆞ야 十人이 各行ᄒᆞ면 一日에 五萬本을 能製ᄒᆞᄂ 然이ᄂ 該十人으로 ᄒᆞ야곰 各自 十八段階의 順序를 兼行홀 時ᄂ 一日에 僅히 二百本을 製造홈에 不過ᄒᆞᆫ다 云ᄒᆞ니 然則 同一分量의 勞力으로써 生産上 二百五十倍의 差異가 有홈을 可見이니 分業이 生産上에 在ᄒᆞ야 多大ᄒᆞᆫ 利益을 呈出홈은 多言을 不俟홀지로다.

然이ᄂ 分業에 在ᄒᆞ야도 ᄯᅩᄒᆞᆫ 弊害가 不無ᄒᆞᄂ니 前例에 就ᄒᆞ야 言ᄒᆞ면 分業에 據ᄒᆞ야 一勞働을 專依홀 時ᄂ 非常ᄒᆞᆫ 利益을 生ᄒᆞᄂ 然이ᄂ 其人으로 終始 縫針을 磨홈에 從事케 홀 時ᄂ 恰然히 生械機와 如ᄒᆞ

야 縫針을 磨ᄒᄂ 以外에ᄂ 如何흔 事業이든지 解得키 不能흠에 至ᄒ
며 又 鑛夫와 如히 苦役에 終日 從事홀 時ᄂ 健康을 害ᄒᄂ 事이 不無흔
지라. 左에 其弊害及救濟策을 槪論ᄒ면

第一. 從事ᄒᄂ 빅 終始 同一ᄒ고 變更흠이 無홀 時ᄂ 勞働者의 身體及
精神을 害ᄒ며 甚흔즉 疾病에 陷ᄒᄂ 事, 此弊ᄅ 救코져 홀진딕
　(甲) 勞働時間을 短縮케 흠.
　(乙) 勞働者로 ᄒ야곰 其 業務의 餘暇에 空氣의 淸潔흔 處所에 在ᄒ야
運動케 흠.
　(丙) 勞働者의 精神上 快樂을 獎勵흠. 卽 敎育會, 音樂會, 幻燈會 等을
開催ᄒ야 勞働者의 精神上 快樂을 圖흠과 同時에 高尙흔 精神을 養成흠
이라.
　此 三箇의 方法을 實行홀 時ᄂ 第一의 弊害ᄅ 全然 防止흠은 不得홀
지라도 幾分間 此ᄅ 除去흠을 可得홀지라.

第二. 勞働者의 從事ᄒᄂ 빅 一方에 偏傾홀 時ᄂ 其 職業及雇主에게 倚
賴흠이 太過ᄒ이 一朝事變이 生홀 時ᄂ 困難에 陷ᄒᄂ 事

第三. 勞働者가 事業의 盛衰에 依賴흠이 甚ᄒ야 忽然히 市場의 恐慌을
際ᄒ면 奈何키 不能흠에 至ᄒᄂ 事

　右 二種의 弊害ᄅ 救濟ᄒᄂ 方法은 勞働者로 ᄒ야곰 一工場 內에 在
ᄒ야도 勞役의 種類ᄅ 時時로 變更ᄒ며 又ᄂ 一定흔 時間을 定ᄒ고 普
通 一般의 敎育을 受케 ᄒ며 勞働者組合을 設ᄒ고 失業의 際에 互相救
助케 흠에 在흔 빅라.

　以上에 論述흠과 如히 分業은 發達增進흠을 因ᄒ야 生産上에 利益이
極多ᄒ며 此에 伴ᄒᄂ 弊害도 ᄯ흔 不少흔지라. 然이ᄂ 此 分業은 無制

限으로 發達ᄒ야 弊害를 釀出흠이 아니오 其 性質上 自然的으로 制限흠
이 又 有ᄒ니.

第一. 市場의 廣狹 生産物의 需要多少에 由ᄒ야 分業의 順序를 斟酌지
아니ᄒ면 結局은 生産이 過多ᄒ야 反히 損害를 未免흠으로 一物을 生
産흠에 當ᄒ야ᄂ 其 販路의 如何를 攻究치 아니치 못흘지니 若生産物
의 需要가 尠少흠에 不拘ᄒ고 充分히 分業을 行ᄒ야 多數의 勞働者를
使役ᄒ야 多量의 貨物을 産出ᄒ야 其 産出額이 需要額보다 多大흘 時ᄂ
到底히 販路를 得ᄒ기 不能ᄒ야 損害가 生흠은 勿論이라. 然則 販路의
廣狹 卽 市場의 廣狹을 定흠에 當ᄒ야ᄂ 消費者의 購買力, 交通, 運輸機
關의 良否 等을 注意흘 비라.

第二. 職業의 性質 職業의 性質에 由ᄒ야 一年間 共通ᄒ야 執務를 繼續
키 不能흘 者ㅣ 有ᄒ야 如斯흔 事業의 生産期ᄂ 或 春夏에 在ᄒ고 秋冬
二季ᄂ 徒然히 經過치 아니흠을 不得ᄒᄂ니 農業과 如흠이 其一이라.
蓋農業에 在ᄒ야ᄂ 播種及收穫의 間에 多少의 時日을 要ᄒᄂ 然이ᄂ
此를 播種專門者와 收穫專門者로 ᄒ야곰 各各 分業케 흘 時ᄂ 一方이
職業에 從事ᄒᄂ 間 他一方은 他日의 職業을 空待ᄒᄂ 不便이 有흠으로
分業은 充分히 實行흠을 不得흘지오. 且 如此흔 職業은 農業에만 專在
흠이 아닌즉 分業도 또흔 職業의 性質을 因ᄒ야 制限된다 云치 아님을
不得흘지로다.

第三. 資本의 多少 資本이 豊富ᄒ야 事業을 盛大히 行흘 時ᄂ 此에 從事
하ᄂ 者로 各各 所長을 取ᄒ야 專一히 服役케 ᄒ야 生産을 擴張ᄒ고
設或直時에 販賣흠을 不得흘지라도 此를 貯藏ᄒ야 需要者의 增加흠을
待흘 餘裕가 有흘지나 然이ᄂ 資本이 尠少흘 時ᄂ 反히 需要의 如何를
不拘ᄒ고 生産을 擴張치 못ᄒᄂ 비라.

▲ 제13호=자본에 대한 논의

資本이라 홈은 價値의 數字上으로 算出ㅎ기 可得홀 經濟財貨의 一種으로 勞力을 因ㅎ야 生ㅎ며 未來의 生産을 助成ㅎᄂ 者를 謂홈이라. 然而 學者의 通常 解釋을 據ㅎ면 資本은 單히 未來의 使用에 供ㅎ기 爲ㅎ야 貯置ㅎᄂ 者와 生産을 助成ㅎᄂ 者를 包含ㅎ야 論ㅎ나 然이나 資本은 元來 自然의 生産要素와 相異ㅎ야 吾人의 助力을 依ㅎ야 成ㅎᄆ 財貨의 一種으로 其 使用의 目的 如何를 意義中에 明言홈이 可ㅎ니 何者오. 單히 未來의 使用에 供ㅎ기 爲ㅎ야 貯置ㅎᄂ 者ᄂ 반다시 資本의 作用을 成ㅎ기 可흔者에 限치 아니ㅎᄂ 所以라.

上述흔 바를 由ㅎ야 觀ㅎ면 資本이 經濟財貨를 成홈은 勿論이라. 然이나 經濟財貨ᄂ 資本를 成ㅎᄂ 者와 不然흔 者의 區別이 有ㅎ니 此ᄂ 其 財貨의 形體 及 性質에 倣關홈이 아니오 唯具經濟上에 關흔 目的을 由ㅎ야 決定ㅎᄂ 바ㅣ라. 故로 同一物도 資本을 成ㅎᄂ 者ㅣ 有ㅎ며 未成ㅎᄂ 者도 又 有ㅎ니 譬컨뒤 生産에 從事ㅎᄂ 勞働者에게 供用ㅎᄂ 食物은 資本됨을 可得홀지라도 無用의 奢侈에 供用ㅎᄂ 食物은 資本이 아니며 又 農業上 耕作에 使役ㅎᄂ 牛馬ᄂ 資本이라 云홀지라도 單히 娛樂을 爲ㅎ야 飼養ㅎᄂ 牛馬ᄂ 資本이 아니니 是ᄂ 資本의 觀念과 單純흔 經濟財貨의 觀念이 不同흔 바ㅣ라.

資本 中에ᄂ 其 價値를 數字上으로 算出ㅎ기 不得홀 者를 包含치 아니ㅎᄂ 故로 各人의 能力, 智力 及 技藝와 如홈은 經濟學上 財貨됨은 勿論이나 然이나 資本됨을 不得ㅎᄂ 바오 此와 反ㅎ야 商店의 顧客과 如홈은 其 價値를 算出ㅎ기 可得홈으로 此를 無形資本이라 稱ㅎᄂ 바니 古昔商業이 隆盛치 못흔 時代에 在ㅎ야ᄂ 顧客과 如홈은 其 價値를 算出키 不得홈이 明白흔 바ㅣ나 然이나 今日에 在ㅎ야ᄂ 不難흔 事實도 往往此를 賣買讓與ㅎᄂ 바ㅣ라.

上陳흔 바ᄂ 資本의 意義를 統括的으로 槪論홈이어니와 左에 其 觀

察의 方面을 隨하야 此를 分類하면 大略 如左하니

第一. 資本을 使用하는 人의 相異흠을 因하야 觀하면
甲. 自用資本 自用資本이라 흠은 資本을 所有한 者가 生産에 親自從事하야 使用하는 바 資本을 謂흠이오.
乙. 他用資本 他用資本이라흠은 所有者가 스스로 資本을 使用치 아니하고 此를 他人에게 貸與하야 使用케 하는 者를 云흠이라.

第二. 資本의 形體有無를 依하야 區別흘 時는 此를 有形, 無形의 二種으로 分하
甲. 有形資本 此를 更히 細別하면
(一) 保生의 必要品 此는 卽 生産者가 生産에 從事하는 間 其 生命을 保維흠에 必要한 衣食用의 貨物을 謂흠이오.
(二) 諸具, 器具, 機械 諸具라 흠은 直接 手足으로써 使用하는 者를 指흠이니 鋸少刀와 如한 等이오. 器具라 흠은 貨物을 保存하며 又는 運搬흠에 當하야 使用하는 者를 稱흠이니 輔, 箱과 如흠이오 機械라 흠은 直接 人力으로써 運動치 못하고 蒸氣, 電氣, 水力等을 依하야 輾轉하는 者를 云흠이니 印刷機械 紡績機械 等과 如흠이오.
(三) 粗製品 卽 綿毛의 類로 精造品의 材料를 成하는 者를 謂흠이오.
(四) 助成品 此는 生産의 結果된 貨物에 直接表現치 아니하고 單히 其 生産을 助흠에 不過하는 者를 指흠이니 火藥 石炭 木炭 等과 如흠이오.
(五) 商品 是는 商人이 其 店頭에 排列하며 又는 倉庫에 貯藏하야 購買者를 苦待하는 바 貨物을 謂흠이오.
(六) 有益家畜 卽 人力을 加하야 飼養하는 牛馬 鷄豚 等과 如한 畜類로 生産上에 用하는 者를 云흠이오.
(七) 土地의 改良 土地에 改良을 加하야 穀物 及 其他의 生産力을 增加흠과 如흠은 全히 他 資本 及 勞力을 施하야 未來의 生産을 幇助하는 者를 謂흠이니 疏水, 堤防 等이 皆 此 種의 資本에 屬흠이라. 然而 此는

208

現今 經濟學者가 土地에 對한 言論이오 古昔과 如히 土地의 生産을 純然한 自然에 放任하든 時代에 在하야는 不能한 바ㅣ며

(八) 建等物 此 亦 生産을 補助홈에 多大한 影響이 有한 者ㅣ니 卽 家屋, 倉庫 其他 製造場 等이오 且 交通機關 卽 鐵道, 電信, 電話 等과 如홈도 此 種의 資本에 屬한 바ㅣ라. 然이나 或은 此 交通機關을 土地의 改良中에 算入하거나 不然이면 特히 別項으로 立論홈이 可타 하는 者ㅣ 不無하되 此 亦 一種의 建築物됨은 無疑홈으로 玆에 幷論하는 바ㅣ 彼家屋에 對하야도 所有者가 單히 住居에 供하는 時는 消費用에 不過하는 바ㅣ로다. 此를 生産에 供用하는 時는 其 家屋은 資本됨이 無疑한 바오.

(九) 貨幣 此는 交易의 媒介, 價格의 標準으로 使用하는 者ㅣ니 또한 資本의 一種됨은 明白한 바ㅣ라. 然이나 世人이 往往 金融이 逼迫한 狀態를 見하면 卽 資本의 缺乏이라 斷言하는 者ㅣ 不無하니 是는 資本의 意義와 貨幣의 意義에 廣狹의 差異가 有홈을 思量치 아니한 誤謬됨을 難免홀지로다.

　　上述한 九種의 有形資本은 實로 絶對的 區別이 아니오 오직 大體分類에 不過홈인 故로 一種의 物로 數種의 區別下에 算入한 者ㅣ 不無한 바ㅣ라.

乙. 無形資本 此 亦 有形資本과 同一히 生産事業에 使用하는 者ㅣ나 然이나 其 相異한 바는 卽 無形資本은 此를 使用홈에 因하야 減少하거나 又는 消滅홈이 無하고 反히 繼續增加하는 바ㅣ니 彼商店의 顧客과 如홈이 其 顯著한 一例라.

第三. 資本의 移動與否를 因하야 區別하면

甲. 動資本 此는 其 牲質 及 形體를 不變하고 但 其 處所를 變遷하기 可得홀 者를 云홈이오

乙. 不動資本 此는 其 牲質 及 形體를 不變하면 其 處所를 變遷하기 不得홀 者를 云홈이라.

然則 此 區別은 法律上에 所謂 動産 不動産의 類와 相異흠이 少無흘 듯ㅎ나 然이나 絕對的으로 二者를 同一히 看做흠은 不可ㅎ니 此는 法律學上과 經濟上의 觀察이 根本的 相異흔 바ㅣ라.

第四. 資本의 使用ㅎ는 度數 及 此에 伴ㅎ는 保存時間의 長短에 基因ㅎ야 觀察ㅎ면

一. 固定資本 固定資本은 生産을 營爲흠에 當ㅎ야 屢屢 使用흠을 可得ㅎ며 從ㅎ야 其 保存時間이 長遠ㅎ되 唯其 使用을 因ㅎ야 漸次 滅損ㅎ는 者ㅣ니 卽 器具, 諸具, 機械, 建物等과 如흠이오.

二. 流動資本은 生産을 營爲흠에 當ㅎ야 一次 此를 使用ㅎ면 其 形狀을 變ㅎ며 又는 其 存在 處所를 換ㅎ야 同一의 生産에 屢屢 使用흠을 不得ㅎ는 바ㅣ니 譬컨딕 柴炭類와 如흠은 一次 此를 使用ㅎ면 卽 灰燼으로 化成ㅎ야 更히 同一目的에 使用흠을 不得ㅎ는 바ㅣ며 且 貨幣와 如흠도 또흔 一種의 流動資本으로 一次使用ㅎ는 時는 雖 其 形狀은 不變이나 然이나 使用同時에 他人의 手中에 轉輾ㅎ야 再次 此를 使用흠을 不得ㅎ는 바ㅣ라. 然而 貨幣가 他 流動資本과 相異흔 點이 有ㅎ니 卽 貨幣는 交易의 媒介物로 恒常 輾轉流通ㅎ야 其 效用을 均一히 行ㅎ는 바ㅣ니 此를 一個人의 方面으로 觀察ㅎ면 勿論 一種의 流動資本이라. 然이나 一國社會 全體로 察察흘 時는 또흔 一種의 固定資本됨이 無疑흔 바ㅣ라.

然而 此 區別은 學者가 一般히 採用ㅎ는 바ㅣ라. 然이나 或者는 此를 動資木 及 不動資本의 區別과 同一히 論ㅎ는 者ㅣ 不無ㅎ되 是는 誤見이니 何者오. 機械와 如흠은 固定資本이오 不動資本이 아니며 其他 此와 類似흔 者ㅣ 不尠흔 卽 固定流動의 區別은 使用의 度數 及 保存期間의 長短에 基因흠이 可흘지로다.

上述흔 四種의 區別中 第四의 境遇 卽 固定資本 及 流動資本의 區別은 特히 一國經濟界에 關흔 重要흔 問題로 學者가 往往 資本을 區別흠에 當ㅎ야 唯獨 此를 主論ㅎ는 者ㅣ 不無흔 故로 玆에 亦 其 槪意를

一言코져 ᄒᄂᆫ 바ㅣ라.

夫 一國에 關ᄒᆫ 固定資本과 流動資本의 比例ᄂᆫ 社會經濟 發達의 狀態에 至大ᄒᆫ 影響이 有ᄒᆫ 바ㅣ니 方今 世界一般의 大勢로 觀ᄒᆞ건ᄃᆡ 流動資本을 漸次 固定資本으로 變ᄒᆞ면 經濟上에 關ᄒᆫ 眞正ᄒᆫ 公刊公益을 增進ᄒᆞ며 國家全體의 生産을 高大케 ᄒᆞ야 永久的 生計로 가장 得策이라 可至ᄒᆯ지오 此와 反ᄒᆞ야 固定資本이 漸次減少ᄒᆯ 時ᄂᆫ 生産을 永久히 縮少케 ᄒᆞ야 國家가 衰弱ᄒᆞᄂᆫ 徵候라 云치 아니홈을 不得ᄒᆯ지나 然이나 一國 一時代의 境遇로 論ᄒᆞ면 쏘ᄒᆫ 固定資本만 增加ᄒᆞ야 流動資本에 對ᄒᆞᄂᆫ 權衡을 保維치 못ᄒᆯ 時ᄂᆫ 反히 至大ᄒᆫ 恐慌을 惹起ᄒᆯ지니 然則 時時로 國家社會의 經濟事情을 相應ᄒᆞ야 兩者가 其 均衡을 各得ᄒᆞ야 經濟社會 全體의 進步를 可圖ᄒᆯ지라 何者오. 若 一般의 大勢를 主眼ᄒᆞ야 物質的 進步에 汲汲ᄒᆞ야 各種의 機械와 其他 交通機關 卽 鐵道, 電信, 電話, 船舶 等 事業을 益益擴張ᄒᆞ야 流動資本을 漸次 固定資本으로 變成ᄒᆞᄂᆫ 時ᄂᆫ 其 結果ᄂᆫ 資本을 使用홈에 要ᄒᆞᄂᆫ 流動資本이 罄渴ᄒᆞ야 經濟界의 一大 恐慌을 未免ᄒᆯ지니 是實 經濟政策의 當局者가 深思熟慮ᄒᆞ야 固定資本의 必要가 非常히 多大ᄒᆫ 境遇에 在ᄒᆞ야도 流動資本을 變更ᄒᆞᄂᆫ 程度 及 順序 方法을 可及的 經濟界의 實地에 比照ᄒᆞ야 危險에 陷ᄒᆞᄂᆫ 獘害를 務避ᄒᆯ 바ㅣ라.

◎ 經濟學, 尹成熙, 〈기호흥학회월보〉 제2호, 1908.9. (경제학)

▲ 제2호 吝嗇이 勝於濫費

夫 人類가 團結ᄒᆞ야 一 社會를 成ᄒᆫ 以上은 其 生活에 最要者ᄂᆫ 卽 衣食住 三件이니 此를 供給ᄒᆞ기 爲ᄒᆞ야 貨物을 生産ᄒᆞ며, 消費ᄒᆞ며, 分配홈이 世의 謂ᄒᆞᄂᆫ 바 經濟라. 然則 人의 生活이 貨物에 依ᄒᆞ야 維持홈인즉 誰가 貨物의 貴重홈을 不知ᄒᆞ리오마ᄂᆫ 人의 性質은 天然的으로

能히 一齊치 못ᄒᆞ야 或 厚 或 薄ᄒᆞ며 或 勤 或 惰ᄒᆞ며 或 吝嗇(인색) 或 濫費ᄒᆞᄂᆞ니 如斯히 人의 性質이 一齊치 못ᄒᆞᆷ을 憂ᄒᆞ야 人爲的으로 此를 敎導ᄒᆞ야 物件上 關係를 適度케 硏究ᄒᆞᆷ이 卽 經濟學이라. 然이나 古聖의 言과 如히 下愚ᄂᆞᆫ 不移ᄒᆞ야 吝嗇의 甚ᄒᆞᆫ 者와 濫費의 過ᄒᆞᆫ 者ㅣ 不無ᄒᆞ니, 此 兩者가 共히 經濟의 本旨에 違反됨은 一般이로ᄃᆡ 其 利害 가 全國 經濟에 及ᄒᆞᄂᆞᆫ 影響은 多少 相異ᄒᆞᆷ으로 爲先 兩者가 共히 經濟 本旨에 違反되는 理由 及 結果를 說明ᄒᆞ고 次에 何者가 爲勝ᄒᆞᆷ을 論ᄒᆞ 야 此 問題를 解決코져 ᄒᆞ노라.

吝嗇家ᄂᆞᆫ 義理를 不辨ᄒᆞ며 情誼를 不顧ᄒᆞ고 但 自己만 專爲ᄒᆞ야 錢財 를 愛惜ᄒᆞᄂᆞᆫ 者를 云ᄒᆞᆷ이니 (…下略…)

▲ 제4호

*앞의 글과 연속된 것은 아니나 국가 재정을 주제로 한 학설임.

一般 豫算 及 特別 豫算

現今 國家ㅣ 歲入을 得ᄒᆞᆷ에 租稅 又ᄂᆞᆫ 公債에 專依ᄒᆞᆷ은 世界의 大勢 라. 然而 租稅 及 公債 以外에도 官業 收入 官有財産 及 手數料 等이 無ᄒᆞᆷ은 아니나, 是等은 租稅에 比較ᄒᆞ면 其額이 少ᄒᆞ고 且 民財를 强徵 ᄒᆞᄂᆞᆫ 者 아님으로 金融에 關係됨도 租稅 及 公債와 同日에 論ᄒᆞᆯ 바 아닌 즉 一 問題될 必要로 不認ᄒᆞ며, 償金 領收와 如ᄒᆞᆫ 者ᄂᆞᆫ 非常 稀有의 事 인즉 亦是 經常으로써 論ᄒᆞᆯ 바 아니라. 國家ㅣ 其 歲入이 有ᄒᆞᆫ 以上은 如何히 ᄒᆞ야 此를 使用ᄒᆞᆷ이 可ᄒᆞᆯ가 ᄒᆞᄂᆞᆫ 바ㅣ 卽 今 豫算의 問題니 左에 略述ᄒᆞ노라.

元來 預筭은 其 關係가 至大至光ᄒᆞ니 其 編制Ⱳ製 決議 執行 及 結末

212

에 取ᄒᆞ야ᄂᆞᆫ 大히 論究ᄒᆞᆯ 바ㅣ 有ᄒᆞᆫ지라. 然而 預算에ᄂᆞᆫ 一般豫算, 特別 豫算의 區別이 有ᄒᆞ니 一般預算이란 者ᄂᆞᆫ 各 部 所管의 普通 比容을 豫定ᄒᆞᄂᆞᆫ 一般 會計가 是오, 特別 豫算이란 者ᄂᆞᆫ 特別의 須要를 因ᄒᆞ야 特別의 比容을 支辨ᄒᆞᆯ 必要가 有ᄒᆞᆫ 境遇에 當ᄒᆞ야 一般 會計法規에 準 據키 難ᄒᆞᆫ 者ㅣ 有ᄒᆞᆫ 時에 特別히 資金을 分ᄒᆞ야 會計를 立ᄒᆞᄂᆞᆫ 特別會 計가 是라. 一般會計ᄂᆞᆫ 玆에 重難한 問題가 아니로ᄃᆡ 特別會計ᄂᆞᆫ 上述 ᄒᆞᆷ과 如히 或 特別의 必要를 因ᄒᆞ야 生ᄒᆞᄂᆞᆫ 者인즉 漫然히 此를 增加ᄒᆞᆷ 이 不可ᄒᆞ니, 若 此를 漫然히 增加ᄒᆞ면 國費가 共通의 便宜를 失ᄒᆞ야 一方 餘裕가 有ᄒᆞ고, 一方에 不足이 生ᄒᆞᆷ으로 金庫의 融和를 失ᄒᆞ며, 隨ᄒᆞ야 國庫에 資金을 死藏ᄒᆞ고, 金融市場에 影響이 不少ᄒᆞᆯ지니, 往時 英國이 國債償還ᄒᆞ기 爲ᄒᆞ야 特別의 基金을 置ᄒᆞ얏다가, 不便ᄒᆞᆫ 結果를 致ᄒᆞᆫ 事ᄂᆞᆫ 財政史上의 一奇觀으로 後世에 永傳ᄒᆞᄂᆞᆫ 바인즉 엇지 可鑑 ᄒᆞᆯ 者 아니리요. 故로 預算은 特別의 事情이 無ᄒᆞ면 可成的 此를 一般으 로 ᄒᆞᆷ이 可ᄒᆞ도다.

然이나 普通預算에 推入ᄒᆞ면 細微ᄒᆞᆫ 事件을 因ᄒᆞ야 大機關을 運轉ᄒᆞ ᄂᆞᆫ 所謂 牛刀의 歎이 有ᄒᆞᆯ 境遇에 在ᄒᆞ야ᄂᆞᆫ 元來 一考의 價値가 不無ᄒᆞ 니 就中 作業과 如ᄒᆞᆫ 事ᄂᆞᆫ 收入이 自有ᄒᆞ고도 費用의 支持ᄂᆞᆫ 敏活을 特要ᄒᆞ며, 又 工事와 如히 經費의 繰越(조월)을 要ᄒᆞᄂᆞᆫ 者ᄂᆞᆫ 卽是 特別 의 事情이 有ᄒᆞ야 特設의 機關을 要ᄒᆞᄂᆞᆫ 者ㅣ라. 如斯 境遇에 繰越을 不許ᄒᆞ면 資金은 其目的 外에 逸ᄒᆞ야 事業을 遂行ᄒᆞ기 不能ᄒᆞᆯ 否運에 陷치 아니ᄒᆞᆷ을 得保키 難ᄒᆞᆫ 故로, <u>我國 會計法 第十章 雜則 第三十六 條</u>[2]에ᄂᆞᆫ "一般 歲計에 編入치 아니ᄒᆞᄂᆞᆫ 特別 資金을 置ᄒᆞ야 別途 整理 를 要ᄒᆞᄂᆞᆫ 者가 有ᄒᆞᆫ 則, 特別會計를 設置ᄒᆞᆷ을 得ᄒᆞᆷ"이라 規定ᄒᆞ야 玆에 變通의 道를 開ᄒᆞ고, 法律이 尙其 濫用的 擴張을 虞ᄒᆞ야 同 條 第二項에 "特別會計를 設置ᄒᆞᆷ은 法律로써 定ᄒᆞᆷ"이라 規定ᄒᆞ얏스니 立法의 注意

---

2) 이 시기 '회계법'이 있었는지는 좀 더 조사가 필요함. 혹시 일본의 법을 의미하는 것은 아니었을지도 확인해야 할 사항임.

가 緩急이 其 宜를 得훈 者라 云홀지로다.

元來 特別會計는 行政機關과 如훈 國家 公共의 支配를 作爲ᄒᆞᄂᆞᆫ 者에 適用홀 者 ㅣ 아닌즉 作業廳과 如훔도 其事業을 特別會計로 成홀 바오, 行政에 係훈 費用은 此를 一般會計로 훔이 可ᄒᆞ니 其例는 一二에 止치 아니ᄒᆞ야 枚擧치 못ᄒᆞ노라.

要컨디 特別會計는 一 便宜法으로 事件의 大小 性質을 辨明ᄒᆞ야 此를 設置훔이니 事物의 目的에 副케 훔에는 元是 有效훈 一條 施設됨이 無疑훈지라. 今 其 實質을 問ᄒᆞ면 作業과 如훈 一團의 事業으로 其 出納을 敏活히 ᄒᆞ고 預筭 殘餘가 有훈 時는 此를 翌年度에 繰越ᄒᆞ야 使用훔을 必要로 하는 者 되지 아님을 得지 못훔이 皆是니 其 特別의 必要가 無ᄒᆞ며 緩急의 順序를 不問ᄒᆞ고 漫然히 設立ᄒᆞᄂᆞᆫ 者 아니라. 然而 通信事業 及 山林事業과 如함은 多少間 作業에 類似훈 點이 不無ᄒᆞ나 其大體가 永世 行政府內에 屬훈 者는 有時乎 其收入을 超ᄒᆞ야 經費를 要ᄒᆞᄂᆞᆫ 事 ㅣ 無훔을 確保치 못ᄒᆞᄂᆞ니 前記의 二事業은 一大項目으로 成훔을 可得 홀 者인 故로 其 收入의 全額을 擧ᄒᆞ야 此를 特別會計의 費途에 充當홀 者 ㅣ 아니며 鐵道事業은 多少間 行政의 趣味가 不無ᄒᆞ나 其出納의 情況 이 純然훈 作業에 屬훈 者인즉 特別會計로 處理ᄒᆞᄂᆞᆫ 好例오, 又 一時 臨時의 事業으로 鐵道敷設 築港 等과 如훔은 其 會計를 特別로써 훔이 適當ᄒᆞ다 ᄒᆞ노라.

今에 一步를 進ᄒᆞ야 此를 說ᄒᆞ건디 所謂 郵便事業은 一 獨占事業이니 國家가 此를 獨占훔은 信書의 秘密을 保守ᄒᆞ고 通信의 確實 速達을 目 的홀 ᄲᅮᆫ 外라. 尙且 收入을 得ᄒᆞᄂᆞᆫ 一手段됨은 頗히 市府가 水道 馬車 鐵道 等을 獨占훔과 相似ᄒᆞ니 果然이면 此를 特別會計로 홀 理由가 無 ᄒᆞ야, 斯와 如훔은 도로혀 其目的에 反ᄒᆞᄂᆞᆫ 者 ㅣ라 云치 아니훔을 不得 홀지라. 方今 我國의 百般 事業이 大少 勿論ᄒᆞ고 變動의 時期를 當ᄒᆞ야 物情이 甚히 複雜훔으로 一時 應急의 施設에 汲汲ᄒᆞ야 大體의 關係를

顧ㅎ기 不遑ㅎ야 或은 機宜變通의 要를 誤케ㅎ고 或은 運用의 妙策을 誤흔 바 全無치는 못ㅎ나 然이나 法律은 變通을 許흠과 共히 其 濫用을 戒흔 後에야 立法의 注意가 周到ㅎ얏다 可謂홀지오, 運用의 妙策은 此를 求치 아니흠을 不得이나 然이나 猛進ㅎ야 濫用의 域에 入흠은 此를 深戒치 아니치 못홀 바ㅣ라 ㅎ노라.

◎ 經濟學의 必要,
　李承瑾, 〈대한흥학보〉 제2호, 1909.4. (경제학, 논설)

　近來 世界의 大勢上 經濟學의 必要흠은 多言을 不待ㅎ나 近時 世界大勢 如何를 觀察홀진딘 各國이 皆 相 競爭ㅎ야 其 經濟上의 利益을 收흠에 汲汲흔지라. 各國의 競爭은 勿論 外交上 軍事上도 學術 技藝上에 在ㅎ나 是等의 根本 中心된 競爭의 最激烈됨은 經濟上 利益을 如何히 收ㅎ랴는 競爭에 在한지라. 外交軍事 學術技藝에 關한 競爭은 其 自身의 奏功을 目的함에 不過ㅎ니 此에 對ㅎ야 經濟上 利害로써 計하지 아니ㅎ는 者는 今日 各國이 不重히 여기는 形勢되난지라. 然則 所謂 經濟上의 利害난 實業家 金錢的 利害와 其 趣異하니 一國이 現實의 利益으로 着做하야 收하랴 함은 短日月間에 容易히 預見키 難하나 國家百年의 大計上으로 打算하면 畢竟 利益이 되난지라. 彼 金錢의 利益을 爭하난 者는 戰爭을 厭惡하고 平和를 企圖하나 彼等의 所謂 經濟上 利益은 些少한 目前利益에 不過하고 姑息平和에 亦 在한지라. 國家의 永遠 發達의 利益을 計할진딘 現實 非常한 不利益을 生하난 戰爭도 敢行하지 아니치 못할지라.

　其 結果로 金融이 逼迫하야 多少의 困難에 陷함을 不免하난 바이나 此를 由ㅎ야 國民經濟의 發展力을 增大케 함은 歷史上 吾人의 視하는 바이라. 或은 今日之戰爭은 經濟의 利益을 得치 못하면 不可하거늘 한

갓 土地를 得코져 하야 他國의 不毛地를 一時에 古領함은 非常한 不利
益이 된다ᄒ나 經濟上 利益을 單히 金錢上 利益으로만 唱論ᄒ면 此는
中世 重金主義 商業政略主義에 不外ᄒ고 또 或曰 利益이 少ᄒ 土地를
得함보다 차라히 多大ᄒ 償金을 得홈이 可ᄒ다 ᄒ나 此 亦 不可遽信할
說이 되는지라. 蓋 國家 經濟上으로 觀察할진딘 今日에 不利益이 되는
者ㅣ 永遠히 不利益이 되지 아니ᄒ는지라. 然則 目前의 利를 捨하고 永
遠의 利를 望함이 得策됨은 何人이던지 可知할 바이라. 況 是 廣大ᄒ
領土는 經濟上의 基礎를 確實ᄒ게 ᄒ고 貿易 其他 萬般의 事業을 發達
케 ᄒ야써 一國經濟의 獨立을 完全히 ᄒ는 것이니 現今 各國의 所採ᄒ
는 主義는 實로 他國에 依賴치 아니ᄒ고 各其 自國家 經濟의 獨立을
計홈에 在ᄒ지라. 十九世紀 末葉으로부터 大帝國主義 發動되여 現今之
世界를 風靡ᄒ는 觀이 有ᄒ니 自國 權勢의 扶殖은 惟一ᄒ 政略이 된지
라. 獨逸은 南米亞爾然丁, 支那, 亞細亞土耳其 及 바지루간 半島에 英國
은 南亞弗利加, 나이루流域 及 楊子江沿岸 其他 印度, 波斯에 通商을 開
ᄒ고 露國은 滿洲, 蒙古, 靑海의 境上으로 波斯 及 土耳其에 佛國은 亞
弗利加亞細亞의 南方에 勢力을 扶殖하고 由來們羅(몬로)主義로 米國갓
튼 나라도 最近에는 排他主義를 標榜ᄒ야 俄然히 其 態度를 一變ᄒ야
布哇를 呑ᄒ고 非律賓群島를 倂ᄒ야 所謂 寶本主義에 依ᄒ야 經濟上
伯者ㅣ 되랴 ᄒ고 現今 日本之現象으로 觀ᄒ면 淸露戰役 以後로 世界列
强이 强國의 一노 認定ᄒ지라. 然則 軍事, 外交, 經濟의 三者 中 軍事는
彼 所謂 特長이라 云ᄒ나 外交는 아즉 長所를 不得ᄒ고 最後 經濟에
至ᄒ야는 甚히 幼稚한지라. 故로 現方 海外에 雄飛하야 經濟發展과 民
族膨脹의 策을 圖코져 하느니라.

以上과 如히 現今 世界各國이 經濟上 利益을 爲ᄒ야 時時로 干戈를
交ᄒ고 外交上의 紛議를 釀ᄒ는지라. 當此 時代ᄒ야 經濟上 最後 勝利
를 期코져 홀진딘 最正確한 經濟政策에 依홀지니 其 政策은 學理와 永
遠히 不可離홀 者ㅣ라. 故로 斯 學의 必要홈을 可知홀지로다.

216

3.2. 경제학 일반

◎ 經濟學 總論 摘要,
　　薛泰熙, 〈대한자강회월보〉 제8호, 1907.02.25. (경제학)

▲ 제8호

緒言

夫 吾人族의 始와 共히 不可缺홀 者는 衣食住니 此 三件은 卽 經濟의 就緒되는 原因이라. 故로 經濟學의 攻究는 何時代를 勿論ᄒ고 必要홈이 頗大홀지며, 特히 今日에 當ᄒ야 非常히 必要홈은 旣世人의 一般 認識ᄒ는 빈라. 卽 其一方으로 實際上 必要와 同時에 他方으로 純粹의 學理 攻究上에도 至極히 必要홈은 實노 無疑홀지라. 抑 經濟에 關ᄒ 簡斷零 墨的 議論은 歐羅巴에셔는 綿維(면유) 希臘 羅馬의 昔時로 東洋에셔는 印度 支那의 太古로부터 多少히 此等 觀念이 有ᄒ얏고, 厥後(궐후)로 時를 經홈에 從ᄒ야 漸次 進步 發達ᄒ야 來ᄒ 者에 不拘ᄒ고, 此를 一科 의 獨立ᄒ 學問이라 ᄒ야 攻究홈은 挽近 百年來의 事라. 是以로 經濟學 上에 對ᄒ야는 尙此 何人이든지 一定不動의 必然的 原理原則이 多存치 못홈으로 從ᄒ야 此에 關ᄒ 學派도 頗히 數多에 分岐되얏고, 方今은 卽 經濟學의 變遷시대라. 故로 今日 正確無疑홈으로 一般 認知ᄒ야슬지라 도 名日은 忽然 正確지 못ᄒ 誤謬의 空論으로 排斥을 被홀는지도 未測 홀 것이오, 今時에 當ᄒ야 經濟學의 原理原則을 絶對的 無疑로 確定코 져 홈은 決코 至難의 業에 屬홈과 同時에 斯學 先輩의 研究ᄒ 奧旨(오 지, 깊은 뜻)를 務求參考홀지로다.

然而 吾邦 自來學術의 自涸自敗(자학자패, 스스로 마르고 스스로 패 망함)홈은 贅陳키 不暇ᄒ고 此 經濟에 至ᄒ야 尤其蒼蒼無際홈이 廣大

흠만 知호고 小狹에는 失흠만 안이라, 大抵 物을 知호다 호는 者가 宇內 現象을 指호야 万物이라 摠稱호면 不可흠은 아니로딕 假令 此는 動物이오, 彼는 植物이니 何如히 組織되고, 彼는 又 如許히 組織되니 炭酸 元素의 不滅은 何如혼 理致인가 解釋지 못홀진딕 此를 能히 識者라 稱키 不可흠과 如호야 或者 經傳의 綱要만 善講호야도 輒曰 經濟의 土라 稱호고, 政治의 道를 纔說(재설, 잠깐 말함)호야도 卽 經濟의 策이라 謂호다가 近日에 至호야 世界人의 日常 口頭에 不離호는 經濟 經濟의 語를 聞호면 惕然(척연) 怪奇之曰 經濟가 何如혼 大術이완딕 彼 初學 幼年과 市頭營利輩가 敢히 經濟 二字로써 常談에 應用호는고 호야늘 噫라. 上項 所道와 如히 其狹小에 昧흠은 卽 廣大를 不知흠이라. 盖 經濟는 濫冗(남용)을 避호야 實益을 取호며, 無用을 變호여 有要케 호는 本旨ㅣ니 人이 此世에 處흠이 箇人 及 社會와 一家 及 一國에 何者ㅣ가 經濟를 背馳(배치)호고 作흠이 有혼가. 然則 但 生活上 貿易的으로만 謂흠이 아니라 一般 行爲作用과 其他 各科 學術에까지도 此 經濟의 應用이 不關혼 處가 無호고, 一步를 進호야 嚴格히 云호면 至微혼 昆虫에도 蟻는 天의 未陰佑에 迨(태)호야 穴을 封호고, 梅虫을 養호야 食호나니 此亦 有益을 預圖흠은 明白혼지라. 經濟는 實際上과 學理上 推究로 論호면 於廣於狹에 無不密接호야 千態萬象을 制限흠이 一理에 貫通케 호는 無形的의 原理原則이 不無타 흠을 余는 贊成호노라. (以下次號)

▲ 제9호

本邦 現時의 狀態에 照호야 經濟學의 實際上 非常에 感觸됨은 多言을 不要홀 바라. 噫라. 本邦 今日의 經濟界는 變化의 甚혼 時代에 在호고, 又 最悲境에 遭遇됨은 識者의 眼孔에 熱淚(열루)를 不禁홀지라. 特히 開門 三十余年 來로 侈華(치화)가 日滋호고 風氣가 日變호야 一見호면 於焉 是二十年 前 淳朴之國이 丁寧 換出新面目이라 홀지니, 未知커라 諸種 事業이 勃然興起호얏는가. 又其 人文이 眞實혼 開明의 程度에 達

ᄒᆞ얏ᄂᆞᆫ가. 哀我 二千万 同胞ᄂᆞᆫ 須各自思之어다. 細微ᄒᆞᆫ 日用의 物種싣지 輸入品 안임이 無ᄒᆞ야 至於 一線一針이라도 尙히 自國의 製造ᄒᆞᆷ을 未見ᄒᆞᆷ에 不拘ᄒᆞ고 儀式은 悅目에 從ᄒᆞ야 猿戱(원희, 원숭이의 희롱)를 作ᄒᆞ고, 思想은 黑洞에 皀白不辨(급백불변)을 不恥라도 去年盡 今年來에 衣者衣之ᄒᆞ고, 食者ㅣ 食之ᄒᆞ니 野翁(야옹)이 常談曰 憶昔斗米三四錢(억석두미삼사전)에 猶見飢饉이 滿路러니 目今斗米盈錢(목금두미영전)이라도 饘粥(전죽)을 尙飫(상어, 실컷 먹음)ᄒᆞ니 奇哉라. 斯何世오 ᄒᆞᄂᆞᆫ도다. 此에 對ᄒᆞ야 畧辨ᄒᆞ리니 此ㅣ 福音이 吾生을 救ᄒᆞᆷ도 아니오 眞宰 造化의 無私ᄒᆞᆷ도 아니라. 卽 融通이니 此 融通의 便利ᄂᆞᆫ 人文의 開進을 隨ᄒᆞ야 互相 信義를 盟守하야 有資者ᄂᆞᆫ 貲財(자재)로 有智者ᄂᆞᆫ 慧竇(혜두, 지혜의 구멍)의 運用으로 少壯者ᄂᆞᆫ 勞働으로 技能을 相須하고 方便을 相資하야 純質를 化하야 有要에 需하고, 一家의 金力이 十家의 活計를 補助ᄒᆞᆷ이 原來 經濟學上의 原理라.

然하나 吾邦의 融通은 其 原理에 背馳ᄒᆞᆷ을 —— 指明키 不暇하고 唯其 若干의 融通을 究觀컨딘 外洋의 風潮 所及에 貿易의 改良도 未有不變하고 與受의 方法도 比昔稍進ᄒᆞ얏 홀지나 其衆部分은 每常 惡行에 出ᄒᆞᆷ이니 政治의 腐敗ᄒᆞᆷ을 因ᄒᆞ야 貪官汚吏의 剝割成富(박할성부)에 浪擲兀費(낭척올비)ᄂᆞᆫ 自然 其運行貨에 補添(보첨)을 作하고, 富家子弟의 浮浪悖習(부랑패습)은 賣官의 款과 惡行의 費로 緣生ᄒᆞᆫ 銅緡(동민)과 紅腐(홍부)의 租包(조포)가 守錢奴의 庫門을 離ᄒᆞ야 市港의 貿遷(무천)에 補助를 貽(이)하얏고 損下益上으로 充實ᄒᆞᆫ 帑金(탕금)은 左道巫祝輩(좌도무축배)의 手에 歸消ᄒᆞ야 貸路(대로)에 循環을 融通케 ᄒᆞᆷ이 頗히 巨數에 至ᄒᆞᆫ지라. 然則 此等 融通의 原因을 推究하면 但 吝嗇者(인색자)의 無用 儲畜을 蕩盡케 홀 쑨에 止하얏고, 況 其 白銅貨의 濫鑄ᄂᆞᆫ 有貨의 禍가 反히 無貨에 甚하야 今日과 如ᄒᆞᆫ 悲運을 招하얏시니 旣實益潤殖의 方法은 指擧홀 者ㅣ 毫無홀 쑨 아니라 益益前途에 當到홀 悲觀을 默算컨딘 엇지 志士의 大憤을 衝起홀 時가 아니리오 然而地理上 經

濟中心으로 言之라도 三面海利와 半島疆土의 鑛産과 二千里 橫斷鐵途
는 此是何人의 手中에 歸在ᄒ엿는가 無眠時에 細思ᄒ라. 加之外債의 至
近 二千萬의 數는 尚此小數에 屬ᄒ고 來頭幾千萬의 債款이 續積ᄒᄂ지
姑難預度이로다. 大抵國權을 挽回ᄒ다 홀지라도 條約과 如홈은 紙面으
로 繳消ᄒ려니와 鑛産과 如ᄒᆫ 地中財源은 盡竭ᄒ면 更産홀 餘地가 無ᄒ
고 鐵途及債款等은 必然報償코 乃已홀지니 計는 何에 在ᄒ고 一段空殼
만 殘存ᄒ리니 挽回의 效를 余甚難信ᄒ노라. 嗚呼 同胞여. 엇지 無計타
ᄒ리오. 國의 存亡은 全然히 吾人의 熱誠振作與否에 在홈은 何者오. 簡
單히 直接으로 言ᄒ면 上項兩款의 債數가 四千萬圜에 不過홈인즉 吾二
千萬人이 四圜의 收合이면 當然還完홀지라. 且有資者는 能力者를 紹介
ᄒ고 有識者는 無智者를 引導ᄒ야 事業의 發達과 經綸의 遠大를 疾足者
의 在後홀가 恐ᄒ고 日振日作ᄒ면 十五年內로 國權挽回의 實力이 自然
完成홀진뎌 此等句語를 老生常談과 如타 홀지나 萬一 今日 此四圜報償
의 義務를 不履行ᄒ거나 許多事業에 逡巡홀진뒨 假使四萬圜이 有ᄒᆫ 者
로 未幾에 能히 其財를 享有키 未確ᄒ고 實業의 基源이 吾人을 爲ᄒ야
殘存ᄒᄂ지 未信ᄒ도다. 世界에 最稱殷富타 ᄒ던 猶太人이 今日身體를
未能自保커든 況財物乎아. 所以로 今世에 其國을 愛ᄒᄂ 人은 獨히 忠
義에 出홀 쑨 不是라. 卽自己及子孫의 幸福을 爲ᄒᄂ 故라.

今에 本邦의 實地上經濟比評은 萬의 一도 擧論홀 處가 無ᄒ고 余ㅣ
日本法學博士 金井延氏의 講述ᄒᆫ 日本經濟의 現況을 論述홈을 閱讀ᄒ
니 該氏의 言論에 曰諸種事業에 投ᄒᆫ 資金이 皆爲有益이나 軍備擴張의
投費가 尚少홈을 恨ᄒᆫ 것과 歐州人은 常例로 作業ᄒᄂ 事라도 日本人은
尚此新發明으로 歡喜ᄒ니 四千萬餘 人口와 二萬七千六十二方里餘의 土
를 有ᄒᆫ 日本은 愧色이 不無타 ᄒ고 痛嘆ᄒ얏시니 今日韓國民된 余는
何如타 홈이 可홀고 可太息乎아, 可痛哭乎아, 可一快死乎아. 非也ㅣ라.
悲者는 喜之兆오 苦者는 樂之漸이라. 悲를 堪ᄒ고 苦를 作홈은 惰怠ᄒᆫ
父祖의 積罪를 謝홈과 愛惜ᄒᆫ 子孫의 前津을 導ᄒ기 爲ᄒ야 此身을 可

220

히 犧牲에 供코져 홈이 今日 吾人의 義務됨을 知ᄒ고 揮淚執筆ᄒ니 不
文의 嫌을 冒ᄒ고 管見을 記述홈은 愧鬱를 不勝ᄒ거니와 玆에 經濟의
學理를 講述ᄒ야 愛讀諸君의 前途迷津에 萬一의 助가 有홀가 望ᄒ노니
上項蕘說이 緖言의 體裁에ᄂ 亂口가 多涉ᄒ나 然ᄒ나 吾人이 執筆ᄒ면
因卽鬱憤이 交至ᄒ야 善美ᄒ 語를 擇ᄒ기 難ᄒ지라. 願諸君은 十分寬恕
홀지어다. 凡政治問題와 經濟財政의 問題ᄂ 混同을 避홀 者ㅣ오 又經濟
學은 法學과 關係極多ᄒ야 兩者가 相須得完홈은 無疑홀지나 然이나 吾
邦現況으로ᄂ 百度가 幼穉ᄒ야 此等區別은 尙히 屋下空談에 歸홀지오.
玆에 國民된 吾人의 注意홀 者ᄂ 宇內의 文明風潮에 磨擦力을 受ᄒ야
牽引의 影饗으로도 舊態를 不變키 不能홀지ᄂ 但形式만 倣ᄒ고 眞實文
明에 不化ᄒ면 精神病에 死홈과 如히 不知不識間에 自殄의 鬼를 不免홀
지라. 然則 今日政府의 財政을 觀ᄒ라 本年度 預算不足額이 二十餘萬圜
에 達홈에 不拘ᄒ고 十一年度 預算은 往年에 比ᄒ야 五百餘萬圜이 卒高
ᄒ니 此算이 何處로 充數되엿ᄂ고 惟其內帑所屬驛屯及魚藿等稅로 移
劃홈이 有ᄒ얏시나 然이나 歲出의 額은 歲入에 過홈이 七十七萬三千七
百圜인즉 若此越數의 不足額은 必也外債中挪充ᄒ리니 此ㅣ 上項所謂外
債의 患이라 홈이라.

其 所謂水道治道 警察事務에 投費홈이 無益의 冗費라홈은 아니로ᄃ
其 應效의 期ᄂ 尙히 十年 後에 在홀지니 這間外債의 漸高홀 거슨 欲避
라도 不能하야 三千里 江山은 金力家에 自歸하고 土主吾人은 地役小作
權 等도 難得홀 거슨 明白하기 觀火의 狀과 如하야 埃及舊史와 大韓新
史가 相照前後하리로다. 然則結稅를 增加홀 外에 無他計劃하리니 現今
吾邦結稅의 高홈이 殆히 日本과 相等커든 再加하면 斯民이 安歸리오.
不然則又將奈何오 蔽一言하고 商工發達 前에 國家預算을 增加홈은 蚊
蛾의 力으로 하야곰 泰山을 負케 홈이니 豈不慨嘆哉아 預算을 減하랴
면 無威의 雇兵이 尙多하고 不急의 冗官이 亦甚不少라. 假令 良才를 擇
任홀진ᄃ 一人이 能堪홀 事를 菲才의 人으로 列居煩位하야 國金만 消費

221

흠은 엇지 人民의 無怨흘 바 l 리오. 況客官의 濫捧이야 更何言乎아. 愛吾國 愛吾家하는 吾人은 齒을 磨하고 目을 瞋하야 自存의 責을 硏究흘 진된 自由의 權을 嚴守하고 自治制를 講究하야 政治를 帮助하고 義務敎育을 振興하야 政法農工商 刷新의 才를 培養하야 諸種事業을 産出케 흠이 十年을 勿過하여야 此 彊土와 此 人種이 復存흘진뎌 蓋經濟에는 總論, 純正經濟, 應用經濟의 別이 有하니 總論에는 經濟學의 基礎라 흘 觀念을 論述흘 者라. 換言하면 純正經濟及應用經濟의 根據라 흘지라. 故로 生産交易分排 等은 總論中에 論흘바 l 아니오. 總論에 論흘 者는 唯經濟學의 根本이니 例건된 價格은 何者 l 며 富라 흠은 何耶아 又經濟學의 定義部門他學問과 關係及硏究의 方法은 如何等을 論하는 者 l 此를 總論이라 흠이라. 余의 所述흘 바는 唯其緊要흔 者만 摘하야 愛讀하시는 諸君의 事業經綸에 採用參考케 하노라. (以下次號)

(제10호에는 연재되지 않았음)

▲ 제11호 = 經濟總論

第一章 欲望

吾人類가 此世에 在ㅎ야는 衣食 住居의 必要에 關흔 者를 第一이라 ㅎ야 諸種의 不足흠을 感覺흠이라. 此 不足의 感覺으로 此를 滿足케 ㅎ 즌는 志願을 包括흔 바 心的 作用을 稱ㅎ야 欲望이라 흠이니 若此 欲望을 不滿케 ㅎ면 人類의 生存 繁榮은 不可期得ㅎ리니 (一) 故로 人類는 常히 其意를 欲望에 滿足흠에 不注흠이 無흔지라. 此로,

(一) 其所以然의 詳論을 不待ㅎ고 此 欲望을 不滿케 흘 時는 人類의 生産 繁榮을 期흘가 到底히 可望흘 道가 無흔지라. 皮相의 見으로써 言ㅎ면 熱帶地方에 在ㅎ야는 衣服 及 家屋을 不要흘지나 然ㅎ나 僅히 二三

年間은 甚히 不適當흔 感念이 無홀 듯ᄒ나 一平生을 通ᄒ야 不衣不住홈
으로써 生活홀 事는 到底히 不能홀지니, 歐美 諸國에는 野蠻人의 性質
을 研究홀 츠로 亞非利加의 中央에 野蠻人과 同居ᄒ야 此를 研究홈에
從事ᄒ 者가 有ᄒ니 其 研究의 結果에 依ᄒ면 槪 其 短命흔 事도 有ᄒ며
最其年月의 觀念이 乏홈으로 年計ᄒ기 困難홈을 云ᄒ얏고, 又 一說은
彼等間의 殺戮鬪爭이 不絶홈으로 其 結果가 短命에 至ᄒ나 然ᄒ나 衣類
住居 其他 衛生에 關흔 事項의 不完全흔 事가 盖 其 眞原因이 非歟야
又 同 熱帶의 地方에도 衣服을 着ᄒ는 것이, 反히 暑氣를 退홈이 有ᄒ니
例로 據ᄒ건딕 印度로 起흔 佛敎에 僧侶의 法衣와 如홈은 他衣服에 比
ᄒ야 避暑홈이 尤便타 ᄒ얏고, 且雖 野蠻人이라도 其岩窟 或 土穴 等에
入하며 或 樹木間에 巢를 造ᄒ야 居住홈을 見ᄒ면 住居가 人의 必要됨
을 可知홀지라. 又 野蠻은 一週間에 喰踏(?)ᄒ는 事를 聞ᄒ야도 永久不
食ᄒ고 居ᄒ기는 到底히 不能흔 비라. 由是觀之컨딕 衣食 住居의 人間
生活에 必要흔 理由는 多辯을 不竢ᄒ고 自明홈이라.

由ᄒ야 經營의 慘憺이 不到홈이 無ᄒ고 此를 營홈에 當ᄒ야는 所謂
經濟 財貨(經濟上 財貨)를 目的으로 又는 手段이라 하는 바 活動을 稱ᄒ
야 <u>人類의 經濟的 活動이라</u> 稱홈이라.

(二) 人類는 欲望의 滿足에 最注意홈으로 此를 因ᄒ야 經營의 慘憺이
不到키 不能ᄒ니 換言ᄒ면 吾人의 經濟的 活動은 다 欲望을 滿足케 ᄒ
고져 ᄒ는 經營의 結果라. 經濟現狀의 根源은 實로 人類의 欲望에 在ᄒ
다 云홀진져. (二)

欲望에는 社會 全體의 欲望과 一 私人의 欲望의 區別이 有ᄒ니 兩者
의 區別은 共히 豫定흔 先天的 自然的의 限界가 有홈에 不在ᄒ야 文明
의 進步에 伴ᄒ야 不絶코 變遷ᄒ야 擴張ᄒ는 者더라. (三)

(三) 社會에는 社會의 欲望이 有ᄒ고 國家에는 國家의 欲望이 有ᄒ니 一國의 欲望은 此로ᄡᅥ 國是라 云ᄒᆯ지오, 歷史를 善讀ᄒᄂᆫ 者ᄂᆫ 一國의 國是가 往往 英雄豪傑의 手에 依ᄒ야 變更을 見ᄒᆫ 者가 有ᄒᆫ지라. 此ㅣ 오작 皮相의 見될 ᄲᅮᆫ이오, 一國의 國是와 社會 全體의 欲望의 趨勢ᄂᆫ 爾 一個人을 爲ᄒ야 左右ᄒᆷ에 不在ᄒ고 時勢ᄂᆫ 決코 一朝一夕에 成ᄒᆫ 者ㅣ 아니라. 英豪의 所爲ᄂᆫ 오작 時運所向을 速察ᄒ야 此에 乘ᄒᆷ에 在ᄒᆷ을 去之ᄒ면 假令 英國의 國是ᄂᆫ 時의 多少 波動이 不無ᄒ나 然ᄒ나 惟一 世商權을 掌握코져 ᄒᆷ에 在ᄒ고, 露國의 國是ᄂᆫ 連綿(연면)히 外進의 方針을 採ᄒᄂᆫ 事가 베-들 大帝3) 以來 世界 各國의 認悉ᄒᆫ 바라. 此盖 露國이 地勢上 不得已ᄒᆫ 結果라. 然ᄒ나 露國의 外進策은 決코 베-들 大帝의 時代에 始ᄒᆫ 것이 아니라 오작 同帝의 時代 以前으로 一層 明白히 發現됨을 知ᄒᆯ지라. 然而 佛國의 國是에 見ᄒ면 大革命의 前後 多少의 變動이 有ᄒᆷ에 不拘ᄒ고 槪言ᄒ면 同國은 恒常 世界文明을 指導코져 ᄒᆷ과 如ᄒᆯ 而已니 摠히 欲望의 種類ᄂᆫ 皆 先天的에 定ᄒᆫ 者에도 不在ᄒ고, 又 一定에 區域 內에 限ᄒᆷ도 아니라. 社會의 進步에 伴隨ᄒ야 不絶코 變遷ᄒ야 擴張된 者라. 如斯ᄒᆫ 性質을 有ᄒᆫ 欲望은 實노 或 意外에셔 文明의 基礎를 成ᄒᆫ 者라. 此ᄂᆫ 單히 社會 全體의 欲望에 就ᄒᆯ ᄲᅮᆫ이라 云ᄒᆷ에 不在ᄒ고, 一 私人의 欲望도 亦同ᄒ니라.

現時의 文明社會에 當ᄒᆫ 人類의 欲望은 其 種類 分量이 頗多ᄒ니 此를 枚擧ᄒ기는 到底히 不能ᄒᆯ 것이오, 能ᄒᆯ 것은 惟一定의 觀察點으로 基因이라 ᄒ야 欲望을 分類ᄒᄂᆫ 法ᄲᅮᆫ이라. (四) 獨逸의 經濟學者 롯시엘4) 氏ᄂᆫ 欲望은 人生生活에 當ᄒ5),

---

3) 베-들 대제: 피터 대제. 피오트르 대제.

4) 롯시엘: 독일의 경제학자로 나타탐. 미상. 다른 역술 자료와 비교해야 함. 유승겸(1906)의 '경제학 문답'(소년한반도)에 등장하는 '롯셸'의 이론임. 두 역술 자료는 같은 대상의 문헌을 참고하여 역술한 것으로 추정할 수 있음.

5) 이 문장은 앞뒤 문맥이 이어지지 않으나 원문 그대로 입력하였음.

(四) 今日 世界에 當훈 欲望은 其 種類 及 分量에 頗多타 ᄒ면 此를 枚擧키 不能홀지라 오작 可爲의 欲望 種類를 分ᄒᄂ 方法이 有홀 쑨 아니라 其 分類의 方法도 亦 種種히 有ᄒ니 或은 人生의 生活에 當혼 關係의 緩急을 標準이라 ᄒᄂ 者이오, 或은 欲望이 不滿ᄒ야 要ᄒᄂ 金錢의 多寡로셔 標準이라 ᄒᄂ 者, 或은 品格의 高下로셔 標準이라 ᄒᄂ 者 等이 各其 所見이 不同홀지라. 元來 一定不變의 標準이 有홈이 아니면 誰를 誤라 ᄒ리오. 要컨듸 惟 欲望의 種類를 包括ᄒ기 足홀 標準을 發現홈에 在홀 쑨이라.

關係의 緩急을 基ᄒ야 此를 三種에 分ᄒ야 曰 自然的 欲望 (一에 曰 必要的 欲望), 曰 地位的 欲望 (一에 曰 應分的 欲望), 曰 奢侈的 欲望과 此ㅣ 頗히 便利가 多훈 分類法이 되면 直者 採用ᄒ야써 欲望에 關훈 說明의 步를 進홈도 可홀지라. 先覺者의 發明에 余의 所見도 無異홈으로 總欲望을 分ᄒ야[6),

第一 費消에 因ᄒ야 滿足홀 者 (卽 主라 ᄒᄂ 有形的), 第二 費消에 因치 아니ᄒ고 又 費消가 不生케 ᄒ기 爲홈이 反히 滿足혼 者 (主라 ᄒᄂ 無形的) 二者가 되나니 其 第一을 更히 細別ᄒ야 롯시엘氏와 如케 ᄒ고져 홈이오 第二種의 欲望은 守錢奴의 徒然히 金錢 蓄積만 爲主홈과 如홈이니 此를 費ᄒ야 自分相應의 欲望을 充滿홈이 아니오 反히 不費홈으로써 其 欲望을 滿足히 홈과 如홈을 云홈이라.

롯시엘氏의 所謂 自然的 欲望이라 홈은 人類가 天然自然의 必要훈 衣食主에 關훈 者니 此를 不滿홀 時ᄂ 生命健康을 損傷ᄒ고

---

6) 욕망의 구분은 유승겸(1906)의 '경제학 문답'(소년한반도), 유승겸(1910)의 〈최신경제학 교과서〉(유일서관) 등과 비교했을 때 큰 차이가 없음.

(五) 地位的 欲望이라 홈은 (五) 吾人 人類가 天然自然의 必要한 欲望은 即 自然的 欲望이라 故로 此를 必要的 欲望이라 稱하야도 亦可홀지니 若此를 缺하면 生命健康은 不可俱得홀지라.

人人의 身分財産에 應하는 者라 吾人의 自他에 對하야 社會上의 地位品格을 保維홈에 必要한 者ㅣ 即是라 此를 不滿홀 時는 人人 自己가 社會에 對홈이 其 面目을 不失케 不得홀지니 此種의 欲望은 人人의 社會上에 有한 地位가 高하면 高한 程度가 益多하고 且 高尚홈을 崇홀지오 奢侈的 欲望이라 홈은 人人의 分限以上에 位하야 身分財産에 相應치 못한지라. 故로 此 種의 欲望은 其 生命健康의 保護에 必要치 못홈은 勿論이오 又 社會上의 地位品格을 維持홈에도 毫末의 必要가 無하니 此는 通常 自己의 收入이 支出에 不足되는 結果를 奏홈이 不過하고 (六) 此種欲望은 此를 不滿足으로 可타 홀지니 此를 長久히

(六) 奢侈的 欲望이라 홈은 身分上 不相應한 欲望을 謂홈이니 即 車夫가 綾羅綿繡를 纏하고 街衢에셔 乘客을 待邀홈과 如홈이 是라 此ㅣ 單히 生命健康을 保維홈에 不必要홀샏 아니라 反히 損害를 招홈이니 此 欲望을 充滿코져 하는 時에는 自己의 收入이 其 支出에 不足됨이 逈遠한 바에 不可不 至홀지라. 其 或 一時는 無事히 經過홀지라도 一生涯를 通하야 長欲如是면 必然코 倒産의 悲境에 不至키 不能하리니 웃지 可憫치 아니리오.

亘하야 滿足케 하면 小以 一身一家를 破壞하고 大以 一國의 衰亡을 招홀지니 羅馬末路와 如홈은 實노 此를 證홀 것이로다. 未完

▲ 제12호 – 경제학 총론 – 제일장 욕망(승전)

奢侈的 欲望과 地位的 欲望이라 홈은 境遇를 依하야 往往 此를 明白

히 區別케 難호야 如何혼 點갓치 地位的 欲望의 範圍며 如何혼 點 以上 奢侈的 欲望의 範圍가 될가, 此ㅣ 頗히 曖昧호야 吾人이 往往 其 分界에 苦케 홈이라. 甲人에 對호야 社會上 地位 品格을 保維홈이 必要혼 欲望이라도 乙人에 對호야는 奢侈的 欲望이 됨은 何人을 勿論호고 認知키 不難홈이오 (七)7) 尙 一步를 進호야 此를 論호면,

(七) 奢侈的 欲望과 地位的 欲望이라 홈은 區別키 容易타 홀지나 此 二者는 實際 明白에 此를 區別키 不得할 者라. 卽 何點갓치 地位的 欲望이며, 何點으로 奢侈的 欲望이라 할고. 往往 此를 區別키 不苦타 호기 不能홀지라. 例를 擧호건딕 堂堂혼 一國의 國務大臣이 其出入에 馬車를 乘用홈과 又 宏壯혼 官宅에 住居홈과 如홈은 其官職에 伴혼 바에 威嚴을 保存홈에 必要홀지나 若 貧寒혼 一書生이 輕車를 驅호고 肥馬를 鞭호야 街路에 疾馳홈과 如홈이 有호며, 又 莊嚴혼 家屋에 住居홈이 有호면 此는 非常혼 贅澤이라. 於兩者의 區別은 其行爲는 同一호되 其人에 依호야 或은 奢侈的 欲望이오, 或은 地位的 欲望이라 홈으로써 兩者의 區別이 絶對的에는 甚히 難홈을 知홀지라.

自然的 欲望과 地位的 欲望의 間에도 亦 判然혼 區別을 絶對的에 立호기 難혼 境遇가 多호니 何者오. 或 人의 必要혼 地位的 欲望도 其他 地位가 高혼 人에 取호야는 아즉써 其地 位品格을 維持홈에 足호다 호기 不可호니 其 位는 後者에 取호면 實로 必要를 不可缺할 自然的 欲望될 事가 往往히 有홀지오 自然的 欲望이 人에 依호야 大異혼 事가 有홈도 亦 疑訝를 不容할지라 甲人에게 適當혼 衣食住가 乙人에게 取호야는 아즉 此로써 滿足타 홈이 不能호리로다. (八)

---

7) 숫자는 원문에 표시한 것으로 글의 내용과는 상관이 없음. 필자가 표시한 것을 식자공이 문맥과 상관없이 식자했던 것으로 보임.

(八) 尙 一層을 進ᄒ야 論할 時ᄂᆞᆫ 地位的 欲望과 自然的 欲望에 間에도 亦 判然區別키 難ᄒᆞᆫ 者ㅣ 有ᄒ니 卽 自然的 欲望도 人에 依ᄒ야 異ᄒᆞᆷ이라 甲에 適當ᄒᆞᆫ 者도 乙에ᄂᆞᆫ 不適當ᄒ니 例컨ᄃᆡ 野蠻人의 自然的 欲望은 반다시 文明人에게 滿足키 不能ᄒ리니 由此觀之면 財産의 多少와 慣習의 差異 等은 自然的 欲望에 重大ᄒᆞᆫ 影響을 與ᄒᆞᆫ 事가 明白ᄒᆞᆫ지라. 故로 自然的 欲望은 本來 如斯ᄒᆞᆫ 者라 豫定키 不能ᄒ고 此等 種類에 點에만 然할 쑨 아니라 分量에 點에도 亦然ᄒ니라.

○ <u>롯시엘</u>氏의 區別에 據ᄒᆞᄂ 第一種에 欲望과 第二種에 欲望의 區別은 實노 第二種과 第三種의 區別과 同樣에 一見 明白ᄒᆞᆷ과 如ᄒ나 然ᄒ나 一步를 進ᄒ야 熟考ᄒ면 其 實은 區別의 分立ᄒ기 頗難할지라 經濟學은 實노 此種의 困難 問題를 其 發端에 不可不解할지니라.

(제13호에는 연재되지 않았으며, 대한자강회월보는 제13호까지만 발행되었으므로, 이후 연재분이 없음)

3.3. 경제현상

◎ 應用經濟, 安國善, 〈야뢰〉 제1호, 1907.1. (경제학)

*야뢰에 수록된 안국선의 경제 담론
*국가 경제＝수요 공급의 법칙 / 국가 경제에서 수요 공급의 균형이 필요한 이
유 등＝서양 경제학 내용이 대부분 반영되었음

▲ 제1호

國家經濟와 個人經濟

經濟는 何也오. 經國濟家之術을 施於物件上者也라. 人生社會에 必需
衣食住 三者之物 而人之所以營營汲汲者는 不外乎求此三種所需也니 衣
食住所需之物이 足然 後에야 可以得幸福矣라. 然이나 非以經濟로 節之
면 國富民裕를 不可期也니 經濟之於國於民에 其關係ㅣ 果何如哉아. 各
國이 皆以培養國民之經濟思想으로 爲務者ㅣ 良有以也로다. 經濟之分類
ㅣ 甚多ᄒᆞ야 不遑枚擧나 大而別之 則有國家經濟焉ᄒᆞ며 有個人經濟焉ᄒᆞ
니 經濟之術을 適用於國家大同之目的이면 是는 國家經濟也오, 應用於
私人各個之目的이면 是는 個人經濟也라.

此二者之方向이 各有不同ᄒᆞ니 以生産消費之關係로 言之라도 若夫國
家經濟에는 生産與消費之比例가 保其權衡이라야 現象이 不變ᄒᆞ고 利
益이 增進矣리니 若 全國之消費力이 超過於生産之力이면 需要多而供給
少ᄒᆞ야 價値 暴騰ᄒᆞ고 輸入加而輸出減ᄒᆞ야 正貨流出故로 經濟界之現
象이 猝變ᄒᆞ야 立見不測之患ᄒᆞ며 生産이 太過於消費ᄒᆞ야 消費之度가
尙在幼稚면 供給而楚越於需要ᄒᆞ야 價値 暴落에 使生産者로 陷於倒産之
境ᄒᆞ야 必至反動矣리니 以國家經濟로 觀之면 全國之生産與消費를 互

相比例ᄒ야 保其權衡이 可也오, (…下略…

▲ 제3호=국채와 경제
▲ 제5호=조합의 필요
▲ 제6호=會社의 性質

共同 商業을 營ᄒᄂ 商民 中에 法人(會社)라 稱ᄒᄂ 者ᄂ 數多ᄒᆫ 人員이 團聚ᄒ야 社會的 一大 事業을 營ᄒᄂ 者니 其 會社의 種類ᄂ 合名會社, 合資會社, 株式會社, 柱式合資會社 等이라. (…下略…

◎ 銀行과 經濟發達의 關係,
　李漢卿, 〈대한유학생회학보〉 제1호, 1907.3. (경제학)

大抵銀行이ᄅ 것은 國家經濟上에 至大ᄒᆫ 關係가 有ᄒᆫ 者이니 곳 貸借人의 媒介와 有無相通의 機關이 되야 貸與ᄒᄂ데셔 生ᄒᄂ 利子와 任置念에 對ᄒ야 報償ᄒᄂ 利子等의 差額 으로 利益을 合ᄂ 營業이라 兌換紙幣와 債券과 有價證券과 換票等許多ᄒᆫ 證券을 發行ᄒ야 財政을 融通ᄒ며 循環ᄒᄂ니 萬一銀行의 交換이 無ᄒ면 全國의 貨幣가 아모리 饒多ᄒ야도 畢竟財政의 涸渴壅塞흠을 未免ᄒᆯ지니 比年以來로 我國의 錢荒이 極度에 達ᄒᆫ것은 비록 貨幣交換의 結果라ᄒᄂ 其實은 完全ᄒᆫ 銀行이 無ᄒ야 居中調和치못ᄒᆫ것도 一大原因이 될지라. 試看ᄒ라. 我國鐘路商販으로 言ᄒ여도 若或一朝에 魚驗이 融通되지 못ᄒ면 實與不實間에 破産ᄒᄂ 非連을 當ᄒᄂ 것이니 推此以觀ᄒᆯ진ᄃᆡ 國家經濟上에 銀行의 關係가 如何히 多大흠을 瞭然可知ᄒ리로다.

蓋嘗論之컨ᄃᆡ 吾人社會의 狀態ᄂ 千殊萬異ᄒ야 倉滿庫充에 紅腐貫朽ᄒᄂ 富者도 有ᄒ고 囊虛橐空에 分文不得ᄒᄂ 貧者도 有ᄒ며 資金은 有ᄒᄂ 事業이 無흠을 恨嘆ᄒᄂ 者도 有ᄒ고 事業은 有ᄒᄂ 資金이 無

ᄒ야 經營치못ᄒᄂ 者도 有ᄒ니, 資金이 有ᄒ 者ᄂ 利用코져ᄒᄂ 適當
ᄒ 事業이 無ᄒ고 貸與코져ᄒᄂ 安心貸給ᄒᆯ 可信人을 不得ᄒ며 資金이
無ᄒ 者ᄂ 有利ᄒ 事業을 經營코져ᄒᄂ 資金을 借得ᄒᆯ 方道가 無ᄒ고
金錢을 要用ᄒᄂ 貸給人을 不逢ᄒᆯ 境遇에, 如斯ᄒ 時勢를 當ᄒ야 銀行
이란 것이 有ᄒᆯ진ᄃᆡ 資金이 有ᄒ 者ᄂ 銀行에 任置ᄒ야 利子를 殖得ᄒᆯ
것이오. 資金을 要ᄒᄂ 者ᄂ 銀行에서 借得ᄒ야 經用을 辦得ᄒᆯ지라 然
則銀行은 有餘ᄒ 處에서 資本을 取來ᄒ여 沒有ᄒ 處에 此를 貸給ᄒ야
資本의 需要와 供給을 竝爲調和직혀 金融을 助ᄒ며 事業을 起ᄒ야 一般
經濟의 發達에 大效益을 貽ᄒ고 大便宜를 與ᄒᄂ 者라. 그 國家經濟上
의 關係가 如何ᄒ뇨.

由來로 文明各國에ᄂ 私人의 私設ᄒ 銀行이 有ᄒᆯᄲᆫ 不啻라 必也自官
設施ᄒ야 自官經營ᄒᄂ 國立銀行이 有ᄒ니 英國의 염굴닌드銀行과 法
國의 부린스銀行과 德식의 帝國銀行과 和蘭의 中央銀行等은 다 官設銀
行으로 各民設ᄒ 小銀行의 頭腦가 되야 銀行의 銀行과 如히 統率ᄒ며
協助ᄒᄂ 者이며 日本에도 官立ᄒ 日本銀行과 其他官私立銀行數爻가
二千二百三十五處니 凡彼諸國의 財政이 饒足ᄒ야 百般施爲에 阻滯가
無ᄒᆷ은 半是銀行이란 것이 有ᄒ야 能히 貧富의 調和와 有無의 融通을
營爲ᄒ 功效라 然則 銀行으로 새富國의 關鍵이라ᄒᆷ도 ᄯᅩ흔 過言이 아
닐듯 ᄒ도다. 眼且을 轉ᄒ야 我國의 現狀을 觀ᄒ건ᄃᆡ 經濟界의 狀態가
日노 悲慘ᄒ 境遇에 陷ᄒ야 破産撤業ᄒᄂ 者가 去益增加ᄒ니 所謂生利
營商ᄒ다는 者도 尙然ᄒ거든 小民의 産業이야 言之鼻酸ᄒᆯ ᄲᅮ이니, 前述
ᄒ바와 如히 其 原因이 無ᄒ야 能히 居間融解치 못ᄒ것도 一大原因이
라, 幸히 近者에 至ᄒ야 賢明ᄒ신 政府諸公이 早히 此에 着眼ᄒ시와 全
國要地에 農工銀行을 設立ᄒ고 又ᄂ 私營銀行에 對ᄒ야 補助를 特施ᄒ
시니 今此 無等恐慌ᄒ 經濟狀態를 庶或可救ᄒ려니와 十年의 宿疴ᄂ 一
貼藥의 能治ᄒᆯ ᄇᆡ 아니오 百歲의 久計ᄂ 一牛事로 能盡ᄒᆯ ᄇᆡ 아니니
一步를 更進ᄒ야 信實確固ᄒ 國立銀行을 從速建設ᄒ야 國家經濟의 永
遠ᄒ 基礎를 確立ᄒ심을 顒望하노라. 爲先銀行과 經濟의 關係를 略述ᄒ

야 銀行의 如何히 必要홈을 言明ᄒ엿거니와 至於銀行의 事務와 經營ᄒ
ᄂ 方法흔얀 他日好棧를 待ᄒ야 細述코져 ᄒ노라.

3.4. 공업

◎ 工業의 必要, 崔永植, 〈친목회 회보〉 제5호, 1897.9.26.
  (내보, 잡보, 세계 형세 등은 생략함)

3.5. 교통

◎ 運輸交(운수교)의 通機關,
  全永植, 〈공수학보〉 제1호, 1907.01.31. (교통)

3.6. 국가경제

◎ 公債論, 崔錫夏, 〈태극학보〉 제4호, 1906.11.

第一節 總論

  今日 世界列强의 政策 中에 第一 樞要흔 部分은 外交와 經濟에 在ᄒ
니라. 何者오 外交가 아니면 自國의 勢力을 海外에 發展홀 슈 無ᄒ고
經濟가 아니면 內로 國民의 生活을 完全히 ᄒ며 外로 列强과 實力으로
競爭홀 슈 無ᄒ지라. 故로 現今 何國 政府를 勿論ᄒ고 日夜에 苦心焦思
ᄒᄂ 政策이 此 二者에 不出홀 쑨더러 其 國의 內閣運命이 또흔 此에
關係가 有ᄒ야 外交經濟에 成功ᄒ면 國民이 血誠으로 協助贊成ᄒ야 어

되신지라도 其 內閣이 永遠히 繼續홈을 希望ᄒ고 萬一 外交經濟에 失策을 演ᄒ면 아무리 善政이 有ᄒ더라도 國民이 其 內閣을 反對ᄒᄂ니 由是觀之컨듸 此 二者가 今日 文明國에 政治中心點이 되얏도다.

現今 我韓 現勢를 平心으로 觀察ᄒ고 무슴 問題가 第一 緊急ᄒ냐고 問ᄒ면 各各 自己의 觀察點으로 標準을 숨아 或은 政治라 ᄒ며 或은 法律이라 ᄒ며 或은 敎育이라 ᄒ야 반다시 答案이 不同ᄒ리로다. 然이ᄂ 凡般事業이 無非必要ᄂ 其 事業의 繼續與否와 成敗의 分岐點은 財政에 歸着ᄒ다 謂ᄒ리니 我韓人民은 第一 經濟政策에 着眼ᄒ야 日日進行홈이 國之元氣를 蘇生케 ᄒᄂ 順序라 ᄒ노라. 大蓋 個人生活에 獨立ᄒ지 못ᄒᄂ 國民은 其 國의 獨立을 維持ᄒ지 못ᄒᄂ니라. 何者오 國家ᄂ 個人으로 成立ᄒ 者ㅣ라 其 分子가 獨立自營ᄒᄂ 精神이 無ᄒ면 其 分子로 組成ᄒ 團體가 엇지 獨立을 期ᄒ리오. 故로 國家의 獨立을 經營ᄒ랴면 爲先 國民의 個人生活을 獨立케 ᄒ고 個人의 生活을 獨立케 ᄒ랴면 爲先 國家經濟政策을 講究홈만 不如ᄒ도다.

以愚思之컨듸 今日 我韓政策에 第一 緊急ᄒ 것이 經濟에 在ᄒ다 ᄒ야 自今 以後로 實用經濟에 關ᄒ 各國制度와 學者의 說을 我同胞에게 紹介코져 ᄒ야 爲先 公債論을 譯述ᄒ노라.

第二節 確定公債

確定公債ᄂ 法規로써 債額募集額 及 償還金數를 確定홈을 得ᄒᄂ 公債를 謂홈인데 整理公債 及 事業公債 等이 卽 是也라. 其 種類의 名稱을 在에 列擧ᄒ니

第一 一時償還公債
第二 有期定額償還公債
第三 有期隨時償還公債
第四 永遠公債
等이라. 其 公債의 特質異同과 長短有無를 左에 論코져 ᄒ노라.

第一款 一時償還公債

一時償還公債ᄂᆞᆫ 가쟝 單純ᄒᆞᆫ 性質을 有ᄒᆞᆫ 것인데 其 期限에 至ᄒᆞ야 一時에 其 元金을 償還ᄒᆞᄂᆞᆫ 것을 謂ᄒᆞᆷ이라. 元來 一時償還法은 巨款을 募集ᄒᆞᆷ에 不當ᄒᆞᄂᆞ라. 何者오 大蓋 財政은 屈伸ᄒᆞᆯ 餘地가 無ᄒᆞ면 困難을 免키 難ᄒᆞᆷ은 當然ᄒᆞᆫ 理則이라. 今에 一時償還法을 觀ᄒᆞᆷ에 巨大ᄒᆞᆫ 金額을 一時에 償還ᄒᆞ여야 債務者의 義務를 免ᄒᆞᆯ 것인데 金融은 時時刻刻으로 變動ᄒᆞᄂᆞᆫ 者 ㅣ라 其 償還時를 當ᄒᆞ야 財政이 卒地에 逼迫ᄒᆞ야 債務를 履行키 不能ᄒᆞᆯ 憂慮도 有ᄒᆞᆯ ᄲᅮᆫ더러 假令 此 弊端이 無ᄒᆞ더라도 債權者도 多少 不便을 感ᄒᆞ리니 此 償還法은 各 當事者에게 不便ᄒᆞ야 少額에ᄂᆞᆫ 適用ᄒᆞᆷ을 得ᄒᆞᄂ 巨額에ᄂᆞᆫ 到底히 適用ᄒᆞᆯ 슈 無ᄒᆞᄂᆞ라.

第二款 有期定額償還公債

有期定額償還法도 亦是 財政上에 屈伸ᄒᆞᆯ 餘地가 無ᄒᆞᆫ데 其 方法을 例로써 言ᄒᆞ면 若干 公債를 募集ᄒᆞ야 幾個年을 經過ᄒᆞᆫ 後 (据置) 其 翌年에 若干額 其 再翌年에 若干額으로 ᄒᆞ되 以下 順次ᄂᆞᆫ 此 計算法에 依ᄒᆞ야 其 償還ᄒᆞᄂᆞᆫ 方法을 募集 當時에 約定ᄒᆞᄂᆞᆫ 것이라. 故로 此 方法에 依據ᄒᆞ면 假令 財政에 餘裕力이 有ᄒᆞ야도 償還ᄒᆞᆯ 슈 無ᄒᆞ고 餘裕力이 無ᄒᆞ야도 償還ᄒᆞ지 아니ᄒᆞᆯ 슈 無ᄒᆞᆷ으로써 엇던 ᄲᅢ에ᄂᆞᆫ 高利公債를 募ᄒᆞ야 舊債를 返還ᄒᆞ여야 될 窮境에 陷ᄒᆞᆷ을 免키 難ᄒᆞᄂᆞ라. 그러고 此 方法은 大槪 償還期 第一年에 返還ᄒᆞᆫ 元金의 利息을 次年度 元金償還額에 添加ᄒᆞ야 滿期에 至ᄒᆞ도록 此 方法으로써 實行ᄒᆞᄂᆞᆫ 것인데 財政의 緩急을 不問ᄒᆞ고 其 規約을 施行치 아니치 못ᄒᆞᄂᆞ니라. 若 不然이면 國家의 信用이 墜地ᄒᆞ리니 不可不 元金償還으로ᄒᆞᆫ 爲ᄒᆞ야 不良ᄒᆞᆫ 租稅를 人民에게 徵收ᄒᆞ거ᄂ 或은 新債를 募集ᄒᆞᄂᆞᆫ 手段을 要ᄒᆞᄂ니 如此ᄒᆞᆫ 境遇에ᄂᆞᆫ 新債의 利息이 舊債의 利息보담 高越ᄒᆞᄂᆞᆫ 事況이 有ᄒᆞᆯᄂᆞᆫ지 測量ᄒᆞ기 難ᄒᆞᆯ ᄲᅮᆫ 아니라 財政當局者가 手足을 措ᄒᆞᆯ 餘地가 無ᄒᆞᄂᆞ라. ᄯᅩ 此 方法은 借換의 便利를 得키 難ᄒᆞ도다. 借換法은 何謂也오 例言컨딕 舊債를 起ᄒᆞᆯ 時에ᄂᆞᆫ 年六分의 利息으로 定ᄒᆞ얏ᄂᆞᆫ데 其 後에 金融이

融通ᄒ야 五分의 利息으로 新債를 募集ᄒᆯ 슈 有ᄒ면 低利ᄒᆫ 債金을 起ᄒ야 高利ᄒᆫ 債金을 報還ᄒᄂ 것이 國家經濟에 利益이 有ᄒᆫ데 此 定額償還法은 約定時에 이믜 確定이 된 故로 其 後에ᄂ 秋毫라도 變更ᄒᆯ 슈 無ᄒᆫ즉 此 方法에 依據ᄒᆯ 時에ᄂ 借換키 不能ᄒ니라.

要컨딕 此 償還法은 國家財政上에 大端히 危險이 有ᄒ야 一步를 誤ᄒ면 經濟界에 秩序를 紊亂ᄒᆯ 憂慮가 有ᄒ니라. 一大 注意ᄒᆯ 것이 有ᄒ니 財政信用이 無ᄒᆫ 邦國에셔 一時의 困難을 彌縫ᄒ기 爲ᄒ야 此 方法으로 外債를 募集ᄒ얏다가 其 定期를 當ᄒ야 其 約定을 履行치 못ᄒ면 國家信用에 關ᄒᆯ 쑨 아니라 不虞之大禍를 免치 못ᄒᄂ니라.

第三款 有期隨時償還公債

有期隨時償還公債ᄂ 例言컨딕 幾個年을 經過 後(据置)에 其 翌年부터 其 滿期ᄭ지 隨時로 其 債金을 償還ᄒᆷ을 謂ᄒᆷ인데 政府의 便宜를 從ᄒ야 何時던지 其 滿期ᄭ지ᄂ 幾次로 分ᄒ야 償還ᄒ야도 無妨ᄒ고 其 滿期에 至ᄒ야 一時에 償還ᄒ야도 約定에 違反이 無ᄒ니라. 此 方法은 一時償還 及 有期定額償還에 比ᄒ면 財政에 屈伸ᄒᆯ 餘地가 在ᄒ도다. 何者오 假令 國家財政이 困難ᄒ더라도 滿期ᄭ지 償還ᄒ면 其 債務를 可히 免ᄒᆯ 것이라. 또 一時에 金融이 逼迫ᄒ더라도 多少 年月을 經ᄒ면 融通ᄒᆯ 機會가 不無ᄒ리니 此 方法은 債務者에게 不少ᄒ 便宜가 有ᄒ도다. 現今 日本에셔 採用ᄒᄂ 公債募集法은 大槪 此 方法에 依據ᄒ야 內外公債를 起ᄒᄂ니라. 然이ᄂ 此 方法도 또ᄒ 多少 缺點이 有ᄒ니 此ᄂ 非他라 滿期ᄭ지ᄂ 債務者가 任意로 償還法을 定ᄒᄂ 其 期限에 至ᄒ야 萬一 不幸ᄒ야 財政當局者가 償還ᄒᆷ을 怠漫ᄒ다가 疫病 飢饉 戰爭 等 不慮의 事變이 其 期限에 卒起ᄒ면 一層 困難을 當ᄒ리니 엇지 主意치 아니 ᄒ리오.

第四款 求遠公債

確定公債 中에 第一 發達된 것을 永遠公債라 ᄒᄂ니 此 方法은 例言

건딕 幾個年을 經過(据置) 後에 其 翌年부터 隨意로 償還ᄒ되 一定ᄒ
滿期가 無ᄒ니라. 故로 此 法은 債權者에게 期限의 利益을 不與ᄒ니 一
見홈에 甚히 疑訝가 有ᄒᄂ 詳思컨딕 其 不然ᄒ 理法을 發見ᄒ리로다.
元來 公衆이 國債募集에 應ᄒᄂ 것은 其 目的이 元金償還에 不在ᄒ고
其 利息을 取得홈에 在ᄒ니라. 故로 公債證書 所有者ᄂ 元金償還을 必
要로 知ᄒ지 아니 ᄒᄂ니 若 其 所有者가 事業을 企圖ᄒ야 金融을 需要
코져 ᄒ건딕 其 公債로 擔保를 合아 債金을 得ᄒ거ᄂ 或 賣却ᄒ거ᄂ
ᄒ야 其 資金을 融通홀 方略이 不難ᄒ고 쏘 公債를 儲藏ᄒ면 現金을
貯蓄ᄒ 것보담 完全ᄒ 故로 信用을 尊重ᄒᄂ 文明諸國에셔ᄂ 此 方法을
多用ᄒᄂ니라. 東洋 諸國에ᄂ 아직 財政信用이 發達ᄒ지 못ᄒ야 此 方
法을 用採ᄒᄂ 邦國이 無ᄒᄂ 他日 多額의 公債를 募集ᄒ야 國家財政을
善理ᄒ고 쏘 借換法을 實行코져 ᄒ면 此 方法에 出ᄒᄂ 者ㅣ 無ᄒ니라.
大蓋 公債ᄂ 國家의 負債라 其 何種類에 屬홈을 不問ᄒ고 畢竟은 償還
ᄒ여야 其 義務를 免ᄒ리니 政府가 此 方法에 對ᄒ야 定期가 無홈을
僥倖으로 知ᄒ고 其 償還을 怠ᄒ면 此亦 弊端을 免키 難ᄒ도다.

公債 中에 第一 良好ᄒ 것은 永遠公債라. 若 此 方法으로 公債를 募集
ᄒ면 國家經濟上에 安全홀 쑨 아니라 쏘 金融이 非常ᄒ 變動을 不受ᄒ
야 兩者가 서로 密着ᄒ야 屈伸自由之道를 得ᄒ리로다. 我韓財政界를 觀
察홈에 心寒膽裂ᄒ야 所道를 不知로다. 往年에 不少ᄒ 外債를 募入ᄒ얏
ᄂ데 其 詳細ᄒ 條件은 不知ᄒᄂ 傳說을 聞ᄒ즉 有期定額償還法으로
定約ᄒ얏다 ᄒ니 是係果然이면 我邦 財政當局者ᄂ 맛당히 小心細氣ᄒ
야 相當ᄒ 方法을 豫講ᄒ야 國家百年計를 勿誤홈을 血心是祝ᄒ노라.

◎ 國家와 國民企業心의 關係,
張弘植, 〈태극학보〉 제6호, 1.907.1.

*국가＝일정한 주권, 영토, 국민을 유한 자

夫 國家는 一定흔 主權, 領土, 國民, 을 有흔 者ㅣ니 卽 一大 國家的 經
濟를 組織흔 者를 云흠이요 且 國民은 其 一定흔 領土, 一定흔 主權,
一定흔 法律範圍內에 在ᄒ야 生命財産을 保全ᄒ고 安寧秩序를 維持ᄒ
는 者ㅣ니 卽 一小家族的 經濟를 組織ᄒ는 者를 云흠으로셔 外敵團體는
敢히 此를 犯害ᄒ지 못ᄒ는 者ㅣ오. 企業은 一人 或은 二人 以上 團體에
依ᄒ야 營利의 目的으로써 勤勞 又는 商品을 永續的으로 吾人 需用에
供給ᄒ는 處에 組織(經濟)을 云흠이니 卽 企業은 家族 或은 其他 團體와
갓치 國民經濟의 內部에 在ᄒ야 活動ᄒ는 組織이라. 然이나 其 發生의
原因 及 其 存續中에 活動을 全然히 營利 一點에 存ᄒ고 寧休언뎡 營利
以外의 意味를 持치 아니ᄒ며 또 營利 以外의 事를 持치 아니ᄒ는 者를
特色이라 흠이라. 然이 若 外敵團體로 此를 敢犯ᄒ 時는 吾人의 最厭ᄒ
는 戰爭의 導火가 起ᄒ야 一方은 外敵을 防禦 ᄒ기를 務ᄒ고 一方은
內部를 團次ᄒ기를 益益堅固ᄒ게 ᄒ는 者ㅣ 國家團體를 組織ᄒ는 處의
原則이라 흠이라. 然이 以上은 一國民經濟學說에 不過ᄒ나 余는 現今世
界의 東西를 不問ᄒ고 國家를 組織ᄒ는 國民과 及 其 國民의 企業心이
國家에 關係되는 者를 實例에 比ᄒ야 論ᄒ고자 흠이라. 蓋企業에는 販
路, 資本, 企業心, 技術, 階梯, 競爭, 等의 要ᄒ는 處ㅣ 元來 多흠으로써
企業者의 數가 一, 個人的 企業 二, 結社的 企業이 有흠이라. 然이 個人
的 企業은 別노히 論홀 써시 無ᄒ다. 結社的 企業은 自古로 氏 又는 家
族의 制度으로 自ᄒ야 發生흔 者를 可見홀지라. 假令 中海 北海에 在ᄒ
야 古代로부터 漁業航海業에 關흔 一種의 團體ㅣ 起ᄒ야 十一世紀 乃至
十八世紀 間에 現今 所謂 組合이라 ᄒ는 者ㅣ 되고 또 以太利에셔는
家族的 團體와 밋 雇主가 雇人에 對흔 給料를 資本에 借入ᄒ야 柱式會

社ㅣ라 ㅎㄴㅡ 者ㅣ 十七世紀 乃至 十八世紀에 起흠이라. 然이나 會社社員의 風紀紊亂ㅎ야 經濟의 惶恐을 來케 흠이 十八世紀 後半에 在ㅎ야 「아-담 스미스」 氏 等 學說은 商工業의 媒介되ㄴ 者의 企業을 排斥흔 者ㅣ 되고 法國革命에 際ㅎ야(一七世紀) 禁止흠이라. 此 革命이 沈潛흠이 一八三0年頃에 至ㅎ야 技術進步와 信用交通이 發達ㅎ야 大資本의 企業이라 唱ㅎㄴ 者ㅣ 有力흔 組合을 成立흠이라. 各國이 或은 此를 獎勵ㅎ고 或은 弊害를 豫防ㅎ야 現今에 所謂 大企業 等 卽 鐵道, 貯蓄銀行, 保險會社 等은 特히 嚴正흔 規定을 設ㅎ고 最長흔 進步를 受흠이라. 然이 其 結社企業의 長處를 擧ㅎ면 左와 如ㅎㄴ라.

(一) 個人企業보담 資本과 信用이 大흘 事.

(二) 存立機關이 個人生命에 依ㅎ야 制限을 受흠이 無흘 事.

(三) 俊才를 多用흘 事.

(四) 最新最良의 技術을 利用흘 事.

(五) 企業失敗의 危險이 有흘 時ㄴ 數人의게 分擔게 흘 事.

(六) 特히 株式會社에 在ㅎ야ㄴ 零細흔 資本을 鳩集ㅎ야 大資本을 成形흘 事.

歷史上으로 觀흘진딘 以上에 論흔 二個 企業이 其 利益을 相爲保護흠은 近世의 特産 쑨이 아니라 寧休언뎡 同業者ㅣ 同市場을 相關ㅎ야 其 業을 營흘 時ㄴ 一面으로ㄴ 서로 競爭ㅎ고 一面으로ㄴ 반다시 共約ㅎ야 第三者(外敵)의 犯ㅎㄴ 事를 豫防ㅎ기를 務ㅎ고 國家ㄴ 此에 適當흔 保護政策을 加ㅎㄴ딘 在ㅎ야 發達흠이라. 如此흔 大企業에 就ㅎ야 自由를 尊重ㅎㄴ 論者 等은 多少의 評論이 有ㅎ나 此ㄴ 過渡時代를 論흠이라. 此를 一言에 蔽ㅎ면 企業은 國家의 利益을 增進ㅎ고 吾人의 文物智識을 發達ㅎㄴ 一動機라 云흘지라. 一九0四 乃至 一九0五年에 日露戰爭이 各國人으로 ㅎ야곰 東半球에 目을 傾注케 ㅎ더니 此 戰爭이 沈息흠이 各國이 自國內部를 整理ㅎ기 努力ㅎㄴ 現象을 呈흠이라. 假令 吾人이 共知ㅎㄴ 바와 갓치 日本이 此 戰爭에 得利흔 後 國家國民이 企業의

熱에 狂ㅎ야 逐日勃興흠을 觀홀지라. 此는 無他라. 一, 은 外敵에게 侵犯을 受흠이 一層 內部를 鞏固케 홀 團體心과 二, 는 戰爭中에 重稅를 加흔 者와 및 其他 原因의 反動으로 起ㅎ는 利己心에 在흠이라. 然이 其 企業者은 滿洲鐵道株式會社, 日淸火災保險會社, 日淸豆粕製造會社, 東洋紡績會社 其他에 數로 勝紀치 못홀 者ㅣ 多多 흠이라. 然이나 此等 會社에 對ㅎ야 國民 或은 直接關係者ㅣ가 疑心을 惹起ㅎ는 弊를 防흠과 此를 獎勵ㅎ는 手段으로 政府에서 六朱以下 五朱以上 利率을 保證흠이라. 此로 由ㅎ야 此를 觀ㅎ면 國家와 國民企業心의 關係ㅣ 深遠흠을 可히 知홀지로다.

3.7. 무역

◎ 貿易上으로 觀ㅎ는 英法,
　문내욱, 〈대한유학생회학보〉 제1호, 1907.3. (무역학)

蓋自由貿易의 利益은 國之大小을 勿論ㅎ고 互相殖産上勞力을 分擔ㅎ야 各各其自의 天受흔 生産을 擴張ㅎ며 無利生産의 膨脹을 減縮케 ㅎ야 財力과 勤勞을 有利케 應用如何에 在홀지라.

法國은 氣候가 溫和ㅎ며 土質이 關沃흠을 由ㅎ야 其 人民이 耕作에 熟鍊흔 故로 葡萄培養業이 極히 發達되야 釀造ㅎ는 葡萄酒로 自國의 需要를 供給ㅎ고 猶有許多餘力ㅎ야 氣候와 土質이 耕作에 不合흔 英國 全體의 需要를 供給ㅎ며 英國은 自國風土에 最適當흔 工業上物品으로 法國의 需要를 應ㅎ는지라 此를 由ㅎ야 觀ㅎ면 貿易上利益은 自國의 産出치 못ㅎ는 物品은 他國으로부터 輸入ㅎ며 또 自國의 産出되는 物品이라도 他邦에 比ㅎ야 特別이 許多흔 勤勞와 財力을 要ㅎ는 物品은 彼我交換ㅎ야 自國의 需用을 供給케 흠이 在홀지라 故로 泰西一經濟學

者이 言호딕 政府가 産業을 保護홈은 決코 人民의 幸福이 아니요 反爲損害라. 唱導ᄒᆞᄂᆞᆫ 說이 現今歐洲商業界의 歡迎을 得ᄒᆞᆫ 理由를 左에 略說ᄒᆞ노라.

西印度 諸島 及 亞米利加 合衆國 南部ᄂᆞᆫ 地質과 風氣가 砂糖 耕作業에 最尤適當ᄒᆞᆫ 故로 若其他 列國이 貿易上 自由를 拘束ᄒᆞᆯ 手段이 無ᄒᆞ여스면 此諸國은 砂糖 製造에 專力을 傾注ᄒᆞ야 必竟 歐洲 列國의 需用을 獨擅供給ᄒᆞᆯ지라 然然이 뉴法國이 此物輸入에 對ᄒᆞ야 特別히 稅額을 重課ᄒᆞ야 西印度及 亞米利加南部 産出砂糖의 消費를 阻碍ᄒᆞ니 卽 自國의 生産을 保護ᄒᆞ기 爲ᄒᆞ야 賦課를 重케 홈이라 法國保護稅當局者이 言호딕 「我法國一部分農民이 紅蘿蔔[一種製糖原料]耕作에 從事ᄒᆞ야 産出ᄒᆞᆫ 砂糖을 西印度諸島甘蔗로 製造ᄒᆞᆫ 砂糖과 比ᄒᆞ면 努力이 倍加ᄒᆞ고 物質이 劣賤ᄒᆞ니 若該島産砂糖輸人을 拘束치 아니ᄒᆞ면 國民經我濟界恐慌이 目前에 有ᄒᆞᆯ지라 故로 特別히 該物輸入稅를 重케 ᄒᆞ야 一은 該物消費를 阻碍ᄒᆞ게ᄒᆞ며 一은 我國 國産物發達을 鼓舞ᄒᆞ기 爲ᄒᆞ야 紅蘿葡耕作人을 保護ᄒᆞ노라」 ᄒᆞ여서니 此論을 外面으로 觀ᄒᆞ면 足可稱贊이로되 一步을 進ᄒᆞ야 外面으로 察ᄒᆞ면 決코 不可라 謂시 아니치 못하리로다.

此에 反ᄒᆞ야 西印度砂糖을 自由로 輸入케 ᄒᆞ면 法國砂糖製造의 從事ᄒᆞᄂᆞᆫ 人民이 此影響을 蒙ᄒᆞ야 一時其生業을 失ᄒᆞᆯ지라 然이나 畢境에ᄂᆞᆫ 自國天然的 不適當ᄒᆞᆫ 生産業을 廢棄ᄒᆞ고 其財力勤勞를 移ᄒᆞ야 天然的 適當有利ᄒᆞᆫ 葡萄耕作에 從事됨은 明若觀火라 換言ᄒᆞ면 卽 不利ᄒᆞᆫ 耕作을 擲棄ᄒᆞ고 有利ᄒᆞᆫ 産業에 喬遷홈이니 如此則一般國民經濟上秋毫라도 消極的影響이 無ᄒᆞ다 誤ᄒᆞᄂᆞᆫ딕 蹰蹹치 아니ᄒᆞᆯ지라.

法國 保護稅 當局者ᄂᆞᆫ 只是砂糖耕作人의 損害ᄆᆞᆫ 論홈이요 消費者의 得失은 眼中에 無ᄒᆞ다 謂ᄒᆞᆯ지라 蓋是砂糖은 一般國民의 一日이라도 不

可無홀 必要品이라 外國輸入을 自由케 ㅎ야 其 物品을 自國內에 饒多케 ㅎ야 其 價格이 下落홀 時에ᄂᆞᆫ 卽 衆庶이 一般便益을 享受홀 샏아니라 一般職工의 賃銀도 從此下落홀지라 如此면 自國製造物品도 自然이 廉價로 製出ㅎ기 無難ㅎ리니 此時를 當ㅎ야 卑劣ㅎ 保護稅政策으로 他邦産物과 競爭ㅎᄂᆞᆫ디 北ㅎ건디 其利害가 果如何哉리요 僅僅一部分生産業保護策을 變ㅎ야 外國輸入物價을 下落케 ㅎ야 一般國民의게 生活費減少되ᄂᆞᆫ 洪益을 普及케 홀 샏더러 消費者로 ㅎ어곰 常費를 減縮케 ㅎ야 自然節儉홀 機會를 賦與ㅎ야 畢竟國民經濟界에 積極的 要素를 波及케 홀지라 故로 生産保護政策은 一部分에ᄂᆞᆫ 有利ㅎ나 全社會損益에 關ㅎ야 論홀 時ᄂᆞᆫ 其 損害가 不少라 謂홀지라.

　現金英國을 精製(五溫以上) 砂糖製造를 全廢ㅎ고 法國製品을 輸入ㅎ야 全局需要를 供給ㅎᄂᆞᆫ디 先是에ᄂᆞᆫ 法國製品을 英製品에 比ㅎ면 別노 品質上優劣이 無ㅎ고 ᄯᅩ 製産費僅少로 依ㅎ야 價格低濂도 아니요. 但 一大原因은 法國政府가 砂糖精製業者에게 特別히 恩賞을 賦與ㅎ야 其産業을 保護ㅎᄂᆞᆫ 故로 輸出者恩賞多寡에 比例ㅎ야 價格이 低廉홈을 依ㅎ야 英法間同業者의 競爭激烈ㅎ 結果, 英國구라이러 河及 ᄲᅣ리수터루 廣大ㅎ 砂糖製造所를 閉局케 ㅎ엿스니 由此觀컨딘 法國主義ᄂᆞᆫ 英國百般工業을 阻碍ㅎᄂᆞᆫ디 在ㅎ나 英國製糖業者의 困難은 只是一時요 法國政府ᄂᆞᆫ 製糖保護의 反動으로 自國一般國民의 日常需要品에 對ㅎ야 不知中賦課를 波及케 되얏고 英國人民은 自國製品보담 低廉ㅎ 砂糖을 購ㅎ야 國民經濟上多大ㅎ 援助를 得ㅎ니라.

◎ 輸出入의 關係,

　李鍾一,〈대한협회회보〉제2호, 1908.5. (무역학)

▲ 제2호

　觀乎 古今東西列邦之 消長盛衰則 未有不民富而國殷 民貧而國弱 故로 爲國計民生者ㅣ 莫不以殖貨爲大政ᄒᆞ야 堯舜之聖焉而命稷而後命契ᄒᆞ고 曾傳之賢焉而半論財政則況此萬國互市之金力世界乎아. 然則 當今之 世居此之土ᄒᆞ야 最深究者ㅣ 經濟요 急先務者ㅣ 實業이라. 然 古人論財에 均以節用爲殖貨之本이니 頗有愛國愛家之心者ㅣ 講究節用之道에 豈 可忽乎哉아.

　夫 節用者ᄂᆞᆫ 決不捨利遺人而儉薄爲常이니 非徒個人爲然이라. 國家 亦 然ᄒᆞ야 雖 一分之利라도 入于彼則 我之害ᄂᆞᆫ 理所固然이니 是 故로 彼 文明國民은 同一物品에 雖 彼 物賤이 我 物貴라도 必 取其貴而不取 其賤ᄒᆞᄂᆞ니 是爲利之歸彼也로다.

　查日本維新之初에 輸入美國燐寸(당셩양)이 甚多 故로 有創設製燐公 司者ᄒᆞ야 以學術之未鍊으로 見害頗鉅而將廢該司러니 各 社會 刻問其實 ᄒᆞ고 不取二里値美燐而必取三里値該司燐寸之意로 互相決議ᄒᆞ야 期圖 該公司進步後止ᄒᆞ니 今日日本之富强이 實由於此等原因也오. 我朝 鄭相 國弘淳이 爲戶曹判書時에 破錢一分를 以二分工價로 使匠完之러니 或 詰其不經濟ᄒᆞᆫ듸 公曰 國庫者ᄂᆞᆫ 非君主與政府之國庫也요 乃是 國家之國 庫어늘 以有限籌貨로 今日 破一分ᄒᆞ고 明日 又 如此ᄒᆞ야 積至多數則錢 貴오 錢貴則物賤而民不措生이요 完之則非特二分이라. 雖 費二兩工價라 도 此 國內自有之物이라 ᄒᆞ니 以自國之經濟로도 尙 如此여든 況乎 萬國 逐利之場乎아 觀此二者에 可知經國之大要也라. 是故로 欲論國家之强弱 이면 必査其國之輸出入之盛衰ᄒᆞ니 先以 我韓 四年前 各港出入貨物論之 則出口貨ᄂᆞᆫ 不過六百萬圓餘오 入口物은 至爲 五千五百萬圓餘 而竝火車 汽船 等 賃及不通商口岸之無關於稅關者則洽爲六千萬圓餘니 譬諸一個

年所得六百元家로 支用爲六千圓之多則其家存乎亡乎아. 其 不足額 五千四百圓은 的是債款而積而藏月則必不免逋亡之患이니 今 夫 國家는 卽國民聚居之大家也라. 在昔鎖門獨處之時에는 不較所得之多少而剩則委積호고 不足則艱絀而已이어니와 今 玉帛이 相問호고 梯航이 相屬호야 成一世界大市場之時에 智勝劣敗는 必至之勢라 故로 調査各口岸出入貨物호야 若或出不敵入則擧國人民이 認定以國家滅亡而播諸報章호야 說諭各社會호며 警告當局호야 農工商焉勉勵出口호며 政府焉增加關稅호야 以減入口物品호야 期圖出入對等호느니 遠考英之燐寸이 多售美國而美增燐稅較燐價愈高호야 英美缺和가 昭在史冊호고 近觀日本蠶絲가 多輸美國而以美之豪富로도 憎其多售而增稅太夥호야 屢有交涉호니 各 口輸出入關係之重大者倘何如哉아. 蓋 我韓出口物之十倍不足於入口貨는 前已槪論이어니와 問每年不足額五千萬圓은 以何物代償乎아 曰 土地家屋也니 以勢로 若過十年之久則出口益減而入口漸繁호야 不足額이 將至七八億圓之鉅而爲此代償호야 更査全國土地結總則現雖一百三十萬餘結이로딕 考諸二百年前結摠則近至二百五十萬餘結이니 以此爲摠호고 每結土地價上自千圓下至十圓히 以平均高價三百圓爲率估計則不過七億五千萬圓이오. 其他 家屋 及 一般財産이 亦 不過 數億圓이니 統計全國財産이라도 不過 十億圓 內外어늘 以若財産으로 每年 銷售五千萬圓之代償則能支十年乎否아.

且 問每年五千萬圓之不足者ㅣ 銷融於何處乎아 曰 全國人口二千萬之纏身日用之物이 莫不由於外國而以平均每名下不下三圓이니 此 豈非六千萬圓乎아. 凡 財政者는 如人身之血脈호야 飮食之榮養之則脈壯血盛而身體健康호고 反是則衰病焉호느니 以若無源之財로 文房器具並書類焉外國이오 冠屨衣裳焉外國이오 張蓋手持焉外國이오 灯燭食具焉外國이오 甚至有飮食材木焉外國이니 如此而雖欲民不窮國不弱이나 豈可得乎아 第觀在韓外人之經濟則以若數萬里客跡으로 非不獲己之事則必由自國호야 材木瓦材焉自國호며 各種器具焉自國호며 飮食焉自國호며 甚至有石材焉自國호야 日用事物이 莫不由自國호니 是何韓人之多有外國癖

이며 又何彼人之多有自國癖乎아. 多外癖者と 自速其國破家亡者也오 多
自國癖者と 能滅人國者也니 彼强我弱이 豈其徒然哉아. 惟願同胞と 請
勿河漢斯言호고 勉之勵之를 切切厚望호노라.

▲ 제3호

輸出入增減之原因 李鍾一

　　國家之於輸出入之如何關係と 業已槪論於前報어니와 其出口之十倍
不足於入口者と 在日露之役호야 含有鐵道軍費等巨額이라. 不可 謂其恒
例로되 蓋每年不下五六倍不足호니 漸積爲國家之債款호야 不過 幾年에
徒存空殼은 不必更論이오 査各埠岸出入貨物之優劣則所謂出口貨者と
不過是牛皮砂金米穀等數種而居第一位者ㅣ 穀物也오. 入口貨則複雜種
類를 指難勝屈而最握優勢者ㅣ 織物也니 其增加出口之道난 直在乎農工
業發達이라. 今不可遽議어니와 至若織物之多入호야난 言之齒酸이라
不欲張皇說去로되 蓋國內各處所産織物이 足以供國民之絲身은 已有通
商前日之明證이어날 夫何今日에 一般人民之衣裳이 均由外國이오 着以
土産이 幾稀호니 是其織物作業者ㅣ 絶種無類而然歟아. 抑爲國民者ㅣ
無國家思想호야 疾視其土産而然歟아. 不覺長吁短歎에 略擧全國織物之
種目與品質호야 究得其原因일시 如項羅之德川安州産과 明紬之鐵原熙
川永興等産은 居於織物界最高地位호야 僅資衣料로되 其品質之幼稚와
粧束之麤率이 不及於外國之繪絹而遠矣오. 兎山泰川等産은 尤極品劣호
야 無過染紫爲兒童輩首飾之資오 棉布之光羅州康南平尙善山義城黃州
等産은 産額이 稍多호야 廣售各處로되 非徒物質之精麤長短이 匹匹不
齊라. 皆無堅緻之功호야 不堪爲衣資者오 麻布之 關北産은 原料頗靭호
야 人多稱道로되 經紀太疎호야 但供喪家之需오 安東附近産布と 素以
夏至取麻로 質甚脆弱호야 只合熱期之資오 靑陽長城等苧布と 得獨産之
勢호야 無關其品質之良否而廣售로되 漂白以洋灰호야 可惜金錢之虛擲

이오. 其他産額零星之公州晉州統營等 棉布와 康津之春布, 大邱之廣絹,
生絹公州之斑紬等은 不可枚擧로되 此皆國內織物之最著者而莫不品劣
ᄒᆞ야 不適於今日浮虛人之衣料者也라. 觀夫外人之織物則無論何帛何布
ᄒᆞ고 其質之厚薄과 疋之長短廣狹이 各隨其字號而毫無差等ᄒᆞ야 如某布
某帛之裁若干衣, 剩胴若干尺을 不接物而自辨이오 又 其 粧束에 頗注意
ᄒᆞ야 如紬緞等屬은 不欲襯且透色ᄒᆞ야 回回團束ᄒᆞ고 裹以紙物ᄒᆞ야 表
其貴重ᄒᆞ고 布木類作疋은 袷疊有規ᄒᆞ야 使人易査其尺數品質ᄒᆞ며 雖自
國無用之物이라도 察夫人國之所用ᄒᆞ고 模製人國之器具ᄒᆞ야 網羅人國
之財産이어늘 嗟我韓人은 徒以詐欺爲慣例ᄒᆞ야 織物之精麤長短이 不徒
家家不同이라. 雖出於一人之手라도 昨織今織이 互相 表裏ᄒᆞ야 同一原
料로 昨織 八乘(一乘經四十個絲)者가 今織七乘ᄒᆞ고 今以四十尺作疋者
ㅣ 明以三十八九尺爲疋호되 其乘之加減이 無關於紡絲之巨細ᄒᆞ고 以同
一絲同一筬(바듸)으로 惟減其絲數ᄒᆞ야 其質則類似而其幅則殆狹寸餘ᄒᆞ
야 以同一尺布로 不得裁同一衣裳ᄒᆞ고 又其布木作疋者ㅣ 無論長短ᄒᆞ고
均以十六曲袷疊爲例ᄒᆞ야 長其表面數曲ᄒᆞ고 隱其參差交錯之各曲端於
裏面ᄒᆞ야 使人莫曉其容積之幾尺而其規甚巧ᄒᆞ야 非其作業者則不得解
而反舊故로 要其尺數者ㅣ 只是假量이오 不知其實ᄒᆞ고 北布則但中間限
一尺織以細密ᄒᆞ야 藉爲表飾而裏面則莫不麤疎ᄒᆞ고 其製疋之規亦甚巧
ᄒᆞ야 不許買者之解疋較尺ᄒᆞ고 紬屬則以五六兩重原料로 織如蛛網ᄒᆞ야
粘塗米粉而瞞厚其質ᄒᆞ야 以手打着則米粉如雪ᄒᆞ고 入水曝洒則綻出本
質ᄒᆞ야 不可認以織物者ㅣ 十居八九ᄒᆞ니 此皆招入外物之最大原因也오.

其次는 尙白이니 白衣者는 垢汚甚易故로 洗濯頻數일시 漂之擣之를
不翅千萬爲度ᄒᆞ야 泐敗原質ᄒᆞ야 假如服以一年計者ㅣ 不逾半個年에 敗
傷無餘ᄒᆞ야 購求新料之不暇오. 且 白衣者는 憚其泥汚ᄒᆞ야 每有作事不
勤之弊ᄒᆞ고 一若泥汚則非但洗浣敗傷之害라 爲其婦女者ㅣ 終老於漂杵
針床之下ᄒᆞ야 毫無暇於生産作業等事ᄒᆞ니 俗所謂蟹網俱失者此也오 以
靑黑爲色則雖經長久月日이라도 不甚垢汚而頻洗ᄒᆞ고 其漂之擣之之害
ㅣ 無如白色之甚者也오. 雖着新衣라도 亦無拘碍於作事ᄒᆞ고 設有粘土漆

泥라도 乾之刷之則依舊無痕ᄒ고 從以得婦女等作業之利ᄒ나니 尙白尙
黑之利害ᄂ 不待辨ᅵ而自明也오.

　且衣靑黑者난 染料가 無關美麗ᄒ고 錦棉이 別無差等ᄒ야 寧可益求
其質朴者언뎡 不取輕煖而易傷者어니와 衣白者난 素以新鮮爲本 故로
每求其華麗之織ᄒ고 不欲注意於質朴者ᄒ나니 然則禁侈崇儉之道ᅵ 莫
善於深色이오 以守古之謬言之라도 我邦이 處在東方木靑之位ᄒ고 皇室
姓李而屬木故로 忌金白之氣ᄒ야 變金字音爲김ᄒ니 非徒我朝爲然也라.
在麗朝 朴諭常이 亦以五行生克之說로 有禁 白尙靑之疏ᄒ니 此等陰陽之
說은 姑且莫論ᄒ고 東洋古例에 國國有正色ᄒ니 正色者난 先自公服而
始也라. 觀夫我韓正色컨뒤 上自公卿大夫로 下至吏胥皂隷히 朝覲服務之
時에 不敢着白衣ᄒ고 雖燕服이라도 侍下人及以士爲名者ᅵ 均着深靑而
乃有服制者라야 許以淺淡色ᄒ고 若見白衣人則目이 爲常漢而不禮ᄂ 現
今五六十歲人之所共見知者也오. 考諸支那古聖之服色이라도 常尙緇衣
紺綿等色이오 未聞以白爲正色이며 現察全球萬邦이라도 未嘗聞有白衣
之國이오 亦未嘗見白衣之人ᄒ니 證以古今東西ᄒ고 較諸利害得失이라
도 不容不着深色이어날 夫何挽近에 便成白衣之國ᄒ야 見白衣人則知爲
當然底事ᄒ고 見深色衣則驚怪之揶揄之ᄒ야 甚至有指以異類者ᄒ니 民
智雖曰未開나 豈有如今日之甚者哉아.

　噫嘻悲哉라. 蓋論人之生活上重要則必曰衣食住니 人無食則無生이어
늘 先言衣而次言食ᄒ니 可知其衣重於食而最可注意者어날 今作衣之原
料者ᅵ 以塗粉厚質과 巧正欺尺等惡習으로 便成通行之規定ᄒ야 釀致入
口貨增加之患ᄒ되 人見其詐에 不以爲怪而亦莫之矯焉ᄒ고 沒廉無恥之
輩ᅵ 不顧國勢之岌業ᄒ고 全昧輸出入之關係ᄒ야 甚至有無朝夕之供而
着以綾羅錦帛者ᅵ 多ᄒ고 房帳褥席을 飾以最高等文緞者ᅵ 衆矣오 婢僕
下賤之輩가 亦莫不穿紋繡之履ᄒ니 國法之凌夷와 民智之愚淺이 未有甚
於此時也오 至於忠憤憂國之士ᅵ 奮不顧身ᄒ야 以國權之挽回로 自任爲
國民之代表者ᅵ 實繁有徒로뒤 居多好外之癖ᄒ야 身行儉朴者十無一二
ᄒ니 試問以若今日之政府와 今日之民智로 得許獨立智權而保有今日之

商權則第三者之干涉與否난 姑置之ᄒ고 以每年出口不足額代償으로 土地也家屋也山林也ㅣ 不幾年에 非爲我韓所有면 則二千萬民族이 無所依住난 必然之勢니 其將賴何而能維持獨立乎아. 然則今日爲我韓計者ㅣ 莫先於殖産이오 亦莫急於織物之改良也로다.

諺에 曰 勿求一人食ᄒ고 宜減一人口라 ᄒ니 與其謀增加出口之道론 曷若爲之疾用之徐而無購外物之多數者哉아. 可使織物作業家로 奮發智慮ᄒ야 務圖改良前進이되 假如今紬一疋原料五六兩者로 用以八九兩繭絲ᄒ고 棉布四十尺原料十五斤者로 用以十七八斤棉花ᄒ야 務盡密緻ᄒ고 製疋有度ᄒ야 無用詐欺之術則其光澤品質은 雖不及彼之良手로딕 較其加入原料則無過幾分之一而織物之堅靭은 十倍於前者ᄒ야 雖愚夫愚婦라도 莫不同情而不嫌幾分之增價ᄒ고 必購土産而不求外物ᄒ리니 漸次 改良ᄒ야 益益進步則織物之必不讓於人國也ㅣ 明矣오. 且以洋木爲衣裳者는 惟是我韓이오 環顧萬國에 無或見以此爲衣之內供者어늘 但爲其絲均織密ᄒ야 取此與世相違之物而非此則若將有裸體肉行之境ᄒ니 以今國勢로 雖着羽毛類上等服이라도 未免奴隷之賤待어날 況着以人國不用之物而自認爲侈麗者乎아. 第念地方人民之景況則官吏之浸虐과 賦役之荷重이 未有更張以前之甚者로딕 窮鄕之間에 或有財産稍殖者러니 今公無雜稅之重ᄒ고 民得自由之樂이로딕 村落이 均是凋殘ᄒ고 民皆濱死난 何也오. 蓋輸出入之關係는 無論而家而村而國ᄒ고 其 勢ㅣ 同一ᄒ야 出不敵入則貧弱而敗亡ᄒ나니 在前則雖無出口之物이나 不用外物之甚多 故로 勤儉者饒足ᄒ고 懶怠者貧寠어니와 今除其穀腹之外에 絲身幷日用百物이 莫不由外ᄒ니 設或有若個人出口之物이라도 不可以補全村人多數之求入이니 民積爲村ᄒ고 村積成國일ᄉᆡ 民窮이라. 村何以不凋殘이며 村是凋殘이라 國何以不貧弱乎아.

以上 所論이 淺近覼縷ᄒ야 似涉陳談이나 倘或有心時務者ㅣ 勿歸此言於河漢則專力於織物改良之術ᄒ고 勇奮於殖産發達之道ᄒ야 警告官吏ᄒ야 俾杜作物者詐欺之謬習ᄒ고 說論人民ᄒ야 以奬實業家見信之正道則國步日進ᄒ야 可以期國權回泰之日이니 同胞乎여 同胞乎여.

3.8. 무역학

◎ 外國 貿易論, 盧庭鶴, 〈대한학회월보〉 제6호, 1908.6. (무역학)

外國貿易이 如何혼 關係가 國家生存上에 有혼가 愚鈍을 不恥ᄒ고 數行를 敢述ᄒ노니 勿嫌文辭의 拙劣하고 但 取此論의 重點ᄒ시믈 敬要.

夫 地球上에 在혼 諸國의 氣候, 産物, 地味가 各殊하미 又 國民의 才智藝能도 同一치 못흠은 不論而自明이라 故로 各國의 民는 各各 生産의 所長된 貨物를 以하야 他國의 生産物과 交換홀 則從彼分業法則而最爲利益者也라. 是故로 此等諸國의 財貨交易之所行者은 此等諸國이 外國貿易으로 得如何利益乎아 今左列舉하노니.

一. 可得自國之不能生産之財貨하ᄂ니 譬若寒帶之地方에 得熱帶産物이며

二. 於自國則不要費用之巨大ᄒ고 不能生産之財貨를 比較的以廉價로 受應供給者ㅣ是也라. 凡 在此世間之財貨ㅣ恒以巨額之費用則雖如何之國이ᄂ 可得生産其物이라. 아다무쓰氏 曰 用暖室培養法이면 於英國스꼿ᄯ란도라도 作得良好之葡萄ᄒ야 釀造絶味之葡萄酒로되 因此費用이 小不下要 三十倍于同一葡萄酒輸入費用云이며

三. 外國貿易는 分業漸興하야 自國之最適合한 財貨生産의 專一함을 得하미라. 例於日本에 製生絲一匁則要五十錢而於佛蘭西則要一圓하고 良好한 葡萄酒 一瓶을 日本에셔 作코ᄉ 한즉 要二圓而佛蘭西則要一則 日本은 以生産要素之有限으로 惟供生系之製造而葡萄酒ᄂ 被佛蘭西之供給하야 交換以自國之生産生絲則利益이 爲大明矣라. 佛國도 且 生絲를 自國에서 生産함보담 輸入于日本이면 利益이 不亦大乎아.

四. 從來自國에 生産이 高하던 財貨도 間或 有減削産出額者하니 例若凶年之減米産出額이라 若此之時ᄂ 財貨之價貴는 姑舍ᄒ고 有時乎生饑饉之幣矣라. 然而 世界上 諸國에 斷以同時凶作 故로 輸入于好作國하야 容易補充其不足할지로다.

以上 四項는 外國貿易의 所長한 處를 略示하엿스며 今進一步하야 論及于外國貿易國際間價額之表準하노니.

國際間交易에 價額之爲表準者ㅣ 卽 金屬也라. 然而此金銀之交易賣買는 實不過小部分하니 卽 輸出物品이 外國으로 實際히 金銀를 輸入하고 輸入하는 物品에 對하야 金銀을 輸出하는 事는 稀有하니 換言하면 以輸出物로 交換輸入物者也라 例舉則佛蘭西는 葡萄酒 絹織物를 輸出於英國ㅎ고 自英國으로 石炭 機械 等를 輸入하는 故로 此等 取引之大部分이 爲替手形으로써 結了하느니 卽 英國商人은 振出爲替手形于佛國之輸出物買主하고 佛國商人은 拂出爲替手形于英國買主 故로 英國는 佛行爲替手形이 多數히 有하고 佛國은 英行爲替手形이 有하야 以英國之買主로 佛國商人의게 支拂할 義務가 有한 者는 自國에셔 買佛行手形하야 此를 在佛債權者의게 送하고 佛國之買主가 亦以同一手續으르 受取手形함은 其 手形에 支拂할 人이 各自國에 在흔 故로 自國에서 其 支拂를 受하믈 得하느니 若此則 外國貿易 大部分은 金錢을 一國으로부터 他國에 移轉치 아니하고 財貨交易하믈 得하고 又 舉此例則日本之與米國交易에 日本으로 米國에 輸出하는 者ㅣ 小흔 故로 日米間 取引之差는 金錢으로써 支拂할 境遇에 當한지라 然이느 他一方 英國는 米國으로 輸入하는 額이 보듬 多한지라 日英美 三國이 在如右之境遇 故로 日本으로 買入한 米國商人는 英行手形을 日本에 送하야 日本에셔 英國의 拂下할 義務가 有할 者은 此 手形를 買取하야 英國에 送하느니 若此則 此手形으로써 三國間 貸借關係가 全爲結了하믈 得하는지라. 此를 要한즉 外國貿易는 貨物까지 交換된 혹 其 差額를 金錢貨幣로 決濟하는 者니 輸入輸出이 平均하면 平準를 得할거시오 貨物輸出이 輸入부터 多할 時는 輸出超過라 하고 輸入이 輸出부터 多할 時는 輸入超過하느니 輸入이 多하거던 輸出을 奬勸하고 輸出이 多하거던 輸入를 奬勵하면 其間에 自然 平準를 得할지라 何히 然하냐하면 若 輸出이 多하면 其 代價로 하야금 巨額 金錢貨幣를 收入할거시오 巨額의 金錢貨幣를 輸入할 時는 物價高騰할지니 物價高騰하면 商人은 其 貨物을 內地에서 賣捌하면 利益이 多하므로써

一進貨物를 輸入할 거시오 輸入物이 多하면 物價下落 故로 最終 輸入의 利益이 無하면 自然 輸入를 減하느니 此로 由하야 平準를 得할지라 更 言컨딕 需用供給이 互相衝突하야 平準을 得함과 相異한 處가 無하고 世入 輸出超過하믈 喜하야 順이라ᄒᆞ고 輸入超過함을 厭하야 逆이라 稱 하는 者 有ᄒᆞ니 此 輸出 超過할 時는 金錢를 輸入하고 輸入超過하면 金錢도 輸出되지 아니치 못함을 稱하는 所이라. 此는 重商主義 論者가 金錢는 卽 富也之說을 主張한 結果로 來한 者오 貨幣는 元來 一種貨物 에 過치 아니하면 敢히 此를 偏重할 理由가 無하느 然輸入輸出의 關係 는 一國生産力의 消長을 卜하기에 足한 者ㅣ라 此을 輕視할 者아닌 고 로 古來 各國政府는 特히 輸入輸出에 其 政策를 設한지라 此를 今左에 論擧ᄒᆞ노니다.

自由貿易과 保護貿易

國家가 外國貿易政策를 取하는딕 對하야 古來 各說二에 分하니 自由 貿易 保護貿易이 是也라. 自由貿易는 自然의 生産力과 貿易者의 意志의 放任하야 政府는 毫髮만치라도 干涉치 아니하믈 云한 者이오. 保護貿易 는 政府가 各國事情의 參酌하야 國家權力으로써 外國貿易의 干涉흠을 云한 者니 卽 外國의 競爭를 防碍ᄒᆞ야 內國生産를 保護獎勵ᄒᆞ기 爲하야 外國品에 重稅를 課하미 是也라. 自由貿易를 行하는 國도 關稅를 課하 느 國庫의 收入를 得코자 하미오. 外國品에 競爭를 防치 아니하미니 例 ᄒᆞ면 英國라 如한 國는 順然한 自由貿易國이느 關稅로써 巨額의 收入를 得하느니 其稅를 課하는 物品는 烟卓茶, 珈琲, 葡萄酒 等 餘格의 作用을 遺치 아니하는 奢廢物이오. 自國에셔 生産치 못하는 物品이리 此를 反 하야 保護貿易을 行하는 國은 自國에셔 生産하는 物品이 外國으로 輸入 흘 時이라도 重稅을 課하야 其 目的이 外國競爭를 防斥ᄒᆞ아 自國生産를 保護하는딕 在하오. 今兩貿易派의 各說를 聞하노니

自由貿易者의 稱하는 論點은 正當한 交換은 交易ᄒᆞᄂᆞᆫ 雙方에 利益共

得ᄒᄂ니 國과 國間도 個人間과 如히 自由貿易을 行ᄒᆯ 時ᄂ 分業漸行ᄒ
여 相互間의 利益를 得ᄒᆯ지라 若 外國人이 自國人의게 比하야 善良ᄒᆫ
物品의 製造를 得ᄒ고 又ᄂ 一層 低廉ᄒᆫ 物品를 製造ᄒᄂ딕 此을 人爲
的으로 妨害ᄒ여 自國市場의 入치 못ᄒ게 ᄒᄂ 거슨 一般消費者의 利
益를 害ᄒᄆ라 何히 然ᄒᄂ야 ᄒ면 其 低廉ᄒ고 善良ᄒᆫ 物品을 外國의로
輸入로 못ᄒᆯ 時ᄂ 所以 內國消費者은 自國에서 生産ᄒᆫ 疏惡物品 又ᄂ
高價ᄒᆫ 物品으로도 慾望을 滿足치 못ᄒ고 此 保護說은 一國 經濟上으로
見ᄒ더라도 損失이 有ᄒ니 何히 然ᄒ야 卽 此로ᄡ 成立ᄒᆫ 生産業은 暖
室에서 培養ᄒ 植物라 갓치 且 保護ᄒ므로ᄡ 此 生産業이 成立ᄒᆫ 以上
에ᄂ 此에 相當ᄒᆫ 資本勞力을 要ᄒᄂ니 此等 資本勞力은 實際 其國에
適宜ᄒᆫ 生産業에 移轉치 못ᄒ므로 資本勞力의 最大效力을 得키 難ᄒ니
此卽 保護로 由ᄒ야 成立ᄒᆫ 生産에 業에ᄂ 其 企業者 依賴心를 徒增ᄒ
야 改良進步흠을 期치 아니ᄒ고 又 重稅을 課ᄒ여 外國物品의 收入를
減ᄒᆯ ᄯ는 外國에서도 同히 自國輸出品에 重稅를 課ᄒ므로ᄡ 輸出를
減ᄒ고 消失를 被ᄒᄂ니라. 以上는 自由貿易者의 論ᄒᄂ 重ᄒ 論據어니
와 保護貿易者의 論點는 次와 如ᄒ오.

一. 保護貿易는 幼稚ᄒᆫ 工業를 發達흠에 極爲必要ᄒ니 徹頭徹尾의 保護
가 好ᄒᄆ 아니라 經濟事程發達程度를 隨ᄒ야 保護貿易이 必要ᄒ다 云
ᄒ고 工業發達이 漸確ᄒᆫ 位置의 達ᄒᆫ ᄯ난 保護貿易의 依賴ᄒᆯ 必要가
無ᄒ다 云ᄒ고

二. 保護貿易는 國內에 各種 生産業을 行흠에 利益이 有ᄒ니 若 自由貿
易이 徒行ᄒᆯ 時ᄂ 其國 生産業은 自國에 最適合 最有利 生産業에 限界
가 되고 其他 生産物은 外國의 供給를 仰望ᄒᆯ지니 然ᄒ면 一國生存이
他國의 依賴ᄒᆫ 바 되여 一端戰爭이 有ᄒᆯ 時ᄂ 甚 困難ᄒᆫ 位置에 相遇흠
을 免치 못ᄒᆯ 거시오.

三. 保護貿易은 內國商業를 盛하게 ᄒᄂ 者니 內國商業은 外國의 比ᄒ
면 確實ᄒ지라. 前述흠과 갓치 保護貿易는 國內各種生産業을 行ᄒ게 ᄒ
므로ᄡ 其結果 商業를 盛ᄒ게ᄒ고 且以外國貿易는 戰爭 其他 時變으로

뼈 妨害되ᄂᆞᆫ 일이 多ᄒᆞᄂᆞ 內國商業는 如此ᄒᆞᆫ 憂慮가 小ᄒᆞ고

四. 外國貿易는 地의 塔養力을 小케 ᄒᆞ고 又 鑛物의 絶滅를 速케 ᄒᆞᄂᆞ니 例ᄒᆞ면 穀物를 多數히 輸出ᄒᆞᆯ 時ᄂᆞᆫ 穀物이 吸收ᄒᆞᆫ 培養力은 其國에 再回치 못ᄒᆞ고 또 石炭銅鐵라 如ᄒᆞᆫ 者ᄂᆞᆫ 分量에 各自制限이 有ᄒᆞᄆᆡ 此를 濫堀ᄒᆞᆷ은 甚爲不宜라 然이ᄂᆞ 自由를 行ᄒᆞᆯ 時ᄂᆞᆫ 自國에 産ᄒᆞᄂᆞᆫ 穀物 又 鑛物으로뼈 外國製造品과 盛히 交易ᄒᆞᄆᆞ로뼈 其國의 基養力 又는 鑰物를 枯盡ᄒᆞᆯ 憂慮가 有ᄒᆞ다 ᄒᆞ오.

今에 兩派의 論ᄒᆞᆫ 바를 比較ᄒᆞ니 理論上으로 言ᄒᆞ면 自由貿易論이 正富ᄒᆞᆫ듯 ᄒᆞ오. 卽 自由貿易論은 分業原理로뼈 各國 最히 自國에 適當ᄒᆞᆫ 物品을 生産ᄒᆞ여 互相交易ᄒᆞᄆᆡ 雙方에 利益이 有ᄒᆞᆷ은 理論上 爭치 못ᄒᆞᆯ 處라 然而今日宇內國이 되여 他國과 競爭ᄒᆞ여 國威宣揚라 勢力扶植에 務ᄒᆞᄂᆞᆫ 故로 若 優勝 劣敗之勢에 放任ᄒᆞ면 其國 生産物는 他國生産物에 壓倒ᄒᆞ여 生産力의 發揚을 決無所望ᄒᆞᆯ 時ᄂᆞᆫ 自由貿易의 依賴ᄒᆞ면 國力衰頹ᄒᆞᆷ을 免치 못ᄒᆞᆯ지라. 此를 個人으로 見ᄒᆞᆯ 時ᄂᆞᆫ 可成廉價ᄒᆞᆫ 地方에 買ᄒᆞ미 利益이ᄂᆞ 國家로뼈 見ᄒᆞᆯ 時는 他利益를 犧牲의 歸ᄒᆞ고 어ᄃᆡᄭᆞ졍 其國 生産力을 發達시키지 아니치 못ᄒᆞᆯ지라 此를 要컨ᄃᆡ 自由貿易는 國과 國에 生産力 其他經濟事情의 發達程度畜同等이된 後 立論ᄒᆞᆯ 者오 且國과 國의 關係를 見ᄒᆞᆯ 時ᄂᆞᆫ 個人間의 關係아 同ᄒᆞᆫ 듯ᄒᆞᄂᆞ 然 實際上 世界各國 經濟事情의 發達程度가 不同ᄒᆞᄆᆡ 國과 國에 關係는 個人間의 關係와 甚爲異趣ᄒᆞ니 卽 個人은 他人을 依賴ᄒᆞ야 生活ᄒᆞᆷ을 得ᄒᆞᄂᆞ 國과 國에 關係은 全히 他國의 依賴ᄒᆞ여 其 生存ᄒᆞᆷ을 得치 못할지니 此獨經濟上 理由ᄒᆞᆯ뿐 아니라 政事上 軍事上도 亦然할지라 是故로 一國生存의 心要ᄒᆞᆫ 生産業은 設或 經濟上 損失이 有ᄒᆞᄂᆞ 保護政策으로뼈 成立發達ᄒᆞᆷ올 期圖치 아니치 못할지라. 然ᄒᆞ면 今我 大韓이 何如ᄒᆞᆫ 境遇에 在ᄒᆞᆫ가 心寒筆轉에 言述키 難ᄒᆞ도다. 工業의 幼稚은 姑舍ᄒᆞ고 天然界 卽 自然時代라 天然寶貨와 自化奇物이 藏在深庫어ᄂᆞᆯ 國家ᄂᆞᆫ 不察旋政之方策ᄒᆞ고 民庶는 暗於企業之思想ᄒᆞ여 不知中讓渡於外國人ᄒᆞ엿스니 嗚呼 痛哉라 述此外國貿易論타가 淚下沾襟일ᄉᆡ 暗聲呼 大

韓大韓運否若甚耶아 ㅎ다가 忽大聲呼大韓大韓 曰 日本之日本이 非今日
之日本이라. 君未聞明治初年史乎아 昨之覆轍은 今之爲戒라 作之不止면
何患于今日之大韓耶舉手指天ㅎ고 誓我同胞ㅎ노니 不出十年內로 國家
本位的強富을 回復ㅎ기로 豫約ㅎ여 보웁시다.

3.9. 상공업

◎ (實業) 商工業의 總論, 〈조양보〉 제6호, 1908.6.

*상공업 학문

*학문 방법에서 통계학을 도입한 점이 특징임＝통계학은 1805년 시작되었으
며 서양에서 통계원 또는 통계국을 두고 있음을 밝힘.

▲ 제6호

第一章 商工의 效力(附 投機의 利害)

(物産의 關係)

▲ 제7호

商工業의 總論(前號 續)

투기의 폐해－투기의 유형 두 가지

▲ 제8호

第二章 統計

第一節 統計의 精粗

夫 政策者는 맛당히 事實을 據ᄒ야 定할 者이니 故로 行政의 要務는 事의 順序를 隨ᄒ야 其實況을 明晢케 홈에 在ᄒ니 是乃 統計가 必要되는 所이니라. 歐洲 各國 政府가 無不以統計로 爲急務 故로 中央에 一官署를 設ᄒ야 採集 資料而編製ᄒ나니 其 官署를 或稱 統計院이라 ᄒ고 或稱 統計局이라 ᄒ야 其 設寘는 十九世紀에 始ᄒ얏고 其 學問은 千八百五年에 普國에셔 硏究 整頓ᄒ 者라. 今에 列國 統計院--

事實을 蒐集ᄒ야 統計ᄒ는 方法이 有二ᄒ니 一. 每年에 調査 編輯ᄒ는 法이니 此則 不可無常司報告之處也오(如商業報告之商法會議所) 一. 一事項에 專就ᄒ야 特別 調査ᄒ는 法이니 如人口調査之類가 是也라. (人口調査之時에--

學問者는 社會 事物之中에 秩然有序ᄒ 者를 摘發ᄒ야 社會 實況을 表示ᄒ는 者이니 學問上 統計가 事物에 在ᄒ야 互相 比較의 效力이 有ᄒ야---

比較 統計學을 修ᄒ는 者가 常覺其難ᄒ노니--- (未完)

▲ 제9호

統計의 精粗

第二節 工業의 統計 (未完)

▲ 제10호 통계의 정조 (미완)

3.10. 상업교육

◎ 商業敎育,
　尹定夏,〈대한유학생회학보〉제2호, 1907.4. (상업학)

商業敎育의 必要가 一般確認되야 世界各國이 銳意로 此等完備의 企
圖에 至홈은 最近二三十年來事이라 至於我邦ᄒᆞ야ᄂᆞᆫ 古來로 稱以學問
者ᄂᆞᆫ 決非商人所業이오 乃是士子所事라ᄒᆞ고 商人은 但辨算筆之道면
足矣라 ᄒᆞ야 至干今日ᄒᆞ야도 商業敎育에 用意注力ᄒᆞᆯ 者ㅣ 甚鮮ᄒᆞ니 如
是思想은 不啻亞房이라 今日 世界商業場裏에 覇稱ᄒᆞᄂᆞᆫ 英國셔도 昔時
에 商人의 必要ᄒᆞᆯ 智識은 讀, 書, 算三者外에 不出이라ᄒᆞ고 今日에도
商業敎育의 必要를 不鮮ᄒᆞᄂᆞᆫ 者ㅣ 亦有ᄒᆞ야 商業云者ᄂᆞᆫ 性質의 複雜이
與他迥別ᄒᆞ야 苟非實踐實驗之後면 難可通鮮者 즉 況以數年間學校之所
學으로 能知其全體乎아 ᄒᆞ니 此言이 近於有理나 實際當局ᄒᆞᆯ 後에 始有
可知之事項은 非獨止於商業이라 醫學工學無論何業ᄒᆞ고 不踐實地而只
以敎室講義로 識得全豹者ㅣ 幾希ᄒᆞᆯ지나 以此一端으로 醫工等의 存在及
敎育의 必要를 否認ᄒᆞᆯ 者ㅣ 豈有ᄒᆞ리오 試思ᄒᆞ라 近時生産技術의 進步
ᄂᆞᆫ 各國商品의 生産이 至大增加ᄒᆞ고 交通의 便宜가 次第發達홈에 伴ᄒᆞ
야 此等商品이 世界市場에 亂入ᄒᆞ야 販路를 競爭홈에 至ᄒᆞ고 從而商業
經營이 逐日混雜홈에 至ᄒᆞᆫ즉 此中에 處ᄒᆞ야 複雜無極ᄒᆞᆫ 經濟狀態를 則
知ᄒᆞ고 變動無常ᄒᆞᆯ 物價趨勢를 鑑察ᄒᆞ며 現在需要의 狀況을 洞察ᄒᆞ고
將來此等의 變遷을 豫想ᄒᆞ야새 適當ᄒᆞᆫ 時期及適當ᄒᆞᆫ 場所에셔 商品分
布ᄒᆞᄂᆞᆫ 有能力商業家ᄂᆞᆫ 果如何ᄒᆞᆫ 人物이 可乎아 玆에 理想的 商業家를

試舉컨딕 一面으로는 商業經營의 方法을 秩序的으로 硏究ᄒ고 商品에 關ᄒ 科學的智識을 備存ᄒ고 正確ᄒ 計算과 精密ᄒ 會計整理의 手段을 深究ᄒ고 世界販賣市場의 事情과 其國語를 精通ᄒ고 倂而經濟原理及 應用이며 內外國重要ᄒ 法律制度에 關ᄒ 知識을 完全備有ᄒ지오. 他面 으로는 公私道德을 重히 ᄒ고 組織的能力과 計算的精神을 擴充ᄒ며 大 膽而細心과 冷靜而理性的을 十分養成ᄒ지라 是故로 如彼ᄒ 人物은 商 業에 從事ᄒ기 前에 左記ᄒ 諸學科에 就ᄒ야 完全ᄒ 素養을 不可不受이 니 如斯ᄒ 素養을 興ᄒ는 者ㅣ 是乃商業敎育이라 稱홈이라. 科目을 槪 列홀딕.

一 商業的 企業의 組織, 指揮, 管理의 原則並實務卽商業經營學(商業學)
   (甲) 商業本論-商業의 本質 幷任務, 商業組織幷制度論, 商業經營의 方法, 賣買의 慣習, 實務幷比較硏究
   (乙) 商業機關論-銀行, 保險, 海運, 鐵道, 海關, 倉庫, 交換所等의 各種 機關의 組織, 管理, 實務理論並其發達의 大勢.
二. 內外國의 經濟事情並此에 影響의 及홀바 社會的, 政治的 事情(商業 地理)
三. 商品에 關ᄒ 智識(商品學)
四. 計算, 並會計整理의 方法(商業算術及簿記)
五. 商業文
六. 外國語
七. 商業發達의 歷史
八. 經濟學及統計學
九. 法律學
十. 商業道德

上列擧ᄒ 者는 實노 現今 世界的 商業에 從事홀 商人의게 至極히 必 要ᄒ 敎育의 細領이라 從而商業敎育의 牲質을 窺知키 足ᄒ고 商業敎育

의 必要를 認識키 足홀진뎌 一言蔽之ᄒ고 商業敎育의 目的은 必要ᄒ 素養이 有ᄒ고 有爲ᄒ 商業家될 人物을 育成홈에 在ᄒ나니 雖然이나 商業은 其規模가 有大有小ᄒ고 其範圍가 有廣有狹ᄒᄂ 故로 此等經營 에 必要ᄒ 素養의 程度가 一定키 不能ᄒ고 加而大商業經營에ᄂ 主腦될 者手足될 者를 要홈이 軍隊에 將校와 士卒잇ᄂ 것과 如ᄒ고 尙히 細細 觀察홀던디 幾多階級이 有ᄒ니 曰 帷幄之中에 運籌ᄒᄂ 者, 曰 實際의 指揮監督에 任ᄒᄂ 者, 曰指揮監督下에 重要ᄒ 任務에 服ᄒᄂ 者, 曰此 에 隨属ᄒ야 行動ᄒᄂ 者ㅣ是也라 第一은 卽 商業的 營爲者오 第二ᄂ 高等商業的 勞働者(會社와 監督, 課長等) 第三은 中位商業的 勞働者(書 記, 居間等) 第四ᄂ 低位商業的 勞働者(雇工)과 如斯ᄒ 社會ᄂ 各種各級 의 商業經營者를 不啻擧用이라 此外에 或特殊ᄒ 學術技藝에 長ᄒ 者(免 許計算人, 保險業精算人) 及商業敎育家될 人을 要求ᄒᄂ 故로 商業敎育 의 機關도 此에 伴ᄒ야 幾多ᄒ 種類와 階級으로 亦區分이 되나니 於是 에 一國의 商業敎育機關은 大略左의 四種으로 成立되나라.

一. 高等商業敎育機關-商科大學 / 高等商業學敎
二. 中等商業敎育機關-中學程度의 商業學校
三. 初等商業敎育機關-小學程度의 商業學校
四. 特種商業敎育機關-商業敎員養成所 / 簿記學校 / 銀行員養成所 / 鐵 道學校

然而以上各種機關은 獨書間授業쑨으로 不足의 歎을 難免ᄒ야 晝間 實地商業에 從事ᄒ 者로써 餘暇에 層高等學藝를 修習케 ᄒ기爲ᄒ야 各 種各級의 商業夜學校를 設ᄒ고 其補習並硏究를 獎勵홈은 使商人으로 恒常改良進步케 ᄒᄂ 所以라 由是而機關이 十分整頓되야 비로소 商業 敎育機關이 完備ᄒ다 謂홀지니라.

3.11. 상업학

◎ 商業學, 李範益, 제3호부터

> *이 시기 상업학은 유완종(1907)의 〈상업대요〉(보성관), 장지연 역술(1907)
> 의 〈상업학〉(광문사)가 있으며, 다수의 상업 부기학 관련 저서가 있었다.

▲ 제3호

往年에 佛魯瑞獨 等 國이 普土를 分割코쟈 ᄒ야 普國을 來伐홈이 普
國은 百萬의 兵을 喪失ᄒ고 數億의 財를 剝盡ᄒ엿스나 '후레데릿구' 大
王의 强毅 精勵와 友邦의 援助가 有홈으로 國力이 倍前 隆盛ᄒ야 國泰
民榮홈을 得ᄒ엿고 客歲 日俄戰域에 鮮血이 成川ᄒ고 伏屍가 連山ᄒ야
其慘憺ᄒ 情形은 毛髮이 悚然ᄒ나 '보쓰마우쓰' 條約이 締結됨이 日本
은 軍略上 實業上 諸般 文明이 發達ᄒ고 俄國은 建國 以來로 刱有(창유)
의 憲法이 制定되야 國會를 召集홈에 至ᄒ얏스니 此等 戰爭은 國家의
利益이 反有할 쑨 不是라. 一時的 事에 不過ᄒ거니와 今日 所謂 萬國商
戰은 激烈한 戰鬪가 連亘不息ᄒ야 優者ᄂ 富强의 幸福을 受ᄒ고 劣者ᄂ
衰退의 悲觀을 呈ᄒ야 最後에ᄂ 人民으로 奴隷를 成ᄒ고 國土를 烏有에
歸ᄒ니 其 關係의 重大홈이 엇지 一時的 兵戰과 同日의 語ᄒ리오.

故로 列國이 深奧한 學理와 神奇한 規律노 商業에 勤勉ᄒ야 今日 英
米의 富强을 致ᄒ 所以라. 我邦은 自古로 斯業을 賤棄ᄒ야 商業의 如何
를 唱道ᄒᄂ 者ㅣ 有ᄒ면 牟利之輩라 輒稱(첩칭)ᄒ야 世俗의 誹譏(비
기)를 未免ᄒ니 此를 經營ᄒ야 其發達를 圖謀홀 者ㅣ 豈有ᄒ리오. 是故
로 斯業에 從事ᄒᄂ 者ᄂ 다만 社會 下等에 不過ᄒ야 蠢蠢然 學理가
暗昧ᄒ고 濛濛然 商機를 通曉(통효)치 못ᄒ야 從來 陋習에만 狃泥(유
니)ᄒᄂ 故로 商人의 德義가 頹廢ᄒ고 信用의 觀念이 淺薄홀 쑨 不是라.
學術의 應用이 不完全홈으로 失敗가 頻多ᄒ니 此 商戰時代를 當ᄒ야

國家의 貧弱을 豈免ᄒ리오, 彼穰穰熙熙(양양희희)에 惟利是求ᄒᄂ 四隣의 商戰隊가 我의 無備無能을 侮蔑(모멸)ᄒ고 駸駸然 來攘(내양)에 全國 商權이 渠輩(거배) 手中에 盡歸ᄒ니 장춧 國家 前途에 如何 影響이 逮及ᄒᆯ가.

近來로 此를 慨嘆憂慮ᄒᄂ 當局 官吏와 民間 志士가 各種 機關을 設備ᄒ고 斯業의 進興을 獎勵ᄒᆷ은 國家를 爲ᄒ야 讚賀ᄒᄂ 빈라. 然이나 商人의 技能을 養成ᄒ고 文明의 資格을 具備ᄒ야 商界의 心機를 刷新ᄒ고 良性良能을 蕃種(번종)치 아니ᄒ면 剝脫ᄒᆫ 商權을 挽回ᄒ고 衰弱ᄒᆫ 國威를 發揮키 不能ᄒᆯ지라.

於是乎 余ᄂ 時艱을 矚目ᄒ야 此에 <u>有利有益ᄒᆫ 書籍을 參考ᄒ고, 我邦 現狀을 憑證ᄒ야 第一 商業 及 商人의 特性, 第二 資本 及 信用, 第三 賣買 及 運送, 第四 貨幣 貿易 及 換, 第五 倉庫營業, 第六 銀行, 第七 取引所, 第八 手形, 第九 保險, 第十 個人 及 團躰營業, 第十一 商業規定, 第十二 商品의 鑑定 及 荷造, 第十三 破産으로 論述코쟈 ᄒ나 我邦에 아즉 商法 制定이 無ᄒᆷ으로 諸般 規矩(규구)를 日本 商法에 準據ᄒ노라.</u>

▲ 제4호

緒言
(…중략…)
第一 商業 及 商人의 特性

▲ 제5호

(問) 商業의 沿革을 述ᄒ라.
(答) 商業의 沿革을 四期에 分ᄒ니 第一期ᄂ

▲ 제6호

(問) 本來 商業과 補助 商業이란 것은 何오.
(答) 本來 商業이란――

◎ 商業의 意義(寄書), 장홍식, 〈태극학보〉, 1906.

夫吾人의 商業意義의 解釋은 아즉 一定흔 說이 無ㅎ야 余亦確知치
못ㅎ나 或說과 余의 信ㅎ는 所說을 分論ㅎ노라. 或은 商業意義를 分ㅎ
야 廣義 及 狹義로 論흠이 有ㅎ니 其 廣義에 曰 運輸, 保管, 金融, 等은
補助商業 又는 機關商業이라 名ㅎ고 其 狹義에 曰 賣買 等은 狹意商業
又는 固有商等이라 名ㅎ며 或은 此 二意를 混用ㅎ야 曰 所謂 商業은
狹義의 商業이 아니라 ㅎ나니 然즉 此는 商業의 區別이오 所謂 商業의
意義가 아니로다. 何者오 夫 吾人은 高等의 動物이라 複雜흔 欲望이 有
ㅎ니 其 欲望은 卽 精神的 欲望 假令 愚者欲賢ㅎ고 暗者欲明흠이 此ㅣ
라. 또 肉體的 欲望 假令 渴者欲飮ㅎ고 飢者欲飽흠이 此ㅣ라. 其 次는
物質的 欲望 假令 醜者欲精ㅎ고 弊者欲飾흠이 此ㅣ라. 此等 欲望이 有흠
으로 時勢進步와 文化發達에 從ㅎ야 競爭이 生흠이니 故로 商業의 意義
를 論ㅎ기 先ㅎ야 吾人 欲望의 進步를 論ㅎ노라.
一. 天然生産物을 採集흠에 從事흔 事니 假令 古代 漁獵時代가 此ㅣ라.
故로 一餌를 投ㅎ야 百魚를 得ㅎ며 一矢를 弋ㅎ야 十鳥를 得흘지라도
此로 滿足흘가. 否라. 吾人은 百魚十鳥로 滿足흘 者ㅣ 아니라 然이나
此 時代에 當ㅎ야 團體的이 無흔 境遇에 其 狩獵者ㅣ가 卽 賣者買者됨
이로다.
二. 天然的 生産物採集者에 加工흔 事니 假令 綿花 等事ㅣ가 此ㅣ라. 天
然의 物을 人 그에 依ㅎ야 纔得衣服흠에 不過흠이라. 然즉 農業時代를
云흠이니 엇지 一物를 得ㅎ야 別物을 造成흠에 滿足ㅎ리오. 此에 至ㅎ

야 分業이 無흠을 可히 察흘지라. 三. 天然生産物도 아니오 坯 天然生産物에 加工흔 者 ㅣ도 아니라 一都會의셔 他都會에 運輸ㅎ야 有無相通ㅎ 는 事니 卽 吾人의 需用供給에 應케 흘 事 ㅣ라. 此는 商業時代를 云흠이 니 假令 吾의 有흔 者를 他에 與ㅎ고 他의 有흔 者를 吾가 要흠이니라. 以上 三者를 觀ㅎ니 時代의 進不進과 嗜好의 有否에 從ㅎ야 異흠이나 前記 廣, 狹義로 解흔 者와 比較ㅎ면 其意 反對됨을 可知라. 故로 余는 云ㅎ되 商業은 時期, 距離, 分量, 處所,의 不適合흔 者로부터 效力이 少 흔 狀態에 在흔 者를 其 狀態를 變ㅎ야 效力이 多흔듸 至케 ㅎ는 生業이 라 흠이라. 何者오. 第一 第二에 天然生産物 及 此에 加工흔 者는 다만 得ㅎ야 一時의만 供給ㅎ고 需用흘지나 비로소 第三 有無相通에 至ㅎ야 其 要求키 難흔 者와 有餘에 不堪의 歎을 免흘지라. 然而時期가 不適ㅎ 면 其果不實ㅎ고 處所가 不適ㅎ면 其 達이 不迅이오 距離가 不適ㅎ면 其 通이 不便ㅎ고 分量이 不適ㅎ면 其 換이 不均흠은 尙矣 勿論이라. 假令 佛國의 葡萄로써 時期, 場處, 分量, 距離,가 不適ㅎ면 豈可得發達이 며 英國의 石炭과 日本의 生絲가 豈可得利名가. 故로 商業이 從此로 轉 賣를 目的ㅎ고 營利를 目的ㅎ다 흠이니라.

◎ 論法律이 不如實業,

張弘植, 〈공수학보〉 제2권 제1호(5호), 1908.2. (상업학)

今者에 本 討論問題 '法律이 不如實業'이란 題下에 此를 論코자 흘진 듸 實노 張皇ㅎ고 坯흔 諸君의 耳를 汚케 흘가 恐ㅎ노라. 然이나 學識 淺陋흠을 不顧ㅎ고 敢히 一言을 試ㅎ노니 大抵 實業이란 者는 何를 謂 흠이뇨. 此를 常識으로 論흘진듸 多辯을 不待ㅎ고 其意味를 解釋흘지 노 此를 理論的으로 論ㅎ야 其意義를 明케 흠은 專門의 智識을 要ㅎ리 니 容易흔 事가 아닐 뿐더러 定義로써 滿足흔 者가 아니로다. 然而 實業 을 解견듸(컨듸) 農工商 三者랄 言흠이나 余는 此의 一部되는 商業에

就ㅎ야 充分히 說明ㅎ고, 其他는 他 專門ㅎ는 諸氏에 讓홈이로다.

一. 商業의 發達 及 義意

人類 經濟生活이 初期에 在ㅎ야 一家의 自足經濟를 營홈은 歷史家의 說明ㅎ는 處라. 譬如 我韓民族으로 觀홀지라도 一家 內에 在ㅎ야 自己가 農作홈으로써 自炊ㅎ고 自織홈으로써 自衣홈이니 一層 詳論홀진딕 經濟가 發達치 못홈으로서 一家族 內에 男子는 野外에 耕ㅎ야 薄菜를 作ㅎ고 山頂에 獵ㅎ야 鳥獸를 獲ㅎ고 川邊에 釣ㅎ야 魚鱗를 得ㅎ며 女子는 纖維를 得ㅎ야 紡績을 事ㅎ고, 牧畜을 養ㅎ야 享樂(Pleasnre)흔 處로 다 其 或 家屋을 建築홈이 木手를 雇ㅎ는 事가 稀ㅎ고 隣人의 友人의 帮助로써 홈이로다. 然則 上級에 在흔 者는 其生活이 複雜홈으로 奴隸를 養ㅎ야 自己의 欲ㅎ는 者를 得홈에 不過ㅎ고 他民族이 生産ㅎ는 者를 此를 欲ㅎ나 得지 못ㅎ며, 自己 領內에 生産ㅎ는 者가 有餘ㅎ여도 此를 他民族의게 買與치 못ㅎ는 狀態에 在이러니 人智가 漸進ㅎ야 欲望ㅎ는 處가 多홈으로서 비로소 近邦(卽 他民族)과 交通ㅎ야 其 工藝物을 得ㅎ는 手段은 或은 團体로, 或은 隊商으로서 黙言 交換(Silent Yxchange) 物物交換(Barter)흔 禮는 亞羅比亞 駱馬隊商(낙마대상)의게 比홀지어다. 此에 在ㅎ야 商業이란 者가 出ㅎ야 各處의 有無를 相通ㅎ며 豊凶을 相補홈이라. 然則 商業은 同族間에 起치 아니ㅎ고, 異族間에 起ㅎ며, 箇人間에 起치 아니ㅎ고, 團体間에 起흔 事가 明白ㅎ도다. 또 世運이 漸進ㅎ고 交通이 頻繁홈에 從ㅎ야 其活用을 無難히 行ㅎ며, 此에 依ㅎ야 其社會의 經濟를 圓滿케 홈이니 豈 獨 法律로 論홀 者리오. 此는 古語에 馬上으로 得ㅎ야 馬上으로 治흔다 홈과 同흔 者라. 故로 其 不如흔 者가 煥然ㅎ도다.

商業의 意義에 在ㅎ야는 前述홈과 갓치 分業이 進홈에 從ㅎ야 發達홈으로써 其意味 또흔 變치 아니홀 者는 然ㅎ나 此를 商業 專業ㅎ는 境遇에 立홀진딕 其二三 學說을 紹介ㅎ기 能ㅎ도다.

(天) 商業은 管利의 目的으로써 財貨를 買入ᄒ야 此에 加工ᄒᄂ는 事가 無ᄒ고 此를 他의게 賣出ᄒᆷ이라. (레키시스 氏의 定義)

(地) 商業은 生産者와 消費者間에 交換을 媒介ᄒ야 需要供給을 適合케 ᄒᄂ는 職業이라. (코-ㄴ 氏의 定義) 今에 此 二 定義를 檢컨디 兩者가 表裡가 되ᄂ는도다. 財貨를 買入ᄒ야 他의게 賣出ᄒᄂ는 事(第一 定義)ᄂ는 卽 生産者와 消費者間에 交換을 媒介ᄒᆷ을 意味(第二定義)ᄒᆷ이로다. 然而 加工ᄒᄂ는 事가 無ᄒ다 ᄒᆷ은 卽 商業의 眞意를 說明ᄒ고 ᄯᅩ 交換을 媒介ᄒᆷ이라 ᄒᆷ은 其 根本을 採ᄒᆷ이로다. 何者오. 大抵 實業 二字를 觀컨디 其 漠然ᄒᆷ을 不失ᄒᆷ이라 ᄒ지 못ᄒᆯ 者로셔 以上에 論ᄒᆷ과 갓치 此를 解剖ᄒᆯ진디 農工이 ᄯᅩᄒᆫ 在ᄒᆷ을 覺ᄒ갓도다. 然이 農은 土地利用에 依ᄒ야 動植物의 實質을 變化ᄒ고 工業은 自然物에 物理 及 化的 工作을 加ᄒ야 其 實質을 變케 ᄒᆷ이로라. 然則 商業에 加工 云云이 無ᄒᆷ은 其 必然ᄒᆫ 所以오, 單히 位置, 時期, 距離의 關係로써 其 剩不足(잉부족)을 調和ᄒᄂ는 唯一 生業으로셔 其 目的ᄒᄂ는 處에 營利에 在ᄒ도다.

以上에 論ᄒᆷ은 商業의 發達 及 意義로디 其 利益이 不少ᄒᆷ은 世人이 認ᄒᄂ는 處라. 譬如 分業을 促ᄒ고 吾人의 自由와 意志랄 調和ᄒᄂ는 事며 長處랄 盡ᄒ고 人智랄 發達ᄒ야 經濟社會럴 全케 ᄒᆷ은 多辯을 不待ᄒᆷ이라. 然ᄒ나 利益이 行ᄒᄂ는 處에 害가 有ᄒᆷ은 不得已ᄒᆫ 事나 此ᄂ는 商業利用이 切迫ᄒᆷ으로써 生ᄒᄂ는 者오, 商業에 固有ᄒᆫ 者ᄂ는 아니라. 故로 此에 論ᄒᆷ을 姑捨ᄒᆷ이로다.

二. 商業學과 其 範圍

此ᄂ는 本問題에 對ᄒ야 必要ᄒᆫ 者가 아닌 故로 大槪 圖示ᄒᆷ에 止ᄒ노라.

商業學 及 本論, 機關論
商業地理 卽 社會的 政治的 事情

商品學

商業算術

外國語

商業歷史

經濟 及 統計學

法律學 及 道德

商業學의 地位

廣義 經濟學--國民經濟學

　　　　--經濟學--財政學

　　　　　　--家政學

　　　　　　--商業學

　以上에 依ᄒ야 規ᄒᆯ진ᄃᆡ 商業學은 經濟學의 一分科로셔 法律經濟學의 混用物이 아니오, 財政學 及 家政學 等과 對立ᄒᆫ 學이로다.

三. 結論

　以上의 論ᄒᆫ 處에 依ᄒ야 諸君은 商業學의 意義와 商業利의 利益 及 意味를 知ᄒᆯ지어다. 今에 一顧ᄒ야 法律랄 規컨ᄃᆡ 余輩의 言으로써 敢히 論치 못ᄒᆯ오 者ᄋᆞ 諸君으로 ᄒ야금 其 專門家의 論을 聽ᄒᆯ 者나, 單 其 '不如' 云云ᄒᆫ 點을 署論ᄒᆯ진ᄃᆡ 法律은 規則으로셔 一主權의 命令ᄒᄂᆞᆫ 者라 ᄒᆷ은 諸君이 承認ᄒᆯ지어다. 然則 法律은 人人間에 其 意志 衝突을 調和ᄒᄂᆞᆫ 者로셔 一國家 內에 在ᄒ야 쓴 用ᄒᆯ지어다. 然則 法律은 自由럴 得케 ᄒᆫ다 ᄒᄂᆞᆫ 者가 半面으로 思ᄒᆯ진ᄃᆡ 其 自由치 못ᄒᆷ이 有ᄒᆷ이 明白ᄒᄃᆞ. 然ᄒ니 商業은 平和럴 主張ᄒᄂᆞᆫ 者오, 各國에 通行 通用ᄒᄂᆞᆫ 者 則 其性質 不同에 如何오, 其 自由 不同에 如何오. 然ᄒ나 法律을 絶對的 必要가 無ᄒ다 云ᄒᆷ이 아니로다. 其問題가 指示ᄒᆷ과 갓치 不

264

如二字而已로다. 或 論者는 商業은 法律의 保護랄 受흔다 흐나 此는 普
通 知識에 暗흐도다. 何者오, 商業은 敏速을 爲흠이오, 爭論흠을 忌흐는
者로다. 쏘 商業은 世界的 性質이오 個人間 權利義務가 아니로다. 或은
其商業의 大部分을 占領흔 交換上 報酬가 不調흘 時는 法으로써 訴흔다
흐니, 此는 最後手段에 全過흠이늘 豈保護리오. 若 論者와 如흔 見破는
吾人이 動植物을 利用흐는 處가 多흠으로써 動植物이 吾人을 保全흐야
其命을 保不흠이라 흠과 如흐도다. 故로 今夕에 余는 此問題가 實노 其
適當흠을 得흐여다 흐노라.

◎ (학해) 商業簿記,
   尹貞夏 編述, 〈대한학회월보〉 제3호, 1908.4. (상업학)

▲ 제3호

凡 國家가 有흐면 반다시 法律을 制定흘 必要가 生흐나니 法律은 卽
國民의 生命과 財産을 保護흠으로써 目的흠이 世界共通의 不可動흔 原
則인즉 生命과 財産이 國民의 素要됨은 智者의 論을 不俟흘 바이라 卽
生命쑏 有흐고 財産을 維持키 難흔 者는 彼 弗洲蠻種이 是也오 財産쑏
有흐고 生命을 安保키 難흔 者는 彼 猶太殘族이 是也라. 故로 吾人은
반다시 生命의 安全과 財産의 保護를 國家에 依賴흠과 同時에 쏘흔 身
體의 健全흠과 財産의 整理흠을 疏忽흠이 不可흠은 理의 當然흔 바이
라. 然이나 身體의 健全을 保持흠에는 衛生을 守흐고 攝生을 務흠과 갓
티 財産의 整理를 企圖흠에는 반다시 其 收支顚末을 昭詳흐게 記錄흐
고 쏘 過去事實을 洞然흐게 鑑察흐야써 將來의 方針을 計量흠이 第一要
義라 稱흘지니 故로 吾人의 生活에 必要흔 衣食住의 資料는 다 此 財産
으로 從흐야 獲得흐는 바를 測知흘진딘 此 獲得消費흐는 方法을 講究
흠은 其 地位 職業의 如何를 不拘흐고 正히 何人이던지 精密히 講究흘

問題가 될지라. 하물며 近世社會의 進步는 一刻도 休息홀 배 無호고 人間生活의 狀態 더욱 複雜홈에 至호야 家族의 關係는 姑舍호고 國家에 對호 義務며 社會에 對호 責任은 時로 繁雜호고 生存競爭의 勢는 劇烈홈에 至호야는 財産蓄積의 多少와 消費方法의 巧拙이 吾人의 幸福에 密接호 關係가 有홈은 自然 明白홈이라. 故로 一國의 財政은 度支大臣의 手腕의 敏活홈을 要호고 一家나 쏘한 團體의 財産整理에는 쏘한 其 會計者의 敏活홈을 求홈은 實노 免키 不得호 現象이라 謂홀지라. 然則 財政의 計畫과 會計의 整理에 最히 必要호 食料를 與호 者는 實노 其 財産變化의 歷史가 될지로다. 然이나 吾人의 財産은 吾人의 身體가 時時로 活動홈과 갓티 增減變化호는 狀態도 惟 日不絶홈인즉 其 狀態를 秩序的으로 記錄호고 其 收支顚未을 一目에 明瞭케 排列호는 方法을 研究홈이 極히 必要호 事이 될지오 特히 農工商業과 갓티 其 事業이 直接으로 財産의 增殖을 目的호는 者에 在호야는 更히 一層 複雜호 變化를 呈호 者인즉 交換의 狀態와 損益의 原因과 資産의 現況을 明瞭히 게 察得홈은 아조 軍人이 戰場에서 戰鬪의 報告를 得홈과 갓티 此가 無호고 如何히 次回에 施設홀 戰略을 案出호기 能호리오. 此 會計의 記錄을 整頓케 호고 財産의 變化와 現況을 表示호고 事業의 歷史的 統計를 供호야 直接 間接으로 將來에 在홀 財務上의 方針을 定호고 損害를 未然에 防홀 計策을 講究홈은 實노 簿記學의 目的으로셔 此等 研究로 由호야 得홀 바의 原理法則을 應用호고 更히 事業의 性質과 職務의 種類에 應호야 適當호 帳簿를 組織호고 記錄의 方法을 決定홈은 所謂 簿記法의 重要호 目的이 되나니라.

簿記法의 種類

前述호 者와 갓치 世間의 凡百事業 中에 理財에 關치 아닌 者ㅣ 殆無호야 진실노 一事業을 經營홈에 至호야는 簿記의 力을 藉치 아닐 者ㅣ 豈 有호리오. 何人이던지 此를 習得홀 必要가 有홈은 多辯을 不俟홀지니 卽 國家나 公共團體의 財政整理에 關ᄒ야ᄂᆞᆫ 官廳簿記 商業家에ᄂᆞᆫ 商業簿記 工業家에ᄂᆞᆫ 工業簿記 農業家에ᄂᆞᆫ 農業簿記 個人의 活計에ᄂᆞᆫ 家計簿記에 依賴치 아님이 不可ᄒᆞᆯ지라. 然이나 此等의 種別은 單히 業務의 性質을 隨ᄒ야 其 組織記帳의 順序方法을 適當 簡便케 ᄒᆞᄂᆞᆫ 者오 決코 所謂 簿記의 原則에 在ᄒ야 何等의 差異를 不見ᄒᆞᆯ 바라.

然이나 玆에 ᄯᅩᄒᆞᆫ 單式 複式의 緊要한 區別이 有ᄒᆞ니 此等 區別은 上陳ᄒᆞᆫ 바 事業上으로붓터 生ᄒᆞᆫ 種別과ᄂᆞᆫ 其 趣가 異ᄒ야 全히 帳簿原則上에 差異로셔 簿記學上의 一大類別이라. 所謂 單式이른 것은 對人計算 卽 他人에 對ᄒᆞᆫ 貸借關係ᄲᅮᆫ을 記錄ᄒᆞᄂᆞᆫ 者로셔 從來 我邦에셔 行ᄒᆞᆫ 바 貨泉錄갓튼 者ㅣ 其 一種이라. 其 記錄法은 極히 單純平易ᄒᆞᆫ 故로 小賣商店ᄯᅩᄂᆞᆫ 小規模의 會計에ᄂᆞᆫ 適當ᄒᆞ다 謂ᄒᆞᆯ지나 複雜ᄒᆞᆫ 賣買去來를 整理ᄒᆞᆷ에ᄂᆞᆫ 到底히 不完全ᄒᆞᆷ을 不免이라. 此에 反ᄒ야 其 記錄法이 稍히 困難ᄒᆞ다 ᄒ야도 秩序的으로 如何히 複雜ᄒᆞᆫ 去來에도 快刀로 亂麻를 斷ᄒᆞᆷ과 ᄀᆞ티 計算이 的確ᄒ고 毫厘의 誤謬脫漏도 반다시 明瞭ᄒ야 些少ᄒᆞᆫ 詐欺奸計를 容치 못ᄒ게 ᄒᆞᄂᆞᆫ 方法이라. 故로 歐米 各國에셔ᄂᆞᆫ 會社銀行 ᄯᅩᄂᆞᆫ 去來繁雜ᄒᆞᆫ 境遇에ᄂᆞᆫ 반다시 此를 使用ᄒᆞᆷ에 至ᄒ야 單히 會計의 任에 當ᄒᆞᆫ 者ᄲᅮᆫ 不啻라. 此等 事業에 關係가 有ᄒᆞᆫ 者ᄂᆞᆫ 其 主宰된 者와 監督된 者와 ᄯᅩᄂᆞᆫ 一般社會 株主된 者를 勿問ᄒ고 다 此를 習得ᄒ야 會計의 檢查에 疏忽ᄒᆞᆷ이 無케 ᄒᆞᆷ이 當然ᄒᆞᆯ지라. 我邦에 至ᄒ야도 漢城 其他 都會에ᄂᆞᆫ 近年 會社銀行 等이 逐次 設立ᄒ야셔 此 法을 採用ᄒ야 此를 學習ᄒ지 아닌 者ᄂᆞᆫ 거의 社員行員될 資格을 得지 못ᄒᄂᆞᆫ 勢가 有ᄒᆞ나니 是 完全ᄒᆞᆫ 帳簿ᄂᆞᆫ 單히 會計上 直接으로 有利ᄒᆞᆯ ᄲᅮᆫ 不啻라. 日後 裁判上의 有力ᄒᆞᆫ 證據物이 될지오 ᄯᅩ 各 先進國 商法 中에 商人은 總히 帳簿를 備有ᄒ야ᄲᅥ 日日의 去來와 其他 財産의 增減變化가 有ᄒᆞᆯ 一切 事項을 順序가 正確ᄒ게 ᄯᅩ 明瞭ᄒ게 記錄ᄒᆞᆯ 必要가 有ᄒᆞ다 規定ᄒᆞᆫ 바에 對ᄒᆞᆯ 義務를 完了ᄒᆞᆯ 必要가 有ᄒᆞᆫ 所以라. 故로 以下에 在ᄒ야 次第 論述ᄒᆞᆯ 바ᄂᆞᆫ 專히 複式記錄法 中 가장 去來의 變化에 豊富ᄒᆞᆫ

바 商業簿記를 選擇홈에 在ᄒ나 複式商業簿記를 完全히 解得홀 時에ᄂ 其他 各種의 簿記와 單式의 記錄法 等은 容易히 會得홀 然故이라.

第一章 財産

簿記學의 目的은 財産의 增減變化의 狀態를 秩序的으로 正確明瞭ᄒ게 記錄홀 法則 及 方法을 硏究홈에 在홈은 前陳과 如ᄒ거니와 財産이란 거슨 如何ᄒ 物을 指홈이뇨 홀진딘 卽 人의 所有에 屬ᄒ야 金錢으로 打算ᄒ기 能홀 者를 總稱홈이라. 故로 人의 所有에 屬ᄒ다 홈은 卽 其 所有者가 自己의 任意로 此를 處分ᄒ기 能홀 者를 謂홈이오 또 金錢으로 打算ᄒ기 能홀 者라 홈은 卽 價格을 表ᄒ기 能홀 者를 謂홈이라. 故로 甲이 一物을 所有ᄒ얏다 謂홀진딘 其 物을 賣ᄒ던지 或 與ᄒ던지 或 貸ᄒ던지 自由로 處分홀 者오 何人이던지 此에 對ᄒ야 侵害홀 權利가 無ᄒ다 ᄒ나 然ᄒ나 其 物이 塵芥, 水等ᄀᄐ 通常價格이 無ᄒ 時ᄂ 아즉 財産이라 稱키 不得홀지나 水가 만일 人口繁雜ᄒ 都會地에 在ᄒ야 極키 不足을 告홀 時에ᄂ 此를 賣買ᄒᄂ 境遇가 不無ᄒ니 如斯ᄒ 境遇에ᄂ 水도 亦 一個의 財産됨을 得홀지오 또 前陳ᄒ 바 金錢으로 打算ᄒ기 能홀 者라 홈은 價格을 表홈을 謂홈인즉 通俗에 價値가 有다 홈보다 意味가 稍狹ᄒ나니 例如人의 學術과 技藝ᄂ 往往히 價値의 有ᄒ 者로 稱홈은 得ᄒ야도 此를 金錢으로 打算ᄒ야 幾圜이라 表ᄒ기ᄂ 不能ᄒ지라. 故로 學術의 敏腕家ᄂ 直接으로 財産家라 稱키 不得홀지나 然ᄒ나 一朝에 其 學術과 技藝를 使用ᄒᄂ딘 發表ᄒ야 所謂 勤勞라 稱홀진딘 진실노 價格을 評定ᄒ기 能ᄒ 故로 如斯ᄒ 境遇에ᄂ 足키 財産이라 稱홀지라. 然而 財産에ᄂ 有形ᄒ 者와 無形ᄒ 者이 有ᄒ야 土地, 家屋, 其他 貨物 等은 卽 具體有形ᄒ 財産이오 金錢貸借의 關係, 專賣權信用 等은 卽 無形ᄒ 財産이라. 今에 表를 示홀진딘 左와 如ᄒ니

財産－有形－金錢 / 商品 / 器具機械 / 船舶 / 土地 / 建築物 / 有價證券

－無形－貸借關係 / 專賣權 / 版權 / 商號 / 商標 / 信用 / 勤勞

右揭혼 者가 人의 所有에 屬홀 時에는 此를 人의 財産이라 謂홀지나 人과 關係가 分離홀진딕 財産됨을 不得홈이라 또 財産에는 積極的된 者와 消極的된 者가 有호야 前者는 自己의 權利에 屬혼 者로셔 此를 資産이라 云호고 後者는 自己의 義務에 屬혼 者로셔 此를 負債라 稱호 나니 例如 金錢, 土地, 家屋, 貸與金 갓튼 者는 資産이오 借用金, 手票의 支撥홀 義務 갓튼 者는 負債라. 故로 資産에서 負債를 減혼 殘額을 純資産이라 稱호고 負債가 資産보다 多홀 時는 其 差를 純負債라 稱호고 資産이 負債와 同額될 時는 此를 決算홀진딕 財産이 無호다 홀지나 아즉 決算치 아닌 時는 財産은 如前 存在호는 理致라. 然이나 世間에 往往히 資産과 負債를 混雜호야 同一혼 意義로 用혼 者ㅣ 有호나 各 先進國 商法 中에 動産, 不動産, 債權, 債務 其他 財産의 總目錄과 貸借이 對照表는 商人의 開業홀 時나 會社의 設立登記홀 時나 밋 每年 一回 一定혼 時期에 此를 調製호야 特設혼 帳簿에 記載홈을 要혼다는 規定으로써 解釋홀진딕 財産은 資産과 負債의 雙方으로 對照홈을 包含혼 者로 推量홈이 穩當홀지라.

商人이 營業을 開始홀 時에 元入혼 財産을 資本金이라 稱호는 故로 資本金은 本人財産의 全部나 或은 一部됨이 有홀 터이나 만일 此를 決算호는 時에 純資産이 되던지 純負債가 되던지 或은 無資産이 되던지 此 三者의 境遇에 不出호나니 故로 營業의 結果로 純資産을 增加호던지 或은 純負債를 減少홀 時는 利益을 得호얏다 호고 此와 反호야 純負債가 增加호고 純資産이 減少홀 時는 損失을 當호얏다 稱호니라.

第二章 交換

交換이른 거슨 同一혼 價格을 與受호는 者를 謂홈이니 例如 甲이 乙

의게 商品을 買入ᄒ고써 其 代金 十圓을 支撥ᄒ얏다 ᄒᆯ진딕 甲은 金錢
으로 十圓의 價格을 與ᄒ고 商品으로 十圓의 價格을 受홈과 如ᄒ 者ㅣ
라 如斯ᄒ 交換은 其 與受ᄒ 物件의 有形과 無形을 勿論ᄒ고 恒常 其
價가 平均홈이라. 故로 交換ᄒ 結果ᄂᆫ 반다시 財産을 增減ᄒ던지 ᄯᅩᄂᆫ
此를 變化케 ᄒᄂᆫ 者ㅣ라 前例를 擧홀진딕 甲은 十圓의 金錢을 變ᄒ야
十圓의 商品을 得홈인 故로 財産에 增減은 無ᄒ야도 變化ᄂᆫ 起ᄒᄂᆫᄃᆡ
反ᄒ야 人의 雇傭으로써 一圓의 賃金을 得ᄒ얏다 ᄒᆯ진딕 此ᄂᆫ 一圓의
價値되ᄂᆫ 勤勞를 與ᄒ고 一圓의 金錢을 受홈인즉 ᄯᅩᄒ 同價物의 交換
됨은 勿論이나 結果에 在ᄒ야ᄂᆫ 以前보다 財産 一圓이 增殖되얏ᄂᆫ 故
로 變化ᄂᆫ 無ᄒ야도 財産의 增減은 生ᄒ얏다 稱홀지니 如斯ᄒ 交換으
로써 財産의 增減變化를 生ᄒ 者를 簿記學上의 去來(取引)라 謂ᄒ나니
라. 然而 一種의 去來에ᄂᆫ 同時에 財産의 增減과 變化를 兼ᄒ 者ㅣ 有ᄒ
니 例如 木手가 一圓의 價値되ᄂᆫ 板木으로써 一櫃를 造成ᄒ야 二圓으로
賣却ᄒᆫ다 ᄒᆯ진딕 此ᄂᆫ 一圓의 板木과 一圓의 勤勞를 與ᄒ고 二圓의 金
錢을 受홈인 故로 其 結果ᄂᆫ 板木이 金錢으로 變홈과 同時에 資産도
一圓씀 增殖이 되얏스니 如斯ᄒ 境遇에ᄂᆫ 財産의 增減變化가 同時에
起ᄒ얏다 謂ᄒᆯ지라. 去來에 自己意思로부터 起ᄒ 境遇와 偶然히 出來ᄒ
境遇의 二種이 有ᄒ니 前例에 示ᄒ 바ᄂᆫ 다 自己行爲의 結果인즉 前者
에 屬ᄒᆯ지나 火災盜難 等의 不時에 起ᄒ 事故로 由ᄒ야 財産을 損失ᄒ
境遇ᄂᆫ 後者에 屬홈이오 其他 自己의 所有ᄒ 公債(國 其他 政團의 債務
를 稱홈) 及 株券(株主의게 發給ᄒᄂᆫ 有價證券을 稱홈) 等이 市價의 變
動으로 由ᄒ야 騰落ᄒᄂᆫ 境遇에도 財産을 增減ᄒᄂᆫ 商業上의 去來라.
故로 自營으로 起ᄒ 者를 本去來라 稱ᄒ고 不時에 生ᄒ 者를 準去來라
謂홈이라. 故로 財産에 增減變化를 及지 아닌 者ᄂᆫ 決코 去來가 아니라
例컨딕 地段과 家屋의 貸借ᄂᆫ 其 所有權이 借主의게 移轉됨이 無홈으로
써 貸主의 財産이 減홈도 無ᄒ고 ᄯᅩ 借主의 財産이 增홈도 無ᄒ 者인
故로 地段과 家屋의 貸借ᄂᆫ 去來가 아니라 然ᄒ나 地代와 家賃의 支撥
은 無形ᄒ 使用料와 金錢의 交換됨으로써 金錢을 受ᄒ 者ᄂᆫ 그쯤 資産

이 增ᄒ고 與ᄒᆫ 者ᄂᆫ 그씀 減ᄒᄂᆫ 故로 此ᄂᆫ 去來라 謂ᄒᆯ지오. 또 同一
히 貸借라 謂ᄒᆞ야도 金錢이나 消費物의 貸借와 갓치 借主ᄂᆫ 借來ᄒ 物
을 그딕로 返還치 아니ᄒ고 他同種의 物로써 返還ᄒᆷ이 隨意된 境遇에
도 此를 去來라 稱ᄒᆯ진뎌 卽 百圓의 金錢과 또 一石의 米穀을 借受ᄒᄂᆫ
者ᄂᆫ 金錢과 米穀을 消費ᄒᆞ야 盡ᄒ야도 他同價의 金錢 米穀으로써 報償
ᄒ기 能ᄒ 故로 其 金錢 米穀은 借主의 所有物이 되고 貸主ᄂᆫ 此에 對ᄒ
야 後日의 報償을 受ᄒᆯ 權利를 有ᄒ 者됨으로써 또ᄒ 財産의 變化를
生ᄒ 去來라 謂ᄒᆯ지로다.

▲ 제4호 商業簿記(續), 尹定夏 編述

第三章 去來(交易)의 例題

(一) 光鮮泰의게 金一百圓의 商品을 買入ᄒ고 代金을 現金(卽금)으로
支撥ᄒᆷ.
(受) 商品(有形) 100圓 (與) 現金(有形) 100圓
(二) 廣興泰의게 金二百圓의 商品을 外上으로 賣却ᄒᆷ.
(受) 權利(無形) 200圓 (與) 商品(有形) 200圓
(右 權利란 거슨 後日 代金二百圓을 廣興泰의게 領受ᄒᆯ 일을 得ᄒᆯ 能
力을 云ᄒᆷ이라)
(三) 廣興泰의게 外上金 二百圓을 現金으로 領受ᄒᆷ.
(受) 現金(有形) 200圓 (與) 權利(無形) 200間
(四) 德興號를 爲ᄒ야 商品買入ᄒᄂᆫ 周旋으로 口文十圓을 領受ᄒᆷ.
(受) 現金(有形) 10圓 (與) 勤勞(無形) 10圓
(五) 鍾路望門床塵에 元價 百圓의 商品을 百十圓에 賣却ᄒ고 代金을
現金으로 領受ᄒᆷ.
(受) 現金(有形) 100圓 (與) 商品(有形) 100圓 利益(無形) 10
(六) 辻屋商店에셔 金百圓을 買入ᄒ 後 代金의 半額은 現金으로 支撥

ᄒ고 半額은 外上으로 홈.

　(受) 商品(有形) 100圓 (與) 現金(無形) 50圓 義務(無形) 50圓

　(右 義務란 거슨 後日 辻屋商店의게 五十圓을 支發아니치 못할 責任을 云홈이라)

　(七) 辻屋商店의게 外上金 五十圓을 報償홈.

　(受) 義務(無形) 50圓 (與) 現金(有形) 50圓

　(八) 金一千圓으로 建築ᄒᆫ 家屋을 金九百圓으로 放賣ᄒ고 現金으로 領受홈.

　(受) 現金(有形) 900圓 損失(無形) 100 (與) 家屋(有形) 1000圓

第四章 貸借

　簿記學上의 貸借란 語ᄂ 其 意味에 在ᄒ야ᄂ 普通의 所謂 貸借란 語와 同一ᄒ나 此를 表示ᄒᄂ 境遇에 自己를 主張ᄒ지 아니ᄒ고 對手를 主張ᄒᄂ 點과 此를 用ᄒᄂ 範圍의 稍廣ᄒᄂ 點에 在ᄒ야 不同ᄒ나니 例컨ᄃᆡ 普通의 貸라홈은 自己(甲)가 對手(乙)로 ᄒ여곰 返還케 ᄒᄂ 權利를 有홈을 謂홈이나 簿記에 在ᄒ야ᄂ 反對로 對手를 主張ᄒ야 此를 (乙은 借)라 謂ᄒᆯ지오 隨ᄒ야 乙의게 百圓의 負債가 有ᄒᆯ 時에ᄂ 百圓借라 不稱ᄒ고 (乙 百圓貸)라 表示홈을 通例라 謂ᄒᆯ지라 故로 勿論 自己의 借ᄂ 對手의 貸ᆫ즉 乙의게 百圓을 借ᄒ얏다 ᄒ야도 乙이 百圓을 貸ᄒ얏다 홈과 意味ᄂ 同樣이나 然이나 複式簿記ᄂ 旣往 第二章 交換에셔 陳述ᄒᆫ바와 갓티 諸般去來를 同價物의 與受로 認定ᄒᄂ 故로 記張上의 便宜로써 如斯히 區別ᄒ지 아닐진ᄃᆡ 整理홈에 不便ᄒ 事情이 存홈으로써 如是히 制定ᄒᆫ 所이라. 其 理由ᄂ 追後 自解가 될터인즉 此에 在ᄒ야 ᄃᆞᆺ 簿記學上의 貸借ᄂ 恒常 對手의 便으로부터 看ᄒ야 表ᄒ 者로 記憶홈이 可ᄒᆯ진뎌 且 普通貸借란 거슨 반다시 對人計算即人쓴을 對手로 ᄒᄂ 意味나 簿記에 在ᄒ야ᄂ 更히 其範圍를 擴張ᄒ야 人 以外의 去來物件 即 交換上의 與受ᄒ 바 物의 有形無形을 勿論ᄒ고 다 人과

갓치 看ᄒᆞ야 (現金)貸라던지 (損失)借라던지 總稱ᄒᆞᆷ이라 故로 去來의
要素에 就ᄒᆞ야 此 貸借란 語를 引用ᄒᆞᆯ 時ᄂᆞᆫ 正히 交換上의 與受란 語와
一致되ᄂᆞ니 換言ᄒᆞᆯ진딕 前交換章에 引用ᄒᆞᆫ 바 與受란 語ᄂᆞᆫ 簿記上에서
貸借란 語로써 表示ᄒᆞᆷ이 妥當ᄒᆞᆯ지라. 例를 擧ᄒᆞ건딕 商品을 放賣ᄒᆞ고
代金 百圓을 現金으로 領受ᄒᆞᆯ 時에ᄂᆞᆫ 吾人은 交換章에 在ᄒᆞ야

(受) 現金 100圓 (與) 商品 100圓

이라 表하야도 簿記로써 此를 記ᄒᆞᆯ 時ᄂᆞᆫ (與受)의 代에 (貸借)를 用ᄒᆞ야
如左히 表示ᄒᆞ노니

(借) 現金 100圓 (貸) 商品 100圓

然ᄒᆞ나 何故로 受ᄒᆞᆫ 바 現金은 借가 되고 與ᄒᆞᆫ 바 商品은 貸가 되나냐
ᄒᆞᆷ은 往往히 初學者의 眩惑ᄒᆞᄂᆞᆫ 배라 前陳과 갓티 簿記ᄒᆞᄂᆞᆫ 去來上의
與受되ᄂᆞᆫ 有形 無形의 物件은 大凡 人格과 ᄀᆞᆺ티 鑑定ᄒᆞᄂᆞᆫ 者인 故로
右의 去來를 如左히 表示ᄒᆞᆯ진딕

現金 ←100圓 營業主 ←100圓 商品

營業主 卽 自己가 媒介가 되야「商品」이란 者로부터 百圓의 價를 領受
ᄒᆞ고 此를「現金」이란 者의게 給與ᄒᆞᆷ과 如ᄒᆞ나 然ᄒᆞ나 簿記上의 貸借
ᄂᆞᆫ 自己로부터 看치안코 對手로부터 看ᄒᆞᄂᆞᆫ 原則인즉 營業主가 百圓
의 價를 商品으로부터 (受) 借ᄒᆞᆫ바ᄂᆞᆫ 卽 商品의 貸됨과 同時에 營業主
가 此 百圓의 價로 現金이란 者의게 (與) 貸ᄒᆞᆷ으로써 現金이 借가 되나
니 以上의 所說은 貸借의 意義를 略述ᄒᆞᆫ 바이나 更히 此를 實例노 說
明ᄒᆞ겟노라.

簿記의 去來를 其 交換될 要素의 結合으로부터 分類ᄒᆞ건딕 大略 左

의 四種과 如ᄒᆞ니 (一) 有形物을 與ᄒᆞ고 有形物을 受ᄒᆞᄂᆞᆫ 境遇
(二) 有形物을 與ᄒᆞ고 無形物을 受ᄒᆞᄂᆞᆫ 境遇
(三) 無形物을 與ᄒᆞ고 〈22〉 有形物을 受ᄒᆞᄂᆞᆫ 境遇
(四) 無形物을 與ᄒᆞ고 無形物을 受ᄒᆞᄂᆞᆫ 境遇

第一은 商品을 現金으로 賣買ᄒᆞᄂᆞᆫ 境遇인ᄃᆡ 賣ᄒᆞᄂᆞᆫ 時ᄂᆞᆫ 次와 如홈
(但 代金은 百圓으로 假定홈)
(受入ᄒᆞᆫ 者) (給與ᄒᆞᆫ 者)
(借) 現金 100圓 (貸) 商品 100圓
買ᄒᆞᄂᆞᆫ 時
(借) 商品 100圓 (貸) 現金 100

第二 外上으로 商品을 賣ᄒᆞᄂᆞᆫ 境遇인ᄃᆡ 其 貸借ᄂᆞᆫ 如左홈.
(受入ᄒᆞᆫ 者) (給與ᄒᆞᆫ 者)
(借) 權利 100圓 (貸) 商品 100圓
[註] 此權利ᄂᆞᆫ 買手의게 代金을 受ᄒᆞᆯ 能力을 意味ᄒᆞᄂᆞᆫ 者인 故로 畢竟
買手의 借ᄅᆞᆯ 表홈인즉 實際로 記錄ᄒᆞᆯ 時ᄂᆞᆫ 權利ᄅᆞᆯ 對手의 人名으로 代
表ᄒᆞᄂᆞᆫ니 今에 買手ᄅᆞᆯ 金某로 假定ᄒᆞᆯ진ᄃᆡ 卽 如左ᄒᆞ니
(借) 金某100圓 (貸) 商品 100

第三은 商品을 外上으로 買ᄒᆞᄂᆞᆫ 境遇인ᄃᆡ 其 借受의 關係ᄂᆞᆫ 如左홈
(但 賣手ᄅᆞᆯ 尹某로 假定홈)
(受入ᄒᆞᆫ 者) (給與ᄒᆞᆫ 者)
(借) 商品 100 (貸) 義務 100圓
[註] 此義務ᄂᆞᆫ 賣手의게 後日 代金을 支撥ᄒᆞᆯ 責任인즉 畢竟 尹某의
貸ᄅᆞᆯ 意味ᄒᆞᆫ 者인 故로 權利의 境遇와 갓티 人名으로써 代表ᄒᆞᆯ진ᄃᆡ
(借) 商品 100圓 (貸) 尹某 100圓

274

第四는 第二例에 示혼바 金某에 對혼 百圓의 外上條가 金某의 破産혼 結果로 一厘도 推捧호기 不能혼 境遇인되 其 貸借의 關係는 如左홈.

(受入혼 者) (給與혼 者)

(借) 損失 100 (貸) 權利 100圓 〈23〉

[註] 此境遇는 前에 受置혼 바 代金 領受홀 權利가 消滅됨으로써 此를 渡與호고 損失이란 者를 代受혼 배 되나니 故로 權利는 第二例와 갓티 人名으로써 代表홈진되 結局이 如左홈.

(借) 損失 100 (貸) 金某 100圓

然이나 右揭혼 바 四種 交換의 關係가 更히 複雜으로 交互錯綜호야 無限혼 去來를 構成호는 境遇가 有호니 例如 五千圓의 家屋과 三千圓의 商品에 六千圓의 保險을 附호얏는되 其後에 火災로 因호야 全部를 燒失 호고 保險會社에서 六千圓의 賠償金을 領受호얏다 홀진되 其 貸借의 關係는 有形의 現金과 無形의 損失을 受호고 有形의 家屋과 有形의 商品을 與혼 바 去來라. 卽

(借) 現金 600圓 損失 200圓 (貸) 家屋 500圓 商品 300圓

如斯호게 與受物件의 種類와 其 方法의 變化로 從호야 無限혼 貸借關係 를 生호야도 要컨되 交換의 理由를 基礎삼아 與受호는 物件을 分類홀 지되 其 貸借를 容易히 區別호고 또 其 金額을 恒常 平均케 홈을 得홀지 라. 故로 如斯혼 貸借는 진실노 複式簿記의 基礎인즉 簿記學에 志혼 者 는 此章을 熟讀호야 要領을 會得호기를 希望호노라. (未完)

▲ 제5호

第五章 貸借分列

每 去來의 起홀 時에 其 交換혼바 物件에 就호야 借方에 屬홀 者와 貸方에 屬홀 者를 分類配列호는 者를 貸借分列이라 稱호나니 此를 表示

홈에는 前交換章에셔 例示홈과 갓티 <u>借方을 左便에 記호고 貸方을 右</u>
<u>便에 記홈이라</u> 如斯히 與受혼바 物件은 恒常 同價됨으로써 幾多혼 分列
을 重疊호야도 其 結果는 또혼 恒常 貸借가 平均되는 法이나 此 貸借를
類別호는 分列과 價格의 平均됨은 卽 複式簿記의 基礎요 또혼 最要혼
事項이라 謂홀지라.

貸借分列호는 法則

貸借의 原理에 基호야 決定되는 分列의 法則을 記호건듸 左와 如호니
(一) 凡 當方에 受入혼 物과 當方에 對호야 義務를 負혼 者를 借方에
記호고
(二) 凡 對方에 給與혼 物과 當方에 對호야 權利를 有혼 者를 貸方에
記홈.
以上 兩法則의 應用에 慣熟홀진듸 如何혼 去來에도 容易히 貸借를 分列
호야 得홀지나 去來의 種類는 千差萬別호고 또 其 關係도 無限히 複雜
혼 者인즉 初學者가 往往히 其 應用에 困難홈이 有홀터인 故로 更히
此를 詳分호야 參考에 供호노니.
一. 凡 營業主에 對호야 受혼 人과 物은 借方에
二. 凡 營業主에 對호야 與혼 人과 物은 貸方에
三. 凡 買入혼 有價物은 借方에
四. 凡 賣却혼 有價物은 貸方에
五. 凡 領受혼 現金은 借方에
六. 凡 支撥혼 現金은 貸方에
七. 凡 領受혼 他人의 發給魚驗은 借方에
八. 凡 自己의 發給한 約束魚驗이나 或은 擔當한 遞換魚驗은 貸方에
九. 凡 支撥을 畢혼 自已의 發給혼 約束魚驗이나 或은 支撥혼 擔當 遞換
魚驗은 借方에
十. 凡 領受혼 他人의 魚驗은 貸方에

十一. 凡 損失에 屬혼 者는 借方에

十二. 凡 利益에 屬혼 者는 貸方에

十三. 凡 營業開始홀 時에 營業主에 對ㅎ야 支撥홀 義務를 負ㅎ고 쏘는 營業中 引出혼 資本主는 借方에

十四. 凡 營業開始홀 時에 本入ㅎ고 쏘는 營業中 營業主에 對ㅎ야 貸與혼 資本主는 貸方에 記홈.

貸借分列의 例式

(一) 廣興泰의게 商品을 購入ㅎ고 代金 百五十圓을 現金으로 支撥홈.
  此 去末는 商品을 受ㅎ고 現金을 與한 故로 其 分列法은 如左홈.
  (借方) 商品 150- (貸方) 現金 150-

(二) 金某商店에 家屋 一座를 放賣ㅎ고 代金 五千圓을 現金으로 領受홈.
  此 去來는 受혼 者는 現金이오 與혼 者는 家尾인 故로 其 分列法은 如左홈.
  (借方) 現金 5000- (貸方) 家屋 5000-

(三) 立廛에셔 代金 三百圓의 商品을 外上으로 購入홈.
  此 去來는 受혼 者는 商品이오 立廛은 當店에 代金을 貸혼 者인 故로 如左히 分列홈.
  (借方) 商品 300- (貸方) 立廛 300-

(四) 客洞商廛에 代金 二百圓의 商品을 外上으로 賣却홈
  此 去來는 上品을 與ㅎ고 安洞商廛은 當店에 對ㅎ야 代金을 借혼 者인 故로 如左히 分列홈.
  (借方) 安洞商廛 200- (貸方) 商品 200-

(五) 華商德興處의게 商品을 購入ㅎ고 代金 一千圓內에 半額은 現金支撥이오 半額은 某日撥의 約束魚驗으로 給與홈.
  此 去水는 商品을 受ㅎ고 現金 五百圓과 魚驗 五百圓을 與혼 者인 故로 其 分列法은 如左홈.

(借方) 商品1000- (貸方) 500- 魚驗 500-

(六) 金永福의게 公債證書 八百圓을 賣却ᄒ고 代金內에 五百圓은 現金
領受요 三百圓에 對ᄒ야ᄂ 某日撥의 魚驗으로 受入흠.

此 去來ᄂ 公債證書를 與ᄒ고 現金과 魚驗을 受흔 者인 故로 共分列
法이 學左흠.

(借方) 現金500- 魚驗 300- (貸方) 公債證書 800-

(七) 立廛에 外上借金 三百圓을 現金으로 報給흠.

此 去來ᄂ 與흔 者ᄂ 現金이오 立廛을 借方에 記ᄒ야 前애 貸方에
記흔 者와 相對ᄒ야 貸借를 消滅케 흠. (三例參照)

(借方) 立廛 300- (貸方) 現金 300-

(八) 安洞商廛의게 外上貸金 二百圓을 領受흠.

受흔 者ᄂ 現金이오 安洞商廛은 前에 記흔 借方消滅ᄒ기 爲ᄒ야 貸方
에 記흠. (四例參照)

(借方) 現金 200- (貸方) 安洞商廛 200-

(九) 德興號의게 渡흔바 魚驗의 支撥期日을 當ᄒ야 現金 五百圓을 支
撥흠.

前에 與흔 魚驗을 推還ᄒ고 現金을 支撥ᄒᄂ 故로 如左히 分列흠. (五
例參照)

(借方) 魚驗 500- (貸方) 現金 500-

(十) 金永幅의게 受置흔 魚驗의 支撥期日을 當ᄒ얏슴으로써 同人의게
現金 三百圓을 推尋흠.

現金을 領受ᄒ고 前에 受置흔 魚驗은 同人의게 還給흠.

(借方) 現金 300- (貸方) 魚驗 300-

(十一) 營業開始ᄒ기 爲ᄒ야 銀行任金 五千圓을 資本金으로 推入흠.

受흔 者ᄂ 銀行任金이오 資本主ᄂ 營業主에 對ᄒ야 貸흔 者인 故로
(資本主와 營業主난 同人된 境遇에도 別人과 갓티 金別ᄒ야 記錄흠이
라.) 其 分列이 如左

(借方) 任金 5000- (貸方) 資本主 5000-

(十二) 火災로 因ᄒᆞ야 倉庫 一座를 燒失ᄒᆞ얏ᄂᆞᆫ딕 凡 損害額은 三千圓이라. 受ᄒᆞᆫ 者ᄂᆞᆫ 損失이오 與ᄒᆞᆫ 者ᄂᆞᆫ 倉庫라 故로 其 分列法은 學左ᄒᆞᆷ.

　(借方) 損去 3000- (貸方) 倉庫 3000-

(十三) 龍山 林某와 白米 百石을 一石 十圓式으로 購入ᄒᆞ기로 約定ᄒᆞᆷ. 此ᄂᆞᆫ 다못 約束ᄲᅮᆫ으로셔 즉 財産에 增減變化ᄂᆞᆫ 無ᄒᆞᆷ으로써 去來가 아니라 故로 貸借分列ᄒᆞ기 不能ᄒᆞ나 但 此 約束을 實行ᄒᆞᄂᆞᆫ 境遇에ᄂᆞᆫ 去來됨으로써 分列ᄒᆞᆷ이 可ᄒᆞᆷ.

◎ 現今 商業 大勢, 驩은(환은) 譯,
〈대한학회월보〉 제6호, 1908.7. (상업학)

　　*역술 대상 자료는 나타나지 않음

　目今 商業의 趨勢如何ᄒᆞᆷ은 吾人의 最히 先知코자 ᄒᆞᄂᆞᆫ바라. 彼 德國은 近年에 其商業이 大勃興ᄒᆞ야 全速力으로써 隆運의 域에 向ᄒᆞᄂᆞᆫ 中이라. 從來 其經營의 可看ᄒᆞᆯ 者 不尠ᄒᆞ며 就中 其現象 中 顯著ᄒᆞᆫ 者ᄂᆞᆫ 東洋 方面에 商業的 經營이니 彼의 企劃ᄒᆞᄂᆞᆫ 바ᄂᆞᆫ 德露가 相結托ᄒᆞ야 英國의 多年 利殖된 商勢를 挫ᄒᆞ고 自己가 英을 代ᄒᆞ야 淸國에셔 充分ᄒᆞᆫ 優勢의 地位를 占코져 ᄒᆞᄂᆞᆫ딕 在ᄒᆞᆫ 故로 英國은 此에 對ᄒᆞ야 從前과 如케 依然히 枕을 高ᄒᆞ고 眠을 貪ᄒᆞ기 不能이어날 然而 英國은 今日에 至ᄒᆞ도록 政策이 甚히 遲遲不振ᄒᆞ고 緩慢且拙ᄒᆞ다 云ᄒᆞᆯ지라. 今에 一例를 擧컨딕 露國의 旅順大連을 租借 後에 英國이 ᄯᅩᄒᆞᆫ 威海衛를 占領ᄒᆞ얏스나 英國 政府ᄂᆞᆫ 德逸 帝國의 鼻息을 窺ᄒᆞ야 다만 彼의 感情을 不害ᄒᆞ기를 是希ᄒᆞ야 其時伯林駐劄 英國 大使의게 通知ᄒᆞ야 次와 如ᄒᆞᆫ 辨明을 與ᄒᆞ니 曰 英國은 山東省에셔 德國의 利權을 不害라 ᄒᆞ고 英國은 自威海衛로 鐵道를 開設ᄒᆞ야 他의 淸國 鐵道와 連絡치 아니 ᄒᆞ리라 ᄒᆞ니 如斯케ᄒᆞᆫ 것은 英國에 在ᄒᆞ야 其 失策의 原因이라고 云ᄒᆞ지 아닐

슈 無ᄒᆞᆫ 故로 英國은 現今에 아직 德의 敵手될만한 地位를 不失ᄒᆞ얏스나 然이나 德의 最恐怖ᄒᆞᄂᆞᆫ 强敵은 아니오. 오직 懸念ᄒᆞᄂᆞᆫ 者ᄂᆞᆫ 東洋에 日本이라 傳聞ᄂᆞᆯ 據ᄒᆞᆫ즉 德帝ㅣ 嘗言曰 列强의 絶東 經營을 阻害ᄒᆞ고 又 顚覆ᄒᆞᆯ 者는 日本이라 稱ᄒᆞ니 必 其故가 無ᄒᆞᆷ은 아닐진져.

以故로 今에 英은 飜然 自覺ᄒᆞ야 其 商勢의 挽回ᄒᆞ기를 企圖 中이니 近日에 頻히 英佛의 接近ᄂᆞᆯ 耳受한지라 그 佛國 陸軍 大演習 終決의 日에 陸軍大臣이 英國의 <u>후런치</u>將軍ᄂᆞᆯ 向ᄒᆞ야 英國 皇帝及英國 國民의 寶玉으로 아ᄂᆞᆫ 英國 皇后ᄂᆞᆫ 我 佛國 國民이 同國人으로 見ᄒᆞᆫ다는 意로 兩陛下에케 對ᄒᆞ야 佛國 政府의 敬意를 致ᄒᆞ기를 希ᄒᆞ노라. 述ᄒᆞ민 此 에 對ᄒᆞ야 英國의 <u>후런치</u>將軍은 曰 佛國 將官은 英을 訪問ᄒᆞ기를 希望 ᄒᆞ노니 若來ᄒᆞ면 我의 受ᄒᆞᆫ 歡迎으로써 此를 迎ᄒᆞ리라 答ᄒᆞ얏스며 又 佛國 新聞은 <u>파도파海峽</u>의 海底 隧道ᄂᆞᆫ 英佛 接近의 必要ᄒᆞᆫ 楔子라 論 ᄒᆞ얏스며 其他 近頃에 佛人의 英國 訪問과 英帝 會見의 風說이 傳播ᄒᆞᆷ 를 依ᄒᆞ더릭도 一層 明瞭ᄒᆞᆫ지라.

遮莫 英德 兩帝의 會見에 就ᄒᆞ야 德國 新聞은 口를 極ᄒᆞ야 兩國의 接近 을 論ᄒᆞ나 佛國 新聞은 此에 叫應ᄒᆞ야 喧囂를 不揭ᄒᆞ니 以此觀之ᄒᆞ면 英德의 接近은 虛妄에 終歸라. 英佛의 接近에 依ᄒᆞ야 德의 孤立ᄒᆞᆫ 悲境 을 隱蔽코져 ᄒᆞᄂᆞᆫ 窮策이로다. 然而 英佛의 接近으로써 單히 政治上 接 近이라 云ᄒᆞ면 偏見이오. 必然코 個中에 商業上 關係가 重ᄒᆞ다 아니치 못ᄒᆞᆯ지라.

如斯ᄒᆞᆫ 局面上에 近來 米國이 猛然히 地頭를 抽ᄒᆞ야 亦 商業界 一方의 雄鎭를 占據ᄒᆞ야 東洋에 日本과 商權ᄂᆞᆯ 角逐ᄒᆞ도다. 米洲 某 新聞은 問 答的으로 記載ᄒᆞ되 米國의 陸軍은 國民兵쑨이며 又 素養이 無ᄒᆞᆫ 將校쑨 이오. 又 四十年前ᄭᅡ지ᄂᆞᆫ 兵士ᄂᆞᆫ 農業 勞働者러니 今에ᄂᆞᆫ 其 三分의 一 ᄂᆞᆫ 職工이오. 其他 三分의 一ᄂᆞᆫ 怯懦ᄒᆞᆫ 市人及村人이라. 一旦이 万若與 日開仗이면 多額의 賠償金을 出치 아닐슈 無ᄒᆞ다 揭ᄒᆞ얏스니 此ᄂᆞᆫ 兩 國의 感情을 阻害ᄒᆞᄂᆞᆫ 目的으로 從出ᄒᆞᆫ 中傷手段에 不外ᄒᆞᆫ 者로다. 更히 露國에 注目ᄒᆞ면 彼의 經營이 日露 戰爭에 大打擊을 受ᄒᆞ얏스나

其前을 暫論컨딕 彼가 東洋에 特히 支那에셔 釁을 窺ᄒ며 變늘 釀ᄒ야 事業을 經營코져 ᄒᄂᆫ 政略이 沸沸ᄒ야 敢히 德에 不讓ᄒᄂᆫ도다. 彼 昔年에 旅順大連과 貝加爾浦鹽間의 滿洲 鐵道 敷設은 其 一部ᄂᆫ 軍事上 目的에 出ᄒ얏스니 其 大部分는 商業上 目的에 在홈은 疑를 不容ᄒ 바라. 自古로 露와 德이 接近홈은 形勢上 不得已ᄒ 者라. 膠州灣 租借에 關ᄒ 德淸條約과 旅順大連 兩灣租借에 關ᄒ 露淸條約을 其 調印 日字를 一瞥ᄒ면 思半에 過할지라. 卽 前者 德淸條約은 西曆 一千八百九十八年 三月一日이오. 後者ᄂᆫ 一八九八年 三月二十七日이며 其 內容도 酷似ᄒ 者 有ᄒ니라. 如斯케 露國이 淸國內의 政權 利權늘 獲得홈은 全혀 平利的 手段에 依ᄒ 바이오. 英佛兩國과 如히 阿片戰爭 及 淸佛戰爭 等의 非平和的 手段으로 成ᄒ 者와 逈異홈은 是全히 李鴻章이 終始 露에 對ᄒ 好意에 依ᄒ야 然ᄒ지라.

以上과 如히 現今 各國이 皆 優勢ᄒ 商權늘 張코져 欲ᄒ야 其 善後策을 講홈에 苦心ᄒ나 商界의 多事홈이 今日과 如케 劇烈홈은 千古에 稀有로다. 故로 旣往에 溫ᄒ야 將來의 計를 劃홈은 目下의 急務라 商業史의 硏究를 엇지 一日인단 疏忽에 付하리요. 然而 此 至重ᄒ 業을 牟利의 營이며 市井의 事라 云ᄒᄂᆫ 者ㅣ 有홈에 至ᄒ니 彼輩의 趣意ᄂᆫ 抑那邊에 存ᄒ지 知케 難ᄒ도다. (未完)

◎ 商業發達의 要素,
　權東鎭 述,〈대한협회회보〉제6호, 1908.9. (상업학)

▲ 제6호

夫 商業의 發達은 人類發達의 要素와 同一ᄒ야 外界的 內界的 二要素의 狀況 及 其 發達과 伴行ᄒᄂᆫ 者ㅣ니 發達의 要素를 完備ᄒ 邦國의 自然히 經濟的 勢力을 逞ᄒ야 列國間에 稱强홈을 得ᄒ고 其 要素를 欠缺케

ᄒᆞᄂᆞᆫ 者ᄂᆞᆫ 弱國됨을 未免ᄒᆞᄂᆞ니 故로 一國商業의 繁榮을 計코자 ᄒᆞᆫ즉 發達을 妨害ᄒᆞᄂᆞᆫ 弊因을 除去ᄒᆞ고 發達의 要人이 欠缺되ᄂᆞᆫ 者를 設備ᄒᆞ야 不足되ᄂᆞᆫ 者를 補充ᄒᆞ야써 人爲的의 改良施設을 不得不 加ᄒᆞᆯ지니 政治家된 者ㅣ 恒常 商業의 歷史를 鑑ᄒᆞᆷ며 邦國의 現狀을 顧ᄒᆞ야 大計 를 策論ᄒᆞᆷ이 可ᄒᆞᆫ 要訣이니라.

外界的 要素

外界的 要素라 ᄒᆞᆷ은 自然ᄒᆞᆫ 狀況과 人爲의 制度로 社會組織의 一員된 人類自體에 關치 안이ᄒᆞᆫ 者라. 元來 商業은 分業에 基ᄒᆞ고 分業은 天賦 의 惠與로 各地에 依ᄒᆞ야 殊異ᄒᆞᆫ 起因되ᄂᆞᆫ 者인則 自然의 關係가 其 盛衰에 影響됨은 明白ᄒᆞᆫ 事實이며 又 人爲의 制度에 依ᄒᆞ야 自然의 狀 況을 左右ᄒᆞ야 國民의 特質을 發揮ᄒᆞᄂᆞᆫ 者인則 是 亦 其 消長의 重大ᄒᆞᆫ 源因되ᄂᆞᆫ 事ᄂᆞᆫ 疑를 容치 안이ᄒᆞᆯ지라.

自然의 狀況

自然의 狀況은 (一) 交通의 便否 (二) 物産의 多少에 關係ᄒᆞ고 交通의 便否ᄂᆞᆫ (一) 邦國의 地位 (二) 港灣海流 (三) 山林砂漠에 依ᄒᆞ야 異ᄒᆞ고 物産의 多少ᄂᆞᆫ (一) 地質 (二) 氣候 (三) 地域 等에 依하야 不同ᄒᆞ니라.

交通의 便否

(一) 邦國의 地位 邦國의 地位로 世界交通의 要衝에 當否ᄂᆞᆫ 通商上 重要 ᄒᆞᆫ 關係가 有ᄒᆞ니 農業國과 工業國의 間에 介立ᄒᆞᆫ 國은 其 間에 介立ᄒᆞᆫ 商業을 經營ᄒᆞᆷ에 至便된 地位를 占有ᄒᆞᆫ 者라. 大陸 中部에 局在ᄒᆞᆫ 邦國 은 海上貿易에 從事ᄒᆞᆷ에 不便ᄒᆞ고 沇路의 集注ᄒᆞᆫ 處ᄂᆞᆫ 自然히 通商貿易 이 旺盛되나니 我國과 如ᄒᆞᆫ 國은 一方에 淸國갓ᄒᆞᆫ 農業國에 隣接ᄒᆞ고

他方에는 日英米等과 如흔 商工으로써 國是를 定하는 國과 交通홈으로써 原料品과 製造品의 貿易을 媒介홈에 가장 適當홀 쑨 不是라. 我國에셔 工業的 貿易品을 製造하야 輸出하기에도 또흔 便利흔 位地를 占據흔 者ㅣ니 卽 東洋大陸半島國에 位하야 東西南洋의 貿易中心이 되야 貿易要衝에 當하는 天然的 最良地位를 利用하야 外國貿易의 發達을 計치 안이치 못홀지라.

(二) 港灣海流 古來 歷史家ㅣ云하되 海岸線의 長短은 邦國의 文野에 關係라 하얏시니 良好흔 港灣이 有흔 國은 海上貿易의 發達을 從하며 舟掛의 通홈이 可흔 江河는 國內의 交通을 便利케 하느니 我國은 良港이 少치 안이하되 築港이 不備하야시니 築港工事를 起工하야 港灣을 改修홀지며 江河는 奔流가 多홈으로 舟掛의 便은 少하느 此를 原動力에 利用하야 水力電氣의 事業을 起치 안이치 못홀지라.

(三) 山林砂漠 山林은 一方에셔는 木材鑛物의 産源되나 然하느 他方에셔는 人類의 交通을 阻害하는 者ㅣ되는 지라. 「알부스」山脈은 歐洲를 橫斷홈으로 南北의 交通을 妨害하고 砂漠에 至하야는 아즉 利用의 道가 發展치 못하야 其 交通을 害홈에 止홀 쑨이라.

物産의 多少

(一) 地質의 狀況 地味의 肥瘠은 農産物의 多少에 關係되는 者로 其 瘠흔 者는 人工을 加하야 開墾 灌漑 肥料 耕作 等 事를 實施하야 産出의 增加를 計치 안이치 못하느니 地脈의 如何는 鑛物의 種類를 異케 하며 其 山의 多少를 均치 못하고 鐵鑛과 石炭鑛의 互相 接近흔 地는 工業의 勃興을 期하며 金銀의 産出은 土地를 繁盛케 하는 者라.

(二) 海流의 狀況 魚族 其他 水棲獸의 種類 及 繁殖의 適度는 海流河溯의 狀況에 依하야 異홈은 多言을 不容하고 明知홀지며 河水奔流는 灌漑에 供하야 農耕을 助하며 水力을 利用하야 工業의 興旺을 得홀지라. 然흔딕 我國은 三面海의 漁場과 各種의 漁業機關은 設備가 全無하야 外人

의 恣行侵害를 却치 못ᄒᆞ니 其 遺利를 收ᄒᆞ고 恣侵을 却ᄒᆞ기를 計치 안이치 못ᄒᆞᆯ지라.

(三) 氣候의 寒暖 植物은 最其影響을 受ᄒᆞᄂᆞᆫ 事이 다ᄒᆞ며 動物은 直接間接으로 植物에 依ᄒᆞ야 生存ᄒᆞᄂᆞᆫ 者인 則是亦氣候의 影響을 受홈이 多ᄒᆞ고 重要ᄒᆞᆫ 農産物 及 家畜은 氣候에 依ᄒᆞ야 適否가 有ᄒᆞᆫ 者ㅣ 多ᄒᆞ며 人民의 氣力도 亦 氣候에 依ᄒᆞ야 異ᄒᆞ니 寒帶 熱帶地方에 住ᄒᆞᄂᆞᆫ 者ᄂᆞᆫ 或 萎縮ᄒᆞ야 使力에 能치 못ᄒᆞ며 又 怠惰ᄒᆞ야 勉勵치 못ᄒᆞᄂᆞᆫ 故로 産業 發達이 無홈을 從ᄒᆞ야 製産物이 少ᄒᆞ고 溫帶地方은 此와 反ᄒᆞ야 最 勤勉ᄒᆞᆫ則 生産事業이 繁盛ᄒᆞ야 熱帶地方의 原料로써 製造홈이 適合ᄒᆞᆫ지라.

(四) 地域의 大小 廣大ᄒᆞᆫ 地域이 有ᄒᆞ고 原料의 産出이 多ᄒᆞᆫ 地方은 製産事業도 發達ᄒᆞᄂᆞ니 假令 發達치 못ᄒᆞᆯ지라도 他工業國에 向ᄒᆞ야 輸出홈이 多ᄒᆞ고 此와 反ᄒᆞ야 狹小ᄒᆞᆫ 邦國에ᄂᆞᆫ 獨立ᄒᆞᆫ 經濟의 發達을 望키 不能ᄒᆞ야 外國으로서 諸種 貨物을 輸入치 안이치 못ᄒᆞᄂ 然ᄒᆞ나 地域이 狹小ᄒᆞ고 産物이 少ᄒᆞᆫ 國이라도 國民의 氣質이 勇敢進取ᄒᆞ며 地勢洋海에 接ᄒᆞ야 交通의 要衝에 當ᄒᆞᆯ 時ᄂᆞᆫ 介立商業의 發達되ᄂᆞᆫ 事이 少치 안이ᄒᆞᆫ지라.

人爲의 制度

人爲의 制度ᄂᆞᆫ (一) 秩序의 整否와 (二) 智能의 多少에 關係되ᄂᆞᆫ 者니 (一) 政治上 (二) 社會上 (三) 經濟上 各種의 制度가 如何히 設備되얏시며 如何히 運用됨은 社會의 進步와 商業의 發達과 原因結果의 關係되ᄂᆞᆫ 지라.

政治의 制度

國家社會의 組織關係ᄂᆞᆫ 商業의 發達에 影響이 及홈이 太ᄒᆞ니 元來國家ᄂᆞᆫ 政治的 組織으로 經濟的 組織은 안이나 其 政體가 君主政體던가

貴族政體던가 民主政體됨에 依ᄒ야 異ᄒᆯ 쑨 不是라. 立憲國으로 臣民에 參政의 權을 與ᄒᆫ 者와 專制國으로 君主의 統治에 一任ᄒᆫ 者와 其 經濟 狀態에 及ᄒᆫ 影響이 均치 아인지라. 故로 其 法律 命令으로 始ᄒ야 各種 의 行政機關 裁判制度가 國家의 狀況과 國民의 制度에 應ᄒ야 適當ᄒᆫ 者이 存在ᄒᆫ 時ᄂᆫ 國家社會ᄂᆫ 항상 平穩의 狀態를 保存ᄒ야 健全ᄒᆫ 發 達을 爲ᄒᄂᆫ 故로 商業도 亦 繁盛ᄒ며 若 此에 反ᄒ야 酷法惡政을 行ᄒ 야 民心이 항상 離叛에 傾ᄒᄂᆫ 其 國에ᄂᆫ 到底히 眞正ᄒᆫ 商業의 發達 이 能치 못홈은 明白ᄒᆫ지라.

社會의 制度

學術 工藝 宗敎 社交 等 諸般 社會的 制度로 一般 國民의 性格識能을 化成ᄒ기 可ᄒᆫ 者의 具備與否ᄂᆫ 商業의 盛衰에 大關되ᄂᆫ지라. 古代 埃 及印度의 階級制度와 如히 國民의 職業을 制限ᄒᆫ 者와 若 利殖의 道를 卑賤케 ᄒᄂᆫ 宗敎ᄂᆫ 古來 商業의 發達을 阻害ᄒᄂᆫ 事가 多ᄒ고 新聞 雜誌 會堂 等의 社交機關과 學藝의 智識을 普及홈이 可ᄒᆫ 學校 書籍館 等의 制度가 整備ᄒᆫ 國은 經濟의 發達을 助ᄒᄂᆫ 事ᄂᆫ 亦 無疑ᄒᆯ지라.

經濟上의 制度

商業의 機關은 勿論 農工業의 機關과 交通上의 制度가 善備ᄒ야 資本 의 運用과 貨物의 生産과 勞力의 結合이 其 全致ᄒᆫ 者ᄂᆫ 商業의 繁盛이 極度에 達홈은 實로 明瞭ᄒ니 其 詳細에 至ᄒ야ᄂᆫ 次第 論述코자 홈이 라. (未完)

▲ 제7호 商業의 發達(續), 權東鎭 述

內界的 要素

內界的 要素는 國民의 員數와 國民의 狀況으로 國民目體에 關한 者ㅣ라. 國民이 外界의 狀況에 應하야 國力의 進步를 計홈은 國民의 元氣에 由홈이니 國民의 元氣는 實노 員數와 狀況 二者에 歸着하니 是는 卽 社會文明의 原動力이니라.

國民의 員數

國民의 員數는 卽 國家生存의 要素에 不足한 故로 勞力的 結合이 缺乏홀 쑨 不啻라. 社會의 精神的 活動을 失하는 者라. 然하나 單히 員數만 多하야도 其 有機的 結合이 無한 者는 社會分離의 傾向이 有홈으로써 商業도 亦 衰亡을 不免하느니 布哇와 如한 者는 前者에 屬하고 支那와 日本과 如한 者는 後者에 續홀지라.

國民의 狀況

一. 身體上의 狀況 健全한 精神은 健全한 體軀에 宿한다 云한 古諺과 如히 體格의 强弱은 精神上 狀況에 影響이 될 쑨 안이라 努力의 效驗에 大差異를 生하는 者인즉 一國商業 消長에 重大한 關係가 有하니 體質의 强弱을 生하는 原因은 第一에 營養이니 卽 日常衣食住의 良否에 關하고 他에는 快樂이니 卽 社會制度 自然의 風光에 伴하는 者ㅣ며 又 商業은 圓滑愛敬으로 主旨를 삼는 者인즉 衆人 嫌厭되는 體形이 有한 者는 到底히 列國競爭間에 立하야 優位를 占키 不能한지라.

二 精神上의 狀況 國家元氣의 消長은 國力盛衰에 關하고 智力의 多少는 一國의 文野를 區分하는 故로 精神上의 狀況이 商業發達에 影響이

著大흠은 明白흔 事實이라. 假令 外界的 要素에는 完美흠이 有호나 國民의 道德上에는 德義의 美風地를 除拂호야 空然히 懶惰淫逸의 惡風이 流行흠과 政治上의 思想이 浮落輕躁호야 變亂을 好흠과 經濟上에 企業心이 乏호야 勤儉貯蓄의 老氣가 空虛흔 境遇에 在호야는 到底히 商業國民이라 호야 列國間에 競爭흠이 不能흘지라.

以上의 議論을 一括흔즉 商業의 發達은 社會進步의 結果로 其 原因에 主되는 者는 左의 四點에 歸着흠.

(一) 交通의 要衝에 當흔 事
(二) 産物의 豊饒흔 事
(三) 學術 工藝가 盛行호야 諸般 制度가 具備흔 事
(四) 國民의 風氣가 完美흔 事

商業發達의 利益

通商交易은 人類社會를 團結케 호는 第一金鎖가 되는 故로 商業의 發達은 社會進步의 結果됨과 同時에 亦 其 原因되는 事이 明白호니 此를 社會 全體上에 考及지 안이호고 單히 自己에 就호야 究考호야도 商業者는 生産者와 消費者의 中間에 在호야 貨物이 轉換을 媒介호는 者인즉 其 生産者를 利케 호는 同時에 消費者를 益케 호는 事이 亦 大호니 今 其 利益 各種의 點을 列擧호건디 左와 如흠.
(一) 需要가 少흔 地方으로셔 供給이 缺乏흔 地方에 商品을 送호며 又 餘剩이 有흔 時期에 買入호야다가 供給의 急要흔 時에 賣出호야 需要者의 滿足과 便益을 與호며 商品의 利用을 全一케 호야 天物을 暴棄치 안이케 할 事
(二) 分業의 發達을 助成호야 各種의 工藝를 分利케 호야 原料를 生産호는 者와 此를 運搬호는 者와 製造호는 者의 分業을 密接케 호며 生産을 迅速히 호야 多量을 圖호며 且 廉價의 産出을 得케 흘 事

(三) 商業의 發達에 伴ᄒ야 世界 各地의 産物이 皆 眼前에 蝟集ᄒᄂ 故로 人으로 嗜慾의 念을 起ᄒ야 刺衝을 受ᄒ야 事業에 勉勵홈에 至하야 國民의 元氣大煥發을 起홀 事

(四) 各地 各國의 人民과 往復交際ᄒᄂ 故로 互相의 風俗制度로부터 學術工藝에 至ᄒ기까지 凡 其 長短을 取捨ᄒ야 國利民福을 增進케 홀 事

(五) 世界到處 寒帶熱帶를 勿問ᄒ고 交通의 路를 開ᄒ야 異域의 事情을 探求ᄒ야 世上에 公表홀 事

(六) 商業은 列國의 平和를 崇尙ᄒ며 內外人의 平等을 主張ᄒᄂ 故로 政治上에ᄂ 國際間의 戰爭을 避ᄒᄂ니 此로 由ᄒ야 各國은 戰勢的 平和를 粧ᄒ야 法律上 內外人 同權의 規定을 設홈에 至홀 事

商業發達의 弊害

事物에 一利가 有ᄒ 즉 一害가 此에 伴홈은 自然ᄒ 理致라. 其 要ᄂ 實際에 就ᄒ야 利害의 大少輕重을 比較ᄒ야 判斷ᄒᄂ니 其 弊害의 可避者ᄂ 避ᄒ고 其 利益의 可擧者ᄂ 擧ᄒ야 進步ᄒᄂ니 獨逸의 經濟가 「우일텔, 무로스시엘」은 其 著作ᄒ 商工經濟에 商業發達의 弊害를 擧ᄒ야시나 稍히 誇大의 言으로 寧히 直接의 結果라 云홈보다 間接의 弊害라 云홈을 適當타 홈이니 今左에 其 槪要를 摘錄홈.

(一) 商業의 發達에 依ᄒ야 生ᄒᄂ 軟弱氣風은 有時乎剛健淳良ᄒ 美風을 消滅ᄒ기 易ᄒ 事

(二) 商人이 年久히 外國에 商用旅行홀 時ᄂ 家族生活의 困難이 生ᄒ며 或 外人과 雜居홈에 至홀 時ᄂ 此를 因ᄒ야 家族은 多少 危懼의 念을 生ᄒ야 家族生活 平穩에 發育을 不得홀 事

(三) 商業을 爲ᄒ야 養ᄒ 平和를 愛ᄒᄂ 心은 變ᄒ야 戰爭을 恐怯홈에 陷ᄒ기 易ᄒ고 世界主義를 遂ᄒ야 愛心을 滅却ᄒ기 易ᄒ 事

(四) 商業이 盛行홀 時ᄂ 唯物主義와 拜金主義의 流布ᄒ야 一般 社會生活의 標準이 되야 精神的 問題에 至홈은 着意치 못홈에 至ᄒ 事

▲ 제8호

抑經濟의 主要는 人類의 自然혼 關係를 圓滿히 啓發호야 生活의 幸福을 求홈에 在호니 此 境域에 達호는 時代와 方法에 至호야는 自有順序 혼 者로 其 計劃方法도 各種이 有호나 然호나 今 其 重要者를 擧혼즉 (一) 分業狀況에 依호야 分혼 者와 (二) 交通狀況에 依호야 分혼 者ㅣ 是라. 分業의 狀況에 依호야 區劃혼 時期 社會經濟의 發達을 分業狀況에 依호야 分혼 時는 此 三期에 定호니 ▲第一期 分業未成의 時代 ▲第二期 分業半成의 時代 ▲第三期 分業完成의 時代

分業未成時代

此 時代에는 經濟的 分業이 未行호야 生民은 原始的 産業 卽 耕牧漁獵을 營호야 僅僅히 天産物을 採取하야 日常生計를 爲홈에 不過호고 人智의 程度가 低호야 到底히 自然力을 制使홈이 不能홀 샏 不啻라 아즉 資本을 蓄積호야 事業을 企圖홈을 不知호니 此 時代의 終末에 至호야 稍히 農工商의 三業이 分科호야 部落商業을 形成홈에 至홀 샏이오.

分業半成時代

此 時代에는 分業이 漸行호야 農工商의 三業이 分化호고 人智의 低度가 稍히 進步호야 各自 多少資本을 貯蓄호기에 至호나 其 數額이 未多홈으로써 大組織의 事業을 計劃호야 完全히 自然力을 利用홈이 不能호고 專혀 體力을 使用호야 自然力과 協應호야 經濟作用을 爲홈에 不過혼 故로 其 分業도 人間 又 地方間에 行홀 샏이고 國際間에 擴充홈에 未至 호고 全히 國內商業의 時代를 云홈이오.

分業完成時代

人智가 大進步ㅎ즉 勤勉貯蓄에 依ㅎ야 多額의 資本을 集成ㅎ야 工藝 科學의 力을 借ㅎ야 自然力을 制使ㅎ야 適當흔 分業制度가 成行ㅎ야 發達된 經濟的 現象을 現出홈에 至ㅎ니 此 時代에는 國內 各 地方에 各其 特種産業을 營홀 뿐 不啻라. 世界 各國間에 分業이 成行ㅎ야 萬國 商業의 時代라 ㅎ야 其 繁盛이 至極ㅎ고 其 極點에 達ㅎ는 時는 邦國이 나 又 人種의 差別이 無ㅎ고 資本의 國際的 融通이 盛行ㅎ야 勞動의 國際的 結合을 形成ㅎ야 萬國共同 大經濟組織에 變更홈이 可ㅎ다 斷言 ㅎ야도 架空의 言이 아니라.

交通狀況에 依ㅎ야 區劃흔 時期

商業發達을 分홈을 其 交通狀況에 依ㅎ야 論흔즉 스사로 五段의 順 序가 有ㅎ니

第一期 陸路貿易 ▲ 第二期 河流貿易 ▲ 第三期 沿岸貿易 ▲ 第四期 海 上貿易 ▲ 第五期 陸海連絡貿易

一. 陸路貿易 蓋 太古時代는 人이 水를 恐ㅎ는 故로 陸上貿易이 水上貿 易보다 先히 發源되얏시지 陸路貿易은 隊商組織에 依ㅎ야 西部亞細亞 北部亞弗利加에서 行흔 者로 砂漠과 廣原을 通過ㅎ야 交易ㅎ는 故로 多數의 商民이 隊伍를 組成ㅎ며 時期를 定ㅎ야 旅行을 爲ㅎ야써 危險을 準備ㅎ는 者오 從ㅎ야 其 物品은 輕量ㅎ고 耐久ㅎ며 且 高價되는 者에 寶石 絹織物 香料 等이 其 主要되는 商品이오.

二. 河流貿易 時勢의 變遷과 共히 人民이 漸次로 水의 利用홈을 知ㅎ야 드듸여 造船術을 案出ㅎ야 河流의 便이 有흔 地方은 舟楫을 通ㅎ고 山 間地方과 平原地方 又 上流地方과 河口地方의 交易을 行ㅎ니 玆에 山海 産物은 皆 其 商品이 되고 海上貿易이 未起흔 時에 當하야 隊商貿易과 舟筏貿易이 連絡됨은 商業의 發達上 第一 紀元이라. 太古時에 最利用ㅎ

는 河流는 埃及의 「나일河」 波斯의 「유휴레디쓰」 「미디구리쓰」며 印度
의 강구쓰河支那의 楊子江等이오.

三. 沿岸貿易 河流貿易이 行한 以上에는 沿岸貿易이 此를 伴ᄒ야 起ᄒ
나니 此 時에 際ᄒ야는 船舶出入의 便이 有ᄒ 河口, 港灣은 必成都會ᄒ
야 陸運과 海運의 結合點이 되야 貨物集散의 中樞가 되나 然ᄒᄂ 航海
術이 未開홈으로써 僅히 風勢와 天候를 測知ᄒ야 海岸에 沿ᄒ야 船路
를 開홈에 不過ᄒ니 印度海岸과 波斯灣 及 亞弗利加 東海岸間과 又 支
那沿岸에서 盛行ᄒ야시니 此 河流貿易과 沿岸貿易의 連絡은 商業史上
第二의 紀元이며

四. 海上貿易 勇敢ᄒ 「후이니샤」 國民이 海上을 橫行ᄒ기에 始ᄒ야紅
海, 地中海의 航路를 開ᄒ야 北으로 英國海岸에 至ᄒ고 東은 印度海岸
에 及ᄒ야 商業의 區城이 急히 擴張ᄒ야 歐亞의 貨物을 運送 交易홈지
라. 蓋 海上貿易이 始開以來로 各國의 地位와 地勢를 審査ᄒ야 物産의
種類와 需用의 如何를 明示홈으로써 商業의 盛大를 致ᄒ야 航海術도
亦 著大ᄒ 進步를 得ᄒ야 드듸여 商業史上의 第三紀元이 되며

五. 陸海連絡貿易 蒸汽機關이 發明된 以來로 鐵道는 陸上에 敷設되고
汽舡은 海陸의 交通機關을 連絡共同ᄒ야 世界市場의 大動脈이 되야 貨
物의 循環을 迅速히 홈은 商業史上과 社會發達上이 一大 新紀元된 者니
其 著大ᄒ 者는 歐米의 縱橫鐵道, 西北利亞의 橫斷鐵道, 歐米航路, 東洋
航路, 濠洲航路의 連絡 及 蘇西, 巴奈馬의 大運河 等은 實노 貿易發達의
一大動機가 되나니라.

▲ 제9호

凡 人類가 社會에 存立ᄒ야 活動ᄒᄂ 者ㅣ 雜多ᄒ야 擧數홈이 不能ᄒ
니 政治的, 法律的, 經濟的, 社交的, 宗敎的, 慈善的, 學問的을 縷指ᄒ즉
日이 不足홀 샏 不啻라. 其 形式을 云ᄒ던지 其 實質을 謂ᄒ던지 一이라
도 同ᄒ 者 無ᄒ니 雖然이ᄂ 苟 其 活動을 論難ᄒᄂ 以上에는 一定ᄒ

意思作用이 되며 從ᄒᆞ야 一定ᄒᆞᆫ 意思主體됨이 可ᄒᆞ고 又 一定ᄒᆞᆫ 客體됨이 可ᄒᆞ니 卽 一定ᄒᆞᆫ 人, 一定ᄒᆞᆫ 目的, 一定한 行爲ᄂᆞᆫ 人類의 活動을 構成ᄒᆞᄂᆞᆫ 要素가 안이라. 古來 此 論理의 體裁에 準ᄒᆞ야 法典을 編纂ᄒᆞᆫ 者ᄂᆞᆫ 法律의 確保ᄒᆞᆯ 事를 目的ᄒᆞᄂᆞᆫ 權利看念을 基礎삼아 權利主體, 權利客體, 權利行爲의 三部에 分ᄒᆞ야 規定ᄒᆞᆷ이라. 今 經濟로 論ᄒᆞ야도 亦 此 體裁에 倣ᄒᆞ야 講究ᄒᆞᆯ 時ᄂᆞᆫ 論理明晰ᄒᆞ고 敍事亦整確ᄒᆞᆷ을 得ᄒᆞᆯ 섇 不啻라. 經濟와 法律의 關係를 密接케 ᄒᆞ야 二者의 解釋과 論究ᄒᆞᆷ을 互相 實際에 近接ᄒᆞ야 中正을 得ᄒᆞᄂᆞ니 是古來幾多의 經濟書體裁와 異ᄒᆞ고 哲理的 系統에 依ᄒᆞ야 破天荒의 硏究를 作코자 ᄒᆞᄂᆞᆫ 所이라. 然則 果其妥當ᄒᆞᆷ을 得ᄒᆞᆯ가 否ᄒᆞᆯ가 不知ᄒᆞ되 希望ᄒᆞᆷ은 讀者의 批判에 任ᄒᆞᆯ 섇이로다. 此 哲理的 系統에 依ᄒᆞ야 商業經濟를 解說ᄒᆞᆯ 時ᄂᆞᆫ 左의 三要素로써 成立ᄒᆞᆫ 者로 斷定ᄒᆞ나니

第一 商業經濟主體 商人
第二 商業經濟客體 商品
第三 商業經濟行爲 商務

商人의 槪念

人은 總히 經濟의 主體가 되나 然ᄒᆞ나 本編에 可論ᄒᆞᆯ 者ᄂᆞᆫ 商業에 從事ᄒᆞᄂᆞᆫ 人으로 主體를 삼고 消費者 或 其他 農業 等의 生産事業에 專屬ᄒᆞᆫ 者ᄂᆞᆫ 此를 本款論題 以外에 措置ᄒᆞᆫ 者라.

商人의 意義에 就ᄒᆞ야ᄂᆞᆫ 法律上과 經濟上에 其 見解가 異ᄒᆞᆫ 故로 此 區別을 明確히 ᄒᆞ야 一方에셔 法律的 觀念을 與ᄒᆞᆷ과 同時에 他方에셔 經濟的 觀念을 與ᄒᆞ야 商業經濟의 基礎觀念을 建設코ᄌᆞ ᄒᆞᆷ이라.

法律上의 意義 商人이라 ᄒᆞᆷ은 商法 其他 法令에셔 商人이라 定ᄒᆞᆫ 者를 謂ᄒᆞᆷ이니

近日農商工部에셔 發布ᄒᆞᆫ 新商法에 商의 定義를 下ᄒᆞ야 曰 本法에

商人이라 홈은 自己의 名으로써 商行爲로 業호는 者를 謂홈.

(一) 本法 卽 日本 明治 三十二年에 發布實施된 商法을 指홈이라.

(二) 自己의 名義 假令 商行爲호는 業이라도 自己의 名義로써 爲치 못호는 時는 此를 商人으로 見做치 안이호니 卽 商取引으로 生호는 權利義務는 其 名義者에 歸屬호는 者라. 故로 支配人(差人)이 其 主人을 爲홈과 又 取締役(總務)이 其 會社를 爲호야 商行爲호는 事를 業이라 호나 其 支配人 取締役은 결코 商人이 안이고 商業使用人 又 會社의 機關됨에 不過홈이라.

(三) 商行爲 法學上에 所謂 絶對的 商行爲 及 相對的 商行爲의 二種을 指호는 者니 卽 新商法에 規定한 商取引을 意味한 者오 其他 商行은 商人되는 意義를 確定한 後에셔 從호야 起生호는 者ㅣ라.

▲ 제10호＝商務의 槪念, 權東鎭 述

商務는 商人 又 其 代理人이 經營호는 一切商業上의 作用을 云홈이라 今 此 意義를 敷衍호야 明確한 槪念을 與호나니

一. 商務는 營利的 作用이라. 商務에는 本來 經濟的 活動도 有호며 非經濟的 活動도 有호나 何者이던지 利益收得의 觀念을 包有한 者인 故로 貨物의 賣買에도 有호며 又 賣買의 誘導에도 有호야 皆 此 看念을 存치 아니한 者ㅣ 無호니 此 營利的 作用에 秩序를 與호야 基準을附한 者는 人類의 利己心 及 良心이니 利己心은 人으로 호야금 最少의 犧牲으로써 最大의 效果를 收得호랴고 務호는 者로디 特히 商業에 在호이는 其 本然한 性質上 收益을 主호야 利益의 存홈을 隨호야 活動호는 者ㅣ라 然호니 若 道德에 背反호는 時는 利己心을 適當한 範度를 越호야 他人을 害케 호는 故로 良心에 依호야 此를 矯正치 아니치 못호나니 故로 商務에 在호야도 一力으로 利己心에 從호야 活動호고 他力으로 良心에 依호야 支配호야 適當한 範圍內에 秩序와 基準을 附與치 아니치 못홀지오 不然한則 社會는 眞正한 進步를 不得호나니라.

二. 商人 又 其 代理人의 作用이니 商務는 必히 商法上 商人의 所爲에 限치 안이호고 本來 取引으로 生호는 法律上의 責任은 商人에 歸着호되 實際上은 其 使用人 又 代理人의 爲호는 바라 然호나 商取引을 爲호는 境遇에는 悉皆商務라 호나니 假令 支配人은 主人의 商業上에 全權이 有호며 代理商은 其 委託商業에 就호야 權限이 有호나 實際上은 本人과 代理人의 商務는 殆히 分別이 難호 者ㅣ 有호고 其他 支配人 以下 諸人이라도 其 日常 簿記計算의 事務 又 店頭接客의 應待 等이 皆 商業上의 營利的 作用이 되는 故로 此를 商務라 云치 아니치 못홈이라.

三. 商務는 商業上의 作用이라 故로 商品集散에 伴호야 起호는 作用으로 外部에 對호는 作用과 內部의 作用의 二種이 有호고 又 各 作用은 法律的 關係를 生호는 者와 事實的 關係에 不過호는 者의 二種이 有호니 假令 貨物의 賣買는 外部에 對호야 法律的 商務로셔 其 賣買의 誘引과 如홈은 外部에 對호 事實的 商務ㅣ며 簿記計算 等은 內部에 對한 事實的 商務라. 然호나 此等 事務는 皆 商業上 種類가 되나 商業 以外의 事項은 假令 商人이 同一호 貨物을 買入홈에도 自家의 消費를 爲호는 時는 此를 商務라 云홈이 不能호고 又 用人이 同一호 計算 記帳을 爲홈에도 家計를 爲홈에는 此를 商務라 云홈이 不能홈이라.

二. 商務의 種類

商業의 事務는 大部分 外國貿易으로붓허 小部分 店頭의 少賣에 至호기까지 商品集散의 加價(에누리)도 有호며 簿記計算의 爲做도 有호야 大小種類가 不一호 故로 此를 一一 枚擧키 難호나 一定호 標準에 依호야 其 種類를 分別흔즉 凡左와 如홈.

一. 外部的 商務와 內部的 商務

商務를 營業의 本主로 觀察호야 內外의 關係의 依호야 分흔 區別이니 外部的 商務라 홈은 商人 又 其 代理人이 其 營業을 爲호야 第三者의

關係로셔 生흔 商務를 云흠이오 內部的 商務라 흠은 營業上 他人과 關係를 全一기 爲ㅎ야 生흔 商務를 云흠이라. 故로 前者는 外部에 對흔取引의 操縱及誘導와 其他 契約의 締結과 밋 覆行 等의 商略으로셔 商業의 本體됨이오 後者는 以上의 商務를 完全케 ㅎ기 爲ㅎ는 바의 簿記計算과 其他 保存管理 等 諸務의 整理로셔 商業의 副用됨이라.

二. 法律的 商務와 事實的 商務

商務가 法律上의 效果를 生흠과 否흠에 依ㅎ야 分흔 區別이니 法律的 商務라 흠은 法律上의 效果를 生ㅎ는 者로 반다시 他人에 對흔 關係上에서 存立흠이니 卽 外部的 商務의 一로셔 商人 又 法律行爲의 權限이 有흔 商業代理人이 他人에 對ㅎ야 賣買運送과 其他의 商取引ㅎ는境遇를 云흠이오 事實的 商務라 흠은 法律上의 效果를 生치 안이흔 者로 他人에 對흔 關係가 無히 存立흠을 得흠이니 假令 簿記計算 其他內部的 商務 又 他人에 對흔 關係上存立흔 者라도 法律上 效果를 生치못흔 者니 卽 賣買 其他의 商取引을 誘引ㅎ고 又 其 操縱ㅎ는 者ㅣ 是라.

三. 商務의 要件

商務가 存立ㅎ고 又 發達흠에는 스사로 各種의 要件이 必要되나니 商務의 存立要件은 必然的으로셔 不可不此를 具備치 못ㅎ면 商務가 存立ㅎ나 然ㅎ나 發達의 要件은 此를 具備與否 及 其 適當與否는 商務發達의 遲速에 在흠이라. 故로 一國의 商業을 發達코자 흔즉 能히 要件의狀態를 觀察ㅎ야 害가 有흔 者는 除ㅎ고 不足흔 者는 此를 補흠이 可ㅎ니 今에 各種의 要件을 擧흔즉 凡左와 如흠.

第一 自然的 要件
第二 人爲的 要件 (一) 社會的 要件 (二) 政治的 要件 (三) 法律的 要件
(四) 經濟 要件

自然的 要件(交通의 便否와 産物의 多少와 國民의 員數 及 狀況) 社會
的 要件(社會의 組織과 宗教教育과 社交의 制度) 政治的 要件(國家의
組織 强弱 及 政治上의 治亂方策) 法律的 要件(權利思想 及 法制)는 旣
히 此를 前編에 詳述혼 故로 今此를 再言홀 必要가 無ᄒ니 故로 本款에
主ᄒ는 經濟的 要件을 敍述홈이라.

商務는 經濟的 大生産의 一部 交易과 分配에 涉혼 者인즉 普通 經濟
全部에 通ᄒ야 論치 안이치 못홈이라 然ᄒᄂ 商業은 農工業과 異ᄒ야
生産의 自然的 原動力을 借ᄒᄂ 事가 少ᄒ야 主張이 (一) 資本의 消長
(二) 信用의 完缺 (三) 勞務의 整否에 依ᄒ야 盛衰되는 者 l 라 故로 今
此 三者에 就ᄒ야 特殊히 研究코져 홈이라.

第一 商業的 勞務 第二 商業的 資本 第三 商業的 信用
一 商業的 勞務니 商業的 勞務라 홈은 商業에 用ᄒᄂ 心力 及 體力의
秩序的 活動을 總稱홈이니 農工業에 用ᄒᄂ 勞務는 本項에 關ᄒᄂ 비
안이오 商業은 人類의 經濟的 作用이 된즉 資本 又 信用 等의 補助的
要件에 先ᄒ야 其 主本的 要件된 人類의 秩序的 活動을 論홈은 論理의
順序 l 라. 本來心力과 體力의 活動이 된즉 此 兩者의 狀況에 依ᄒ야 勞
務의 效用이 異ᄒ야 商業의 發達影響에 及홈이 重大홈으로 今에 先히
(一) 勞務에 種類를 論ᄒ고 次에 (二) 其 效用에 及ᄒ고 (三) 其 報酬를
論述코자 홈이라. (未完)

▲ 제11호 = 商務의 要件, 權東鎮 述

商務가 存立ᄒ고 又 發達홈에는 스사로 各種의 要件이 必要ᄒ다. 商
務의 存立要件은 必然的으로서 不可不 此를 具備치 아니혼즉 商務의
存立이 無ᄒ나 然ᄒᄂ 發達의 要件은 此를 具備홈과 否홈과 及其適當홈
과 否홈은 商務發達에 遲速이 有홈이라. 故로 一國의 商務를 發達케 ᄒ
고자 혼즉 能히 要件의 狀態를 觀察ᄒ야 有害者는 除ᄒ고 不足者는 補

홈이 可홈.

今에 各種 要件을 擧ᄒᆞᆫ즉 凡 左와 如홈.

一 自然的 要件

二 人爲的 要件

(一) 社會的 要件

(二) 政治的 要件

(三) 法律的 要件

(四) 經濟的 要件

自然的 要件[交通의 便否, 物産의 多少 國人의 員數 及 狀況] 社會的 要件[社會의 組織, 宗敎 敎育 社交의 制度] 政治的 要件[國家의 組織, 强弱 及 政治上의 治亂方策] 法律的 要件[權利思想 及 法制]은 旣爲前編에 詳述ᄒᆞᆫ 故로 今에 言할 必要가 無ᄒᆞ니 本款에 主張은 經濟的 要件을 敍述홈.

商業은 經濟的 大生産의 一部로 富의 交易과 分配에 涉ᄒᆞᄂᆞᆫ 者 則 普通經濟의 全部를 通ᄒᆞ야 論홈이 可ᄒᆞ나 然ᄒᆞᄂᆞ 商業은 農工業과 異ᄒᆞ야 生産의 自然的 原動力을 借홈이 少ᄒᆞ고 其 主張이 資本의 消長 (二) 信用의 完缺 (三) 勞務의 整否에 依ᄒᆞ야 盛衰되ᄂᆞᆫ 者라. 故로 今 此 三者에 就ᄒᆞ야 特殊의 硏究를 爲홈.

一 商業的 勞務

二 商業的 資本

三 商業的 信用

一 商業的 勞務

商業的 勞務라 홈은 商業에 用되ᄂᆞᆫ 心力 及 體力의 秩序的 活動을 總稱ᄒᆞ니 農工業에 用되ᄂᆞᆫ 勞務ᄂᆞᆫ 本項의 關ᄒᆞᆫ 바에 不ᄒᆞ니 商業은 人類의 經濟的 作用이 된즉 資本 又 信用 等의 補助的 要件에 先ᄒᆞ야 其 主本的 要件된 人類의 秩序的 活動을 論홈은 論理의 順序되다. 本來 心力과 體力의 活動됨인즉 此 兩者의 狀況에 依ᄒᆞ야 勞務의 效用이 異ᄒᆞ고 引ᄒᆞ야 商業發達에 影響이 重大ᄒᆞ니 今에 先次 (一) 勞務의 種類를

論ᄒᆞ고 次에 (二) 其 效用에 及ᄒᆞ고 (三) 其 報酬를 論코자 홈.

商業的 勞務의 種類

一 精神的 勞務와 身體的 勞務

商業에 從事ᄒᆞᄂᆞᆫ 者가 心力 又 體力의 何를 重ᄒᆞ게 活動ᄒᆞᄂᆞᆫ 與否를 基因ᄒᆞ야 區別ᄒᆞᄂᆞᆫ 者라. 商業에셔 發業主ᄂᆞᆫ 勿論이고 其 使用人이라도 農工業과 異ᄒᆞ야 其 身體的 勞務의 作用에 依ᄒᆞ야 利益을 得홈이 稀有ᄒᆞ고 精神的 勞務의 作用에 依ᄒᆞᄂᆞᆫ 者 多ᄒᆞ니 故로 通常職工 又 役夫를 使用ᄒᆞᄂᆞᆫ 事가 少ᄒᆞ고 假令 此를 使役ᄒᆞ나 其 目的은 第二段에 在ᄒᆞ야 主張된 商人은 稍爲高尙ᄒᆞᆫ 識能이 有ᄒᆞᆫ 使用人을 雇備ᄒᆞ야 其 精神的 勞務를 盡케 ᄒᆞ야 工業主와 職工 又 農家와 小作人의 關係와 如히 其 身體的 勞務를 要求홈에 不在ᄒᆞ니 其 關係ᄂᆞᆫ 慣習과 實際의 便宜와 法律의 規定에 從ᄒᆞ야 此를 定ᄒᆞ야 其 報酬도 亦 職工의 債務錢과 異ᄒᆞ야 競爭에 依ᄒᆞ야 增減ᄒᆞᄂᆞᆫ 事이 不少홈.

二 自營的 勞務와 雇備的 勞務

自己를 爲ᄒᆞ야 勞務를 ᄒᆞᄂᆞᆫ 것과 他人을 爲ᄒᆞ야 홈에 依ᄒᆞ야 區別홈이니 前者ᄂᆞᆫ 自己商業을 營ᄒᆞᄂᆞᆫ 境遇에 用ᄒᆞᄂᆞᆫ 勞務니 所謂 商人의 勞務가 되고 後者ᄂᆞᆫ 商人에 雇備되야 主人을 爲ᄒᆞ야 勞務를 ᄒᆞᄂᆞᆫ 境遇를 指定ᄒᆞ야 商業 使用人의 勞務됨이라. 商法은 此 使用人을 分支配人番頭 及其他使用人이라. 支配人은 主人을 代ᄒᆞ야 其 營業에 關ᄒᆞᆫ 一切 事項 裁判과 又 裁判 外의 行爲를 實行ᄒᆞᄂᆞᆫ 權限이 有ᄒᆞᆫ 者로 總務의 代理權을 與홈이 番頭助手ᄂᆞᆫ 其 營業에 關ᄒᆞᆫ 若干 種類 又 特定ᄒᆞᆫ 事項을 委任ᄒᆞᄂᆞᆫ 者로 其 委任을 受ᄒᆞᆫ 事項에 關ᄒᆞ야ᄂᆞᆫ 一切 行爲를 實施ᄒᆞᄂᆞᆫ 權限에 有케 ᄒᆞ야 部理代理의 權限을 與ᄒᆞ고 使喚 及 其他 使用人은 主人을 代ᄒᆞ야 法律行爲를 行ᄒᆞᄂᆞᆫ 權限이 無ᄒᆞᆫ 者로 推定홈이라.

二 商業的 勞務의 效用

商業上의 關係는 勞務의 效用이 異흔 事情을 列擧ᄒ야 其 說明을 與흠.

(一) 勞務의 種類 商業에는 他의 生産事業과 異ᄒ야 勞役을 主張ᄒ야 用ᄒ는 者 아니고 商略 或 計算 簿記 等의 精神的 勞務에 依ᄒ야 營業ᄒ는 者 卽 其 精神的과 身體的에 依ᄒ야 效用이 異흠이 明白ᄒ다.

(二) 商業者의 體力 商業에 從事ᄒ는 者의 體力 又 健康如何에 依ᄒ야 效用이 異ᄒ니 體力健康은 (一)에는 祖先의 遺傳과 生計의 狀況에 依ᄒ고 (二)에는 業務의 種類方法에 依ᄒ야 差等이 有ᄒ다.

(三) 商業者의 能力 商人이 相當흔 智識藝能이 具備흠과 否흠에 依ᄒ야 異ᄒ며 又 其 業務에 熟練흠과 否흠에 依ᄒ야 不同ᄒ니 知能과 熟練은 遺傳과 性質에 依ᄒ나 敎育을 施ᄒ야 其 改善의 道를 講흠이 可ᄒ다.

(四) 商業者의 勤怠勤勉흠과 怠隋흠은 其 效果上에 大差가 有흔 事는 言을 俟치 아코 自明ᄒ니 此는 (一) 國民의 性質에 依ᄒ고 (二) 社會의 狀態에 依ᄒ니 社會가 勤勉을 獎勵ᄒ야 其 成蹟을 保護ᄒ는 時는 可ᄒ나 不然흔즉 國民이 懶惰ᄒ고 商業이 衰亡ᄒ다.

(五) 商業者의 位地 營業主 或 支配人 等이 營業의 全權이 有흔 者는 勞役을 要흠보다 精神的 勞務를 要흠이 多ᄒ고 使喚役夫에 至ᄒ야는 體力을 要흠이 多ᄒ니 從ᄒ야 商人의 位地에 依ᄒ야 勞務의 效用이 異ᄒ다.

(六) 商業의 種類 商業에 依ᄒ야는 全히 精神的 勞務를 用ᄒ는 勞役을 要흠은 少흔 者오 此와 反ᄒ야 勞役을 要흠이 多흔 者ㅣ 有ᄒ니 販賣業 銀行業과 如흠은 前者에 屬ᄒ고 鐵道業 汽船業과 如흠은 後者에 屬ᄒ다.

(七) 營業의 組織 勞務의 效益을 增加흠에는 分業의 制度가 能히 整頓ᄒ야 合同의 組織이 全ᄒ니 故로 近世 社會組合 等의 合同體에 依ᄒ야 商業을 營ᄒ는 者 增加흠에 至ᄒ다.

▲ 제12호=商業의 要務(續), 權東鎭 述

三 商業的 勞務의 報酬

商業的 勞務의 報酬는 左의 二點에 分ᄒ야 論홈이 可ᄒ다.

(一) 自營的 勞務의 報酬利潤

(二) 雇傭的 勞務의 報酬給料

一 自營的 勞務의 報酬 商人은 自己의 資本을 擁ᄒ고 又 他人으로 資本을 借入ᄒ야 自己의 損益計算에 商業을 營ᄒ야 使人을 指揮監督ᄒ야써 商業上의 高下(에누리)를 爲홈에 在ᄒ니 自己의 資本을 擁ᄒ야 商業ᄒᄂ 境遇에ᄂ 資本主된 同時에 營業主됨으로 其 得ᄒ 바 收益은 (一) 資本의 利子 (二) 營業의 利潤 (三) 給料를 包含ᄒ 者라. 若 又 他人의 資本을 借入ᄒ야 商業ᄒᄂ 者ᄂ 單히 營業主된 者로 其 收益홈이 可ᄒ 바ᄂ (一) 營業利潤 (二) 給料로 自營的 勞務의 報酬ㅣ라.

(一) 營業資本의 利子資本이 營業主의 物되ᄂ 時ᄂ 其 所得에 歸홈.

(二) 勞務에 對ᄒ 給料 小商人 其他의 營業主가 勞務를 自執ᄒᄂ 時ᄂ 其 報酬로 一定의 利得을 收홈이 可홈.

(三) 營業에 對ᄒ 利潤營業主는 各種 營業上의 計劃을 爲ᄒ야 其他 使用을 指揮監督ᄒ고 或 營業上 諸般의 危險을 踏ᄒᄂ 故로 此에 對ᄒ 報酬를 收홈이 可홈.

自營的 勞務의 報酬가 增減홈은 第一은 營業所得의 增減에 關ᄒ고 第二ᄂ 營業의 狀況에 依ᄒ야 異ᄒ다.

第一 營業所得의 增減홈은 社會經濟에 在ᄒ 需要供給의 關係에 依ᄒ야 定ᄒ 者로 一方에 勞務者의 人口割分에 多數가 營業에 從事ᄒᄂ 者ㅣ 不少ᄒ 境遇와 他方에 資本의 融通敏活로 投下를 求ᄒᄂ 者ㅣ 多ᄒ 境遇에셔ᄂ 營業所得도 亦 大홈을 得ᄒ며 從ᄒ야 營業的 勤勞에 對ᄒ 報酬 卽 利潤도 亦 多ᄒ니 今 營業所得의 增加홈이 可ᄒ 源由를 摘記ᄒ 즉 凡 左와 如ᄒ다.

(一) 勞務活潑로 效果 著大홈 事

(二) 資本의 利用이 大ᄒ고 且 容易홈 事

(三) 集散에 適當홈 物品을 賣買ᄒ고 又 廣大히 社會에 需用홈이 可홈 商業을 營ᄒᄂ 事

(四) 社會의 需用은 廣大ᄒ고 且 迅速確實홈 事

(五) 價格 又 對價의 高騰홈 事

(六) 金利가 低落홈 事

(七) 行事의 割合에 比較ᄒ야 給料가 低홈 事

(八) 營業主가 스사로 多額의 資本을 擁홈 事

故로 專賣權이 有ᄒ고 或 其他의 特權이 有홈 商業所得이 多ᄒ야 其 割合에 給料가 少홈 者 된즉 利子 或 利潤으로 殘홈 者 l 愈多타 云ᄒ다.

第二 營業의 狀況에 依ᄒ야 利潤의 異홈은 無論이니 (一) 其 營業의 大少에 關홈이니 何則고. 大商業되ᄂ 時ᄂ 多額의 資本을 要ᄒᄂ 故로 此에 對ᄒ야 支拂홈이 可홈 利子도 亦 多ᄒ나 然ᄒ나 資本의 利用이 廣大홈으로 營業上의 效益을 增ᄒᄂ 事가 大홈 바라. (二) 使用人을 指揮監督의 難易에 關홈이니 何則고. 大商業인즉 組織이 複雜홈으로 多數 使用人을 使役아니치 못ᄒ고 此에 對ᄒ야 支拂給料도 亦 多額이 되나 勞務의 組織이 適當홈즉 其 管理도 容易ᄒ고 其 效用도 多大홈 바라. (三) 商略難易의 關係니 商略上의 高下ᄂ 本來 營業主의 才能如何에 依ᄒᄂ 者나 然ᄒ나 當時 事情에 依ᄒ야 異홈이 多ᄒ니 即 商業上에 損益되ᄂ 바ᄂ 商人의 伎倆과 實力과 機會에 歸着ᄒᄂ 者와 商業社會에 在ᄒ야 其 利潤의 歸ᄒᄂ 비 何人에 在홈가 會社의 業務를 執行ᄒ야 營業上의 高下를 ᄒᄂ 者ᄂ 取締役 或 支配人이라. 然ᄒ나 此等의 人은 株式에 依ᄒ야 組成된 會社一法人(商人)의 代理人으로 一定의 報酬를 受ᄒᄂ 勞務者되다. 然ᄒ나 一面에 會社ᄂ 無形된즉 取締役 支配人은 其 營業主되ᄂ 資格을 兼倂ᄒᄂ 者라. 株主ᄂ 一資本主되ᄂ 資格이 有ᄒ나

一方에셔 其 營業을 監視ᄒ고 又 取締役을 任免ᄒᄂ 權이 有ᄒ 者 즉 直接에 營業上의 利害關係가 有ᄒ니 從ᄒ야 會社營業의 利潤은 果然 何人에 歸ᄒᆷ이 可홀가. 又 會社營業의 所得은 利子와 給料에 分割ᄒᆷ이 可ᄒ 者로 利潤될 者라 云ᄒᆷ을 至當ᄒ다 홀가 實로 問題되다.

然ᄒ나 假令 會社와 一個人됨을 勿問ᄒ고 苟爲營業ᄒᄂ 以上은 其 所得은 利子와 給料와 利潤에 三分 아니치 못 ᄒ나니 但 此를 受ᄒᄂ 者는 반다시 別人됨을 不要ᄒ다. 取締役은 株主總會에셔 株主 中으로 選任되ᄂ 者로 支配人 以下의 勞務者를 管理ᄒ다 悉皆 株主의 委托에 應ᄒ야 爲ᄒᄂ 者라. 故로 取締役의 適任者 與否ᄂ 株主의 選任이 得當 與否에 在ᄒ고 且 株主業務의 執行을 監視ᄒᄂ 者 즉 營業의 結果는 株主에 負擔에 在ᄒ나 從ᄒ야 株主가 受ᄒᄂ 配當은 利子와 利潤을 包含ᄒ 者라. 取締役이 受ᄒᄂ 者ᄂ 株主라 ᄒ야 配當外 其 勤勞에 對ᄒ 報酬니 차라리 自營的 勤勞의 報酬가 아니고 雇傭的 勤勞의 報酬 卽 給料라 其 配當 及 給料를 倂受ᄒᆷ은 卽 一面에 雇傭的 勞務를 ᄒᆷ과 同時에 他의 一面에 自營的 勤勞를 ᄒᄂ 結果라.

(三) 無形物을 與ᄒ고 有形物을 受ᄒᄂ 境遇

(四) 無形物을 與ᄒ고 無形物을 受ᄒᄂ 境遇

第一은 商品을 現金으로 賣買ᄒᄂ 境遇인ᄃ 賣ᄒᄂ 時ᄂ 次와 如ᄒᆷ (但 代金은 百圓으로 假定ᄒᆷ)

(受入ᄒ 者) (給與ᄒ 者)

(借) 現金 100圓 (貸) 商品 100圓

買ᄒᄂ 時

(借) 商品 100 (貸) 現金 100

第二 外上으로 商品을 賣ᄒᄂ 境遇인ᄃ 其 貸借ᄂ 如左ᄒᆷ.

(受入ᄒ 者) (給與ᄒ 者)

(借) 權利 100圓 (貸) 商品 100圓

[註] 此權利ᄂᆞᆫ 買手의게 代金을 受ᄒᆞᆯ 能力을 意味ᄒᆞᄂᆞᆫ 者인 故로 畢竟 買手의 借를 表ᄒᆞᆷ인즉 實際로 記錄ᄒᆞᆯ 時ᄂᆞᆫ 權利를 對手의 人名으로 代表ᄒᆞᄂᆞ니 今에 買手를 金某로 假定ᄒᆞᆯ진ᄃᆡ 卽 如左ᄒᆞ니

(借) 金某100圓 (貸) 商品 100

第三은 商品을 外上으로 買ᄒᆞᄂᆞᆫ 境遇인ᄃᆡ 其 借受의 關係ᄂᆞᆫ 如左ᄒᆞᆷ (但 賣手를 尹某로 假定ᄒᆞᆷ)

(受入ᄒᆞᆫ 者) (給與ᄒᆞᆫ 者)

(借) 商品 100 (貸) 義務 100圓

[註] 此義務ᄂᆞᆫ 賣手의게 後日 代金을 支撥ᄒᆞᆯ 責任인즉 畢竟 尹某의 貸를 意味ᄒᆞᆫ 者인 故로 權利의 境遇와 갓티 人名으로써 代表ᄒᆞᆯ진ᄃᆡ

(借) 商品 100圓 (貸) 尹某 100圓

第四ᄂᆞᆫ 第二例에 示ᄒᆞᆫ바 金某에 對ᄒᆞᆫ 百圓의 外上條가 金某의 破産ᄒᆞᆫ 結果로 一厘도 推捧ᄒᆞ기 不能ᄒᆞᆫ 境遇인ᄃᆡ 其 貸借의 關係ᄂᆞᆫ 如左ᄒᆞᆷ.

(受入ᄒᆞᆫ 者) (給與ᄒᆞᆫ 者)

(借) 損失 100 (貸) 權利 100圓

[註] 此境遇ᄂᆞᆫ 前에 受置ᄒᆞᆫ 바 代金 領受ᄒᆞᆯ 權利가 消滅됨으로써 此를 渡與ᄒᆞ고 損失이란 者를 代受ᄒᆞᆫ 배 되나니 故로 權利ᄂᆞᆫ 第二例와 갓티 人名으로써 代表ᄒᆞᆯ진ᄃᆡ 結局이 如左ᄒᆞᆷ.

(借) 損失 100 (貸) 金某 100圓

然이나 右揭ᄒᆞᆫ 바 四種 交換의 關係가 更히 複雜으로 交互錯綜ᄒᆞ야 無限ᄒᆞᆫ 去來를 構成ᄒᆞᄂᆞᆫ 境遇가 有ᄒᆞ니 例如 五千圓의 家屋과 三千圓의 商品에 六千圓의 保險을 附ᄒᆞ얏ᄂᆞᆫᄃᆡ 其後에 火災로 因ᄒᆞ야 全部를 燒失ᄒᆞ고 保險會社에셔 六千圓의 賠償金을 領受ᄒᆞ얏다 ᄒᆞᆯ진ᄃᆡ 其 貸借의 關係ᄂᆞᆫ 有形의 現金과 無形의 損失을 受ᄒᆞ고 有形의 家屋과 有形의 商

品을 與혼 바 去來라. 卽

(借) 現金 600圓 損失 200圓 (貸) 家屋 500圓 商品 300圓

如斯하게 與受物件의 種類와 其 方法의 變化로 從하야 無限혼 貸借關係를 生하야도 要컨되 交換의 理由를 基礎삼아 與受하는 物件을 分類홀지되 其 貸借를 容易히 區別하고 또 其 金額을 恒常 平均케 홈을 得홀지라. 故로 如斯혼 貸借는 진실노 複式簿記의 基礎인즉 簿記學에 志혼者는 此章을 熟讀하야 要領을 會得하기를 希望하노라. (未完)

▲ 제5호

第五章 貸借分列

每 去來의 起홀 時에 其 交換혼바 物件에 就하야 借方에 屬홀 者와 貸方에 屬홀 者를 分類配列하는 者를 貸借分列이라 稱하나니 此를 表示홈에는 前交換章에서 例示홈과 갓티 借方을 左便에 記하고 貸方을 右便에 記홈이라 如斯히 與受혼바 物件은 恒常 同價됨으로써 幾多혼 分列을 重疊하야도 其 結果는 또혼 恒常 貸借가 平均되는 法이나 此 貸借를 類別하는 分列과 價格의 平均됨은 卽 複式簿記의 基礎요 또혼 最要혼 事項이라 謂홀지라.

貸借分列하는 法則

貸借의 原理에 基하야 決定되는 分列의 法則을 記하건되 左와 如하니
(一) 凡 當方에 受入혼 物과 當方에 對하야 義務를 負혼 者를 借方에 記하고
(二) 凡 對方에 給與혼 物과 當方에 對하야 權利를 有혼 者를 貸方에 記홈.

304

以上 兩法則의 應用에 慣熟홀진딕 如何흔 去來에도 容易히 貸借를 分列호야 得홀지나 去來의 種類는 千差萬別호고 坯 其 關係도 無限히 複雜 혼 者인즉 初學者가 往往히 其 應用에 困難홈이 有홀터인 故로 更히 此를 詳分호야 參考에 供호노니.

一. 凡 營業主에 對호야 受혼 人과 物은 借方에

二. 凡 營業主에 對호야 與혼 人과 物은 貸方에

三. 凡 買入혼 有價物은 借方에

四. 凡 賣却혼 有價物은 貸方에

五. 凡 領受혼 現金은 借方에

六. 凡 支撥혼 現金은 貸方에

七. 凡 領受혼 他人의 發給魚驗은 借方에

八. 凡 自己의 發給한 約束魚驗이나 或은 擔當한 遞換魚驗은 貸方에

九. 凡 支撥을 畢혼 自己의 發給혼 約束魚驗이나 或은 支撥혼 擔當 遞換 魚驗은 借方에

十. 凡 領受혼 他人의 魚驗은 貸方에

十一. 凡 損失에 屬혼 者는 借方에

十二. 凡 利益에 屬혼 者는 貸方에

十三. 凡 營業開始홀 時에 營業主에 對호야 支撥홀 義務를 負호고 坯는 營業中 引出혼 資本主는 借方에

十四. 凡 營業開始혼 時에 本入호고 坯는 營業中 營業主에 對호야 貸與 혼 資本主는 貸方에 記홈.

貸借分列의 例式

(一) 廣興泰의게 商品을 購入호고 代金 百五十圓을 現金으로 支撥홈.
　此 去末는 商品을 受호고 現金을 與한 故로 其 分列法은 如左홈.
　(借方) 商品 150- (貸方) 現金 150-

(二) 金某商店에 家屋 一座를 放賣호고 代金 五千圓을 現金으로 領受홈.

此 去來는 受흔 者는 現金이오 與흔 者는 家尾인 故로 其 分列法은 如左흠.

(借方) 現金 5000- (貸方) 家屋 5000-

(三) 立廛에서 代金 三百圓의 商品을 外上으로 購入흠.

此 去來는 受흔 者는 商品이오 立廛은 當店에 代金을 貸흔 者인 故로 如左히 分列흠.

(借方) 商品 300- (貸方) 立廛 300-

(四) 客洞商廛에 代金 二百圓의 商品을 外上으로 賣却흠

此 去來는 上品을 與흐고 安洞商廛은 當店에 對흐야 代金을 借흔 者인 故로 如左히 分列흠.

(借方) 安洞商廛 200- (貸方) 商品 200-

(五) 華商德興處의게 商品을 購入흐고 代金 一千圓內에 半額은 現金支撥이오 半額은 某日撥의 約束魚驗으로 給與흠.

此 去水는 商品을 受흐고 現金 五百圓과 魚驗 五百圓을 與흔 者인 故로 其 分列法은 如左흠.

(借方) 商品1000- (貸方) 500- 魚驗 500-

(六) 金永福의게 公債證書 八百圓을 賣却흐고 代金內에 五百圓은 現金領受요 三百圓에 對흐야는 某日撥의 魚驗으로 受入흠.

此 去來는 公債證書를 與흐고 現金과 魚驗을 受흔 者인 故로 共分列法이 學左흠.

(借方) 現金500- 魚驗 300- (貸方) 公債證書 800-

(七) 立廛에 外上借金 三百圓을 現金으로 報給흠.

此 去來는 與흔 者는 現金이오 立廛을 借方에 記흐야 前애 貸方에 記흔 者와 相對흐야 貸借를 消滅케 흠. (三例參照)

(借方) 立廛 300- (貸方) 現金 300-

(八) 安洞商廛의게 外上貸金 二百圓을 領受흠.

受흔 者는 現金이오 安洞商廛은 前에 記흔 借方消滅흐기 爲흐야 貸方에 記흠. (四例參照)

306

(借方) 現金 200-(貸方) 安洞商廛 200-

(九) 德興號의게 渡ᄒᆞᆫ바 魚驗의 支撥期日을 當ᄒᆞ야 現金 五百圓을 支撥홈.

前에 與ᄒᆞᆫ 魚驗을 推還ᄒᆞ고 現金을 支撥ᄒᆞᄂᆞᆫ 故로 如左히 分列홈. (五 例參照)

(借方) 魚驗 500-(貸方) 現金 500-

(十) 金永幅의게 受置ᄒᆞᆫ 魚驗의 支撥期日을 當ᄒᆞ얏슴으로써 同人의게 現金 三百圓을 推尋홈.

現金을 領受ᄒᆞ고 前에 受置ᄒᆞᆫ 魚驗은 同人의게 還給홈.

(借方) 現金 300-(貸方) 魚驗 300-

(十一) 營業開始ᄒᆞ기 爲ᄒᆞ야 銀行任金 五千圓을 資本金으로 推入홈.

受ᄒᆞᆫ 者ᄂᆞᆫ 銀行任金이오 資本主ᄂᆞᆫ 營業主에 對ᄒᆞ야 貸ᄒᆞᆫ 者인 故로 (資本主와 營業主난 同人된 境遇에도 別人과 갓티 金別ᄒᆞ야 記錄홈이 라.) 其 分列이 如左

(借方) 任金 5000-(貸方) 資本主 5000-

(十二) 火災로 因ᄒᆞ야 倉庫 一座를 燒失ᄒᆞ얏ᄂᆞᆫ디 凡 損害額은 三千圓이라.

受ᄒᆞᆫ 者ᄂᆞᆫ 損失이오 與ᄒᆞᆫ 者ᄂᆞᆫ 倉庫라 故로 其 分列法은 學左홈.

(借方) 損去 3000-(貸方) 倉庫 3000-

(十三) 龍山 林某와 白米 百石을 一石 十圓式으로 購入ᄒᆞ기로 約定홈.

此ᄂᆞᆫ 다믓 約束쑨으로셔 즉 財産에 增減變化ᄂᆞᆫ 無홈으로써 去來가 아니라 故로 貸借分列ᄒᆞ기 不能ᄒᆞ나 但 此 約束을 實行ᄒᆞᄂᆞᆫ 境遇에ᄂᆞᆫ 去來됨으로써 分列홈이 可함.

◎ 商業 槪要,

　金尙沃 譯, 〈대한흥학보〉 제10호, 1910.02. (상업학)

▲ 제10호

　大凡個人과 個人間에 有無를 交換ᄒᆞ고 部落과 部落間에 缺乏을 相通ᄒᆞ야 生活을 支保홈은 野昧ᄒᆞᆫ 時에 尙然이온 況今六大洲의 交通機關이 連絡ᄒᆞ고 貿易의 區域이 擴張ᄒᆞ야 個人與個人與과 國家與國家의 競爭이 商業으로 中心點을 作ᄒᆞ얏시니 噫라 我帝國現狀을 回顧ᄒᆞ니 企業은 渙散의 境에 陷ᄒᆞ고 經濟ᄂᆞᆫ 恐惶의 態를 呈ᄒᆞ야 一般人民의 休戚이 一年 農業豊凶에 全在ᄒᆞ니 엇지 慨嗟홀 處이 안니리오. 玆로 以ᄒᆞ야 學窓餘隙에 商業에 關ᄒᆞᆫ 槪意를 譯載ᄒᆞ야 愛讀僉氏의 一覽을 供코져 ᄒᆞ노라.

商事及商業의 意義

　凡 商事라 홈은 商品을 轉賣ᄒᆞ야 利益을 得ᄒᆞ기로 目的ᄒᆞ고 商品을 取得ᄒᆞ야 需要者의게 分配ᄒᆞᆫ 行爲와 又ᄂᆞᆫ 此 行爲을 媒介ᄒᆞ며 或은 幇助ᄒᆞᆫ 行爲을 通稱홈이요 商業이라 홈은 商事을 連續ᄒᆞ야 經營ᄒᆞᆫ 業務을 云홈이니 卽 營利홀 目的으로 生産者와 消費者의 間이 介在ᄒᆞ야 商品을 轉換ᄒᆞ며 又ᄂᆞᆫ 其 轉換을 媒介幇助ᄒᆞ야 需用供給의 調和을 圖ᄒᆞᄂᆞᆫ 事業이라 其 營利을 目的홈은 個人의 利益을 標準ᄒᆞᄂᆞᆫ 듯ᄒᆞ나 生産者와 消費者의 間이 介在ᄒᆞ야 需用供給의 調和에 從事홈은 社會의 利益을 爲홈이라 云홀지라.

商業의 要素

　商業을 行홈이난 主體되ᄂᆞᆫ 營業者와 客體되ᄂᆞᆫ 目的物이 無치 못홀지니 前者을 商人이라 云ᄒᆞ고 後者을 商品이라 稱ᄒᆞ나니 元來 商業은 交

換의 發達된 現象이라. 商人이 無ㅎ면 비록 交換의 目的物이 存在흘지라도 能히 交換을 活行흘 슈 업스며 또 商品이 無ㅎ면 商業이 發生되지 못흘지니 此 二者는 恒常 互相存在ㅎ여야 商業을 構成흘지라. 是以로 此 二者는 商業의 要素됨이라.

商業의 種別

商業之初起也에는 貨物賣買로 目的흔 以外에 運輸와 仲介 等의 業務를 兼營ㅎ여스나 漸次 人口가 增加ㅎ고 生産의 方法과 信用의 機關이 發達되야 貨物과 有價證券의 種類가 增加ㅎ며 數量이 夥多홈에 至ㅎ고 此와 同時에 他方面으로 衆人의 需要品이 增進ㅎ야 需用供給의 調和가 困難홈으로 於是에 各方面의 職業으로 分派됨이라. 故로 昔日의 商人은 貨物의 賣買以外에 運送業과 保管業과 委託賣買를 兼行흔 者 許多ㅎ여스나 近來에는 此等 諸業이 各人의게 分屹되여시니 卽 貨物을 賣買ㅎ는 固有商業으로부터 此 貨物賣買를 媒介ㅎ야 商事의 敏捷을 圖ㅎ며 又는 此을 幇取하야 便利을 供하난 業務 等에 分ㅎ여시니 卽 一을 <u>貨物賣買業</u>이라 ㅎ며 二을 <u>仲介商業</u>이라 ㅎ며 三을 <u>幇助商業</u>이라 홈이라.

一. 貨物賣買商業

貨物賣買商業은 自己의 計算으로 商品을 轉賣ㅎ야 利益을 得ㅎ기로 目的ㅎ는 營業이니 全商業의 中心이라 指稱흘 만흔 者라. 其 買入ㅎ는 物件은 營業範圍內에 屬흔 貨物과 證券이니 自己가 使用ㅎ며 自己가 消費흘 目的을 有치 아니ㅎ고 轉賣흘 意思로써 買入흔 物件일지니 轉賣 後에 生ㅎ난 損益은 自擔홈이라.

二. 仲介商業

仲介商業은 生産者와 商人의 間, 商人과 商人의 間, 又는 商人과 消費者의 間에 中立ㅎ야 商事의 媒介와 代理을 ㅎ야 勞務에 對ᄒ 報酬을 得ㅎ기로 目的ㅎ는 營業이니 其 主要되는 者 如左ㅎ니라.

(甲) <u>代理營業</u> 代理營業은 代理商人의 經營ㅎ는 바니 自己의 營業所을 有ㅎ고 一定ᄒ 他商人을 爲ㅎ야 平常 其 營業의 部類에 屬ᄒ 商業에 關ㅎ야 商事을 代理 又는 媒介ㅎ야 營業홈을 云홈이니 例컨ᄃ 何保險代理店, 何汽船會社, 代理店, 特約販賣店, 又는 一手販賣店 等이 是也라.

(乙) <u>問屋營業</u> 問屋은 俗에 仲買라도 云ㅎ나니 其 業務는 他人의 計算으로써 ㅎ되 自己의 名을 用ㅎ야 受托貨物을 或 販賣ㅎ며 或 買入ㅎ야주고 報酬料을 得ㅎ기로 目的ㅎ는 營業이니 所謂 手數料商人의 所營者也라.

(丙) <u>運送取扱營業</u> 物品運送을 周旋處理ㅎ고 手數料을 得ㅎ기로 目的ㅎ는 營業이라 運送取扱營業은 運送業을 兼홈도 得ㅎ나니 日本內國通運株式會社가 是也라.

三. 幇助商業

商工業者을 爲ㅎ야 運送保管金融의 便利을 圖ㅎ야 商事을 安易敏活케 ㅎ는 業務을 云홈이니 其 種類가 許多ㅎ나 主要者을 擧ㅎ면 如左홈이라.

(甲) <u>金融業</u> 資金의 融通을 便利케 ㅎ는 業務中에 金貸業(변노이)과 兩替商(貨弊交換商)과 手形(어음) 中立人 等이 有ㅎ나 個中重要ᄒ 者는 銀行業이라 흘지니 銀行은 資金裕餘ᄒ 者의 預金(貯金類)을 任ㅎ야 需

要者의게 融通ᄒ고 其他 送金(換送錢) 取立(債給) 等에 便宜을 圖ᄒ고 其 收益은 貸借融通上에 生ᄒ 利息의 差額과 其他 手數料로싸흠이라.

(乙) 運送業 運賃을 得ᄒ기로 目的ᄒ고 旅客及貨物의 運搬에 從事ᄒᄂ 業務을 運送業이라 ᄒᄂ니 小者ᄂ 人力과 牛馬力의 荷車營業으로부터 大者ᄂ 烝氣力과 電車力을 使用ᄒᄂ 鐵道及海運業이 有ᄒ고 河川湖沿 港灣等에셔 運送營業ᄒᄂ 者을 回漕業이라 稱ᄒ나니라.

(丙) 保險業 保險業은 偶然ᄒ 事件으로 財産上에 損害가 發生ᄒ 거슬 塡補ᄒ기로 目的ᄒᄂ 業務을 云흠이니 何人을 勿論ᄒ고 危險을 擔負ᄒ면 其 報償으로 保險料을 收得ᄒᄂ니 其 種類雖多ᄂ 今日東洋各地에 實行된 者ᄂ 陸上運送深險과 信用保險과 海上保險과 火災保險 等이요 其他에 人의 生死에 關ᄒ야 保險ᄒᄂ 者을 生命保險이라 함이라.

(丁) 倉庫業은 倉庫業은 他人을 爲하야 物品을 貯藏할 만한 倉庫을 建設 하고 物品所有者의 依托을 從하야 物品을 保管하며 ᄯ 其 物品의 轉換 에 便利을 供하고 依托者의게 保管料을 捧得하기로 目的하ᄂ 業務을 云함이라.

商業自由의 制限

商業의 自由ᄂ 現世의 普認하ᄂ 바나 社會의 公益으로 말믜야 營業 을 開始함이 當하야 免許을 得할 必要가 有할 뿐 아니라 營業을 拘束하 ᄂ 事도 不無하니 假令 風俗을 壞亂하난 文字와 圖畵을 印刷하면 政府 로부터 其 發行을 停止케 하며 火藥鐵砲等의 販賣와 度量衡製造販賣等 에난 免許가 無하면 不得케 흠이라. ᄯ 日本이 自國領地內에 臺灣以外 에난 阿片의 販賣을 嚴禁하며 其他 石油商과 質店과 古物商店에난 特別 히 調査하난 規則을 製定하야 制限을 加함이 有하니 此난 社會公益을

爲함이러라.

商人의 意義

商人이라 함은 平常營業을 商事로써 하는 商業經營의 責任者을 云함이니 卽 營業上에 對한 損害利益及危險을 直接으로 擔負하는 者라. 故로 支配人과 會社의 取締役과 如한 補助者는 營業上에 直接으로 損益을 擔負하는 責任이 無함으로 商人이라 謂함을 不得함이라.

商業의 組織

商事經營의 組織은 資本의 多寡에 從하야 其 規模의 大小가 有한지라. 凡個人의 營業은 家族이 合力하야 行하는 者 多하나 元來個人의 技能과 信用과 資本은 自有其限하야 大規模로 擴張하기 難함으로 特別한 技能과 多大한 資本을 結合함 必要가 有하고 況且今日과 如한 競爭의 激烈한 時代에는 何事業을 勿論하고 大資本의 組織이 아니면 優勢을 占得하기 難할지라. 故로 商事經營에도 (一) 個人經營 (二) 會社 (三) 組合 等의 組織이 皆是 巨額의 資本을 要하며 個中帮助商業과 如히 固定資本과 流通資本을 非常히 多要하는 者는 會社組織이 아니면 到底히 實行하기 不能할지라.

個人營業

個人營業은 家族의 力을 依藉하야 經營하는 者 多하나 其他이 使用人을 雇聘하야 經營할지라도 營業의 結果가 自己의게 歸着함으로 店鋪의 整理와 商品의 買入及配列과 顧客의 應接 等으로부터 收入支出及貸借關係에 精通할 뿐더러 商品集散의 多寡와 及物價의 變動을 敏察치 아니치 못할지라. 故로 注意周到하고 忍耐勤勉하야 指導하며 實行하는 惱力

과 體力이 具備흠을 要할지라.

官吏와 官吏의 家族 等은 特別한 法規로써 制限을 受하고 其 外에 個人은 自由로 商業을 經營할지라도 法律上에 無能者에는 特別이 制限을 加하나니 無能者는 一, 未成年者 二, 妻 三, 禁治者産 四, 準禁治産者 等也라.

(一) <u>未成年者</u>는 成年에 達치 못한 者을 指稱흠이니 所謂 成年은 各國이 人種과 氣候을 從하야 不同히 制定하니라. 未成年者가 商人이 되야 商業을 經營코져 하면 親權을 行하는 父던지 母의 許可가 無ᄒ면 不能하고 父母가 無하면 後見人의 同意을 經由치 아니치 못할지라. 父母 或은 後見人이 許可홀 時에 親族會의 同意도 經由하고 其 事由을 區裁判所登記簿에 登記흠을 要하나니라.

(二) <u>妻</u> 無夫女 卽 寡婦는 有能力者가 되나 有夫女 卽 妻는 夫의 許可을 受하고 登記흔 以上이 아니면 商業을 經營치 못하나니 此는 夫權을 尊重히 하야 家族制度을 保護하기 爲하야 妻의게 制限을 加흠이라.

(三) <u>禁治産者</u>는 心神喪失로 認定되야 裁判所의 宣告을 受한 者니 自己는 商事經營을 得지 못하나 其 後見人된 者는 親族의 同意을 得하야 代理營業흠을 得하나니라.

(四) <u>準禁治産者</u> 心神耗弱者, 聾者, 啞者, 盲者及浪費者는 其 親族이 裁判所에 申請하야 準禁治産者의 宣告을 受하나니 此 宣告을 受한 者는 如何事件을 勿論하고 法律的 行爲을 흠에는 保佐人의 同意을 要하는 故로 商業을 經營흠에도 保佐人의 許可을 受치 아니치 못하나니라.

要컨듸 未成年者와 妻라도 非常한 信用이 有한 商店에셔는 營業을

開始繼續흠을 得흘 듯하나 元來 無能力者의 行爲는 後日에 消除되며 或은 無效되는 境遇가 有하야 他人의 損害되는 者 有흠으로 公衆一般의 利益을 爲하야 右와 如한 制限을 加하고 또 其 事實을 登記케 ᄒᆞᄂᆞᆫ 規定을 設置흠이라. (未完)

▲ 제12호

會社

二人 以上이 共同ᄒᆞ야 商事經營을 組織함에 二種이 有ᄒᆞ니 會社及 組合이 是也라. 會社는 多數人의 集合體가 法律에 依ᄒᆞ야 恰然히 一個人과 如히 權利와 義務를 行ᄒᆞᄂᆞᆫ 資格을 得ᄒᆞᄂᆞᆫ 團體(法律上에 此을 法人이라 ᄒᆞ고 普通人을 自然人이라 흠)로서 商事을 經營ᄒᆞᄂᆞᆫ 私法人을 云흠이라 會社을 結合홀 時에 專然히 信用을 基礎로 ᄒᆞᄂᆞᆫ 者을 合名會社 及 合資會社라고 資本을 基礎로ᄒᆞ야 組織된 者를 株式會社 及 株式合資會社라 稱ᄒᆞ나니라.

一. 合名會社 合名會社는 結社 營業中에 가장 間單ᄒᆞ고 가장 信用잇는 組織이라. 摠社員은 社會上 公衆 一般에 對ᄒᆞ야 連帶無限의 責任을 負ᄒᆞ나니 卽 會社의 營業上에 損害을 生흔 時에는 各 社員이 自己資産의 全部를 支出흘지라도 債權者에 對흔 債務를 報償치 아니치 못ᄒᆞᄂᆞᆫ 義務을 負擔ᄒᆞ나니라. 各 社員은 會社을 代表ᄒᆞ며 或은 業務를 執行ᄒᆞᄂᆞᆫ 權利을 有ᄒᆞ나 然이나 特別히 執行社員을 撰定ᄒᆞ야 業務를 委任ᄒᆞᄂᆞᆫ 事도 有하니 如此흔 時에는 執行社員으로 撰定된 社員이 營業機關을 擔當하야 業務를 執行ᄒᆞ나니라.

社員의 出資난 動産, 不動産과 信用과 勞力으로써 하며 社員이 自己 財産의 全部 或은 一部를 他人의게 讓與코져 흘 時에는 他 社員의 承諾

이 無ㅎ면 不得홀뿐아니라 他 社員의 承諾이 無하면 自己을 爲하던가 或은 他人을 爲ㅎ야 本 會社의 營業과 相類한 商事를 行치 못ㅎ며 又는 本會社와 同種의 營業을 目的ㅎ는 他 會社의 無限責任社員이 되지 못ㅎ나니라.

二. <u>合資會社</u> 合資會社는 合名會社에 近似ㅎ나 社員의 會社에 對한 責任上에 不同흠이 有ㅎ니 即 合名會社는 摠 社員이 無限責任者로되 合資會社는 有限 責任者와 無限 責任者의 兩種 社員으로 組織한 商事會社라. 會社 營業上에 債務가 發生홀 時에 無限 責任會員은 合名會社의 社員과 如히 自己의 全 資産을 擧ㅎ야 債務를 報償ㅎ는 義務가 有홀지라도 有限責任社員은 其 出資호 金額에만 責任을 擔任하나니라. 營業機關은 合名會社와 如히 無限 責任社員이 互相合力하야 執行하거나 或은 特別히 執行社員을 撰定하야 委任ㅎ는 事도 有하나니 定欵(會社發起時에 定호 規則)에 有限責任社員이라도 會社를 代表하며 又는 業務를 執行홀 事로 定치 아니호 時는 有限 責任社員은 會社를 代表ㅎ며 又는 業務를 執行ㅎ는 權利를 得지 못ㅎ고 다만 監視權과 利益分配權을 有홀뿐 이니라.

無限 責任社員의 出資는 合名會社員과 如ㅎ나 有限責任社員의 出資는 金錢과 其他財産으로써 ㅎ고 自己의 資産을 他人의게 讓與ㅎ거나 本 會社의 業務와 相類호 商事를 經營ㅎ며 同種會社의 無限 責任社員됨에다 自由로 行動ㅎ고 會社의 制限을 受흠이 無ㅎ니라.

三. <u>株式會社</u> 株式會社는 規模의 最大호 商事會社니 資本의 總金額을 一定호 部分에 分ㅎ야 其 一部分을 一株라 稱ㅎ고 其 一株에 對ㅎ야 投資ㅎ는 者를 株主라 稱ㅎ나니 株主는 會社에서 株式所有를 証明ㅎ기 爲ㅎ야 交付ㅎ는 株券을 占有ㅎ고 會社의 債務에 對ㅎ야 自己의 出資호 株金以外에는 다시 責任이 無ㅎ니 即 株主는 有限責任을 負홀 뿐이라

合名會社와 合資會社는 無限 責任社員으로 組織홈인 故로 會社와 社員間의 關係가 甚히 密接ᄒ나 株式會社는 株主가 無限責任을 負치 아니홈으로 會社와 株主間의 關係가 極히 遠漠ᄒ니라.

營業機關은 株主中으로 取 締役을 撰定하야 凡務를 執行케ᄒ고 監査役을 選出ᄒ야取 締役의 執行ᄒ는 業務를 監視ᄒ야 萬一의 弊가 無케ᄒ며 總 株主의 意思를 決定ᄒ기 爲ᄒ야 最高機關되는 定期 總會 又는 臨時總會를 開催홈이 有ᄒ니라.

株式의 金額은 반다시 均一히 ᄒ야 一株가 五拾圓에 下홈을 不得ᄒ나 一時에 辨出홀 時에는 二十圓으로 홈도 得ᄒ고 株券은 自由로 賣買홈을 得ᄒ는 故로 株式會社의 組成員 即 株主는 恒常 變動ᄒ나니라.

四. 株式合資會社 株式合資會社는 無限 責任社員과 有限責任의 株主로부터 組成된 商事會사니 有限責任社員은 株式會社의 例를 從ᄒ야 一定ᄒ 株式에 投資ᄒ고 無限 責任社員은 合資會社의 例를 從ᄒ야 會社를 代表ᄒ야 業務를 執行ᄒ나니라. 營業機關은 株主中으로 業務監督 機關 即 監査役을 撰出ᄒ고 無限責任 社員中으로 業務執行機關 即 取 締役를 選定ᄒ야 當事케ᄒ며 또 株主總會를 開催ᄒ야 株主의 意思를 決定ᄒ나니라.

要컨듸 合名會社와 合資會社는 無限 責任社員으로 組成홈으로 信用이 厚ᄒ고 少數의 社員으로 組織홈을 得ᄒ는 故로 設立ᄒ기 容易홀 샏만아니라 資本의 不足을 生홀 時에는 有限 責任社員을 募集ᄒ야 合名會社를 合資會社로 改組홈을 得ᄒ는 便宜가 有ᄒ니라.

株主會社 及 株式合資會社는 本來 多額의 資本을 募集ᄒ기로 目的ᄒ는 商事會社인故로 巨額의 資本을 要ᄒ는 銀行業, 保險業, 海運業, 鐵道

業, 倉庫業等에 適當홀 섇만 아니라 多數의 株主로 成立됨으로쎠 萬一에 損害를 生홀지라도 分擔ᄒᆞᄂᆞᆫ 責任이 輕ᄒᆞᆫ지라. 是로 以ᄒᆞ야 損益을 豫測ᄒᆞ기 難ᄒᆞᆫ 新 事業을 經營홈에 極히 適切ᄒᆞ다 謂홀지로다. 또 其 特質은 株主가 自由로 株劵을 賣却ᄒᆞ고 退社홈을 得홈으로 株主가 恒常 變更될지라도 會社의 營業上에 如何ᄒᆞᆫ 影響을 波及치 아니홈 이니라.

(未完)

(미완이지만 제13호에는 없음 = 13호까지 발행됨)

3.12. 실업

◎ 實業, 〈조양보〉 제2호, 1906.6.

> *연구 방법: 옛날의 연구 방법은 문헌을 살펴 추이가지(推而可知)를 함
> *실업의 개념

汎論

夫混沌이 肇判홈으로붓터 吾族 人類의 初生ᄒᆞᆫ 時代ᄂᆞᆫ 杳然玄邈(묘연현막)ᄒᆞ야 書契가 未備ᄒᆞ고 文獻이 無徵ᄒᆞ니 遡求ᄒᆞ기 實難ᄒᆞ거니와 雖然이나 其始生홈으로붓터 飮食을 用ᄒᆞ야 其生命을 保維홈은 推而可知홀지라. (…중략…)

我韓의 農業大觀

3.13. 재정학

◎ 輓近 各國 歲出이 一般으로 增加ᄒᄂᆫ 原因을 論홈,
尹擧鉉, 〈공수학보〉 제2권 제1호(5호), 1908.2. (재정학)

  *입력하지 않음 = 각국의 재정과 관련된 논의임
  *미완이지만 제5호까지만 발행됨

3.14. 화폐론

◎ (잡조) 貨幣의 槪論, 金河琰, 〈서북학회월보〉 제16호(서우 속간), 1908.3. (경제학, 화폐론)

  *화폐의 개념, 기능 등 / 이 시기 화폐론은 여러 사람의 글이 실려 있음

貨幣ᄂᆫ 卽金錢이라 其何物됨을 硏究ᄒᄋᆢ 槪論코자 ᄒ면 其貨幣의 起源과 必要ᄒᆫ 職務와 性質種類와 其價格의 流通을 次第說明ᄒᆯ지니. 蓋古昔時代에 在ᄒᄋᆢᄂᆫ 人文이 未發達ᄒᄋᆢ 交易의 狀態가 私人生産ᄒᆫ 剩餘의 貨物노 他人의게 與ᄒᄋᆢ 自己의 缺乏ᄒᆫ 바를 充ᄒ니 此ᄂᆫ 經濟學上에 直接交換이라. 以布易粟ᄒ며 油醬으로 豆太交換의 專行ᄒᄃᆫ 時代를 實物經濟 又自然經濟時代라 稱ᄒᄂ니 此物物經濟에ᄂᆫ 數種弊害가 有ᄒ니

假令直接交換ᄒ랴면 二人間에 相換ᄒᆯ 目的物이 適合一致홈을 要ᄒᄂ니 卽甲者가 附與코자 ᄒᄂᆫ바ㅣ가 乙의 取得코자 ᄒᄂᆫ 同時에 又乙의 附與코쟈 ᄒᄂᆫ 것이 甲이 取得코쟈 홈과 同一치 아니면 곳 兩者間에 交換을 成立지 못ᄒᆯ지오. 且 貨物의 價格은 千差萬別이 有ᄒᆫ 故로 此를 交換홈에 當ᄒᄋᆢ 其 價格의 比例를 一定ᄒ여야 其 交換에 標準이 될지

나 此 直接交換은 複雜호 時勢에 煩勞가 亦甚호야 貿易에 困難홀지며 又多數貨物은 分量과 輕重이 有호니 此를 物物노 交換코쟈 호면 不可不 分割홀지라. 分割코쟈 호면 其 平衡을 完全키 難호고 損失이 不無호리니 假令米穀及油醬 等은 雖各自所望딕로 分割홀지라도 毛皮及衣服 等은 其彼此間에 交換比率을 相當케 호기 甚難홀지라. 故로 直接交換은 如此호 不便이 有홈으로 漸次衰退호고 現今은 經濟狀況이 發達호야 互相間에 貨物을 交換호며 其他 支給에 淸償호는 最終方法에 供用호는 第三媒介物은 卽貨幣라 然而貨幣의 字義는 其 實物形體에 固着홈이 아니오. 一個目的物로써 貨幣된 職務를 能盡호면 卽貨幣라 得稱호느니 左에 順次擧論호면

一 貨幣는 交換의 媒介니 貨幣의 原始的職分은 物物交換홈에 媒介가 되야 凡百貨物中에 欲望딕로 此로써 他貨物를 交換호는 時에 容易히 此를 受取호야 何時든지 移轉交換홈을 得호느니라.

二 貨幣는 價格의 標準이니 實物經濟下에는 有價物貸借의 標準이 無호야 契約의 履行이 困難호나 此貨幣經濟下에서는 社會許多호 貨物幾何의 價格을 貨幣幾何로 測定호는 故로 貨物種類에 對호야 卽時 其 價格을 表示호며 貸借期限에 亦其供給호야 確實簡短으로 兩全을 竝得호느니라.

三 貨幣는 格價의 尺度이니 國民經濟의 進步를 隨호야 交換貸借에 第三職分으로 貨幣를 用호야 借主는 其借受호 物과 同一호거나 又均一호 物件을 返還홀지니 卽米穀을 借受호고 後日에 同量米穀의 利息을 添附返還호 事가 有호나 但貸主는 米穀價格이 騰貴호 時에 借受호얏다가 低落호 時期를 當호야 返還호면 困難홀 쑨 아니라 自己의게 米穀이 必要홈이 無호 境遇면 損害가 有홀지라 於是乎人民의 一般 貴重호는 貨物中에 其 價格의 變動이 極小호 者로 以호야 貸借의 目的物을 숨는 것이 便利호 故로 貨幣는 價格의 尺度된 職分이 有호니라.

四 貨幣는 價格의 貯藏이니 貨幣使用호는 利益은 國民經濟上에 日常目擊호는 바ㅣ라 何人이든지 財産을 貯蓄코쟈 호는 時와 旅行에 携帶호

거나 遠方에 寄送홀 時에 容積이 小ㅎ고 重量을 輕혼 貨幣를 享有使用
ㅎᄂ니 吾人每日生活上에 米穀菜肉 等이 必要ㅎ나 此 性質上에 容易腐
敗ㅎ야 永久保存ㅎ기 不能혼 故로 貨幣로 貯藏ㅎ야 何時든지 此等物과
交換홈이 便利ㅎ니라.

以上 論述혼 바는 貨幣의 必要혼 職務나 玆에 性質種類라 홈은 卽貸幣
自體의 形質을 謂홈이니 此는 時代를 隨ㅎ야 各有差異ㅎ니 牧畜과 農工
業이 盛行ㅎ든 時代에는 家畜의 牛馬와 或革皮와 米穀貝類와 烟草欖油
楮茶等屬을 貨幣로 認定ㅎ야 東西洋各國에 一般使用홈이 有ㅎ얏스나
今日 社會의 文化程度가 漸進홈에 至ㅎ야는 貨幣의 適合혼 牲質과 具備
혼 資格을 選擇ㅎ야 其 作用을 能盡케 홈으로써 金屬中에 貴金屬을 專
히 貨幣로 流通홈은 其 主要條件이 必有ㅎ니 社會一般이 貴重히 ㅎ며
運搬에 便利ㅎ며 磨滅損傷의 憂가 無ㅎ며 價格이 確有ㅎ며 分割ㅎ야도
價格을 不失ㅎ며 物質의 分子가 一樣이 되며 表面으로 認識ㅎ기 容易혼
者는 卽金屬에 在ㅎ되 特히 金銀이 適當혼지라. 故로 現今世界各國에서
貨幣를 鑄造홈에 金銀과 白赤銅으로 採用ㅎ야 原位貨와 補助貨를 竝行
ㅎ고 其價格의 流通은 其國貨幣制度에 在ㅎ니라.

我國에 在ㅎ야도 光武五年브터 金貨本位制를 制定ㅎ야 現今使用ㅎ니
原位貨 l 란 者는 自體實價가 有ㅎ고 補助貨는 表面價格을 法律노 制定
使用ㅎ야 與授流通에 便宜케 ㅎ니 此를 鑄造及流通케 ㅎ는 方法은 政府
大權에 屬홈이 現世各國에 普通制度로다 然而此에 一層發達ㅎ야 紙幣
를 發行ㅎ야 貨幣로 流通케 홈은 金融을 敏滑히 홀뿐 아니라 正金貨는
貴重有限혼 物이니 或內地에서 鎔解ㅎ며 外國에 輸出ㅎ는 弊害를 防杜
ㅎ기 爲ㅎ야 代表로 使用ㅎ니 卽正金兌換으로 信用證券이며 或國家에
變亂이 忽生ㅎ야 多數혼 金錢을 辦出ㅎ기 不能혼 境遇에 此를 行用ㅎᄂ
니 卽不換紙幣라.

故로 經濟狀況의 高低變動이 此紙幣流通에 在ㅎ니 噫라 立國의 本이
不一其端이나 余는 特히 謂ㅎ되 貨幣는 國民의 血液이라 此를 善良혼
方法으로 調定치 못ㅎ면 엇지 完全혼 生活을 得ㅎ리오, 前鑑이 昭然ㅎ

도다. 向者에 白銅貨를 濫鑄흠은 實價가 無흔 補助貨라 補助貨는 制限이 有ㅎ거늘 政府當局者가 貨幣制度에 暗昧훌 쑨 아니라 一時獲利만 貪顧ㅎ고 將來貽害를 不思ㅎ얏도다.

旣往이라 勿論이고 目下에 吾人이 幾百年來로 愛重使用ㅎ든 葉錢을 沒收鎔解흠을 或愛惜ㅎ다 云ㅎ나 此는 授受에 不便ㅎ고 價格에 加計를 層生ㅎ야 貨幣融通에 不便흠이니 不必用慮오 但其物의 實價가 烏有에 歸훌 쑨이로다. 吾人이 言必稱金錢ㅎ면셔도 其理由를 詳知치 못ㅎ는 故로 玆述槪略ㅎ야 同胞의 一覽을 供ㅎ느니 嗚呼라 何年何月에 紙幣表面에 我貌를 畵出훌고

3.15. 미분류

◎ 經濟學 問答: 兪承兼

유승겸(1876~1917)

자는 응조(應祖), 호는 동은(東隱). 경기도 광주 출생. 아버지는 효준(孝濬)이며 어머니는 원주변씨(原州邊氏)이다. 개화운동의 선구자 길준(吉濬)은 재당숙이다. 계산학교를 졸업하고, 길준의 적극적인 추천에 의하여 1894년 관비유학생으로 일본의 게이오의숙(慶應義塾)에 입학, 보통과를 거쳐 1897년 고등과를 졸업한 뒤 그해 전수학교(專修學校) 이재과(理財科)에 입학하여 1900년 졸업하였다. 졸업 후 일본 대장성(大藏省)에서 사무견습을 마치고 1902년 귀국하여 공직생활과 교편생활을 하면서 저술활동도 하였다. 1906년 탁지부 주사(主事), 1907년 서기관으로 탁지부의 세무과장·경리과장 등을 역임하였다. 교육자로서 1905년부터 1908년까지 보성전문학교에서,

1906년에는 양정의숙(養正義塾)과 농상공학교에서 강사생활도 하였다. 한일합병 후에는 전라북도 흥덕(興德)·정읍(井邑)의 군수로 1911년까지 근무하다가, 은행계에 들어가서 1912년 한성은행(漢城銀行) 평양지점 부지배인으로, 1914년 대전지점 부지배인으로 있다가 이듬해 신병으로 공직생활을 떠났다. 그의 논문은 주로 경제학이론에 관한 것이고, 특히「경제서를 독(讀)하다가 유자(儒者)의 현상을 탄함」(大同學會月報 3, 1908)에서 "당시의 상류계급사회인이 모고심(慕古心)으로 인하여 도(道)를 준수하지 않고 그의 사(事)에만 측(則)하고자 한다."고 신랄하게 비판하고 인시제의(因時制宜 : 시대의 변함에 따라 그에 맞게 함.)를 주장하였다. 저서로는『중등만국사(中等萬國史)』(1909)와『최신경제교과서(最新經濟敎科書)』(1910)가 있다.

*이 시기 경제학 교과서는 이병태 역(1907)의 〈경제교과서〉(김병삼), 김우균(1907)의 〈경제원론〉(박정동 교열, 정희진 발행, 일한도서주식회사인쇄), 학부편집국(1908)의 〈경제통론〉(학부), 유치형 강술(1907)의 〈경제학〉(광문사), 이병태(1908)의 〈경제학교과서〉(광문사), 이필선(1907)의 〈보통경제학(전)〉(보성관), 유승겸(1910)의 〈최신경제학〉(유일서관), 박승희·주정균(1908)의 〈최신경제학〉(보성관) 등이 있으며, 이필선(1907)의 〈화폐론〉(보성관), 유문상 역(1910)의 〈은행론〉(보성관), 원응상 강술(1907)의 〈재정학〉(미상) 등도 발행되었다.

소년한반도에 연재된 글은 1910년 유승겸 저 〈최신경제교과서〉(유일서관)의 토대가 되었음(이 교과서는 국립중앙도서관 디지털 자료에서 출력할 수 있음. 133면)

經濟學이라 흠이 何物됨을 說明ㅎ랴면 財, 生産, 分配, 交易, 消費 等
五名辭를 說明흠이 可ㅎ나 此를 詳細히 記述ㅎ랴면 許多흔 歲月을 費흘
지라. 故로 其大綱領을 問答例로 略述코저 ㅎ노라.

(問) 財라 흠은 何오.

(答) 財는 俗에 富라 云흠과 同ㅎ니 一言으로 蔽之ㅎ면 (價格이 有흔
物件)을 謂흠이라. 價格이 有ㅎ랴면 二大 原因이 有ㅎ니 一曰 其 數量에
限이 有흠이오, 二曰 人生의 要用이 됨이니, 此 二者에 一者를 缺ㅎ면
財라 稱치 못흘지니, 例言ㅎ면 空氣 日光 等은 人生의 一刻이라도 無치
못흘 거시나, 塞于天地ㅎ야 二三人의 專有치 못흘 者인 故로 財라 稱치
못ㅎㄴ니라.

(問) 生産이라 흠은 何오.

(答) 生産은 物件의 位置를 變ㅎ거나 或은 其形狀을 化ㅎ야 人類의
要用에 供흠이라. 盖虛로써 實케 ㅎ며 無로써 有케 흠은 人力으로 不能흘
지니 但現存 物件의 位置 或 形狀을 變흠이라. 例言ㅎ면 農業 及 工業은
物件의 形狀을 變흠이오, 商業 及 運輸業은 物件의 位置를 變흠이니라.

(問) 分配라 흠은 何오.

(答) 分配라 흠은 物件을 生産흘 時에 獨力으로 ㅎ지 아니ㅎ고 衆力
을 合흠이니 例言ㅎ면 製造業은 資本家와 職人이 合흠이오, 農業은 地
主와 作人이 合흠이니, 現今 我邦은 農工商을 獨力으로 營ㅎ야 他人과
關係가 無흔 事가 不少ㅎ지라. 何오. 田畓을 耕ㅎ야 食物을 取ㅎ고 綿帛
(면백)을 織하야 衣服을 取하고 農工産物을 賣却하야 他必要 物品을 買
入하기를 獨力으로 하니, 何間隙(간극)에 其技의 熟練흠을 待ㅎ리오. 故
로 農者는 農ㅎ고, 工者는 工ㅎ고, 商者는 商하고, 仕者는 仕하야 互相

分配 從事하면 幾何의 時日을 費치 안코 其熟鍊홈을 見홀지니라.

(問) 交易이라 홈은 何오.

(答) 交易者는 我의 有餘物品을 賣ᄒ야 我의 不足 物品을 買홈이니 例言ᄒ면 此에 甲乙丙丁 四人이 有ᄒ고 且 此人等의 住所가 各各 不同ᄒ야 甲의 才와 甲의 地는 甲品을 産出ᄒ기 宜ᄒ고, 乙의 才와 乙의 地난 乙品을 産出하기 宜ᄒ고, 丙의 才와 丙의 地는 丙品을 産出ᄒ기 宜ᄒ고, 丁의 才와 丁의 地는 丁品을 産出ᄒ기 宜ᄒ다 假定ᄒ면 此四人이 各各 長技로 宜土의 物品을 産出ᄒ야 互相 交易홈과 各各技의 長短과 地의 宜不宜를 不拘ᄒ고 獨力을 用ᄒ랴면 何等의 差가 有홀는지 於斯에 交易의 便利홈일 可知홀지니라.

(問) 消費라 홈은 何오.

(答) 消費는 萬物의 生産ᄒ는 目的이니 其意味는 財를 使用ᄒ야 己欲을 充홈이라. 世에 消費와 消耗를 同홈으로 說ᄒ는 者가 不少ᄒ느 決코 不同ᄒ니 消費는 家屋 書畵 等을 買入ᄒ야 欲을 充홈이오, 消耗는 糧食 薪炭(신탄) 等의 形質을 變케 ᄒ야 欲을 充홈이니라.

▲ 제2호

欲望은 經濟의 根源이 됨

夫 人類는 此世에 居生홈에 第一 衣食住로브터 外他 許多ᄒ 方面에 對ᄒ야 恆常 不足ᄒ 感情이 有ᄒ 者ㅣ라. 是以로 吾人은 恆常 其不足홈을 充遂코자 ᄒ는 願意가 有ᄒ니 此願意를 稱ᄒ야 **欲望**이라 云홈이라. 若 人類로 ᄒ야곰 此欲望을 充遂치 못홀진딕 其生存 繁榮은 期得치 못홈으로서 恆常 其欲望을 充遂코자 홈에 營營汲汲ᄒ는 活動이 有ᄒ니, 是가 卽 人類의 經濟라 云ᄒ는 者ㅣ라. 然而 世所謂社會經濟 或 國民經

濟라 稱ᄒᄂᆞᆫ 者ㅣ 有ᄒᄂᆞ니 此ᄂᆞᆫ 何를 云홈이오. 社會와 國家를 組成ᄒᆞᆫ 民衆이 一定ᄒᆞᆫ 秩序를 從ᄒᆞ며 正當ᄒᆞᆫ 規則을 依ᄒᆞ야 其欲望을 充邃코자 홈에 孜孜活動ᄒᄂᆞᆫ 一切 行爲를 總稱ᄒᄂᆞᆫ 者ㅣ니라.

現時 社會에 在ᄒᆞ야 人類의 欲望은 其種類가 頗多홈에 此를 枚擧ᄒᆞ기 未遑ᄒᆞᆫ 則 唯其一定ᄒᆞᆫ 觀察點을 基因ᄒᆞ야 分類홀지니 今夫德國 經濟學 者 롯셀8) 氏의 分類ᄒᆞᆫ 바를 據홀진디 <u>自然的 欲望과 地位的 欲望과 奢 侈的 欲望의</u> 三種이 有ᄒᆞᆫ지라. 此 分類의 基因ᄒᄂᆞᆫ 바ᄂᆞᆫ 生活 關係의 緩急 程度에 在ᄒᆞ니 其 所謂 自然的 欲望은 衣食住에 關ᄒᆞ야 必要ᄒᆞᆫ 者를 云홈이니 萬若 此를 充邃치 못홀진대 곳 健康을 害ᄒᆞ며 生命을 失홈에 至홀지오, 地位的 欲望은 各人의 地位를 應ᄒᆞ야 其品格을 保維 홈에 必要ᄒᆞᆫ 者를 云홈이니, 萬若 此를 充邃치 못홀진디 곳 社會에 對ᄒᆞ 야 體面을 損失홈에 至홀지오, 奢侈的 欲望은 自己 分限에 相應치 못ᄒᆞᆫ 者를 云홈이니, 故로 此 欲望은 健康과 生命을 爲ᄒᆞ야 必要한 者도 아니 며, 又 社會上의 地位를 爲ᄒᆞ야도 亦是 必要ᄒᆞᆫ 者ㅣ 아닌 則, 萬一 此 欲望으로 充邃케 홀진디 小ᄒᆞ야ᄂᆞᆫ 一身一家의 敗亡을 致홀지며, 大ᄒᆞ 야ᄂᆞᆫ 一國一社會의 衰頹를 招홀지니, 此ᄂᆞᆫ 旣往 歷史의 證據를 不待ᄒᆞ 고 現今 我邦의 實情을 徵觀홀지라, 可히 明知홀 者ㅣ니라.

右ᄂᆞᆫ 롯셀 氏의 分類ᄒᆞᆫ 欲望의 區別을 依ᄒᆞ야 論ᄒᆞ이나 然ᄒᆞ나 彼 <u>奢侈的 欲望과 地位的 欲望은</u> 明白히 區別ᄒᆞ기 難ᄒᆞᆫ 者ㅣ니 其如何ᄒᆞᆫ 程度ᄭᆞ지ᄂᆞᆫ 地位的 欲望이며, 又如何한 程度 以上은 奢侈的 欲望인지 是實糢糊ᄒᆞ야 分解ᄒᆞ기 頗難ᄒᆞᆫ지라. 或 甲人에 對ᄒᆞ야ᄂᆞᆫ 社會上의 地位 品格을 保維홈에 必要ᄒᆞᆫ 欲望이라 홀지라도, 或 乙人에 對ᄒᆞ야ᄂᆞᆫ 奢侈 的 欲望됨이 往往 其有ᄒᆞᆫ 事實이오, 尙且 一步를 更進ᄒᆞ야 論ᄒᆞᆫ 則, 其 自然的 欲望과 地位的 欲望의 間에도 亦是 判然ᄒᆞᆫ 區別을 立ᄒᆞ기 不能

---

8) 롯셀: 독일 경제학자. 미상.

흠이 有ᄒ니, 或 人의게ᄂ 適當ᄒ 地位的 欲望이라 云ᄒᆯ지라도 此人보다 地位가 稍高ᄒ 人의게ᄂ 姑其地位 品格을 保維홈에 可足ᄒ다 謂ᄒ기 不能ᄒ고, 實其衣食住에 關ᄒ야 必要ᄒ 者로 自然的 欲望이라 謂함이 可ᄒᆯ지라. 故로 其自然的 欲望이라 謂ᄒᄂ 者도 人을 隨ᄒ야 相異ᄒ 點이 大有ᄒ니라.

▲ 제3호

以上에 論ᄒ 바를 由ᄒ야 觀ᄒ 則 彼浪費와 節儉이라 云ᄒᄂ 區別도 亦是 明白히 홈을 不得ᄒᆯ지니 此ᄂ 各人 及 各階級을 由ᄒ야 不可不 相異ᄒ 者ㅣ며 從ᄒ야 奢侈品과 必要品의 區別과 如ᄒ 者도 亦是 絕對的으로 天定ᄒ 者ㅣ 아니라. 例如 酒草라 ᄒᄂ 物品은 大槪 奢侈品이라 爲名ᄒᄂ 者로 各國 政府가 共히 重稅를 賦課홈으로써 一般의 原則을 作ᄒ나 此 實 大體上으로 論ᄒ면 不可홈이 未有ᄒᆯ지로대 其奢侈 與 必要의 限界ᄂ 明白히 論斷ᄒ기 不能ᄒ 者인 則 其酒草의 二品이 何人에 對ᄒ던지 奢侈品이라 謂ᄒ기 不可ᄒ 境遇가 有ᄒᆯ지라. 假令 或 人으로 若酒草의 二品이 無有ᄒ 則 其健康과 生命을 維持ᄒ기 不能ᄒ다 ᄒᆯ 時에ᄂ 是가 其人을 爲ᄒ야 必要品이라 謂홈에 疑端이 無ᄒᆯ지오, 抑或 一國 一社會의 人으로 擧皆此人과 如ᄒᆯ진대 可誠歎息ᄒᆯ 處이나 亦其國 其社會를 爲ᄒ야ᄂ 其二者를 共히 必要品이라 可謂ᄒᆯ지라. 大抵 如此ᄒ 類의 必要가 生홈은 元是 惡慣習을 因홈이로대 此ᄂ 別個 問題라. 此經濟를 論홈에 當ᄒ야 其善惡正邪(선악정사)를 判定ᄒᆯ 바ㅣ 아니라. 故로 此에 關ᄒ 言論은 他에 讓與W하나 然ᄒ나 彼飮酒ᄒ며 喫煙ᄒᄂ 慣習의 好不好ᄂ 姑捨ᄒ고 此欲望을 充逐치 못ᄒ면 卽其生活ᄒ기 不能ᄒ 人이 有ᄒ다 ᄒᆯ진대 此人을 爲ᄒ야ᄂ 비록 酒草라도 此經濟上에 在ᄒ야 此를 必要品이라 不得不 認識ᄒᆯ 者ㅣ니라. 以上에 論ᄒ 바를 據ᄒ 則 롯셀 氏의 區別은 採用ᄒ기 不可ᄒ 說이라. 然則 又 他適當ᄒ 區別을 更求ᄒᆯ진대 卽 <u>肉體的 欲望과 精神的 欲望</u>의 二者가 有ᄒ니 今此 意義를 略陳

홀진대 大概 左와 如ᄒ니라.

其肉體的 欲望이라 홈은 卽飢者의 食을 求홈과 渴者의 飮을 思홈과 凍者의 衣ᄅ를 得코져 ᄒᄂ는 等을 云홈이니 此 欲望은 其數量 及 性質에 在ᄒ야 人類 及 禽獸間에 大差가 有ᄒ니 夫人類ᄂ는 菜穀 果實 及 魚鳥獸 肉 等을 喫ᄒ야도 尙且 不足의 歎을 未免ᄒᄂ는 者 l 나 彼牛馬에 在ᄒ야 ᄂ는 但히 芻草(추초: 풀, 소먹이)ᄅ를 食ᄒ야도 可足ᄒ다 홀지오, 人類ᄂ는 宮室에 居處ᄒ나 飛禽은 巢捿(소서)ᄒ며 走獸(주수)ᄂ는 穴居ᄒ고 人類ᄂ는 火食ᄒ나 禽獸ᄂ는 生食ᄒ고, 又 人類ᄂ는 衣服을 纏(전)ᄒ며 薪炭(신탄)을 燃ᄒ야 煖氣(난기)ᄅ를 必取ᄒ나 禽獸에 在ᄒ야ᄂ는 此等의 必要가 全無ᄒ 니라.

人類의 肉體的 欲望은 其數量及性質에 在ᄒ야 禽獸와 相異홈이 如右 홀 ᄲ 아니라 又 其程度에 在ᄒ야도 殆其限界가 無ᄒ 者 l 니 例言컨대 飮食을 旣得ᄒ 後에ᄂ는 醉 且 飽ᄒ기ᄅ를 更望ᄒ며, 衣服을 旣得ᄒ 後에ᄂ는 輕且煖ᄒ 者ᄅ를 更求ᄒ며 矮小(왜소)ᄒ 草屋이라도 奠接(전접)홈을 旣得ᄒ 後에ᄂ는 必其廣大ᄒ 瓦家ᄅ를 更建코져 홈과 如ᄒ 者의 類니라.

又 精神的 欲望이라 홈은 不肖者 l 賢을 思慕ᄒ며, 寡德者 l 仁을 期 望ᄒ며, 愚者 l 智ᄅ를 欲ᄒ며 懶者 l 勤을 勉勵ᄒ며 弱者 l 强을 希望홈 과 如ᄒ 者ᄅ를 云홈이니 此 欲望은 但히 人類에 限ᄒ야 存ᄒ 者 l 라. 若 人類가 此欲望을 充逐코져 홀진대 必其志氣ᄂ는 活潑히 홀지며 思想은 深遠히 홀지며 心神은 淡泊히 홀지며 操行은 高潔케 홀지니, 若其志氣 가 活潑치 못홀진대 懶怠 退步ᄒᄂ는 悲運을 未免홀지오, 思想이 深遠치 못홀진대 비록 活潑ᄒ 志氣로 前進홀지라도 錯誤가 每多ᄒ야 最初의 希望을 未達ᄒ고, 落心退縮ᄒ야 世人의게 無智無能ᄒ다ᄂ는 不名譽의 評 判을 得홀지오, 心神이 淡泊치 못ᄒ며 操行이 高潔치 못홀진대 唯利是 求ᄒ며 唯勢是趨ᄒ야 世人의게 賤陋卑屈(천루비굴)ᄒ 者이니 邪惡敗德

혼 者이니 ᄒᆞᄂᆞᆫ 惡評判을 得ᄒᆞ고 其名이 社會에 容納치 못ᄒᆞ리니 若
人이 如此혼 境遇를 當혼 則, 其肉體ᄂᆞᆫ 비록 洽足혼 欲望을 達ᄒᆞ얏다
홀지라도 其精神은 旣히 飢渴의 病을 得ᄒᆞ야 其症이 甚篤혼 則 死亡을
未免홀지니 如此혼 則 其 肉體의 欲望을 能히 充足혼들 何等 快樂이
有ᄒᆞ리오.

又 或은 欲望을 大別ᄒᆞ야 生存的 欲望과 開化的 欲望의 二種으로 論
ᄒᆞ고, 或은 個人的 欲望과 社會的 欲望으로 區別ᄒᆞᄂᆞᆫ 者가 有ᄒᆞ니 其
生存的 欲望은 肉體的 欲望과 同一ᄒᆞ며 開化的 欲望은 精神的 欲望과
同一혼 者오, 個人的 欲望은 但히 自己 一身을 利코져 ᄒᆞᄂᆞᆫ 者오, 社會
的 欲望은 各人이 國家, 法律, 宗敎 等의 力을 藉ᄒᆞ야 一般의 安寧秩序
를 維持ᄒᆞ며 國利民福을 增進코져 ᄒᆞᄂᆞᆫ 者를 云홈이니라.

以上의 所論을 由ᄒᆞ야 觀혼 則 一定혼 觀察點을 基因ᄒᆞ야 種種의 名
稱으로 分類홈을 可得홀지나 然ᄒᆞ나 余의 採用ᄒᆞᄂᆞᆫ 者ᄂᆞᆫ 囊所謂 肉體的
欲望과 精神的 欲望이 是라. 若 今日 社會에 在ᄒᆞ야 吾人의 肉體的 欲望
이 無ᄒᆞ다 假定홀진대 財貨의 生産과 財貨의 分配와 財貨의 交易을 發
達 增進ᄒᆞ야 物質의 文明의 福樂을 不得홀지오, 又 但히 肉體的 欲望을
專主ᄒᆞ고 精神的 欲望이 無ᄒᆞ다 假定홀진ᄃᆡ 仁義와 道德의 心을 鼓發振
興ᄒᆞ야 心理的 文明의 榮華를 不得홀 뿐더러 兼 又 物質的 文明을 沮害
(저해)ᄒᆞ야 肉體的 欲望도 充遂키 不能홀지라. 是以로 <u>欲望은 經濟의 根</u>
<u>源이라 謂ᄒᆞ며 又 經濟라 홈은 社會와 國家를 組成혼 民衆이 一定혼</u>
<u>秩序를 從ᄒᆞ며 正當혼 規則을 依ᄒᆞ야 其欲望을 充遂코져 홈에 孜孜活動</u>
<u>ᄒᆞᄂᆞᆫ 一切 行爲를 云홈이라 謂혼 所以니</u> 然則 吾人은 肉體와 精神이
互相 表裏ᄒᆞ야 自己 一身의 幸福과 國家 全體의 安寧을 期圖홀 者ㅣ라.

財貨의 定義 及 種類

余가 第二號 及 三號 雜誌에 在ᄒ야 論述ᄒ 欲望 二者의 意義ᄂ 讀者가 業已 解得ᄒ엿시려니와 兹에 又其欲望을 充滿케 ᄒᄂ 財貨에 關ᄒ야 多少 說明코져 ᄒ노라.

古人이 云호ᄃᆡ 衣食足而知禮節이라 ᄒ니 果是 格言이라 謂ᄒᆯ지로다. 大抵 衣食의 原料ᄂ 財貨라 云ᄒᄂ 者ㅣ니, 財貨가 無ᄒ면 엇지 衣食의 供給을 得ᄒ며, 衣食의 供給이 無ᄒ면 엇지 生命의 保全을 得ᄒ며, 生命의 保全을 不得ᄒ면 奚暇에 禮節을 顧念ᄒ리오. 然則 此財貨ᄂ 吾人의 生命을 保全ᄒᄂ 唯一 材料라. 엇지 此를 貴重ᄒ 者ㅣ라 不謂ᄒ리오. 然ᄒ나 若 其財貨를 得ᄒᄂ 方法에 其宜를 不得ᄒᆯ진ᄃᆡ 或 殘忍刻薄ᄒ며 賤陋卑屈ᄒ 行爲를 敢作ᄒ야 其生命의 保全은 姑舍ᄒ고 反히 禍害를 自招ᄒ며 品格을 自墮ᄒ야 敗家亡身ᄒᄂ 原因을 釀成ᄒᆯ 뿐이라. 是故로 財貨ᄂ 萬惡의 根本이라 云ᄒᄂ 誠言이 有ᄒ니 엇지 戒愼ᄒᆯ 者ㅣ 아니리오. 此를 由ᄒ야 觀ᄒ면 財貨가 吾人의게 對ᄒ 利害의 關係가 甚히 密接ᄒ니 此必學問上으로 深究 玩味ᄒ야 其 定義 及 種類를 說明ᄒ야 讀者의게 供覽ᄒᆯ 必要가 有ᄒ 者로 思量ᄒ노라.

夫 財貨란 者ᄂ 人類의 欲望을 充滿홈에 適當ᄒ 者를 云홈이라. 然ᄒ나 此 財貨의 定義에 關ᄒ야ᄂ 古來로 學者의 所見이 各異ᄒ야 아직 一定ᄒ 說이 未有ᄒ지라. 今에 롯셸 氏의 說을 觀ᄒᆯ진ᄃᆡ 人類의 眞正ᄒ 欲望을 充滿홈에 適當ᄒ 者를 指ᄒ야 財貨라 云ᄒ엿시나 余ᄂ 此 定義를 贊同ᄒ기 不能ᄒ도다. 盖 財貨ᄂ 人과 境遇를 隨ᄒ야 或 自然的 必要의 欲望을 充케 ᄒᄂ 事도 有ᄒ며 或 奢侈的 不道德의 欲望을 充케 ᄒᄂ 事도 有ᄒ거늘 엇지 同一ᄒ 財貨로써 其欲望의 眞正 與否를 隨ᄒ야 財

貨 不財貨라 云ᄒᄂᆞᆫ 不穩當의 區別을 生케 ᄒᆞᆯ 理가 有ᄒᆞ리오. 然則 其欲望 二字上에 眞正이라 云ᄒᄂᆞᆫ 形容辭를 冠用ᄒᆞᆷ은 贅言이라 不謂ᄒᆞᆷ이 不可ᄒᆞ니라.

或者ᄂᆞᆫ 롯 氏를 辯護ᄒᆞ야 曰호ᄃᆡ 其所謂 眞正ᄒᆞᆫ 欲望이라 云云ᄒᆞᆫ 意思ᄂᆞᆫ 無他라, 經濟學의 全體로써 單히 心理的 倫理的 硏究의 目的物을 作코져 ᄒᆞᆷ에 在ᄒᆞᆷ이라 ᄒᆞ나, 然ᄒᆞ나 此亦 肯從키 不可ᄒᆞᆫ 說이니 大抵 社會經濟上의 萬般 現象은 皆人類生活의 大根本되ᄂᆞᆫ 倫理 道德과 相孚치 아니ᄒᆞᆷ이 不可ᄒᆞᆷ은 多言을 不須ᄒᆞᆯ지어ᄂᆞᆯ 何故로 眞正이라 云ᄒᄂᆞᆫ 無用의 形容辭를 添付ᄒᆞ야 冗長(용장)ᄒᆞᆫ 定義를 下ᄒᆞᆯ 必要가 有ᄒᆞ리오.

▲ 제5호 (續) 財貨의 定義 及 種類

財貨의 定義ᄂᆞᆫ 上述ᄒᆞᆫ 바와 如ᄒᆞ거니와 今其 種類를 擧論ᄒᆞᆯ진ᄃᆡ 天産 人造의 千種萬別을 勝數키 不可ᄒᆞ니 此를 學問上으로 觀ᄒᆞ면 內界의 財貨와 外界의 財貨 二種이 有ᄒᆞ니 此를 左에 畧述ᄒᆞ노라.

第一. 內界의 財貨

此ᄂᆞᆫ 吾人의 肉體와 精神에 附着ᄒᆞ야 可히 分離치 못ᄒᆞᆯ 者를 云ᄒᆞᆷ이라. 故로 如何히 慈惠心이 有ᄒᆞᆯ지라도 能히 人의게 贈與키 不可ᄒᆞᆫ 者ㅣ며 如何히 高價를 給ᄒᆞᆯ지라도 能히 人의게 賣却키 不可ᄒᆞᆫ 者ㅣ니 例如 腕力, 智識, 藝能, 性質 等이 是라. 或 普通 思想으로 觀ᄒᆞ면 元來 此等物로서 財貨라 稱ᄒᆞᆷ이 頗히 怪異ᄒᆞᆫ 嫌点이 不無ᄒᆞᆯ 듯ᄒᆞ나 然ᄒᆞ나 學理上으로 論ᄒᆞ면 其不然ᄒᆞᆷ이 明白ᄒᆞᆯ지니 卽 吾人의게 此等物이 無有ᄒᆞᆯ진ᄃᆡ 엇지 吾人의 欲望을 能充ᄒᆞ리오. 故로 此를 內界의 財貨라 稱ᄒᆞᆷ이 實로 格切ᄒᆞᆫ 名辭라 可謂ᄒᆞ겟시며, 又 此等物로 若其形狀을 一變ᄒᆞ야 其所有主의 勤勞로 活動될 時에ᄂᆞᆫ 能히 他人의 欲望을 充滿ᄒᆞᆷ으로써 他人으

로 觀ᄒ면 外界의 財貨가 되ᄂ니라.

第二. 外界의 財貨

此ᄂ 吾人 人類를 包圍ᄒ 外界의 一部分으로 可히 吾人의 欲望을 充滿ᄒ에 適當ᄒ 者를 云ᄒ이라. 故로 其 有形物과 無形物을 不問ᄒ고 總히 人類 以外에 在ᄒ 者를 能히 利用厚生에 可供ᄒ 者ᄂ 皆 此種에 屬ᄒ 財貨ㅣ라 謂ᄒ거니와 此中에도 自由的 財貨와 經濟的 財貨의 區別이 又有ᄒ니라.

(一) 自由的 財貨라 홈은 勞働을 不作ᄒ며 報酬를 不要ᄒ지라도 其分量의 多寡를 不拘ᄒ고 隨意 獲得ᄒ며 自由 使用홈을 能得ᄒᄂ 者ㅣ라. 此 自由的 財貨에도 亦 二種의 別이 有ᄒ니 彼 空氣 及 光線과 如히 位置의 如何와 時代의 古今에 不關ᄒ고 一毫도 自由自在의 性質을 不失ᄒᄂ 絶對的 自由財貨도 有ᄒ며, 又 彼土地 及 水와 如히 位置의 相異홈과 歲月의 經過홈을 從ᄒ야 自由自在의 性質을 失ᄒᄂ 相對的 自由財貨도 有ᄒ니라.

(二) 經濟的 財貨라 홈은 外界의 一部分으로 人力을 待ᄒ야 吾人의 欲望을 充滿홈에 適當ᄒ 形體를 得ᄒ며 又 適當ᄒ 地位에 在홈을 得ᄒ 然後에 始 乃 財貨되ᄂ 性質을 具得ᄒ거나 又 其 效用이 增加되ᄂ 者를 云홈이라. 故로 經濟的 財貨의 起源을 尋究홀진디 各種의 勞力에 必在ᄒ니 或은 無主物을 先占홈과 ᄀ치 極히 容易ᄒ 勞力만으로 得ᄒᄂ 事도 有ᄒ며 或은 晝夜로 刻苦勞働치 아니ᄒ면 到底히 不得ᄒᄂ 事도 有ᄒ니 然則 吾人이 經濟的 財貨物을 得코져 홀진디 多少의 勞力을 不要홈이 不可함을 覺悟홀지로다. 或者ᄂ 此에 對ᄒ야 言호디 他人의게 無償으로 讓受ᄒᄂ 境遇와 又 彼貪官汚吏 及 鼠竊狗偸輩(서절구투배)의 不法 獲得ᄒᄂ 境遇로 論ᄒ면 其讓受 其獲得에 何許 勞力을 不要ᄒ고도

能히 此를 得ᄒᆞ야 其衣食住의 欲望을 充滿홈이 아닌가 云ᄒᆞ나 然ᄒᆞ나 其 無償의 讓受와 不法의 獲得은 是別個 問題로 論ᄒᆞᆯ 者오, 此 經濟的 財貨의 獲得 方法에 對ᄒᆞ야ᄂᆞᆫ 可論ᄒᆞᆯ 價値가 毫無ᄒᆞ거니와 其 無償의 讓受와 不法의 行爲로 得ᄒᆞᆯ 財貨라도 其最初에ᄂᆞᆫ 必是 吾人의 勞力을 待ᄒᆞ야 生ᄒᆞᆫ 者 아니뇨. 今此 經濟的 財貨 中에 四種의 區別이 又 有ᄒᆞ니 (一)은 貨物이오, (二)ᄂᆞᆫ 人的 財貨오, (三)은 有利關係오, (四)ᄂᆞᆫ 或種의 權利가 是니 左에 逐次 說明ᄒᆞ노라. (未完)

(경제학은 제6호에는 연재되지 않았음. 소년한반도는 제6호까지만 발행됨)

◎ 銀行의 效用, 〈대동학회월보〉 제2호, 1908.3. (경제학)

大凡人類ᄂᆞᆫ 結社的 動物이라 離群索居ᄒᆞ야 孤立生活홈은 到底히 不能ᄒᆞ고 반다시 各個人間에 相依相助ᄒᆞ야 生産的 事業을 營爲홈은 天然的 原理라 謂치 아니치 못ᄒᆞᆯ지로다.

然而往昔實物經濟時代에 在ᄒᆞ야ᄂᆞᆫ 人類의 生活程度가 極히 幼稚ᄒᆞ야 生産的 範圍가 單히 牧畜과 農作에 不過홈으로 資本의 要用이 未廣ᄒᆞ고 兼ᄒᆞ야 蓄積이 不贍ᄒᆞ든 바ㅣ로듸 時運의 進步를 隨ᄒᆞ야 各種의 營業이 膨脹홈은 自然ᄒᆞᆫ 理勢라 故로 現今에 至ᄒᆞ야ᄂᆞᆫ 吾人의 生産事業은 有限ᄒᆞᆫ 天産物을 利用홀쑨 아니라 一步를 轉進ᄒᆞ야 無限ᄒᆞᆫ 工作品을 製做ᄒᆞ며 此를 賣買交易ᄒᆞ야 優勝劣敗ᄒᆞᄂᆞᆫ 競爭的 金力時代를 做出ᄒᆞ얏도다.

如斯의 産業社會의 組織이 複雜ᄒᆞ고 運輸交通이 發達ᄒᆞᆫ 今日此時를 當ᄒᆞ야 資本의 要用이 如何타 云홀가 玆에 資本과 産業의 關係를 若論홀진듸 其互相密接홈이 血液이 人身에 在ᄒᆞ야 緊切ᄒᆞᆫ 關係가 有홈과

如ᄒᆞ니 血液의 流通이 無ᄒᆞᆫ즉 到底히 生命을 保全치 못ᄒᆞᆯ지라. 經濟社會도 亦然ᄒᆞ야 資本의 融通이 無ᄒᆞ면 産業이 發達치 못ᄒᆞ고 吾人의 生活도 從ᄒᆞ야 便利ᄒᆞᆷ을 不得ᄒᆞᆯ지니 此 ㅣ 實노 銀行의 由起ᄒᆞᆫ즉 所以라.

蓋銀行은 金錢及信用을 與受ᄒᆞ야 資本을 融通ᄒᆞᄂᆞᆫ 機關이니 其資本의 運用은 河海의 船舶과 陸地의 汽車가 貨物과 商品을 運輸ᄒᆞ야 生産者와 消費者間에 需要와 供給을 調和ᄒᆞᆷ과 如히 一邊으로ᄂᆞᆫ 自己의 資金 即投下資本과 他人의 任金即借用資本을 吸收ᄒᆞ며 又一邊으로ᄂᆞᆫ 資力이 不足ᄒᆞ야 企業치 못ᄒᆞᄂᆞᆫ 者에게 資金을 貸與ᄒᆞ야 國家의 富源을 開發케ᄒᆞᄂᆞ니 然則銀行이 一國經濟上에 對ᄒᆞ야 其效用이 如何ᄒᆞᆫ가 左에 其大要를 論ᄒᆞ건ᄃᆡ

第一 銀行은 資本의 效用을 增加ᄒᆞᆷ 元來大事業을 經營ᄒᆞᆷ에 當ᄒᆞ야ᄂᆞᆫ 大資本을 必要ᄒᆞᄂᆞ니 一定ᄒᆞᆫ 人이 集合ᄒᆞ야 一定ᄒᆞᆫ 限度가 有ᄒᆞᆫ 投下資本으로써 能히 一般世人의 需要를 供給ᄒᆞᆯ가 然ᄒᆞᆷ으로 銀行은 自己의 信用을 確立ᄒᆞ야 抽除手形面의 金額中으로 其出給期日ᄭᅡ지의 利子를 內減ᄒᆞ고 手形을 賣買ᄒᆞᆷ와 貸與等自動的 業務를 行ᄒᆞ야 債權者의 地位만 得ᄒᆞᆯᄲᅮᆫ 아니라 任金과 紙幣發行等被動的 業務를 營ᄒᆞ야 債務者의 地位에 立ᄒᆞ야 多大ᄒᆞᆫ 資本을 運用ᄒᆞᄂᆞᆫ 바ㅣ로ᄃᆡ 만일 銀行의 設備가 無ᄒᆞᆯ진ᄃᆡ 諸個人의 貯蓄金과 一時의 遊金은 徒然히 囊橐에 遺留ᄒᆞ야 利息을 不生ᄒᆞ며 事業을 不助ᄒᆞ야 死資本을 必成ᄒᆞᆯ지오 且金錢의 融通을 要ᄒᆞᄂᆞᆫ 實業家로 言ᄒᆞᆯ지라도 借用上許多의 不便不利를 憾ᄒᆞ며 甚ᄒᆞ야ᄂᆞᆫ 事業의 成功을 不得ᄒᆞᆯ지니 然ᄒᆞᆫ則 銀行이 一國經濟界에 對ᄒᆞ야 資本效用의 增加됨을 可知ᄒᆞᆯ지라.

第二, 銀行은 貸借를 媒介ᄒᆞ야 農工商諸般事業을 擴張ᄒᆞᄂᆞᆫ 效用이 有ᄒᆞᆷ 銀行은 金錢及信用을 與受ᄒᆞᆷ으로 農工商等實業間에 介立ᄒᆞ야 各其 信用에 依ᄒᆞ야 資金을 貸與ᄒᆞ며 又ᄂᆞᆫ 借用ᄒᆞ야 十分의 事業을 發達케ᄒᆞ

느니 蓋農工商間에는 其互相關連홈이 縱橫錯雜호고 流通轉輾홀쑨 아니라 各其財貨를 保有혼 實業家라 故로 信用이 固有호면 手中에 分錢이 無혼 時라도 資本을 借用호야 巨大혼 營業을 繼續擴張호는 必要가 有호니라.

第三, 銀行은 送金의 便利로써 貨幣를 節用호는 效用이 有홈 諸般事業이 發達호고 運輸交通이 頻繁홈을 隨호야 貸借가 四方에 漸起홈이 彼此間送金의 關係가 複雜홈은 多言을 不待홀지라 然而銀行이 無혼 時는 遠隔地에 送金홈을 當호야 現金을 携帶홈을 途中에 費用과 危險이 有홀쑨 外라 其間에는 貨幣의 效用을 失홀지로디 銀行의 設立이 有호면 送金額을 銀行에 納付호고 送金手形을 得送혼 則送金의 費用과 危險이 無호고 出給期日內의 利息을 反得호느니 貨幣를 節用호며 使用을 間斷치아니호는 效用이 實大호니라.

第四, 銀行은 金融을 專管호는 故로 投機空商 冒險的 手段으로 僥倖히 利益을 獲得코져 호는 者의 獘와 恐慌의 弊가 杜絶輕減호는 效用이 有홈 投機空商의 輩는 資本이 不贍혼 故로 往往信用을 破壞호고 手形을 濫發호야 抽除를 請求호나 銀行은 此等의 事業을 專管홈으로 手形의 數를 考察호며 其善惡을 分別호야 抽除의 利率을 增加호며 又는 拒絶호야 能히 市場의 不穩혼 弊害를 輕減호느니라.

第五, 銀行은 金錢去來를 簡易嚴密케호는 效用이 有홈 銀行이 無호면 諸般與受上現金을 計算호야 又其眞贋을 檢查홈에 當호야 幾多의 手勞와 時間을 虛費홀지로디 銀行의 設이 有호면 數萬의 巨額이라도 手形과 小切手等一二紙片으로 迅速히 淸帳호는 便利가 有호니라.

第六, 銀行은 一般世人으로 他人의 營業狀況을 得知케호며 手形及證券을 寄托호는 便利가 有홈 銀行은 多數의 營業者와 去來호야 其事業의

性質과 資本의 多少를 詳知ᄒᆞᄂᆞᆫ 故로 何人이든지 某營業者의 實不實을 探知코져ᄒᆞ면 반다시 銀行에 就問ᄒᆞᄂᆞᆫ 便利가 有ᄒᆞ며 又各種手形과 證券을 所有ᄒᆞᆫ 者ᄂᆞᆫ 此를 銀行에 寄托ᄒᆞᆫ 則保管과 推尋의 勞苦를 免ᄒᆞᄂᆞᆫ 便利가 有ᄒᆞ니라.

以上 六個 大要ᄂᆞᆫ 普通으로 銀行에 效用이라 世人에 一次供覽이어니와 其他國費와 外債에 關係된 事項은 甚히 複雜ᄒᆞ야 別노히 各國例를 枚擧立論치 아니ᄒᆞ면 不得ᄒᆞᆯ지로다.

◎ 經濟書를 讀ᄒᆞ다가 儒者의 現狀을 歎홈, 兪承兼, 〈대동학회월보〉 제3호, 1908.4. (경제학)

邦家ᄂᆞᆫ 人民으로 本을 作ᄒᆞ야 人民이 繁昌ᄒᆞᆫ 後에 邦家가 富强ᄒᆞᄂᆞ니 此ᄂᆞᆫ 千古의 不易ᄒᆞᄂᆞᆫ 大經大法이오 萬國에 同一ᄒᆞᆫ 原理原則이라 故로 古昔聖君賢辟이 世의 出홈에 반다시 民을 安홈으로 先務를 作치 아니홈이 無ᄒᆞ며 其民을 安케 ᄒᆞᄂᆞᆫ 道ᄂᆞᆫ 一이 아니ᄂᆞ 一言으로 蔽ᄒᆞᆫ즉 貨物의 生産을 獎勵ᄒᆞ며 貨物의 使用을 適宜케 홈에 不過ᄒᆞᆯ ᄯᆞᆫ이라.

若夫三代의 時를 溯上ᄒᆞ면 當時에 聖王이 有ᄒᆞ고 賢相이 出ᄒᆞ야 國家를 經紀호ᄃᆡ 農業으로 爲治의 本을 作ᄒᆞ니 夏의 貢과 殷의 助와 周의 徹이 其法은 雖殊ᄒᆞ나 其道ᄂᆞᆫ 同一ᄒᆞᆫ지라. 故로 人民이 富ᄒᆞ며 國家가 泰ᄒᆞ야 斯時로써 後人이 黃金에 時代를 作ᄒᆞ기에 至홈이라. 窃惟ᄒᆞ건ᄃᆡ 夏殷의 當時ᄂᆞᆫ 社會가 甚히 複雜치 아이ᄒᆞ고 又 人口의 土地에 對ᄒᆞᆫ 分排가 亦極稀疎ᄒᆞᆯ ᄯᆞᆫ더러 又 生活의 程度가 幼稚ᄒᆞᆫ 故로 오직 農業으로써 其本를 作ᄒᆞ얏시나 然ᄒᆞ나 此ᄂᆞᆫ 關ᄒᆞᆯ 바이 無ᄒᆞ니 何者오 當時ᄂᆞᆫ 當時形勢의 使然ᄒᆞᆫ 바이라. 今日時代에 今日形勢가 有홈과 同一ᄒᆞᆯ ᄯᆞᆫ이니 誰가 今日로써 完全ᄒᆞᆫ 社會오 極上의 生活이라 云ᄒᆞ리오.

是以로 三代는 能히 千古의 郅治를 致ᄒ얏시니 엇지 人民生活의 程度가 豊裕흠에 由흠이 아닌가 管仲의 言에 曰 衣食이 足흔 後에 禮節을 知흔다 ᄒ얏시니 萬若三代의 人民이 今日과 如히 貧困흔 者가 最大多數를 占ᄒ얏실진딩 비록 上에 如何흔 賢君良佐가 有ᄒ얏실지라도 其績을 難見ᄒ얏실이니 吾人은 彼管仲의 言에 因ᄒ야 當時 人民의 生活程度의 如何흠을 想像ᄒ노라.

嗚呼라 因時制宜는 先王의 所貴오 是古非今은 聖人의 所戒라 故로 古昔의 君子는 비록 古代의 聖人을 模範ᄒ야도 但其道를 則ᄒ고 其事를 効치 아니ᄒ니 試觀ᄒ라. 周時에 周公이 制禮作樂흠의 夏殷에 參互ᄒ야 當時에 適宜케 ᄒ야 一個新制度를 作出ᄒ고 專히 夏殷의 舊制를 襲用치 아니 ᄒ얏시며 孔子가 三代의 制度를 論홀 時에 夏의 時와 殷의 輅와 周의 冕을 取치 아니 ᄒ얏는가 然ᄒ거늘 今의 學者는 古昔의 聖人을 慕호딩 其道는 遵치 아니ᄒ고 其事만 則코져 ᄒ나니 엇지 慨歎홀 者가 아니리오.

今日 吾國의 現象을 言홀진딩 民이 安ᄒ다 可謂ᄒ며 國이 富ᄒ다 可謂홀가 民은 業을 失흔 者가 十의 九에 達ᄒ고 國은 債를 負흠이 山과 如ᄒ니 其故는 何由흠이뇨 是豈人民이 古昔三代만 如치 못흔 故인가 抑人口가 古昔보다 多흔 所致인가 田野는 闢치 못ᄒ야 荒蕪廢棄흔 地는 全國面積에 其半을 殆占ᄒ고 山岳은 童濯ᄒ야 樹木은 椽材의 資가 乏ᄒ며 環圍흔 水利는 棄ᄒ야 取치 아니ᄒ고 製造工業은 休ᄒ야 振치 못ᄒ니 嗟흡다 人口의 多흠도 아니오 人材가 乏흠도 아니어늘 奈何如是흔 悲境에 陷ᄒ얏는뇨.

凡人間의 萬事는 因果本末의 關係가 有흔즉 吾人은 반다시 其 源由의 來흔 바를 究치 아니흠이 不可ᄒ도다. 方今宇內에 列國은 各其富強을 自誇흠을 見흔즉 皆其人力의 所爲오 神明의 自然은 아닌즉 吾國의 現狀

에 陷흠은 吾國民에 爲치 아니흠에 專由흘 쑨이오 又其爲치 아니흠은
古代에 模範心이 深흠에 因흠이로다.

　然즉 全國의 人民이 皆慕古心이 深ᄒ야 然흔가 曰不然ᄒ니 我國의
人民은 自來로 敎育을 不受ᄒ고 但爲政家의 左右흠에 因ᄒ얏시니 果然
흘진듸 今日의 現象을 致흠은 前日上流社會라 稱ᄒᄂ 者의 所爲라 云흘
지로다. 噫라 古書에 曰天作孽은 猶可逭이라도 自作孽은 不可逭이라 ᄒ
니 엇지 虛言이라 謂ᄒ리오 講컨듸 前日上流社會의 不適當흔 慕古心에
因ᄒ야 此悲境에 陷ᄒ얏시니 幸望ᄒ건듸 此 慕古心을 變ᄒ야 前과 如
히 其事를 慕치 말고 其道를 則흘지어다. 其道ᄂ 他가 아니오 唯因時制
宜흠이니 周公孔子를 深信ᄒᄂ 者ᄂ 斯言을 諒察흘지어다. 周公孔子도
古를 慕ᄒ사듸 반다시 時에 合흠을 謀치 아니 ᄒ얏ᄂ가 今日에 在ᄒ야
三代의 禮樂制度의 相殊흠을 觀ᄒ면 今日에도 쏘흔 今日에 合흔 事를
行흘진져.